आदिवासी बस्तर का बृहद् इतिहास

षष्ठ खण्ड

समकालीन बस्तर

(1947 ई॰ – 2005 ई॰)

डॉ॰ हीरालाल शुक्ल

आदिवासी बस्तर का बृहद् इतिहास

षष्ठ खण्ड

समकालीन बस्तर

(1947 ई० – 2005 ई०)

डॉ० हीरालाल शुक्ल

बी. आर. पब्लिशिंग कॉरपोरेशन

Published by:
B.R Publishing Corporation
425, Nimri Colony, Ashok Vihar, Phase-IV, Delhi-110 052
E-Mail : brpc73@gmail.com

2024

ISBN 9788176465427 (vol.6)
ISBN 9789391123789 (Set of 7 volumes)

Printed at Balaji Offset, Delhi

Cataloging in Publication Data--DK
Courtesy: D.K. Agencies (P) Ltd. <docinfo@dkagencies.com>

Shukla, Hira Lal, author.
Ādivāsī Bastara kā br̥had itihāsa / Ḍô. Hīrālāla Śukla.
volumes cm
In Hindi.
Reprint. Originally published: 2007.
On the history of Bastar, Chhattisgarh, India.
Includes bibliographical references and index.
Contents: shashṭha khaṇḍa. Samakālīna Bastara (1947 Ī. - 2005 Ī.)
ISBN 9788176465427 (vol. 6)
ISBN 8176465429 (vol. 6)
ISBN 9789391123789 (set)

1. Bastar (India : District)--History. I. Title.

LCC DS485.B38S58 2023 | DDC 954.137 23

भूमिका

इतिहास एक विज्ञान है, जो सामाजिक विकास के विविध रुपों की खोज करता है तथा मानवजाति के द्वारा विचरण करने वाले जटिल मार्ग को समझने का प्रयास करता है। किसी अन्य विज्ञान के समान वस्तुपरक ज्ञान को क्रमबद्ध किए बिना इतिहास का अस्तित्व नहीं हो सकता। जब तक अनुभवगम्य सामग्री का सैद्धांतिक तौर पर साधारणीकरण नहीं किया जाता, जब तक गोचर विषयों में निहित आंतरिक नियमों का उद्‌घाटन नहीं किया जाता, तब तक हम किसी अंचल का वैज्ञानिक इतिहास नहीं लिख सकते।

मेरी ऐसी मान्यता है कि ऐतिहासिक प्रक्रियाा का प्रमुख तत्व है-ज्ञान का विकास। श्रम के साधन तथा साध्य की पूर्णता तथा भौतिक उत्पादन के विकास के साथ बस्तर समाज ने कदम-दर-कदम रास्ते को तय किया है तथा वह आदिम स्थिति से ऊपर उठकर उन्नत समाज तक पहुँचा है। आदिम अवस्था से उन्नततर अवस्था तक पहुँचने में कारण और कार्य पर ध्यान दिया जाना उपयोगी है। ऐसा समझकर ही हम बस्तर के जाति समाज तथा जातिविहीन समाज के बीच के अंतरावलम्बन को समझ सकते हैं।

बस्तर की जनता के अस्तित्व तथा विकास के लिए शायद सुनिश्चित शर्त यही रही होगी कि वह अपनी जीवनदायिनी आवश्यकताओं में भोजन, पहनावा तथा आवास से संतुष्ट रही होगी। अब हमें जानना यह है कि इन आवश्यकताओं की पूर्ति में समय-समय पर सामाजिक संबंध कैसे प्रभावित होते थे और नए संबंध किस प्रकार बनते थे? इन स्तरों में परिवर्तनों को रेखांकित करके हीं यह जाना जा सकता है कि समाज कैसे-कैसे ऊर्ध्वगामी होता चला गया। केवल आर्थिक सम्बन्ध ही समाज का निर्धारण नहीं करते। अपितु वर्गसंघर्ष के राजनैतिक रूप, बुद्धिविलास के रूप, तथा युध्योपरांत विजयीवर्ग की मानसिकता, दार्शनिक विचार, धार्मिक विचार तथा सिद्धांतों का आविष्कार आदि भी ऐतिहासिक प्रक्रिया को प्रभावित करते हैं। उदाहरणार्थ हमें यह जानना चाहिए कि विविध कालखण्डों में बस्तर के निवासियों की सोच में निम्नमुखी तथा ऊर्ध्वमुखी प्रतृत्तियाँ किस प्रकार की थीं।

बस्तर के इतिहास के विविध युगों में कतिपय ऐसे असाधारण व्यक्ति हुए हैं, जिन्हें हम 'महान्' कहते हैं। इनकी संख्या यद्यपि सीमित है, किंतु अपने पीछे ये जो 'रिक्थ' छोड़ गए हैं, वह संभवत: निर्भ्रान्त है। इन असाधारण व्यक्तियों ने केवल प्रतिभाशाली व्यक्तियों की ही भूमिका नहीं निभायी, अपितु समूचे समाज को ही इन्होंने आंदोलित कर दिया था। ऐसे असाधारण व्यक्तियों के कार्यकलापों का क्रमबद्ध विवरण विगत पाँच खण्डों में दिया गया है। बस्तर के ऐतिहासिक विश्लेषण में ऐसे व्यक्तियों को भी निरस्त नहीं किया जा सकता, जिनके कार्यकलापों से सामाजिक प्रगति अवरुद्ध हो गयी थी। बस्तर के लोग ऐसे व्यक्तियों या राजघरानों का नाम जानते हैं, जिन्होंने बस्तर का अपरिमित अपकार किया गया था तथा जो यहाँ के भौतिक और सांस्कृतिक मूल्यों के विनाश के अपराधी हैं। ऐसे समुदायों में मराठा तथा ब्रिटिशराज का उल्लेख किया जा सकता है। व्यक्तियों में भी ऐसे अनेक नागवार लोग हुए हैं, जिन्होंने बस्तर को अनेक बार अपमानित किया है। इतिहासकार को इनकी 'एण्टीथीसिस' पर विचार करना होगा। जानना होगा कि कौन-से ऐसे लोग या संगठन थे; जो समूचे बस्तर को गुलाम बनाए रखना चाहते थे और बस्तर में इनके प्रति क्या प्रतिक्रिया हुई थी?

किसी युग में बस्तर की जनता का सामाजिक व्यवहार क्या था? इसे जानने के लिए जरूरी है कि इस युग के बौद्धिक जीवन को समझाा जाय। यह जानने का प्रयास किया जाय कि विचारों में टकराव किस प्रकार का था और यह समझा जाय कि दायगत परंपरा क्या थी? इस प्रकार सामाजिक चेतना तथा सांस्कृतिक समस्या बस्तर के इतिहास का विषय होना चाहिए। बस्तर के सांस्कृतिक तत्व न केवल सामाजिक-आर्थिक व्यवस्था के सभी रोमछिद्रों में गहराई से घुसे हुए हैं, अपितु यहाँ उनका स्वतंत्र स्थान भी विनिर्दिष्ट है। चूँकि बस्तर की सांस्कृतिक विरासत सामाजिक मनोविज्ञान के क्षेत्र से घनिष्ठ रूप से सम्बन्ध है, इसलिए वृहत्तम सामाजिक उलटफेर के बावजूद वह अपेक्षाकृत कम प्रभावित होती है।

बस्तर के समाज में जो ऐतिहासिक तथा सांस्कृतिक प्रक्रियाएँ घटित हुई हैं, उन पर विशेष ध्यान देने की जरूरत है और इसी के माध्यम से गंभीर अन्वेषण तथा समझ संभव है। किंतु इसी के साथ यहाँ के सांस्कृतिक विकास की प्रक्रिया को अत्यधिक सहज व यांत्रिकतौर पर नहीं लेना चाहिए। उदाहरणार्थ किसी खास समाज के साहित्य का विश्लेषण करते समय हमें चाहिए कि उसकी ऐतिहासिक पृष्ठभूमि पर ध्यान दें। यह भी आवश्यक है कि किसी ऐतिहसकि युग पर विचार करते समय विविध अंतर्विरोध पर ध्यान दिया जाय।

बस्तर के ऐतिहासिक अनुसंधान का लक्ष्य यह नहीं है कि हम उसे शिलाखण्ड के समान अपरिवर्तनीय रूप में पेश करें। पुरातत्व ने बस्तर में अनेक खोजें की हैं,

जिनसे सांस्कृतिक धरोहरों को भिन्न दृष्टि से देखने का नज़जिया सामने आया है। अब पत्थर बोलने लगे हैं तथा सुदूरवर्ती अतीत का परिदृश्य वे हमारे सामने उपस्थित करते हैं।

बस्तर के इतिहास-लेखन में यह बात होनी चाहिए कि हम ऐसी सामग्री को प्रस्तुत करें, जो अब तक लोगों को ज्ञात न हो। किंतु ऐसा हो नहीं रहा। अनेक इतिहासग्रन्थों में आज भी नवागंतुक इतिहासकार बिना किसी संदर्भ के कुछ ऐसा लिख रहे हैं, जैसे कि यह उनकी अपनी खोज हो। पूर्ववर्ती साधकों की खोज को अपना बनाकर प्रस्तुत करने की चाहत आत्मघाती है और इससे बस्तर का इतिहास पथरा जाएगा। अँग्रजी-लेखक तो पूर्व-साहित्य या पूर्वखोज का संदर्भ यदा-कदा दे देते हैं, किंतु हिन्दी के लेखकों में यह प्रवृत्ति देखने को नहीं मिलती। आज भी अनेक ऐतिहासिक खोजों को बस्तर के इतिहासकारों ने अपने लेखन में शामिल नहीं किया है। इस प्रकार की पक्षपातपूर्ण धारणा इतिहास जैसे- वैज्ञानिक विषय में नहीं होनी चाहिए। व्याख्याएँ बदल सकती हैं, किंतु किसी की खोज को झुठलाया नहीं जा सकता। अस्वीकृति हो सकती हैं, किंतु 'मत्सरग्रस्तता' ठीक नहीं है।

बस्तर के इतिहास पर मिलने वाली स्रोतसामग्री का अभी तक पूरी तरह दोहन नहीं किया गया था। ऐसी स्थिति में बस्तर के इतिहास -लेखन में सर्वथा अज्ञातप्राय स्त्रोतों को सहज लिया है। आज भी अनंत संभावनाएँ हैं। जरूरत थी कि इतिहास-लेखन सुप्रशिक्षित हो तथा उसे इस अंचल की बोलियों की जानकारी हो। ऐसा इसलिए कि बस्तर का समाज वाचिक परंपरा से जुड़ा हुआ है और इतिहास भी यहाँ वाचिक परंपरा का कायल है।

बस्तर का इतिहास अनवरत संघर्ष का इतिहास है। यह संघर्ष यहाँ के सभी लोगों में भौगोलिक तथा ऐतिहासिक परिस्थितियों में कहीं कम तो कहीं अधिक दिखायी देता है। यहाँ के सभी लोगों में, विशेषकर श्रमजीवी लोगों में, रचनात्मक क्षमताएँ सदैव विद्यमान रही है। भले ही इन रचनात्मक क्षमताओं को क्षण भर के लिए रोक दिया गया हो, किन्तु ये बार-बार सामने आयी हैं तथा इन्होंने बस्तर के इतिहास की धारा को ही बदल दिया है। यहाँ न तो ऐसे दीन-हीन लोग थे, जो शाश्वत दासता के लिए अभिशप्त रहे हों और न ही ऐसे विजेता लोग थे, जो शाश्वत रूप से युद्ध के लिए समर्पित रहे हों। ऐसे लोग जिन्हें दीन-हीन कहा जाता था, उन्हें भी ऐसे अवसर मिले और ऐसी शक्ति प्राप्त हुई कि वे अपनी प्रतिकूलता से उबर कर खुद ही इतिहास बन गए।

बस्तर के इतिहास पर वृहद् मात्रा में तथ्यात्मक सामग्री आज तक बिखरी पड़ी थी। उक्त भारी-भरकम सामग्री को मैंने सात खण्डों में रुपांतरित कर दिया है।

लोग इतिहास बनाते भी हैं और लिखते भी हैं। कोई विवेचित घटना सही है, या गलत, व्यक्तिनिष्ठ है या बस्तुनिष्ठ, उसकी व्याख्या अध्येता की सामाजिक स्थिति पर निर्भर करती है। ऐसा भी होता है कि कतिपय तथ्य, तत्व और प्रक्रियाएँ उचित मूल्यांकन के बावजूद अध्येता की वैयक्तिक चेतना के अनुसार भिन्न तीरके से प्रस्तुत कर दी जाती है। ऐसी स्थिति में मानना होगा कि इतिहासलेखन पूरी तरह निष्पक्ष नहीं हो पाता। इतिहासकार का प्रथम तथा सर्वोत्तम कार्य है ठोस ऐतिहासिक तत्वों की व्याख्या करना। किसी भी वैज्ञानिक कार्य में निष्कर्षों की सापेक्षता इस बात पर निर्भर करती है कि क्या इतिहासकार अपने युग में प्रचलित विचारों और संकल्पनाओं के बंधन से दूर हुआ है कि नहीं? क्या उसने ऐसी संकल्पनाओं को बरखास्त कर दिया है, जो अब तक सच मानी जाती थीं, क्योंकि वे असंशोधित सिद्ध हो चुकी हैं? क्या उसने ऐसी नयी संकल्पाओं को प्रस्तुत किया है, जो सही समझ के अनुरूप हैं?

हम ऐसे लोगों से भी सहमत नहीं हैं, जो यह दावा करते हैं कि इतिहास इतना अधिक बदल गया है कि उसके पुर्नलेखन की जरूरत है। इतिहास का कभी भी पुर्नलेखन नहीं होना चाहिए। इतिहास को केवल संपूरक बनाना चाहिए। उसकी व्याख्या की जानी चाहिए और यह सब कुछ पहले से अज्ञात स्रोत-सामग्री को ध्यान में रखकर किया जाना चाहिए। बस्तर के इतिहास को इसलिए मै यहाँ पुर्नलेखन करने के बजाय 'कम्प्लीमेंट' कर रहा हूँ। उसकी नए सिरे से व्याख्या कर रहा हूँ और यह इसलिए कि इससे पहले के इतिहासकारों के पास वह स्रोत-सामग्री उपलब्ध नहीं थी, जिसे प्राप्त करने का मुझे सौभाग्य मिला है।

बस्तर के इतिहास के पद्धतिविज्ञान का निचोड़ यह है कि ठोस ऐतिहासिक सामग्री के प्रति सही पहुँच को व्यवस्थित किया जाय। चूँकि यह सामग्री बहुमुखी और सुविस्तृत है, इसलिए प्रथम कार्य है कि इसे ठीक से व्यवस्थित किया जाय। इसके उद्देश्य, चयन तथा निर्वचन को सुदंर रुप दिया जाय। पद्धतिविज्ञान का कार्य है कि वह खोज की प्रत्यक्ष वस्तुओं का वर्गीकरण करते हुए सर्वाधिक महत्वपूर्ण सूचना की ओर इशारा कर दे। बस्तर के इतिहासकार का काम है कि वह बस्तर समाज के विकास में उपयोगी ठोस सामग्री पर मुष्टि प्रहार करे। ऐसा करते समय वह विगत की कतिपय 'विशिष्ट घटनाओं की चर्चा करने में उत्साहित हो सकता है किन्तु यह विशिष्टता' यदा-कदा भ्रांतिजनक भी हो सकती है। इसका निराकरण तभी संभव है, जब इतिहासकार अंतर्विरोधों को समझ ले। इतिहास की पद्धति न तो सूक्ष्मीकृत युक्ति है और न ही तार्किक संरचना, जो ऐतिहासिक अध्ययन के बाहरी संबंधों पर आधारित हो सकती है। इतिहास किसी 'प्रोफेशनल' व्यक्ति का एकाधिकार भी नहीं है। ऐसा कोई भी व्यक्ति जो 'ऐतिहासिक तथ्यों' की जानकारी रखता है, इतिहासकार हो सकता है। इतिहासकार के लिए यह जरूरी है कि वह समाज की विसंगतियों का

खुलासा करे। विरोधों की संरचना को समझे तभी वह मुख्य धारा की पहचान कर पाएगा और उसके गुणात्मक पहलुओं से वाकिफ होगा। ऐसे उदाहरणों में कोई इतिहासकार किसी समस्या की गुत्थी को सुलझाने के लिए संकल्पना शोध का एक आवश्यक भाग है। संकल्पना सुपरीक्षित होनी चाहिए और सुस्थापित समाधान के बाद या तो उसे 'रिजेक्ट' किया जा सकता है या सुस्थिर माना जा सकता है। फिर उक्त दोनों ही स्थितियों में वह संकल्पना नहीं रह पाती। यह कुछ वैसा ही है, जैसे कि किसी भवन को खड़ा करने में हम बल्लियों का प्रयोग करते हैं और भवन बन जाने के बाद उनकी कोई आवश्यकता नहीं रह जाती।

किसी ऐतिहासिक सामग्री के चयन तथा उसकी संभावित व्याख्या के लिए किसी संकल्पना को आगे बढ़ाता हुआ इतिहासकार विज्ञानसम्मत सामग्री व पद्धति का इस्तेमाल करता है। उसके इस खोज में भवन का पक्ष होना लाजिमी है। विगत का अध्ययन करने वाले विद्वान् को लगातार अध्येय घटनाओं के कारणों की खोज करनी पड़ती है। इस कार्य में समाधान की स्थिति तभी आती है, जब सभी आंतरिक तथा बाहरी सम्बन्ध को खोज निकाला जाय तथा सम्बन्ध घटना से उनकी निर्भरता को समझ लिया जाय। ऐतिहासिक घटनाओं के कारणों को निश्चित किए बिना सामाजिक विकास के नियमों को समझा नहीं जा सकता।

ऐतिहासिक तथ्य इस बात का प्रमाण देते हैं कि आम जनता के जीवन में ऐसी प्रमुख घटनाएँ अवश्य होती हैं, जो उसके जीवन को बदल देती हैं। सामाजिक विकास के नियमों को खोजते समय उन कारणों का अध्ययन करना होता है, जिनसे आम जनता आंदोलित हो उठती है तथा उसकी नियति में बदलाव आ जाता है। यह भी होता है कि ऐसे महान् ऐतिहासिक परिवर्तन कभी-कभी हमारे सामने तोड़-मरोड़ कर प्रस्तुत किए जाने जाते हैं। फिर भी यदि समाज में उसके कारण कुछ स्पंदन हुआ है, तो हम स्पंदन में निहित कारणों को उद्घाटित कर सकते हैं। बस्तर के सामंती सम्बन्धों के विविध प्रकार यह सुस्पष्ट निर्धारित करते हैं कि यहाँ 'अनेकता में एकता' का सिद्धांत क्रियाशील था। बस्तर का इतिहास आम जनता पर बल-प्रयोग, सैनिक आक्रमण और विनाश के उदाहरणों से भरा पड़ा है। ऐसे भी उदाहरण हैं, जब विजेता आक्रमणकारी अपने साथ पिछड़े हुए सामाजिक रूपों को लेकर यहाँ आया। इन सभी आक्रमणों में विजेता ने या तो अपने उत्पादन के तौर-तरीकों को लागू किया या पुराने तौर-तरीकों को कायम रखा या दोनों के बीच संश्लेषण की स्थिति आयी। सभी उदाहरणों में उत्पादन के तरीकों पर ही गौर किया जाना चाहिए। हम यह भी देखते हैं कि यह सब एक ही कालावधि में असमान रूप ही विद्यमान रहे हैं। यह असमानता या विरोधिता (जन बनाम जाति) हमारे अध्ययन के लिए रूचिकर प्रसंग उपस्थित करती हैं, और मौखिक इतिहास के लेखन में सहायक होती है।

बस्तर का इतिहास विविध युद्धों या विद्रोहों या आंदोलनों का इतिहास है। ये युद्ध या विद्रोह या आंदोलन किसी युग की प्रकृति का निर्धारण करते हैं। इन युद्धों या आंदोलन या विद्रोहों की क्रियाओं को समझने के लिए यह आवश्यक है कि हम निश्चित ऐतिहासिक कालखण्ड की परिस्थितियों का आकलन करें। विद्वानों को निरंतर उन विरोधी तथ्यों की जाँच-पड़ताल करनी होगी, जो उक्त युद्धों, विद्रोहों तथा आंदोलनों में उभर कर सामने आते हैं। इन सभी उदाहरणों में शक्ति के लिए निरंतर संघर्ष का इतिहास देखने को मिलता है। इतिहास का यह एक खास काम है कि विविध युगों में चलने वाले उथल-पुथल की प्रकारवैज्ञानिक विशेषताओं का आकलन करे। सामाजिक विद्रोह विरोधी शक्तियों के प्रतिकार के प्रत्यक्ष परिणाम होते हैं। चूँकि प्रत्येक सामाजिक उथल-पुथल प्रचलित राजनैतिक व आर्थिक सम्बन्धों को समाप्त करने के लक्ष्य से प्रेरित होती हैं, अतएव प्राचीन सम्बन्धों को बनाए रखने में कृत-संकल्प प्रतिक्रियात्मक शक्तियाँ सदैव उसका प्रतिरोध करती हैं। इस प्रतिकार को निष्प्रभावित करने के लिए गजब के प्रयास और संघर्ष की आवश्यकता होती हैं। आजादी के इतिहास में हमें यही देखने को मिलता है, जहाँ बस्तर के जननायक अपना सर्वस्व न्यौछावर कर महात्मा गाँधी के आह्ववान पर 'करो या मरो' का रास्ता अख्तियार करते हैं। बस्तर के इतिहास में संभवतः पहली सामाजिक क्रांति उस समय आयी, जब यहाँ वर्गहीन समाज का वर्ग- समाज में संक्रमण हुआ। बस्तर के आदिम समाज का उक्त संकट लंबी अवधि तक बरकरार रहा और आज भी साम्यवादी और नक्सली-आंदोलन के रूप में विद्यमान है। हमें इस बात का अहसास है कि जब वस्तु तथा मुद्रा के सम्बन्धों की स्थिति आयी, तो उसने आदिम प्रकृति की साम्यवादी व्यवस्था को खोखला कर दिया। ऐसे सभी उदाहरण सामाजिक प्रगति की ओर बढ़ते हुए कदम के रूप में देखे जाने चाहिए। इनसे जड़ता दूर हुई तथा मानवीय श्रम के विस्तार का दायरा बढ़ा। इससे उत्पादक शक्तियों का मार्ग प्रशस्त हुआ। एक प्रतिगामी सामाजिक-आर्थिक संरचना से दूसरी में संक्रमण निश्चित रूप से महान् बलिदानों का उदाहरण है, जिसमें आम जनता की पीड़ा का अहसास किया जा सकता है। बस्तर में एक हजार वर्षों से अधिक प्रभावी बनी रहने वाली सामंती संरचना को मिटाने में अनेक वर्ष लग गए तथा यह तीसरी शताब्दी से अठारहवीं शताब्दी तक निरंतर बनी रही और जब हटी तो उसका स्थान पूँजीवादी व्यवस्था ने ले लिया था।

'सामाजिक तथ्य' की कोटि बस्तर के इतिहास के समूचे भवन की नींव है। तथ्यात्मक सामग्री के बिना ऐतिहासिक विचार बुद्धिगम्य हो ही नहीं सकता। 'तथ्य' के विचार का भी यहाँ खुलासा किया जाना आवश्यक है, क्योंकि उसके अनेक पहलू हैं। ऐतिहासिक तौर पर कहा जा सकता है कि तथ्य वे हैं, जो ऐतिहासिक स्रोतों से उभरते हैं। किंतु यह भी मानना होगा कि किसी सामग्री का रिकार्ड करते समय खोजी

व्यक्ति पूरी तरह तटस्थ नहीं रह सकता। सच तो यह है कि बिना मूल्यांकन के 'तथ्य' ऐतिहासिक खोज के विषय नहीं बन सकते। प्रारंभ में ऐतिहासिक तथ्य को सामान्य सिद्धांतों में ढालने की परंपरा थी। किंतु आगे चलकर इसका विरोध हुआ, क्योंकि माना यह गया कि लेखक अपने ढंग से ऐतिहासिक तथ्यों को तोड़-मरोड़ लेते हैं। तब ऐतिहासिक तथ्य एक प्रकार से पूर्वाग्रह बन जाते हैं, जिनसे इतिहासकार संचालित होता है।

मेरा ऐसा विचार है कि किसी भी घटना को ऐतिहासिक तथ्य न मान लिया जाय, अपितु ऐसी घटना को ऐतिहासिक तथ्य माना जाय, जिसका ऐतिहासिक महत्व हो। अध्येय कालखंड का अध्ययन करते समय लेखक को यथासंभव सभी तथ्यों की जानकारी होनी चाहिए और तब उनमें से वह महत्वपूर्ण तथ्यों का चयन कर सकता है। ये महत्वपूर्ण तथ्य ही "ऐतिहासिक तथ्य" में बदल जाते हैं तथा महत्वहीन तथ्य गैर-ऐतिहासिक हो जाते हैं। मेरे विचार से इतिहास एक व्याख्या है तथा व्याख्या ही इतिहास की धमनियों में बहने वाला रक्तप्रवाह है। लेखक तथ्यों का "निरंकुश स्वामी" नहीं होता। इतिहासकार तथा तथ्यों के बीच का सम्बन्ध समानता का सम्बन्ध है। दोनों को ही एक दूसरे-की जरूरत होती है। बिना तथ्यों के कोई भी इतिहासकार ठोस भूमि पर खड़ा नहीं रह सकता। वह बेमानी हो जाता है। इतिहासकार के बिना तथ्य भी मुर्दा तथा अर्थहीन है। इस प्रकार इतिहास का अर्थ है इतिहासकार तथा उसके तथ्यों के बीच अंतः क्रिया की अनवरत प्रक्रिया। वर्तमान तथा भूत के बीच कभी न समाप्त होने वालो संवाद।

मानवजाति के अतीत से जुड़ी हुई कोई भी सूचना ऐतिहासिक स्रोत का विषय बनती है। बस्तर से प्राप्त ऐतिहासिक स्रोत विषमरूपी हैं तथा इन्हें अनेक वर्गों में रखा जा सकता है।

प्रत्येक ऐतिहासिक स्रोत में अपने युग के प्रभावी समाजार्थिक सम्बन्धों की छाप विद्यमान रहती है और उसी के साथ संवादी 'वैचारिक दबाव' भी देखने को मिलता है। बस्तर के पुरालेख चाहे जितने सम्पन्न हों, वे अपने युग के 'पूर्वग्रह' से मुक्त नहीं कहे जा सकते।

कोई भी ऐतिहासिक स्रोत अतीत की एक ऐसी यादगार है, जिसमें उसकी रचना के काल और दशा की परछाईं मौजूद रहती है। दूसरे शब्दों में कोई स्रोत ही एक ऐतिहासिक घटना है और यदि उसके रचनाकार की व्यापक रुचियों और विचारों का सही आकलन किया जाय, तो उसकी उचित व्याख्या हो सकती है। यद्यपि निम्न वर्ग के लोगों के व्यवहार और मानसिकता की इनमें कोई प्रत्यक्ष चर्चा नहीं मिलती तथापि परोक्षरूप से हमें इन पुरालेखों से इनके बारे में पर्याप्त सूचना मिल जाती हैं और ये पुरास्रोत 'बोलने' लगते हैं।

हम यह जानते हैं कि छत्तीसगढ़ के प्राचीनतम लिखित स्रोत, जो बहुमूल्य ऐतिहासिक स्रोत के रूप में मौजूद हैं, उनमें भी प्राय: अध्यारोपित स्तर अंतर्भूत है उनके अनेक प्रक्षिप्तांश हैं। दूसरों लेखको ने भी उनमें कुछ जोड़ दिया है। इस प्रकार के क्षेपक लोक-महाकाव्यों में सर्वाधिक मिलते हैं।

बस्तर के इतिहास को आज से पहले इतना बृहत्तम बनाने का प्रयास कभी नहीं हुआ। आज बस्तर के ऐतिहासिक ज्ञान का व्यावहारिक महत्व बढ़ गया है। बस्तरिहा के विस्तृत ऐतिहासिक अनुभव की वैज्ञानिक समझ आज इसलिए भी परमावश्यक मानी जा रही है, क्योंकि इसी की समझ से नए बस्तरी समाज की रचना हो सकती है। अतीत की सफलताओं और विफलताओं की समझ से हम अपने भविष्य को सँवार सकते हैं। बस्तर के अतीत की सम्पन्न विरासत का इस्तेमाल इतिहास के वस्तुनिष्ठ प्रश्नों के सुलझाने में होना चाहिए। बस्तर के इतिहास के पाठों को पढ़कर हम अपने भविष्य को सुपरिभाषित कर सकते हैं और संघर्षयात्रा को सकारात्मक ढँग से आगे बढ़ा सकते हैं। बस्तर के वर्तमान को अतीत की परास्थना नहीं मानना चाहिए, क्योंकि आज की घटनाओं की नाल कल की घटनाओं से जुड़ी हुइ है। बस्तर के सामयिक सामाजिक विकास की धारा को तब तक नही समझा जा सकता, जब तक इसके उद्गम (स्रोत) को न समझा लिया जाय। अतीत की अनेक प्रतिछवियाँ वर्तमान में भी जीवित हैं। अतीत के अनेक घटनाचक्र आज भी विद्यमान हैं। अतीत और वर्तमान की सीमारेखा बहुत अधिक सापेक्षिक है। इतिहासकार को अतीत और वर्तमान की अटूट कड़ियों से अपना रिश्ता बनाए रखना होता है।

इस दृष्टि से बस्तर के इतिहास का लेखन अब तक एक जटिल कार्य बना हुआ था। बस्तर में वैचारिक संघर्ष के लिए बस्तर का इतिहास ही सर्वोत्तम माध्यम से यह समझा जा सकता है कि बस्तर का सामयिक समाज कैसे बना? बस्तर के विविध कालखण्डों में यह वैचारिक संघर्ष हमें अनवरत देखने को मिलता है। इस अध्ययन में इसी को आलेखित करने का प्रयास किया गया है। विविध स्रोतों से प्राप्त सामग्री के संश्लेषण के आधार पर तैयार हुआ है।

सदियों से उनींदा, अतीत और वर्तमान के दोराहे पर दो सभ्यताओं के सीधे टकराव को झेलता बस्तर अपने अंतस् में समेटे हुए है, आदिम संस्कृति का वैभव तथा ब्रिटिश अफसरशाही से विरासत में मिले हिन्दुस्तानी नौकरशाही दंश। अक्षय प्राकृतिक सौन्दर्य, अपरिमित नैसार्गिक संपदा और सम्मोहक नृत्य-संगीत के साए में रेंगता हुआ अभाव, निर्धनता व भयावह शोषण। विविधताओं और विसंगतियों से जकड़ा हुआ समकालिन बस्तर कभी अतीत के रंगीन सपनों में डुब जाता है, तो कभी वर्तमान के दंश उसे व्यथित कर देते हैं। हाथों में कैद अद्भुत कौशल, पर उसके साथ

ही अज्ञान, अंधविश्वास और निरक्षरता के अभिशाप साए की तरह उसका पीछा करते हैं। फिर शोषण का अटूट और अंतहीन चक्र उसे पीसता चला जाता है। सरकारी मशीनरी का हर छोटा-बड़ा पुर्जा उसे लूटना-खसोटना अपना अधिकार समझता है। आज लालफीताशाही शोषण की हर परिधि को लाँघ गयी है।

बस्तर का समकालिन इतिहास शोषण की लंबी गाथा है। बेजुबान बस्तर सदियों से, पहले निरंकुश सामंती दमन, फिर अँग्रेजों हुकूमत के आतंक तथा आजादी के बाद अफसरशाही के अनाचार के साए में साँस लेता रहा है। यह बात और है कि जब कभी घुटन ज्यादा बढ़ी है, उसका दम घुटन लगा है, व किसी निजात के लिए छटपटा कर उसने सारे चक्रव्यूह को तोड़ने के लिए हाथ -पैर मारे हैं, तो कुछ देर के लिए माहौल में तब्दीली आयी है। लेकिन इसमें भी हर बार उसे भयावह दमन और क्रूर प्रहारों का सामना करते हुए लहू-लुहान होना पड़ा है। बारह बार अँग्रजों के जमाने में शोषणतंत्र को उखाड़ फेंकने की तमन्ना के बाद गहरे जख्म खाने वाला बस्तर आजादी के बाद भी नृशंस दमन चक्र को झेलता आया है।

अपने दामन में छुपी हर नियामात को खोलकर उसने हमारे सामने रख दिया। अपने अतीत की हर धरोहर उसने हमें सौंप दी। और प्यार की एक हल्की-सी थपथपाहट की तमन्ना लेकर वह अपनी बाहें फैलाए नक्सलियों को सीने से लगा लेने के लिए बेताब हो गया। हमने उन फैली हुई बाँहों और बेताब हाथों के साथ मोहब्बत का रिश्ता नहीं गाँठा, उस रिश्ते को गाँठा नक्सलियों ने। उस रिश्ते को गाँठा बाबा बिहारीदास ने। हमने तो उन बाँहों के साथ, प्यार का सागर समेटे हुए सीने के साथ और दुलार भरे उन हाथों के साथ मशीन और गोली बा रिश्ता कायम किया तो उसके उलट नक्सलियों की बंदुके हमारी ओर मुड गयीं। हमारी और नक्सलियों दोनों की गोलियाँ उसका सीना छलनी कर रही हैं। आज मर्माहत बस्तर सम्बन्धों की इन विसंगतियों को हतप्रभ-सा देख रहा है। उसके रिसते हुए जख्म कुछ कहने की कोशिश कर रहे हैं।

बस्तर की नौकरीशाही अपने कार्यकलापों से सदैव ही विवादस्पद रही है। आजादी से पूर्व के ब्रिटिश नौकरशाही बस्तर को 'मानवसंग्रहालय' का रूप देना चाहते थे और इनमें वैरियर एल्विन तथा ग्रिग्सन के कार नामें तो कुख्यात हैं। ग्रिग्सन तो हैदराबाद नवाब से मिल कर बस्तर को निजाम सरकार में शामिल करने की साज़िश रच रहे हो। आजादी के बाद भी नरोन्हा-जैसा नौकरशाह ने प्रवीर को भूतपूर्व महाराजा के पद से अपदस्थ करवा दिया था और उन्हीं के कारण लोहंडीगुड़ा-गोलाकाण्ड हुआ। मोहम्मद अकबर के जमाने में राजमहल में गोलीकाण्ड हुआ और उस समय नरोन्हा मुख्य सचिव थे। ब्रह्मदेव शर्मा ने बस्तर में सड़क--निर्माण का विरोध किया तथा आदिवासी वालाओं की वलात् वैलाडीला के कर्मचारियों से विवाहसंपन्न

करवाया, जिसकी दु:खद परिणति उनके तलाक में हुई। इस प्रकार प्रत्येक नौकरशाह अपने को सर्वसत्रासम्पन्न मानता था तथा अपनी सनक में आदिवासियों के हित का चिन्तन नहीं कर पाया।

यह विर्विवाद सत्य है कि नेता तो पाँच साल के लिए आते हैं। स्थायी सरकार तो नौकरशाही की ही होती है। नेता तो पाँच साल या उससे कम पीरियड के अस्थायी पट्टे पर बैठते हैं। इसलिए वे दरअसल अपनी अयोग्यता या अपढ़ता या अनुभवहीनता या प्रशासन की जानकारी न होने के कारण नौकरशाहों के आश्रित होते हैं और हर सरकार अपने नौकरशाही घोड़े पर सवारी करने के बदले घोड़े की मालिश करती है।

समाजवादी समाज, समतामूलक समाज की बात भारत के संविधान में तो है, किन्तु समाजवादी समाज बना नहीं। ऐसी सरकार और नौकरशाही बनी, जो 'अंधा बाटे रेवड़ी, खुद खुद को देय' वाली कहावत के अनुसार गरीब को अधिक गरीब बना रही है और अमीर को अधिक अमीर। अभी जो असंगठित क्षेत्र है वह मोहताज है और जो सरकारी नौकरों का संगठित क्षेत्र है, वह मलाई खा रहा है और देश के साथ गद्दारी कर रहा हैं। नौकर खाए हलुआ पूड़ी और मालिक ठन-ठन गोपाल' की तरह की स्थिति है। जहाँ सरकारी नौकर बिना काम किए अपनी और अपने परिवार के लिए पीढ़ी दर पीढ़ी नियुक्ति और अनुकम्पा नियुक्ति और मजे का इंतजाम करता जा रहा है, वहाँ पर गरीबी रेखा के नीचे और बेरोजगार लोगों की परवाह कौन करता है। देश की एक सौ करोड़ की आबादी में गरीबी रेखा के नीचे जीने वालों की जनसंख्या तीस करोड़ से अधिक है (अग्रवाल, 2004, 27)।

सरकारी कर्मचारी देश के लिए अनवार्य है। बिना उनके न तो सेवा चलेगी न ही ट्रेफिक, परंतु उनका मूल चरित्र जनता का भक्षण करने का है। इसलिए कौटिल्य ने कहा था कि सरकारी कर्मचारियों पर नजर रखने के लिए जासूसों की नियुक्ति की जानी चाहिए। यदि उन पर अंकुश नहीं रखा गया, तो वे देश को खा जाने का सामर्थ्य रखते हैं। वे विकास के कारक बनने के बजाय विकास को रोकने के कारण बने हुए हैं। जनता सरकारी कर्मचारियों में व्याप्त घुसखोरी से त्रस्त है।

"आदिवासी बस्तर का बृहद् इतिहास" नामक दीर्घकालिक प्रायोजना यह षष्ठ खण्ड है, जिसे 'बस्तर का समकालीन इतिहास (1947–2004) कहा गया है। अपनी मर्यादायों के साथ यह खण्ड बस्तर के इतिहास के सुधी अध्येताओं में चर्चित होगा; क्योंकि सभी इस कालखण्ड के साक्षी हैं।

एच. आई. जी. 8 हीरालाल शुक्ल
गौतमनगर, भोपाल

विषय–सूची

प्रथम अधिकरण

जड़ों की तलाश

1. प्रथम अध्यायः पारिस्थितिकी
2. द्वितीय अध्यायः संस्कृति
3. तृतीय अध्यायः सांस्कृतिक अस्मिता
4. चतुर्थ अध्यायः विकासयात्रा
5. पंचम अध्यायः समस्या और समाधान
6. षष्ठ अध्यायः जड़ों की तलाश

1
पारिस्थितिकी

भूमिका

लंका की खोज (1977) में बहुत पहले मैंने यह सिद्ध किया था कि वृहत्तर बस्तर ही रामायणयुगीन 'दण्डकारण्य' है। सम्प्रति नक्सली–आन्दोलन भी मेरी उक्त सीमा को स्वीकार कर 'दण्डकारण्य' राज्य की संकल्पना करता है। दण्डकारण्य के साथ शताब्दियों से यहाँ के आदिवासियों (आरण्यकों) का 'एथॉस' बना रहा है। दण्डकारण्य उनकी ऐसी पारिस्थितिकी के संदर्भ में ही विकास की योजनाएँ बननी चाहिए थीं। आदिवासियों का दण्डकारण्य से रिश्ता केवल भौतिक न होकर संवेगात्मक भी रहा है। यह रिश्ता एक प्रकार का पराभौतिक–आध्यात्मिक रिश्ता था। उनकी संस्कृति, विकास तथा रीतिरिवाज विराट् दण्डकारण्य से ही परिचालित होते रहे हैं। उनका धर्म दण्डकारण्याश्रित है। दण्डकारण्य की परिस्थितिकी और आदिवासियों के बीच के संबंधों में एक तादात्म्य रहा है, भावनात्मक लगाव रहा है। आदिवासी विकास के सोपान में इसे समझना होगा।

दण्डकारण्य आज उद्वेलित है। बैलाडीला से लौह-उत्खनन, बोधघाट-परियोजना या पाइनरोपण आदि से आदिवासी मन घायल है। जंगल उजड़ रहे हैं और नदियों का पानी प्रदूषित हो रहा है। यह क्रम पिछली दो शताब्दियों से अनवरत चल रहा है।

रामायणयुग से अठाहरवीं शताब्दी तक दण्डकारण्य की पारिस्थितिकी में इतने विध्वंसक परिवर्तन कभी नही हुए, जितने आज हो रहे हैं। कैसा था प्राचीन दण्डकारण्य? इसे समझने के लिए यहाँ ऐतिहासिक भूगोल का सहारा लिया गया है। इसके माध्यम से तब और आज की स्थितियों का सही चित्रण होगा।

दण्डकारण्य के भूभाग का सर्वप्रथम भौगोलिक अध्ययन भवभूति ने किया था, जो अत्यन्त सूक्ष्म और चित्रात्मक था। उनके वर्णन के ही आधार पर यहाँ दण्डकारण्य की प्रकृति का वास्तविक परिचय प्रस्तुत किया जा सका है। भवभूति ने दण्डकारण्य की प्रकृति की विषमता का जो वर्णन किया था, वह जहाँ रामायणयुगीन सन्दर्भों के अनुकूल था, वहीं आधुनिक बस्तर की मानचित्रीकरण में भी यथार्थ प्रतीत होती है–

स्निग्धश्यामाः क्वचिदपरतो भीषणाभोगरुक्षाः
स्थाने स्थाने मुखरककुभो झाङ्कृतैः निर्झराणाम्।
एते तीर्थाश्रमगिरिसरिद्गर्तकान्तारमिश्राः
संदृश्यन्ते परिचितभुवो दण्डकारण्य-भागाः।

(उत्तररामचरित, 2.14)

अठारहवीं शताब्दी के अंत (कैप्टन जे० टी०ब्लण्ट, 1795) तक बस्तर के आदिवासी पहुँच से बाहर उपर्युक्त विवेचित जिस दण्डकारण्य में निवास करते थे, उसकी पारिस्थितिकी रामायणयुग के ही समान सुरक्षित थी। सामंतीयुग में भी यहाँ के जंगल और पहाड़ जातिसमूहों के गाँवों के समान गहन कृषि के योग्य नहीं बन पाए थे। इस दण्डकारण्य में **"क्लासिकल इंडिया"** को भुलाया नहीं गया था। यहाँ के अनेक क्षेत्र तब तक स्वछंदता तथा उर्वरता से सरोबोर थे। 'अरण्याश्रम' की **'नास्टेलजिक'** विचारधारा का आदर्श अभी तक जीवित था। यह आदर्श खाद्य संचयी जनजातियों के चिन्तारहित जीवन के अनुसार बना था। सच तो यह है कि अब तक भारत की **'क्लासिकल कल्चर'** का पर्याय थी बस्तर की आदिवासी संस्कृति। संस्कृत-साहित्य में ऐसे अनेक विवरणात्मक अंश हैं, जिसमें गंभीर प्रदूषण की भयातुरता के साथ दण्डकारण्य के आदिवासियों के शारीरिक सौष्ठव का बखान है। **कादम्बरी** के गद्यांश यहाँ शबरों के शारीरिक शक्ति और सौष्ठव की कहानी को कहते है। सभ्यता के इतने निकट रहते हुए भी दण्डकारण्य के आदिवासियों का अस्तित्व बना कैसे रहा? शायद इसलिए कि प्रछन्न हिन्दू-प्रवृत्ति अपनी भावनात्मक जरूरतों की पूर्ति आदिवासी-संवाद से करती थी और शायद यही कारण है कि आदिवासियों की पहचान बनी रही। डा० कारस्टेयर्स ने इसे 'प्रतिष्ठा का विपर्यास' कहा है। उसके साथ यह भी स्वीकार करना होगा कि आदिवासियों में भी सकारात्मक छवि विद्यमान रही होगी और शायद इसलिए बाहरी दबाव के बावजूद इतनी लम्बी अवधि तक ये पहचान बनाए रख सके। यह स्पष्ट है कि आदिवासी (लोक) तथा गैर-आदिवासी (शास्त्र) ने **'इमोशनल नीड'** के कारण विपरीत दिशा में यात्रा की है।

अपने निर्माण की प्रक्रिया में दण्डारण्य की अर्थव्यवस्था समृद्धि (abundance) की थी, न कि भरण-पोषण (subsistence) की। विध्वंसक जलवायु की तबाही के बावजूद दण्डकारण्य की प्रकृति अपरिमेयता तथा स्रोत—सम्पन्नता के कारण उर्वर थी। पारिस्थितिकी का चाक्रिक संतुलन अभी तक बिगड़ा नहीं था। उस समय प्रकृति तथा आदिवासी समान स्रोतों के वितरण में साम्यावस्था के उदाहरण थे। उनमें 'यूनी लीनियर' बाढ़ नहीं आयी थी। **'फर्टिलिटी'** के देवता 'लिंगों' सर्जक भी थे तथा विनाशक भी। वे विरोधी शक्तियों के बीच संतुलन बनाते थे।

अठारहवीं शताब्दी के बाद आदिवासियों के लिए बनायी गयी विकास की योजनाएँ इनकी संस्कृति पर एक प्रकार से हमला बोलने—जैसी थीं। असंतुलित क्षेत्रीय विकास, आदिवासियों की भूमि का अधिग्रहण, दण्डकारण्य की पारिस्थितिकी का विनाश, औद्योगिकीकरण के कारण सांस्कृतिक संक्रमण आदि ने आज **'अखंड आदिवासी संस्कृति'** की अस्मिता को संकट पैदा कर दिया है (किन्तु आदिवासी अस्मिता को नहीं)।

इस संबंध में रिचार्ड लेन्नोय (The Speaking Tree, Bombay, 1977 p. 254) के विचार द्रष्टव्य हैं "The progressive elite took its lead from Nehru in seeking ways to rescue the tribes from their economic plight, while salvaging the very qualities which their intergrated way of life had fostered. This protectionist policy led to tribal isolation, which has been dubbed the, anthropological Zoo' by its critics. Whatever measure were taken to protect the tribes from exploitation were in one sense bound to be of no more than short-term value, for the pressures inherent in their position made the tribes aware of the need for some form of change. x x x The very fact that a significant number of tribes have been Sanskritized, while others have been converted to christianity during the last hundred years, is indication of their dissatisfaction with their status within the encircling social system."

आदिवासी-अर्थव्यस्था में वन की भूमिका

बस्तर का आदिवासी रामायणकाल से ही प्रकृति के साथ समरस रहा है। आदिवासियों की अर्थव्यवस्था और उनके सामाजिक—सांस्कृतिक जीवन में वन की प्रमुख भूमिका थी। वे खाद्य-साम्रगी, ईंधन, औषधि, इमारती लकड़ी, रस्सी बनाने के लिए रेशा, पशुओं के लिए चारा, घरेलू बर्तन बनाने के लिए सामग्री, पुरखों की स्मृति में गाड़े जाने वाले स्तम्भ, कृषि के उपकरण तथा भौतिक संस्कृति से जुड़ी हुई अन्य वस्तुएँ वन से ही प्राप्त करते थे। आदिवासियों की दृष्टि में वन का आध्यात्मिक तथा धार्मिक महत्व भी है, क्योंकि वन में उनके पवित्र वृक्ष, पौधे तथा अन्य धार्मिक स्थानों के अतिरिक्त उनके देवी-देवताओं का भी निवास है। इससे वन में होने वाली प्रत्येक घटना से आदिवासियों का जीवन प्रभावित होता है। 1842 ई० में जब दक्षिण बस्तर के शाल के वृक्ष कटवाये गए थे, तो वहाँ के आदिवासियों ने ब्रिटिश-सरकार के खिलाफ सशस्त्र संघर्ष छेड़ दिया था। इस प्रकार आदिवासियों की अर्थव्यवस्था और विश्वास के साथ वन का प्रतीकात्मक ताना-बाना शताब्दियों से बना रहा है।

अनेक पीढ़ियों से आदिवासी "**वनेचर**" बने रहे हैं तथा वन ने ही अनेक प्रकार से उनके जीवन को गढ़ा है। कालातंर में वन्य उत्पादों पर उनके अनियंत्रित अधिकारों में धीरे-धीरे अपक्षरण हुआ। पहले उनके **अधिकार** विशेषाधिकार बने, फिर **विशेषाधिकार** तो रियायत बन गए। अधिकारों को लागू किया जा सकता हैं, किन्तु **रियायतें** पूरी तरह तो उस एजेंसी की कृपा पर निर्भर करती हैं, जो इन्हें मंजूर करती है।

आज आदिवासी वन पर निर्भर हैं, किन्तु वन आदिवासियों पर निर्भर न रहकर वनविभाग पर आश्रित हैं। इस प्रकार की 'डायकोटमी' आदिवासियों की रुचि तथा वन के प्रबंधन के बीच की खाई को पैदा करती है। आज यह भी तथ्य है कि आदिवासी समाज की आध्यात्मिक, आर्थिक, सांस्कृतिक तथा सौन्दर्यपरक विरासत का वन एक अभिन्न हिस्सा है।

वन केवल आदिवासियों के लिए ही महत्वपूर्ण नहीं हैं, अपितु पारिस्थितिक संतुलन बनाए रखने के लिए भी महत्वपूर्ण हैं। पिछले पचास वर्षों में दण्डकारण्य की अपूरणीय क्षति हुई है। इतनी व्यापक मात्रा में वन कट जाने से दण्डकारण्य के आदिवासियों के जीवन में गंभीर प्रतिघात आए हैं। विगत अनेक वर्षों में बाँध बनाने, उत्खनन, विकास-योजनाओं, धूर्त ठेकेदारों, या लौल-व्यवसायियों ने इन वनों की अपूरणीय क्षति की है। इस कुकृत्य में वन-विभाग भी दोषी है। वनों की सुरक्षा के लिए सरकारी नियम बेअसर सिद्ध हुए हैं। वन-नीति ने आदिवासियों के लिए असंख्य समस्याएँ खड़ी कर दी हैं। वनों के ही स्वामी वनों में घुसपैठिए सिद्ध कर दिए गए; क्योंकि उनके पास वैधानिक दस्तावेज नहीं हैं। घुसपैठिया सिद्ध किए जाने के बाद वनों से उन्हें निष्कासित किया जाने लगा। आदिवासी भौचक्का रह गया कि उसी की जमीन से उसे खदेड़ने का यह कैसा नियम बना है? अब वह विस्थापित होने की स्थिति में या तो अपने भाग्य को कोस रहा है या नक्सलियों के ताल में सुर मिलाकर ताण्डवनृत्य की तैयारी कर रहा है–**प्रवर्तेत अधरोत्तरम्।**

2
संस्कृति

भूमिका

आज बस्तर में दो-तिहाई लोग ऐसे हैं, जिनकी संस्कृति को **'आदिवासी संस्कृति'** कहा जाता है। ये नानाविध जातीय, भाषायी तथा सांस्कृतिक वर्गों में विभाजित हैं। जनसंख्या की दृष्टि से ये प्रदेश की लगभग एक चौथाई जनता का प्रतिनिधित्व करते हैं। 'प्रति-वर्णी संस्कृति' (Antipodal Culture) के रूप में ये हमारे अध्ययन के लिए महत्वपूर्ण हैं। इन्हीं के कारण छत्तीसगढ़ की संस्कृति का पोषण हुआ है। **कोशाम्बी** (1956: 25) ने कहा था कि **"भारतीय इतिहास के सभी कालखण्डों में हम देखते हैं कि आदिवासी तत्वों का समूचे भारतीय समाज में प्रचुर मिश्रण हुआ है।" प्रति-वर्णी आदिवासी समाज** की बस्तर की संस्कृति के विकास में इस सम्मिश्रण की भूमिका को भुलाया नहीं जा सकता। यह बात उस समय और भी ध्यान देने योग्य है, जबकि हम जानते हैं कि ये जातिव्यवस्थापरक समाज से कितने भिन्न और अलग-थलग हैं। बस्तर में इस प्रतिवर्णी समाज के दो स्तर हैं–(1) आदिम जनजाति वर्ग (अबुझमाड़िया), से विशेष पिछड़े वर्ग में इसलिए सम्मिलित किया गया है; क्योंकि नियमित कृषि से ये अभी तक नहीं जुड़े और विशुद्ध आदिम अवशेष हैं। (2) **जनजाति वर्ग** (शेष आदिवासी), जो कृषि–उत्पादन से जुड़कर आंशिक तौर पर **'डिट्राइबलाइज्ड'** हो गए हैं तथा सुविकसित आधुनिक नगरों से जुड़ गए हैं। इस दूसरे स्तर (जनजाति वर्ग) की संस्कृति के माध्यम से हम जाति और जनजाति के बीच की अनवरत अन्तःक्रिया और सांस्कृतिक आदान-प्रदान का चित्र खींच सकते हैं। इससे हमें यह भी ज्ञात होगा कि जनजाति से जाति बनने की क्या प्रक्रिया थी? **कोशाम्बी** के ही शब्दों में–

The refusal to produce anything useful for general society beyond the tribe entails rough treatment as potentially crimial elements............The different methods whereby the trible elements were formed into a society or absorbed into pre-existing society are prime ethnic material for any real historian (An Introduction to the Study of Indian History, Bombay, 1956: 25)

जनजाति और जाति के बीच अत्यधिक महत्वपूर्ण भिन्नता यह है कि जनजाति में **विशिष्टतावाद** नहीं होता। जब-जब कोई जनजाति विशिष्टता से जुड़ी है, उसने जाति जैसा व्यवहार किया है। जाति की तुलना में जनजाति मुक्त, **अनुशासित तथा सही मायनों में आत्मनिर्भर** होती है। गेजा रोहीम (Magic and Schizophrenia, Newyork, 1956) ने यही विचार व्यक्त किया था–"आदिम **अर्थव्यवस्था की विशिष्ट विशेषता**

यह है कि उसमें श्रम के सही विभाजन का अभाव होता है। इसका तात्पर्य यह है कि प्रत्येक व्यक्ति समूची संस्कृति का स्वामी होता है। दूसरे शब्दों में प्रत्येक व्यक्ति सचमुच आत्मनिर्भर और विकसित होता है।"

जाति और जनजाति के बीच विरोध के इसी सिद्धान्त का प्रयोग वैरियर एल्विन ने भी किया था। डॉ० **कारस्टेयर्स** ने '**दमित तथा बाधित हिन्दू मॉडेल**' की तुलना '**नैसर्गिक, आक्रामक तथा विक्षुब्ध**' भील-जाति से की है। बस्तर की जनजातियों पर भी यही बात लागू होती है। इसी प्रकार बस्तर के अपने निरीक्षण से मेरा यह निष्कर्ष है कि यहाँ की जनजातियों की सौन्दर्यमूलक जीवन-पद्धति भारत की **क्लासिकी-संस्कृति** की ऐन्द्रिय समृद्धि का पुनः स्मरण कराती है, जबकि ग्रामीण-संस्कृति के साथ ऐसा नहीं है।

बस्तर के आदिवासी अभी हाल तक पहुँच से बाहर उन क्षेत्रों में निवास करते थे। जहाँ का पर्यावरण **क्लासिकी-युग** के समान सुरक्षित था। सामंती-युग से ही यहाँ के जंगल और पहाड़ जाति-समूहों के अति जनसंख्या वाले गाँवों की तरह गहन कृषि के योग्य नहीं बन पाए थे। इन आरण्यक क्षेत्रों में श्रेण्ययुगीन बस्तर अभी तक भुलाया नहीं गया था। यहाँ के अनेक क्षेत्र हाल तक स्वच्छंदता तथा उर्वरता से सरोबोर थे। इनकी संस्कृति—विशेषकर अरण्याश्रम का '**नास्टेलजिक**' आदर्श-खाद्य संचयी जनजातियों के अपेक्षाकृत चिन्तारहित जीवन के ही अनुसार बनी थी। सच तो यह है कि यहाँ **क्लासिकी**-संस्कृति अपने आदिम रूप से मिलती है। संस्कृत-साहित्य में ऐसे अनेक विवरणात्मक अंश हैं, जिनमें गंभीर प्रदूषण की भयातुरता के साथ आदिवासियों की शारिरिक शक्ति और सौन्दर्य का बखान है। **कादम्बरी** के गद्यांश शबरों के शारीरिक सौष्ठव की कहानी कहते हैं। सवाल यह है कि सभ्यता के इतने निकट रहते हुए भी आदिवासियों का अस्तित्व बना कैसा रहा? शायद इसलिए कि प्रच्छन्न हिन्दू-प्रवृति अपनी भावनात्मक जरूरतों की पूर्ति आदिवासी-संस्कृति के शोषण से करती थी और शायद यही कारण है कि आदिवासियों की पहचान बनी रही। डॉ० कास्टेयर्स ने इसे 'प्रतिष्ठा का उलट-पुलट' (reversal of the medal) कहा है। इसके साथ यह भी स्वीकार करना होगा कि आदिवासियों में भी सकारात्मक छवि विद्यमान रही होगी और शायद इसीलिए बाहरी दबाव के बावजूद इतनी दीर्घ अवधि तक ये अपनी पहचान बनाए रख सके। वैरियर एल्विन (The Religion of the Indian Tribe, Bombay, 1956) ने भारत की जनजातियों के धर्म का विश्लेषण करते हुए यह विवरण दिया है कि बस्तर के सौर का विवाह हिन्दू-प्रेतों से किस प्रकार होता है। उक्त कथा **योगवासिष्ठ** में वर्णित राजा लवण की कथा का ही एक रूपान्तरण है। इससे यह ध्वनि निकलती है कि आदिवासी भी भावनात्मक जरूरतों के कारण विपरीत दिशा में यात्रा करते थे। इस प्रकार के संतोष की प्राप्ति से उनकी आजादी की सुरक्षा हो सकी और पृथक् अस्मिता बनी रही।

हमारे लिए यह विश्वास करने के ठोस कारण है कि आर्य-वर्ग (संस्कृत-साहित्य) गाँव के किसान की तुलना में आदिवासी आखेटक को अधिक पसंद करता था, जबकि तथ्य यह है कि ग्रामीण कृषक सैद्धांतिक तौर पर आदिवासी से उच्चतर **'स्टेटस'** रखता था और चातुर्वर्ण्य व्यवस्था का एक सदस्य था। **राजगोंड–जैसी शक्तिशाली जनजातियों ने अनेक शताब्दियों तक ब्रिटेन के बराबर के अंचल में पर्याप्त राजनीतिक शक्ति का प्रयोग किया** था। इसमें कोई संदेह नहीं है कि गोंडों ने अपने पड़ोसी हिन्दू राजाओं के बीच अपने शौर्य और श्री के कारण पुष्कल सम्मान भी प्राप्त किया था। किन्तु जाति-समाज ने सजातीय विवाह की जिद के कारण अपने तथा आदिवासी के बीच के भेद को स्वाभाविक तथा अपरिवर्तनीय मान लिया। एक पृथक् सजातीय इकाई के रूप में आदिवासियों को जातिव्यवस्था के चातुर्वर्ण्य में लाने का कोई संगठित प्रयास भी नहीं हुआ। किन्तु जाति-समाज से निकटता रखने वाले आदिवासियों की एकता आर्थिक कारणों तथा संस्कृतीकरण के कारण छिन्न-भिन्न हो गई थी और इसीलिए क्रमशः ये जातियों में बदल गए। बस्तर के व्यापक क्षेत्रफल तथा जंगली प्रदेश में संचार की बाधा आदि के कारण यहाँ इनके निवास के लिए प्रचुर भूमि थी। इसके अतिरिक्त आदिवासी भरण-पोषण-योग्य अर्थव्यवस्था से वहीं पर बने रहे, जहाँ आखेट तथा भोजन-संचय तुलनात्मक दृष्टि से सरल था। भिन्न-भिन्न मौसमों में शताधिक नैसर्गिक उत्पाद सरलता से मिल जाते थे। ऐसी समृद्ध थी नैसर्गिक उर्वरता इस छत्तीसगढ़ की। जब तक किसी क्षेत्र में जनसंख्या का दबाव अधिक उग्र नहीं हुआ, तब तक वहाँ जनजातियाँ तथा जातियाँ शान्ति के माहौल में रहती थीं।

इसका अर्थ यह नहीं है कि आदिवासी पूरी तरह अलग अस्तित्व रखते थे और उनकी सत्ता विलगाव की थी। जातियों के साथ उनके मेलजोल से अनेक महत्वपूर्ण विकास हुए, जिनकी चर्चा हम यहाँ करना चाहते हैं। आदिवासी गाँव के साप्ताहिक बाजारों के आर्थिक **'नेटवर्क'** में दीर्घकाल से जुड़े रहे हैं, जहाँ उनका सम्पर्क जाति-संरचना से जुड़े हुए हिन्दू कारीगरों से था। सांस्कृतिक धरातल पर ये शिल्पी-जातियाँ गाँव के स्तर पर बहुत अधिक सक्रिय थीं। आदिवासियों के साथ उनका आर्थिक गठबंधन, उनके धार्मिक क्रियाकलापों, उत्सवों तथा कलाओं में प्रतिबिम्बित होता है। इसीलिए आज आदिवासी धर्म और हिन्दू धर्म के बीच भेदकता की कोई सुस्पष्ट रेखा नहीं खींची जा सकती है। ठीक इसी प्रकार जातिव्यवस्था में संविलयन की प्रक्रिया से जुड़े हुए आदिवासियों में सामाजिक संरचनागत स्तरों को नहीं खोजा जा सकता है। हम कह नहीं सकते हैं कि वे जाति में बदल गए हैं या जनजाति ही बने हुए हैं।यह जाति और जनजाति के बीच अखण्डता की स्थिति का वाचक है। जब से हमने पश्चिमी धारणा से वशीभूत होकर दोनों का खण्ड-खण्ड में देखना प्रारंभ किया है, तभी से आदिवासी-संस्कृति की हमने गलत व्याख्या की है।

इस अखण्डता के साथ-साथ इसमें मिलने वाली संरचनात्मक भिन्नताओं की व्याख्या **लेवी स्ट्राउस** (तदेव, 1966 :102). **'वैचारिक रूपान्तरण'** के माध्यम से करना चाहेंगे और एतदर्थ वे **'टोटेमिक असगोत्र विवाह'** के रास्ते से **'जातीय सगोत्र विवाह'** तक पहुँचना चाहेंगे। आदिवासियों को टोटेमिक व्यवस्था में सामाजिक वर्गों का भेद प्राकृतिक भिन्नताओं के आधार कर देखा जा सकता है—प्राकृतिक जाति के सादृश्य पर जिसमें प्रत्येक वर्ग वनस्पति या पशुजगत् की जातियों को नियंत्रित करता है। इससे भिन्न जातिव्यवस्था में सभी बातें व्यवसाय की विशिष्टता तथा सांस्कृतिक **'मॉडेल'** में अवतरित टोटेमिक—वर्गों से परिचालित होती है। प्राकृतिक व्यवस्था या सांस्कृतिक व्यवस्था उस वस्तुपरक 'मॉडेल' को पेश करती है, जिसके आधार पर वे परिपूरक या सहयोगी सम्बन्ध बना सकें (तदेव, 12-4) छत्तीसगढ़ की ओराँव जनजाति में 67 टोटेम या तो पशुजगत् या वनस्पति-जगत से व्युत्पादित हैं। **मुण्डाओं** में 340 से अधिक गोत्रान्तर-विवाह-सम्बन्धी गोत्रों (पाड़) में भी पशु या वनस्पति टोटेम हैं, किन्तु इनके अतिरिक्त अनेक विविध प्रकार के भी टोटेम हैं, जिसमें चाँदनी इन्द्रधनुष, कंगन, वराण्डा, छाता, टोकनी बनाने वाला तथा मशालची आदि भी हैं। जुलाहों की देवांगन जाति में पशुओं या वनस्पतियों के टोटेम के बजाय गढ़ी हुई वस्तुओं के टोटेम मिलते हैं। इनके आधार पर जाति के भीतर सामाजिक वर्गों की विभिन्नता का बोध होता है। **लेवी स्ट्राउस** ने टोटेमिक-वर्ग तथा व्यावसायिक-वर्ग को 'बहिःक्रियाशील' (Exo-practicing) माना है। **इनमें प्रथम तो वधू के आदान-प्रदान से सम्बद्ध है, तो द्वितीय वस्तु और सेवा के आदान-प्रदान से सम्बद्ध है**। इस प्रकार **लेवी स्ट्राउस** (तदेव 116-33) टोटेमिक-वर्ग तथा व्यावसायिक जातियों को सामाजिक परिपूरक के विपरीत उदाहरणों में देखते हैं। प्रथम प्रकार्य की दृष्टि से समरूप तथा संरचना की दृष्टि से विषमरूप है, जबकि द्वितीय ठीक प्रथम के विपरीत है।

हिन्दुओं की निम्न जाति के समान आदिवासी भी जाति-वर्ग के भीतर सामाजिक व्यवहार में समानता पर बल देता है। स्त्रियों के **'स्टेटस'** में और अधिक समानता, स्त्री और पुरुष के बीच और अधिक उदार सम्बन्ध, पति औंर पत्नी के बीच और अधिक वैयक्तिक सम्बन्ध, रोमांटिक प्रकृति के प्रणय-निवेदन की अधिकाधिक छूट, प्रणय—साहसिकता तथा प्रणय-कलह और शिशुचर्या में अधिकाधिक आत्मनिर्भरता। जातियों की तुलना में जनजातियों में अशौच के नियमों में शिथिलता है। शुद्धाचारवाद की अनुपस्थिति, भोग-विलासों में स्वंच्छद विचरण की वृत्ति तथा सामूहिक पहचान के प्रति दृढ़ भाव के कारण आदिवासियों में संगीत और नृत्य के प्रति प्रबल उत्कण्ठा है और इसमें आदिवासी सर्वोत्कृष्ट हैं।

यह एक विलक्षण बात है कि जनजातियाँ **आत्माश्वासित मानसिकता** वाली हैं, जबकि जातियों की **मानसिकता चाटुकारिता** वाली है। सच तो यह है कि बस्तर की जो

जनजातियाँ बन्दोबस्ती—खेती या कारीगरी—कुशलता से नहीं जुड़ी थीं, किन्तु जिनका औद्योगिकीकरण हो गया, उनमें आज भी आजादी का भाव विद्यमान है। (बस्तर की दण्डामी **माड़िया** को हम उदाहरण के रूप में ले सकते हैं, जो बैलाडीला के कारण औद्योगिकीकरण की चपेट में आ गयी। ऐसे अन्य अनेक उदाहरण भी हैं, क्योंकि बस्तर की प्रायः सम्पूर्ण खनिज-सम्पदा इन्हीं आदिवासी अंचलों में दबी हुई है।) ऐसा इसीलिए संभव है; क्योंकि जनजाति एक पूर्ण तथा आत्मसंयमी अखण्ड समाज है, जबकि जाति एक खण्डित समाज है। औद्योगिक जातियों के सदस्यों के समान ग्रामीण जातियों के सदस्यों में भी सजातीय विवाह का नियम आज भी बहुत कठोर है। इसलिए अभी भी किसी आदिवासी सदस्य के साथ किसी जाति के सदस्य के साथ अन्तर्विवाह के उदाहरण कम हैं। परिणामतः कहा जा सकता है कि बस्तर के आधुनिक औद्योगिक नगरों में औद्योगिकीकृत आदिवासियों की अस्मिता सुरक्षित रहेगी, भले ही उनकी सामाजिक संरचना में कोई भी परिवर्तन घटित हो जाय।

बस्तर में ऊँची जाति का शिशु जिस मनोवैज्ञानिक पराधीनता के माहौल में बढ़ता है, आदिवासी शिशु उससे सदा अपरिचित होता है। यहाँ की अनेक जनजातियों में सबसे विशिष्ट प्रचलित संस्था गाँव का **युवागृह** है, जिसे ओराँव में **'धुमकुरिया'** तथा मुरिया में **'घोटुल'** कहा जाता है। घोटुल के निर्माण का विचार जब सर्वप्रथम लिंगों के मन में आया होगा, तब शायद तथाकथित जातिवर्गों की तुलना में आदिम जनजातियाँ सांस्कृतिक दृष्टि से अग्रगामी रही होंगी। घोटुल आज भी उच्च प्रकृति का एक संस्कारित संगठन है, जिसकी तुलना विश्व के किसी भी प्रकार के अन्य **'युवागृहों'** से की जा सकती है। बस्तर के नारायणपुर तथा कोण्डागाँव के **मुरिया** आदिवासियों में विशेष रूप से प्रचलित यह संगठन सामाजिक शिक्षण का एक ऐसा **श्रव्य** तथा **स्पर्श माध्यम** है, जिसकी पूर्णता से आदिवासी प्रतिभा पर आश्चर्य होता है। मानव की आविष्कारक प्रवृत्ति पर हम हठात् मंत्रमुग्ध हो जाते हैं। सौन्दर्यशास्त्र की दृष्टि से यह स्वीकार करना होगा कि जिस प्रकार **संस्कृत-नाटक** तथा **गुफागृहों** ने श्रेण्य छत्तीसगढ़ की खिदमत की थी, उसी प्रकार इन घोटुलों ने **आदिवासी छत्तीसगढ़** की सेवा की है। सामाजिक तौर पर इन घोटुलों का मौलिक महत्व रहा है, जबकि जातिमूलक समाज के पास इनके समतुल्य अन्य कोई संस्था नहीं थी। ये घोटुल ही थे, जहाँ आदिवासी छत्तीसगढ़ की सूक्ष्म सौन्दर्य-मूलक संस्कृति का विकास हुआ था। यद्यपि छत्तीसगढ़ की सभ्यता के विकास में इनका कोई प्रत्यक्ष प्रभाव नही पड़ा दीखता, किन्तु एतत् जनित चरित्र और संवेदनशीलता से इनकी भूमिका को भी नहीं नकारा जा सकता। ये आदिवासियों की शैक्षिक आवश्यकताओं की पूर्ति में एक मौलिक साधन थे। यहाँ आदिवासी अपने रीतिरिवाजों का अभ्यास करते थे। अपनी परम्परा का स्मरण करते थे। अपने-आपको पहचानने का प्रयास करते थे। मुझे तो ऐसा लगता है कि छत्तीसगढ़ के इतिहास की संकट की घड़ी में इन घोटुलों ने छत्तीसगढ़ की

मुमूर्ष सांस्कृतिक प्राणशक्ति को एक नयी ऐन्द्रिक ओजस्विता से अनुप्राणित किया था। जब छत्तीसगढ़ की शास्त्रपरम्परा बाँझ होने की स्थिति में भी जब छत्तीसगढ़ की तपश्चर्या और नीरस पंडिताऊपन ने हिन्दू समाज के स्वास्थ्य को अनिष्ट की आशंका से भर दिया था। उस समय हिन्दू समाज को स्वस्थ्य बनाने के लिए **ओराँवों** तथा **मुरिया** लोगों की ओर से ताजी हवा का झोंका आया था। हवा के उक्त झोंके को सांस्कृतिक नायकों ने उच्छ्वसित किया था। ये **कलचर-हीरो** आदिम सभ्यता से ही जन्मे थे। इनमें **मुरिया** जनजाति के **लिंगो**, गोंडों के लछमनजती, ओराँव जनजाति के **धर्मेस** तथा अबुझमाड़िया जनजाति के **कर्ण** की भूमिकाएँ अप्रतिम हैं। इन्होंने निराशप्राय युवावर्ग को शिक्षित करने के लिए विविध विचारों को जन्म दिया। इन सांस्कृतिक नायकों के अतिरिक्त **ओराँव** तथा **गोंड** जनजाति की ऐसी महिलाएँ भी सामने आयीं, जो स्वतंत्रता और समानता का पाठ पढ़ा रहीं थीं। इनमें **जंगोबाई** तथा **मासकदेवी** का नाम उल्लेखनीय है। ये नायक तथा नायिकाएँ चरवाहा–संस्कृति में ही पोषित हुए थे, किन्तु युवकों के विकास के लिए इनके मन में क्रान्तिकारी विचार थे। हमें यह भी ध्यान रखना होगा कि **कृष्ण-संस्कृति** और यहाँ तक कि **अजन्ता-भित्तिचित्र** की कल्पनाएँ भी उस युग में उद्भूत हुई, जब आरण्यक संस्कृति एक प्रमुख सांस्कृतिक शक्ति थी। उक्त आदिवासी–संस्कृति इन्द्रियों के बीच संतुलित अन्योन्य प्रतिक्रिया की अभिव्यंजना कर रही थी और यह सब कुछ घोटुल की पूर्ण निरंतरता से ही संभव था।

घोटुल केवल एक **'क्लब'** नहीं है अपितु यह एक आत्मानुशासित **'कम्यून'** भी है, जहाँ दोनों ही लिंगों (स्त्री और पुरुष) के युवा आदिवासी सामाजिकता को विकसित करते हैं। प्रौढ़ों के नियंत्रण से आजाद होकर सामाजिक और आर्थिक जीवन के कर्तव्यों से प्रशिक्षित होते हैं और कुछ निर्दिष्ट शुल्क के बदले आदिवासी-समाज की सहायता करते हैं। संध्या होते ही युवकगण घोटुलों में इकट्ठा होते हैं, जिससे कि वे बड़े-बूढ़ों के बिना हस्तक्षेप के नृत्य, गीत, क्रीड़ा, सामाजिक व अन्य प्रशिक्षण प्राप्त कर सकें। देर रात युवतियों के चले जाने पर (धुमकुरियों के सन्दभ) वे घोटुलों में ही सोते हैं। यहाँ प्रत्येक युवती का कोई न कोई जोड़ीदार होता है। युवती अपने जोड़ीदार के बाल सँवारती है, कंघी करती है। उसके बदन की मालिश करती है। उसके साथ नाचती है। गाती है। विविध क्रीड़ाएँ करती है। एल्विन के अनुसार मुरिया रतिक्रीड़ा को प्राकृतिक तथा स्वास्थ्यवर्धक मानते हैं। **मुरिया-समाज** जितेन्द्रियत्व पर मुग्ध नहीं होता। ठीक इसके विपरित घोटुल-जनित आसक्ति परम सुख के लिए ही होती है। घोटुल की उक्त प्रक्रिया को **पंचम** तत्व के अंतर्गत **महानिर्वाणतंत्र** में भी पुष्ट किया गया है–

बिना परिणीतां वीरः शक्तिसेवां समाचरेत्।
परस्त्रीगामिनां पापं प्राप्नुयान्नात्र संशयः ॥

इस **शेषतत्व** रतिक्रिया का अधस्तन लक्षण मिलता है–

महानन्दकरं देवि प्राणिनां सृष्टिकारणम्।
अनाद्यन्तं जगन्मूलं शेषतत्वस्य लक्षणम् ॥

घोटुलों में गर्भधारण की स्थिति अपवाद के रूप में ही आती है। **एल्विन** की खोज के अनुसार उन क्षेत्रों में तलाक की संख्या अधिक है, जहाँ घोटुल नहीं होते हैं। घोटुल-क्षेत्र में तलाक की संभावना कमतर है। उनका यह मानना है कि घोटुलों में अनुशासन और सामाजिकता का जो प्रशिक्षण मिलता है, उससे एक ऐसी मानसिक वृत्ति बनती है, जिससे वैवाहिक सम्बन्धों में स्थिरिता आती है। घोटुल में अनुकरण-मूलक नृत्यों का प्रशिक्षण होता है, जिनमें प्रौढ़ों की कामकाजी और शिल्पगत कुशलताओं का चित्रण होने के साथ उनकी प्रणय-क्रीड़ा तथा सहवास का भी निदर्शन होता है। डी० एन० मजूमदार के अनुसार While ideas about the sanctity of tribal discipline, social approbation, social justice, reciprocity of obligation, law and order in society, as well as the relations between effort and reward, between crime and punishment are inculcated through stories and anecdotes which graphically describe individual doing and their repercussions on the social life of the community (Races and Cultures of India, Bombay 1961, pp. 278-9).

एक मुरिया– घोटुल की खीझ की कल्पना कोई भी कर सकता है, जब उसे पता हो कि एक दिन **मजूमदार** ने सँकरे दरवाजे से अपनी टार्च की रोशनी को किस प्रकार फेंका था, जहाँ उन्हें युवक-युवतियों के जोड़े सहवास की स्थिति में रात्रि एक बजे देखने को मिले थे। तब ऐसा लगता था कि जैसे कोई गाइड अजन्ता की गुफाओं की सम्मोहक अनुनादित धुँधलके में जमे हुए 'डिटेल्स' पर टार्च की रोशनी फेंक रहा हो। पीठ के बल लेटे हुए एक युवक की छह युवतियाँ मालिश कर रही थीं, जब कि वह अपने ताजातरीन पराक्रमों का बखान कर रहा था। उसके अतिरिक्त अन्य विविध समूह अपने को छाया से ढके हुए थे और किसी बाहरी व्यक्ति के द्वारा देखे जाने पर लज्जा का अनुभव कर रहे थे (तदेव, 279-80)। **एल्विन** ने घोटुलों के अध्ययन और मुरिया-कविता के अनुवाद के माध्यम से तथा **हीरालाल शुक्ल** ने **आदिवासी-संगीत** (1986) के माध्यम से इस निष्पाप तथा रमणीय संस्था को जो महत्व दिया, उससे लोगों के मन में कौतूहल का भाव जागा है। घोटुलों की विस्तृत मानवविज्ञानी अध्ययन **फ्यूरेर-हैमेनडोर्फ** (Youth Dormitories and Community Houses in India, American Anthropologist, 45,1950, pp. 119-44) ने किया है।

उक्त पर्चे में जो प्रकरण दिए गए हैं, वे मेरी संकल्पना पर कोई ठोस प्रमाण नहीं प्रस्तुत करते, किन्तु मेरे मत के समर्थन के लिए इसमें अनेक संकेतसूत्र हैं। **फ्यूरेर-हैमेनडोर्फ**

का सुझाव है कि **नवपाषाणी कृषि-सभ्यता** के विकास के साथ ही **'युवागृहों'** का बिखराव शुरू हो गया था। नहीं तो इस अवधि से पूर्व ये आसाम, हिमालय, बर्मा, मलेशिया तथा इण्डोनेशिया के आदिवासियों में भी विकसित थे। यहाँ की जनजातियाँ सबसे पहले आसाम की नागा पहाड़ियों पर आकर बसीं। यहाँ से एक ओर इनकी धारा पश्चिम में गढ़वाल तक गयी, तो दूसरी दक्षिण पश्चिम में बिहार, उड़ीसा तथा बस्तर की पहाड़ियों तक पहुँची। आज युवागृह आसाम के नागा, बिहार, उड़ीसा तथा बस्तर के अनेक मुंडा तथा द्रविड़भाषी जनजातियों में मिलते हैं। नीलगिरि की कोटा तथा अन्य जनजातियाँ एवं गढ़वाल तथा अलमोड़ा के **भोटिया** में भी इनका अस्तित्व है। **फ्यूरेर-हैमेनडोर्फ** मानते हैं कि यद्यपि बीसवीं शताब्दी में इनका वितरण खण्ड-खण्ड है, किन्तु संभावना यह है कि प्राचीनकाल में यह छत्तीसगढ़ के सभी मुंडा तथा द्रविड़भाषियों के बीच सर्वत्र फैला रहा होगा। उनका मानना था कि बस्तर में संख्या की दृष्टि से युवागृहों की विरलता अधोलिखित कारणों से हुई....... a result of social pressure and disapproval on the part of politically dominat populations. Throughout Peninsular India the youth dormitories are faced with condemnation and criticism of Hindu populations who invariably object to the freedom of intercourse between unmarried boys and girls......... the uneven distribution of the institution today may partly be due to similar cases of outside pressure in previous times (तदेव पृ० 142)

फ्यूरेर हैमेनडोर्फ का कथन है कि यद्यपि विविध युवागृहों में आपस में बहुत फर्क है, किन्तु आम माहौल में 'एक अकल्पनीय समानता' है। उन्हीं के शब्दों में—The youth-dormitory itself must be regarded as the expression of a social tendency, an ethos, rather than an isolated element of culture. (तदेव पृ० 136)

तब सवाल उठता है कि घोटुलों (या युवागृहों) के **'एथॉस'** का प्रभाव गुफा-देवालयों में बताने के लिए हमारे पास क्या प्रमाण हैं? **फ्यूरेर-हैमेनडोर्फ** ने घोटुलों से मिलने वाली विशेषताओं का आकलन करते हुए कहा है कि विवेच्युग की आर्य-सभ्यता में उक्त विशेषताएँ नहीं थीं। उनके अनुसार युवाग्रहों या घोटुलों का विकास केवल आदिवासी समाज में ही हो सकता है, जो कि **कम्यून** की शक्ल में जीवन-यापन करने के लिए नवपाषाण में विकसित हुए होंगे (यह स्मरणीय हैं कि गुफाएँ भी नवपाषाण-संस्कृति से संलग्न क्षेत्रों में ही खोदी गई थीं)। ये घोटुल घर-परिवार से पृथक् अविवाहित युवक-युवतियों के पृथक् संगठन की स्वीकृति देते हैं। ये युवक के क्लब हैं तथा शक्तिशाली जादुई शक्तियों से सम्बद्ध कर्मकाण्ड के केन्द्र भी हैं। घोटुल एक स्वशासित संस्था के रूप में सामुदायिक एकता का केन्द्र है। कतिपय अवसरों पर यह ग्रामसभा तथा यात्रियों के लिए अतिथिशाला

भी है– From (one youth dormitory of a particular type) it is probably a small step to village shrine and we cannot exclude the possibility that men's house in its role as the depository of sacred objects is one of the protoypes of the temple (फ्यूरेर-हैमेनफोर्ड, तदेव, पृ० 141)।

दूसरे शब्दों में हम कह सकते है कि जब नास्तिक सम्प्रदाय (चार्वाक, बौद्ध, जैन) अविवाहितों के आश्रय के लिए किसी एकान्त संस्था 'मॉडेल' की तालाश में थे, तब इन अलग-थलग अंचलों में सुदृढ़ आदिवासियों के युवागृहों पर इन सन्यासियों का ध्यान गया होगा। **एल्विन** मानते हैं कि घोटुल की शिक्षा स्वत्वधारिता का निषेध करती है। वह व्यक्तिगत संपत्ति का विरोध करती है। वह वैयक्तिक तौर पर संग्रह को भी हतोत्साहित करती है। यही बात प्राचीन काल के मठ-सम्प्रदायों पर भी लागू होती है। दोनों में ही त्यागवृति देखने को मिलती है। ऐसी स्थिति में नास्तिक सम्प्रदायों के लिए घोटुल एक सुस्थापित 'मॉडेल' बन गया होगा और इसी के अनुकरण पर आश्रम, संघाराम, विहार या मठ आदि का विकास हुआ होगा।

एक अन्य नमूना सौन्दर्य के क्षेत्र में भी देखने को मिलता है। युवागृह विविध प्रकार की नक्काशियों तथा भित्ति-चित्रों से अलंकृत हैं। ये कलात्मक रचना के लिए प्रमुख रूप से उत्प्रेरक हैं। जुआङ युवागृहों को धन्नियों और खम्भों पर हाथियों, आखेट तथा नृत्य के दृश्य अंकित हैं। इनमें महिलाओं की आकृतियाँ तथा उनके स्तनों की अनेक शृंखलाएँ चित्रित है (एल्विन, 1947 : 302)। **बोंडो** में युवतियों के एक प्रकार के युवागृह में जमीन के भीतर आश्रय बने हुए हैं, जो दस फीट तक गहरें हैं तथा उनके ऊपर बांस, शाखा और मिट्टी का छप्पर बना हुआ है। इन सभी उदाहरणों से लगता हैं कि ये युवागृह मौज-मस्ती, संगीत, गायन, नृत्य तथा क्रीड़ा के क्षेत्र थे, जिनमें आदिम समाज की सामूहिक कला की अभिव्यक्ति मिलती है (**एल्विन** तदेव)।

नास्तिक सम्प्रदायों का आदिवासियों से प्रगाढ़ सम्बन्ध था– जातीय और सांस्कृतिक तौर पर दोनों एक-दूसरे से जुड़े हुए थे। इनकी विहार तथा संघ नामक संस्थाएँ आदिवासियों की परिषद् तथा युवागृह से ही विकसित हुई थीं। इन नास्तिक सम्प्रदायों के अधिकांश प्रतीक तथा इनके **'आर्किटेक्चरल प्रोटो-टाइप'** आदिवासी संस्कृति से ही लिए गए हैं। इनके अविवाहितों का विलगाव खाद्य-संचयकों के जीवन के सांस्कृतिक **'नास्टैलजिया'** का प्रतीक है। आदिवासी संस्कृति के क्षेत्र के पास आश्रय के चयन की वरीयता इस प्रवृत्ति का अनुमोदन करती है। आश्चर्यजनक यह भी नहीं लगता कि गुफा के **'एथॉस'** में विषय-वासनासम्बन्धी परिष्कार तथा कामोद्दीपक स्वर दोनों की सहभागिता रखते हैं। दोनों के माहौल में एक अकल्पित समानता है। किसी दीक्षापरक संरचना के प्रत्यर्पण की चाहत तथा जीवनशैली की ग्राम्य नैसर्गिकता उस समय की मजबूरियाँ थीं। उक्त बाध्य अविलम्बित के रूप में तापस–अनुशासन की कोई जरूरत नहीं थी। ऐसी स्थिति में हम

एरिक्शन के शब्दों में कह सकते हैं कि **'उक्त तापस वृति का लक्ष्य यह नहीं था कि जीवन कामुक तथ्यों का निराकरण करता, अपितु उसका यह लक्ष्य था कि उनकी सच्चाई के प्रति आग्रह करता।'**

आदिवासियों का धर्म

बस्तर की सभी जनजातियों में तंत्र और धर्म साथ-साथ चलते हैं। यहाँ विविध अभिचारिक क्रियाएँ एक अपरिहार्य आर्थिक शक्ति के रूप में देखी जाती हैं, जबकि धर्म आदिम समूह की नैतिक एकता के माध्यम से नियत रूप में आदिम संविधान का आधार प्रस्तुत करता है। तंत्र आदिम-समाज के अनुकूलन का एक प्रमुख आधार है।

गोंडों की लोककथाएँ और लोकगीत उनके पूर्वजों के वीरतापूर्ण कार्यो से भरे हुए हैं। राजा, योद्धा, अभिचारी, जोगी, सिरहा, गुनिया (ज्योतिषी) आदि की कथाओं से इनका लोक-साहित्य आप्लावित है। यहाँ वीरता, पराक्रम व शक्ति की भी अनेक किंवदन्तियाँ हैं, तो कपटता व साधन-सम्पन्नता की भी बातें हैं। इनमें से अनेक नामों का उच्चारण ये गोंड अपने मंत्रों व मंत्रयोगों में बार-बार करते हैं।

गोंडों का प्रत्येक सांगीतिक कृत्य, आचरण व विधि-विधान समाज के पारम्परिक नियमों के द्वारा दृढ़ता के साथ सम्पन्न किया जाता है। इसमें एक इकाई के लिए, किसी व्यक्ति के लिए कोई विकल्प नहीं है। इतना ही नहीं, समाज के प्रमुख व शासक के लिए भी यह माना जाता है कि वह समाज के हित को ध्यान में रखते हुए, उसकी एकता का चिन्तन करते हुए विहित नियमों का पालन करे। यहाँ अभिचार कोई श्रद्धा की बात नहीं है या कोई प्रतीति नहीं है, जिससे यह हमें अस्वाभाविक और भाग्यवादी लगे; किन्तु यहाँ तो यह कला है, एक निपुणता है, जिसमें सिद्धान्त और रूढ़ि प्रत्येक चरण में कर्म के रूप में रूपान्तरित होती है। **माड़िया-मुरिया** के लिए तंत्र एक व्यावहारिक व प्रायोगिक विषय हैं। अविचार-शक्ति और अदूरदर्शिता के कारण जब आपातिक संकटकाल व नाजुक वक्त में वह उत्तेजित हो उठता है, तो उस समय अभिचार(जादू) ही उसकी रक्षा करता है और मानसिक तनावों से मुक्त करता है। अभिचार ही संगीत को सफल बनाता है। फसल के लिए समय मेघजल लाता है। इसी पर अच्छा शिकार निर्भर करता है। यही महामारी और व्याधियों से उसकी रक्षा करता है। अनिष्ट से बचाता है। गर्भग्रहण, गर्भावस्था, शिशु-जन्म, नेतृत्व, विवाह, गीत नृत्य, वादन, प्रणय व विविध सांगीतिक कार्यो से इसका गूढ़ सम्बन्ध है। गृह-निर्माण, ग्राम-परिसर के चयन, सांगीतिक यात्रा आदि विविध सामाजिक, आर्थिक व धार्मिक जीवन में अभिचार (तंत्र) का अपरिहार्य स्थान है। इस प्रकार आदिम परिवेश में तंत्र व्यापक मानवीय कौशल है, जिसकी सहायता से आदिम-मानव जनजीवन और पर्यावरण के साथ समन्वय स्थापित करता है।

जादू-टोना या अभिचार पहले तरह की आज भी एक प्रभावपूर्ण व फलित साधन है, जिसके माध्यम से आदिम जन प्रकृति की शक्यिों को नियंत्रित करने व उनका सामना करने के लिए अपने-आपको समर्थ पाता है। इतना ही नहीं, इसके माध्यम से वह अपनी इच्छाशक्ति को मानव तथा मानवेतर में भी अध्यारोपित कर सकता है। उसके कल्याण और भाग्योत्कर्ष के लिए यह एक रक्षा-कवच है। तंत्र **माड़िया-मुरिया** के लिए प्रभविष्णु शक्ति है, जो सर्वदा उसके कार्यो में उसकी सहायता करती है, चाहे वह कार्य किसी भी प्रकृति का क्यों न हो। जीवन के प्रत्येक क्षेत्र-सांगीतिक, राजनैतिक, सामाजिक, आर्थिक तथा धार्मिक—में वह तंत्र और उसकी गुणकारिता पर विश्वास करता है।

इससे स्पष्ट है कि आदिम जन प्राकृतिक तथा आधिभौतिक दोनों ही शक्तियों पर विश्वास करता है। प्राकृतिक कारणों का सामना वह बौद्धिक तकनीकों व अनुभवजन्य ज्ञान से करता है, जो रीतिरिवाज और नियमों के साँचों में ढले हुए हैं। आधिभौतिक शक्तियों का सामना वह तंत्र-मंत्र से करता है, जिससे उसका आत्मविश्वास और भी दृढ़ होता है और जिसके बारें में उसे स्वप्न में भी संदेह नहीं होता।

आभिचारिक कर्मकाण्ड व आचरण की सहायता से आदिम जन ऐसी वस्तुओं पर भी मुष्टि-प्रहार करता है, जो अधिकांशतः भाग्य व काकतालीयता पर निर्भर करती है। वह अपने तार्किक ज्ञान व व्यावहारिक अनुभवों का प्रयोग उन वस्तुओं के समाधान में करता है, जो शारीरिक परिश्रम से सम्बद्ध हैं।

आदिम जन पर जब किसी भी प्रकार की प्राकृतिक विपदा आती है, तो उसका दृष्टिकोण दार्शनिक हो जाता है और उसके लिए किसी व्यक्ति या अपने पड़ोसी को दोष देने के बजाय वह मानता है कि यह सब कुछ आधिदैविक कारणों से हो रहा है, जिस पर उसका नियंत्रण अपेक्षाकृत कम है। तब वह आधिदैविक कारणों से रक्षा के लिए निरोध के रूप में आभिचारिक क्रियाओं का सहारा लेता है, जिससे उसके मन में किसी भी प्रकार की विक्षिप्त नहीं आती।

अरण्य में एकान्तवास

समतल, विमल, उपलविहीन
अग्नि और समाधि-प्रस्तरों के बीच
गद्गद्नदत् वारिधारामय
प्रकृति के साहचर्य के साथ
चिन्तनोपयुक्त नयनाभिराम
गुप्ताश्रय झंझावतों से मुक्त
स्थान योगसाधना के उपयुक्त

कोहरा धुआँ सूरज अगिन पवन
जुगुनू बिजली चकमक चन्द्रमा
प्रकाशित होते हैं जिस अरण्य में
योगसाधना में, ब्रह्मलीनता के तत्व हैं वहाँ।

(आर० ई० ह्यूम, द थर्टीन प्रिंसिपल उपनिषद्, आक्सफोर्ड, 1949 : 398)

भारत की इस आश्चर्यजनक गुफाश्रय्–कला की सृष्टि को समझने के लिए हमें इतिहास के उन पन्नों को पलटना होगा, जो ईसापूर्व छठी शताब्दी से ईसापूर्व तीसरी शताब्दी के बीच आरेखित किये गये थे। यह वह अवधि थी, जब भारतीय समाज पूरी तरह से असमान हो गया था। उसमें विभेदीकरण के तत्वों का विकास हो गया था। भारत का बौद्धिक वातावरण पूर्व-बौद्धवाद से ही विशिष्टता को नहीं प्राप्त कर रहा था, अपितु नास्तिकदर्शन, तत्व–मीमांसा तथा यतित्ववाद से भी विशेष लक्षण-सम्पन्न हो रहा था। नूतन उत्पादक तकनीकों की आवश्यकता से जन्मा सामाजिक ज्ञान भी व्यक्तिपरक नास्तिकवादियों के मन में चिन्ता के भाव पैदा कर रहा था। आंतरिक संकट और व्यग्रता की इस स्थिति में लोग वनों में आश्रय ले रहे थे, जिससे वे अपनी शक्ति का परीक्षण कर सकें और अपने वातावरण के साथ पहचान के भाव को पुनः लौटा सकें। भारत के इस आध्यात्मिक संकट की बेला में अनेक मनीषियों (यथा भास, भवभूति इत्यादि) और योगियों ने अरण्यों में एकान्तवास करना श्रेयष्कर माना, जिससे वह अपनी अंतरात्मा से जूझ सकें और प्रकृति के माध्यम से पुरुष से एकाकार हो जायँ। अपने अरण्यवास की अवधि में इन मनीषियों और योगियों ने अपने अनुभवों को उपनिषदों तथा आरण्यकों में उपनिबद्ध किया। भाष ने अपने **"स्वप्नवासवदत्तम्"** में लिखा है कि "ये ऊर्ध्वचेता मनीषी नगर की पाशविकता से बचने के लिए अरण्य में अपना घर बनाते हैं।" भवभूति ने भी अपने **"उत्तररामचरितम्"** में कुछ इसी प्रकार का अभिप्राय व्यक्त किया है–**"एते हि हृदयमर्मभिद्संसारभावा येभ्यो वीभत्समानाः संत्यज्य सर्वान् कामान् अरण्ये विश्राम्यन्ति मनीषिणः।"** अर्थात् ये सांसारिक विषय निश्चित ही हृदय के मर्म को छेदने वाले होते हैं, जिनसे विरक्त होकर मनीषी सब कामनाओं को छोड़कर अरण्यों में निवास करते हैं। (उत्तररामचरितम्, प्रथम अंक)। इसी प्रकार बौद्ध साधुओं के लिए यह व्यवस्था थी कि वर्ष भर में कुछ काल (वर्षा काल) के लिए वे आरण्यक मठों में निवास करें।

त्याग और सन्यास की परम्परा ब्राह्मणों के उपाध्यायोचित शिक्षादर्श के अनुरूप विकसित हुई। इस शैक्षिक नवाचार से सन्यास को प्रतिष्ठा मिली। इसी कारण भारतीय संस्कृति के विकास में प्रकृति के आश्रय में एकान्तवाद एक महत्वपूर्ण चिरस्थायी लक्षण बन गया। नवदीक्षित ब्रह्मचारी बारह वर्षो के लिए अरण्य में अपने वांछित गुरु के आश्रम में निवास करने लगे। यदि हमें 'अरण्याश्रय' के **'एथॉस'** को पूरी तरह समझना है, तो

हमें आरेखित करना होगा कि ये शिष्य गुरु के आश्रमों में आजिविका की चिन्ता से पूरी तरह से मुक्त थे। चिन्तारहित जीवन का एक सहज ढाँचा यहाँ विद्यमान था। इसलिए जिन्दा रहने के लिए कठोर उत्पादक श्रम करने की आवश्यकता नहीं थी। इसी कारण आश्रमों के प्रति एक भावनात्मक **'अपील'** थी। इसकी और अधिक व्याख्या करने की आवश्यकता यहाँ नहीं है; क्योंकि आज भी औद्योगिक दृष्टि से सर्वाधिक विकसित शहरी व्यक्ति के मन में यही स्वप्न होता है। यहाँ यह स्मरणीय है कि 'भोजन संचय करने वाले' आदिवासियों तथा 'भोजन पैदा करने वाले समुदाय' के सह-अस्तित्व के कारण प्राचीन बस्तर को 'अरण्याश्रम' का एक आदर्श मिला था– यह एक बहुत ठोस तथा विशिष्ट विवक्षा थी। यहाँ पर **'सामूहिक एकता'** के भाव के साथ जीवित आदिवासी जीवन ने नगरवासियों के मन में वंशपरम्परागत स्मृतियों को जगा दिया था। पूर्वजों की उक्त स्मृतियाँ बहुत पुरानी नहीं थीं, किन्तु उस काल की थी, जब समाज विपरीत वर्गो तथा जातियों में नहीं बँटा था और न ही परिश्रम के प्रति तिरस्कार का भाव पैदा हुआ था। यह 'पैटर्न' आज भी जीवित है। अनेक आलोचकों ने इस बात पर ध्यान दिया है कि तथाकथित हिन्दुओं और आदिवासियों के बीच एक अत्यधिक सुस्पष्ट विरोध है। एक ओर तो जाति के भाव से अध्यारोपित वह निर्धन ग्राम-समाज है, जो चिन्तानुसार **'एथॉस'** के कारण ऊसर भूमि पर कठोर परिश्रम कर रहा है और जिसके पारिवारिक सम्बन्धों में ढेर सारे विधिनिषेध समाहित हो गए हैं। तो दूसरी ओर वन के तरोताजा वातावरण में निवास करने वाला चिन्तारहित, रंगीन मिजाज, आनंदमग्न तथा बहिमुर्खी आदिवासी जीवन है। किन्तु जाति-व्यवस्था के असामाजिक तत्वों की ईर्ष्या के कारण उक्त सम्प्रदायों के प्रति कठोरता भी आयी, जो अपेक्षाकृत कम तार्किक थे और विधिविहीन स्थिति में थे। जिस प्रकार बस्तर के मनीषियों ने अरण्याश्रम के प्रति अपना आंतरिक स्नेह विकसित किया था, उसी प्रकार अरण्यों में अनेक रॉबिनहुडों ने आश्रय प्राप्त कर अपनी शक्ति में संचय किया था। और शायद इन्हीं कारणों से रामायण-युग में दण्डक-जैसा अरण्य शापित-क्षेत्र घोषित हो गया था (आज नक्सलियों के कारण इतिहास अपने को फिर से दुहरा रहा है।) इन दस्युओं के स्वच्छंदतावाद तथा अराजकतापूर्ण सामाजिक विद्रोह के अनेक उदाहरण अरण्य की एकान्तता के घटक के रूप में देखने को मिलते हैं। आधुनिक युग में इस प्रकार की आदर्शीकृत लूट (निर्धन वर्ग की क्षतिपूर्ति के निमित्त धनिक वर्ग को लूटना) प्राचीन दण्डकारण्य की संकल्पना और **दंतेश्वरी** के साथ जुड़ गयी तथा इसे आदिवासियों के **'हेले'** (नरबलि) के मूल्य के साथ जोड़ दिया गया। उन्नीसवीं शताब्दी के अंत में छत्तीसगढ़ में ठगों तथा पिंडारियों का एक ऐसा ही संगठित गिरोह था, जो विनाश की देवी **'काली'** की उपासना करता था। इसी प्रकार प्राचीन युग में हमें ऐसे अनेक सम्प्रदाय मिलते हैं,जो अरण्याश्रम की स्थिति में प्राचीन देवताओं की ओर झुके, जिनके मातृदेवी तथा **नागदेवता** आदिवासियों के ही मूल के ही देवता थे।

हिन्दुओं के स्वर्ग **'उत्तर कुरु'** के मिथक में हमारे पास अरण्याश्रय के आदर्श तथा आदिवासियों की सामूहिक एकता की व्याकुलता के बीच का एक अमूल्य प्रमाण मिलता है। उत्तर कुरु कुरुओं की एक उत्तरी शाखा थी। ये आदिवासी थे, जो पाण्डवों के साथ महाभारत के मुख्य पात्र थे। इनका राज्य बुद्ध के जीवनकाल में भी जीवित था। उत्तर कुरुओं की **'लीजेण्डरी'** प्रसिद्धि थी। माना जाता था कि ये हिमालय के दुर्गम क्षेत्रों में सात्विक जीवन यापन करते थे। उनकी भूमि पर कभी हल नहीं चला तथा अनजुती भूमि पर नीवार की फसल उगाकर वे अपना भरण-पोषण करते थे। **ऐतरेय-ब्राह्मण** में उत्तर कुरु के अंचल को **'देवलोक'** कहा गया है। **ऐतरेय-ब्राह्मण** के सैकड़ो साल बाद लिखे गये बौद्ध-ग्रन्थों में उत्तर कुरु को **'स्वर्ण भूमि'** कहा गया है, **"जो अहर्निश द्युतिमान है, समतल है, जहाँ पूर्ण शान्ति है और जहाँ के वृक्षों में काँटे नहीं हैं।"** लीजेण्ड या मिथ से यथार्थ तक की दूरी भारत में कभी बहुत अधिक नहीं रही। यह एक अल्पकालिक दूरी का एहसास कराता है। जब हम इसी प्रकार की अन्य किंवदन्तियों के स्रोतों से इसकी तुलना करते है, तो यह ज्ञात होता है कि यह एक ऐसा समाज था, जहाँ स्वच्छन्दता, सुख और शान्ति थी। यह एक प्रकार का आदिम समाज था, जहाँ न तो कृषि थी और न ही छेड़छाड़ (कोशाम्बी, 1956 : 118)।

यदि बौद्धमठों के लिए आदर्श परिवेश सघन वनकान्तार की कन्दराएँ थी, तो उनका निर्माण क्यों नहीं किया गया? ऐसा क्यों हुआ कि निर्माण के बजाय जीवित चट्टानों को खोद कर उन्हें आश्रय के योग्य बनाया गया? गुफाएँ क्यों खोदी गयीं? क्यों?

यह बहुत विलक्षण बात है कि इस प्रश्न का उत्तर किसी लेखक ने अब तक क्यों नहीं दिया? प्रश्न का केवल असमंजस भरा उत्तर मिलता है। भारतीय कला के समग्र बोध के लिए यह एक आधारभूत प्रश्न है;क्योंकि इसी **'फार्म'** (रूप) की भाषा पर भारत का सर्वाधिक अपना मौलिक योगदान है। इसी क्षेत्र में भारतीय कलाकार ने आम जनता के आदर्शों को आकार देने का सफल प्रयास किया था। संवदेना के उस धरातल को प्रस्तुत किया था, जिस पर आम जनता की सहभागिता थी। भारतीय संस्कृति के इतिहास में अन्यत्र **'विजन'** का तद्रूप उत्कर्ष देखने को नहीं मिलता। अभिव्यक्ति के अन्य माध्यम तुलनात्मक दृष्टि से अपूर्ण हैं। उनमें अखण्डत्व के कुछ फलकों को ही प्रस्तुत किया जा सका है। जमीन से सीधे जुड़ी हुई स्थायी संरचनाओं को खोदने के लिए यहाँ जो तद्नुरूप अधिमान प्रस्तुत किए गए हैं, उनकी व्याख्या का यहाँ प्रयास किया जाएगा।

स्थायित्व, सौन्दर्यमूलक एकता, ग्रीष्म में शीत प्रदान करना, सुरक्षा-साधन तथा शरण-स्थान आदि बौद्धमठों की सुस्पष्ट चाह है, जिनकी पूर्ति इन गुफाओं ने की है। किन्तु व्यापक पैमाने पर चिरकाल तक खोदी गयी इन गुफाओं की उचित व्याख्या के लिए इन

व्यावहारिक कारणों पर ही एकमात्र विश्वास नहीं किया जा सकता। उदाहरण के लिए दकन में खोदी गयी गुफाओं पर अपरिमित व्यय आन्ध्रों (सातवाहनों) की उदारता के कारण है, जो पाँच सौ वर्षों की अवधि तक निरन्तर चलता रहा—यह भारत के लिए एक दीर्घ अवधि थी। कुशाणों तथा हूणों के आक्रमण **(हूणे यस्य समागते दोर्भ्यांधरा कम्पिता)** के बाद विन्ध्य—पर्वतमाला के प्राकृतिक अवरोधों के कारण दकन के सघन वन उत्तर के लोगों के लिए एक प्राकृतिक शरणस्थल बन गए। आश्रय के लिए सुयोग के कारण यहाँ पर अनेक संघ (Guilds) क्रियाशील थे। लेकिन प्रश्न का उत्तर इससे भी नहीं मिलता। गुफाएँ ही क्यों? उत्तर के अनेक पक्ष है और यहाँ प्रत्येक का क्रमिक रूप से विवेचन प्रस्तुत है।

ईसापूर्व तीसरी शताब्दी से ईसा की सातवीं शातब्दी के बीच चैत्याकार गुफाओं के उत्खनन की एक प्रमुख विशेषता यह है कि इनमें आर्ष, ग्राम्य तथा आदिम तत्वों को सम्मिलित करने की एक सुस्पष्ट प्रवृत्ति है, जिसका कोई प्रकार्यात्मक प्रयोजन नहीं है। उदाहरण के लिए काष्ठ—स्थापत्य से उद्‌भूत दण्ड की संरचना तथा **'फार्म्स'** की पत्थरों पर अनुकृतियाँ देखने को मिलती हैं। इससे प्रतीत होता है कि ग्रीकों के काष्ठ-मन्दिरों को स्थायी प्रस्तर-संरचना में स्थानापन्न कर दिया गया था। अनुकूल तथा दक्ष कारीगरी वाला इस प्रकार का आर्षत्व आगे चलकर प्रतिमाविज्ञान, विन्यास, प्रतीकवाद तथा मिथकों में भी फैल गया। इसलिए यह कहना उचित होगा कि **'क्लासिकल पीरियड'** में अरण्यों में ध्यानमग्न लोगों के लिए अभिकल्पित चैत्यागारों की गहराई के साथ देखने को मिलते हैं। विशिष्ट धार्मिक कृत्य से सम्बद्ध प्राचीन रूप को सुरक्षित रखने की उक्त चाह भारतीय शिल्पकला की निजता का एक उत्कृष्ट उदाहरण है।

कला एक नए अनभुव की रचना उस मात्रा में नहीं करती, जिस मात्रा में वह प्राचीन अनुभव को गहरा बनाती है। उसे संशोधित करती है। प्राचीन परम्परा से प्राप्त ज्ञान और अनुभव का कोश ही नयी व्यवस्था से जुड़ जाता है। ज्ञान और अनुभव की यह एक अनवरत प्रक्रिया है। पारम्परिक रूपों के संरक्षण के मनोवैज्ञानिक प्रवृत्ति ने ही बौद्धों को नए रूपों को विकसित करने में मदद की है। आदिम सघन वनकान्तारों में आश्रय खोजने का तात्पर्य था—मन की भीतरी गहराइयों में आश्रय की प्राप्ति। कल्पनाशील मन ने इन आंतरिक संचरणों को रैखिक व्यावर्त्तों के समरूप धरातल में प्रक्षेपित किया है। चित्रित तथा उत्कीर्ण दोनों ही रूपों में मिलने वाले दुर्बोध वृक्षों के **'मोटिफ'** तथा महान ऊर्ध्वांकित शिल्प इन मठनुमा गुफाओं में सर्पिल आकार के पार्श्विक लयों में फैले हुए हैं। इस प्रकार की गहन सुस्पष्टता गुफाओं में असामान्य रूप से विकसित हुई है। निषेधात्मक परिवेश में आत्माभिव्यक्ति का यह एक कलात्मक साधन था।

मैं यहाँ परीक्षण के तौर पर यह सुझाव देना चाहूँगा कि गुफा-स्थापत्य के तफसीलवार ब्यौरे से काष्ठ-संरचना के प्रति **'नास्टेलजिया'** ही प्रतिबिम्बित नहीं होती, अपितु इसमें **'प्रिमिटिव एथॉस'** की जानबूझकर पुनर्रचना है, जो **'फर्टिलिटी थीम'** का एक अविभाज्य अंग है। विस्तृत क्रियान्विति में होने वाली बाधा से प्राप्त देशी शैली के अनुकूलन के बजाय एक अधिक अनिवार्य प्रयोजन का संकेत मिलता है। इसके अतिरिक्त मातृदेवी-संस्कृति से सम्बद्ध मृत्यु-संस्कार तथा पुर्नजन्म-संस्कारों के साथ इस प्रकार के प्रतीकों के संयोग के मूल में उपासनापरक धर्म के रूप में पूर्व-बौद्ध सिद्धान्त का रूपान्तरण भी सम्मिलित है। इस **"योनिज इन्द्रजाल"** के अनेक उदाहरण प्रस्तुत किये जा सकते हैं। कुछ सीमा तक प्रत्येक सभ्यता की निरंतरता प्राचीन परम्परा की **"नास्टेलजिया"** को सुनिश्चित करती है। भारत में **"नास्टेलजिया"** यहाँ के **'सिस्टम'** का एक अपरिहार्य अंग है। इस **"नास्टेलजिया"** का एक मौलिक लक्षण वह संस्कार है, जो समाज में उसके भाव तथा एकता को स्थापित करता है। इसलिए इन गुफा-मंदिरों में सम्पादित संस्कार 'शाश्वत' की वापसी के प्रतीकों पर आधारित थे।

प्राचीनतम गुफा-उत्खनन बौद्धों ने किया था। इनमें सार्वधिक भव्य संरचना चैत्यों की थी। चैत्य एक प्रकार की कपाटदार गुफा थी, जो स्तूप से जुड़ी हुई होती थी। चैत्य की व्युत्पत्ति मृत्यु और जन्म के प्रतीकों से सम्बद्ध थी—नवपाषाणी मृत्यु संस्कार का यह एक मृत्तिका—स्तूप था- एक प्रकार का समाधि कब्र। प्रागबौद्ध-युग में प्रमुखों की भस्मी भी इसी समाधि कब्र में गाड़ी जाती थी। प्रायः किसी पवित्र झाड़ी के नीचे। यह भी स्मरणीय है कि विविध स्तूपों से देवियों की मूर्तियाँ भी मिली हैं। बाद में ये चैत्य यक्ष-यक्षिणियों के आवास बने, जैसा कि हम साँची के स्तूप-द्वार पर देखते हैं। बौद्धों ने समाधि-कब्र के प्रतीक को स्वीकार कर उसे प्रस्तर-चैत्यों में स्थानान्तरित कर दिया। पत्थरों पर उन्होंने केवल स्तूप ही नही बनाए, अपितु वहाँ उन्होंने चैत्यों को उकेरा भी। यह एक प्रकार के काष्ठ-प्रतिरूप का प्रस्तरीकरण था। इस चैत्य से निर्वाण का भाव पैदा हुआ और आगे चलकर यही वैराग्य से जुड़ गया। इसी विरति से आगे चलकर रति का विकास हुआ और यही कारण है कि भरहुत से लेकर अमरावती तक प्रचुर मिथुन-मूर्तियों के दर्शन होते हैं। हिन्दू-गुफाओं के **'गार्जियन'** द्वारपाल हैं, तो बौद्धगुफाओं के 'गार्जियन' बोधिसत्व हैं।

इन हिन्दू गुफाओं में लिंग को आवृत करने वाला गर्भगृह है। **'लिंग ब्रह्माण्डीय-लिंग-चिह्न'** है तथा वह मध्य में अवस्थित है। इस **'बह्माण्डीय धुरी'** के चारों ओर विश्व देदीप्यमान है। यही कारण है कि धरती की नाभि में स्थित है। गर्भगृह का अर्थ है **'योनि का घर'**। ये सभी मठ देवताओं के द्वार हैं। इसलिए स्वर्ग तथा धरती के बीच आवागमन के मार्ग भी हैं। इनका अधोगामी स्वरूप रसातल को द्योतित करता है—वह

मृतकों का संसार है। भूमिगत ये चैत्य नाभीय शृंखला हैं, जो अनादिकाल से मिथकीय सृष्टि के सूचक हैं। एशिया के सभी धर्मों में ब्रह्माण्ड मंदिर के तीन स्तरों के आख्यापक हैं—पृथ्वी, आकाश तथा रसातल। इन मंदिरों का ब्रह्माण्डीय पर्वतों (यथा हिमालय, कैलाश, विन्ध्य) में समीकरण भी स्वाभाविक है। शिव का कैलाश—निवास तथा पार्वती के साथ उसका विवाह एलोरा और एलीफेंटा के चित्रों में अंकित है। इस पर्वत-प्रासाद का आरेखण ब्रह्माण्डीय संरचना के अनुकरण पर है, जो मानव का देवताओं के साथ संवाद का एक सांस्कारिक प्रयास है। कैलाश-मंदिर के विविध प्रतीक इन गुफाओं में मिलते हैं, किन्तु एलोरा का कैलाश-मंदिर भव्यस्तर पर आरेखित है। इस प्रतीक की चर्चा एक मध्ययुगीन संस्कृत-ग्रन्थ में भी है—**"हमारे धर्मग्रन्थों का यह उपदेश है कि हमारे मंदिरों का शिल्प कैलाश-भवन पर आधारित हो।"** यह प्रतिबिम्ब के सिद्धान्त पर आधारित है। यहाँ दैनिक जीवन की क्रिया को इसलिए अस्वीकृति मिली कि उससे परे भी कुछ है। शायद यह जन्म और मृत्यु की सोच से उपजा हुआ प्रतीक-बोध है। गुफाएँ ऐसी सहज और सरल परिवेश थीं, जहाँ चेतना का पुर्नजन्म होता था – आत्मा का पूर्ण मिलन।

वानप्रस्थ—वाद तथा प्रजनन—संस्कृति का संयोग भी महत्वपूर्ण है। यहाँ हम जीवन के उस तरीके पर विचार कर रहें हैं, जो मृत्यु और पुर्नजन्म के दीक्षापरक संस्कारों से युक्त है, जहाँ मर्त्य का इन्द्रियमन दीक्षा से पूर्व घटित होता है। इस प्रकार के संस्कार शरीर-त्याग और आत्म-त्याग से जुड़े हुए थे। मृत्यु और **'फर्टिलिटी कल्ट'** प्राचीन समाजों में साथ-साथ मिलते हैं। कारली में यमी की संस्कृति एक ऐसा ही उदाहरण है। सिन्धुघाटी—सभ्यता में भी ऐसी अनेक मातृदेवियाँ हैं, जो मृत्यु की भी द्वारपाल हैं।

प्राचीन भारत और ग्रीस में **'ऐरोटिक आर्ट '**,**'फर्टिलिटी-कल्ट'** मृत्यु पुर्नजन्म-संस्कारों से सम्बद्ध हैं। दोनों ही देशों में 'समाधिस्थ' लिंग का प्रतीक एक-समान है। हिन्दू-गुफामन्दिरों में गर्भगृह के अंर्तगत न तो कोई शिल्पगत अलंकरण है और न ही काल्पनिकता का भाव। यहाँ लिंग ब्रह्माण्डीय शक्ति का प्राचीनतम प्रतीक है। ऐसा प्रतीत होता है कि प्रागैतिहासिक काल में संभोग-क्रिया के बजाय **'फर्टिलिटी'** का विचार अधिक प्रभविष्णु था, जिसने ऐसे प्रतीकों को जन्म दिया। भारतीय कला अखण्डित रूप से प्राक्-हड़प्पा-काल से खजुराहो की कला तक **'फर्टिलिटी सिम्बल्स'** के विकास को आरेखित करती है। **'फर्टिलिटी कल्ट्स'** आदिम विश्वास से जुड़े हुए थे, जो आर्यों के प्रतीकों के साथ घुल-मिल गए।

गुफा की कला में चित्रित विषय यथार्थ के **'क्लिनिकल डिस्क्रिप्शन'** कभी नहीं थे। इसके विपरीत उनका लक्ष्य था अनुभवातीत ब्रह्म के प्रत्यक्ष ज्ञान को सामान्य ज्ञान की तुलना में अधिक तीक्ष्ण बना देना। यह चेतना की एक परामनोवैज्ञानिक स्थिति थी, जो ध्यान, समाधि या हर्षोन्माद की स्थिति से ही संभव है। इस प्रकार की स्वप्निल शैली का चुनाव एक तार्किक आवश्यकता थी, या यों कहें कि भारतीय मनीषा की गहनतम

अन्तःप्रज्ञा का एक **'आर्गेनिक रेस्पांश'** थी। इस प्रकार की शैली स्वप्नों के शाब्दिक लिप्यंकन से सम्बद्ध नहीं है, जैसा कि आज के अति-यथार्थवादी इसका प्रयोग कर रहे हैं। चेतना की सभी वृतियों में योगमूलक अन्तःप्रवेशन के कारण यह सौन्दर्यमूलकता के समतुल्य है। योगी के लिए कहा गया है कि वह पूरी तरह से कटकर चेतना का साक्षात्कार करे। गुफा की कल्पना में इसी जागृतावस्था तथा निद्रावस्था के दर्शन होते हैं – **या निशा सर्वभूतानां तस्यां जागर्ति संयमी।** एलिफेण्टा की महेश्वरमूर्ति में हम इन्हीं 'पूर्ण उन्मुक्त नेत्रों' का दर्शन करते हैं। इन आँखों में पुतलियाँ नहीं हैं। चेतना की यही समक्षणिकता असंख्य नृत्य-मूर्तियों तथा योद्धा-देवताओं में चित्रित हैं। वे तरल स्वप्न-द्रव्य सा बेमतलब टहलते हैं अथवा लयात्मक निद्राचारी गति से लड़ने के लिए चट्टानों से उभरते हैं।

चट्टान के अभिप्राय ने भी गुफाओं को बनाने वालों पर प्रबल आर्कषण का प्रयास किया था। इसके स्थायित्व ने चट्टान को पूर्ण तथा सनातन अर्थ से विनियुक्त किया था, जो किसी अन्य तकनीक के माध्यम से इतने प्रभावी ढंग से प्रस्तुत नहीं किए जा सकते थे। माया या प्रकृति से आत्मसातीकृत यह आदिम तत्त्व ही **'मातृका'** था और यही विश्वशैल की सामग्री थी। इसी को **'पृथिवी माता'** के रूप में समझा गया, जिसने मरीचिका–जैसे रूपों की वन्य लीला को जन्म दिया था। बौद्धों के लिए यह रूप का स्पन्द भौतिक तथा मानसिक दोनों ही हो सकता था। हिन्दुओं के लिए यह स्पंद ब्रह्मा के द्वारा रचा गया था अथवा महामाया देवी की सृष्टि रहा होगा। जैसा कि हम जानते हैं, दोनों ही प्रकार के धार्मिक जीवन के लिए 'अति यथार्थ' आवश्यक था। इस **'सुपर रियलिटी'** को रहस्यवादी अपने ही भीतर खोजता है। किन्तु भौतिक पदार्थ से कार्यरत कलाकार उक्त आकारहीन चट्टान में एक तत्व का साक्षात्कार करता है, जो वृहद् ब्रह्माण्डीय स्वप्न से उद्भूत रूपों के सूक्ष्म ब्रह्माण्डीय अनुकरण की कारीगरी से ही संभव है। इन गुफा-मठों की कला माया की ही द्युतिमान् अभिव्यक्ति है–समूची गहराई के साथ यह एक ऐसा रचनाधर्मी भ्रम है, जिसके अनेक अर्थ हैं।

भाजा तथा खण्डगिरि में 'प्राक्-गुफा-काल' के अनेक सुंदर उच्चित्र (रिलीफ) हैं, जिनमें टिमटिमाती हुई चट्टान के विचार आदिम पदार्थ के रूप के उदाहरण हैं। जिमर (Myths and Symbols in Indian Art and Civilization ed. Joseph Cambell, Newyork, 1946 : 120) के अनुसार ईसा की दूसरी शताब्दी के भाजा के दो सुंदर उच्चित्र अधोलिखित रूप में निष्पादित हैं–**"ये सुस्पष्ट तौर से आदिवासी कला के उदाहरण हैं, जो काल्पनिक शैली में रचे गए हैं। मेघवत् तत्व के सूक्ष्म तरंगों-जैसे चित्र प्रस्तर-खण्ड से इस प्रकार उभरते हैं, मानों वे 'मिरेज' हों, जो सघन प्रस्तर-खण्ड में उकेरे गए हों। प्रस्तर-खण्ड के तत्व हलके से उड़ते हुए प्रसर्जन के उतार-चढ़ाव को दर्शाते हैं। इस प्रक्रिया में रूपरहित, अभेद्य तथा अनाम प्रस्तर**

अपने को सजीव रूप में परिणत कर लेते हैं। इस शैली में माया के मूलविचार को प्रस्तुत किया गया है। यह रूपरहित आदिम तत्व के जीवित रूपों के आविर्भाव का प्रतिनिधित्व करता है। यह पृथ्वी तथा स्वर्ग के समस्त जीवों के इन्द्रधनुषी रूप को दृष्टिसापेक्ष्य बनाता है।"

गुफाओं की संरचना और अलंकरण जानबूझकर ऐसी थी कि जो सांस्कृतिक प्रदक्षिणा के अवसर पर समग्र सहभागिता को प्रोत्साहित कर सके। एक अजन्ता-विहार (क्रमांक 6) की श्रुतिव्यवस्था कुछ ऐसी थी कि कोई भी ध्वनि चिरकाल तक दीवारों पर गूँजती रहती है। समूची संरचना को एक मृदंग के रूप में परिणत करने का भाव यहाँ मिलता है। हम यह कल्पना कर सकते हैं कि बौद्ध साधुओं को अभिभूत करने के लिए इन ध्वनि-तरंगों में कम्पन-जैसा प्रभाव रहा होगा—जब वे इस तमसाछन्न प्रतिध्वनि करने वाले कक्ष की गैलरी के चारों ओर परिक्रमा करते रहे होगें, जब दीवारों पर धुँधलकी आकृतियों पर छनी हुई सूर्य की किरणें आकार लेती रही होंगी—उस समय उनकी प्रार्थनाएँ नीरस वातावरण से सरसराती हुई प्रतिध्वनि करती रही होंगी। लेकिन **'मीडिया'** का यह केवल एक नाटकीय सम्मिश्रण ही नहीं था, जो उपासक को परिवेष्टित करता था। जीवित चट्टान में एक खोखली जगह मोटी चट्टान से संरचित थी और वह भवन से भिन्न एक परिवेश बनाती थी। प्रत्येक उदाहरण में संघटना एक भिन्न प्रकार की संवेदना का अनुभव कराती है। समरूपेण आवृत्तिमूलक तत्वों की शृंखला में अभिकल्पित है यह भवन। यहाँ का निवासी गुरूत्वाकर्षण तथा बुलंद शक्ति के बीच दृश्य तनाव से तदनुभूति रखता है। यहाँ के किसी भव्य भवन में प्रवेश का अर्थ है अनिर्वचनीय आवेग का अनुभव—संरचनात्मक तनाव से शारीरिक अन्तःक्रिया की अनुभूति और यह सब कुछ आदिम मनीषा की देन है।

भारतीय कला की आरण्यक पृष्ठभूमि

भरहुत तथा साँची[1] के स्तूपों में नव बौद्ध धर्म के ही समान उत्तर—मौर्ययुगीन कला ने भी प्राचीन देवसमूह को एक नयी व्यवस्था के अंतर्गत समाविष्ट कर लिया था। साँची की कला यद्यपि एक महान् **'सार्वजनिक स्मारक'** का प्रतिनिधित्व करती है, तथापि यह कला के चमत्कार की दूसरी कोटि शैलगृहों तथा चैत्यों के निर्माण से भी सम्बद्ध है।

ये शैलगृह या गुफाएँ लगभग एक हजार वर्षों तक शिल्पकला की महत्वपूर्ण स्मारक थीं। भारतीय कला का यह एक ऐसा एकनिष्ठ पक्ष है, जिसने अन्य सभ्यताओं से इसे विभेदक बना दिया है। यह सच है कि पत्थरों पर उत्कीर्ण इस कला का अधिक अंश नष्ट हो चुका है, किन्तु जो कुछ भी बचा है, उससे हम उसकी उत्कृष्टता का अंदाजा लगा सकते

---

[1]मौर्य एवं शुंग — सातवाहनकाल, ईसापूर्व तृतीय से प्रथम शताब्दी में निर्मित बौद्धस्तूप।

हैं। **'एस्थेटिक इन्ट्रीगेशन'** का इससे बड़ा कोई अन्य उदाहरण आज हमारे पास नहीं है। शैलगृहों की कला में जो जैविक एकता है, उसकी तलाश हमें 1300 वर्षों के भीतर उकेरे गए चित्रों में करनी होगी।

1200 से अधिक की संख्या में भारत की मानवनिर्मित गुफाएँ ईसापूर्व तृतीय शताब्दी से ईसा की दसवीं शताब्दी के मध्य खोदी गयी थीं। इन गुफाओं में से एक प्राचीनतम गुफा के अभिलेख में यह वर्णित है कि वह आजीवक साधु (जैन महावीर के शिष्य गोसाल के अनुयायी) की ओर से बनवायी गयी थी। इन्हें अशोक का संरक्षण प्राप्त था। इनमें से महत्वपूर्ण स्थल हैं—बेडसा (पत्थरों ये उत्कीर्ण बौद्ध चैत्य, ईसापूर्व 175), भाजा, कारली, उदयगिरि, अजन्ता (नाग राजा और रानी ईसा की छठवीं शताब्दी) एलोरा (शिव का नृत्य सप्त मातृकाएँ तथा कमलपत्र, सातवीं शताब्दी), औरंगाबाद गुफा, बादामी (नाग राजा, छठी शताब्दी; 587 ई०) ये गुफा-विहार चैत्य तथा सभागार लम्बायमान चट्टान से सौ फुट की गहराई तक काटे गये थे। कुछ उदाहरणों में इससे भी अधिक थे। ये किसी छेनी से ¾ फुट चौड़े काटे गये थे और इनके अन्तर्गत पूर्ण सभागृह, मन्दिर, चित्रित स्तम्भ, वीथिकाएँ तथा चैत्य थे। कार्ली तथा एलोरा के सबसे बड़े विन्यास अपने घुमावदार **'डायमेंशन'** में हैं।

एलोरा का कैलाश-मंदिर एक पूर्ण हिन्दू मंदिर है। यह सातवीं शताब्दी के अन्त से आठवीं शताब्दी तक काटकर बनाया गया था। यह सौ फुट से अधिक ऊँचा है। प्राचीनकाल के जीवित बचे निर्माणों में यह सबसे बड़ा निर्माण है। शिव के निवास कैलाश को आरेखित करने वाले इस विन्यास को काटने में लगभग एक शताब्दी लग गयी थी। जब यह पूरा हुआ तो तीस लाख घनफुट को वहाँ से हटाया गया था। आखिरी शिल्पकार ने इसे देखते ही एक अभिलेख में लिखवाया था—**अद्भुत!!! मैं ऐसा कैसे कर सका?"**

कारली भी एक प्राचीन संरचना है। 135 फुट लम्बी तथा 50 फुट चौड़ी। गुफास्थल के पास ही मातृदेवी का मंदिर है, जो मुम्बई के मछुआरे कोली के द्वारा बनवाया गया था तथा आज भी उसके वंशज इससे जुड़े हुए हैं। यहाँ वर्ष भर में एक मेला लगता है। इन गुफाओं पर काम ईसापूर्व 150 ई० में हुआ था तथा 150 ई० में निर्माण पूरा हुआ। कारली में कुछ दानदाता ग्रीक भी थे। सातवाहन नृपति के दामाद ने भी यहाँ के बाहमणों को दान दिया था। दानदाताओं की लम्बी सूची है।

एकीकृत योजना वाली ये गुफाएँ प्रारंभिक काल में एक ऐसे विकसित समाज के सहयोग का परिणाम थीं, जिसके विविध उपवर्गों में नवीनता के साथ पारस्परिक ग्रहणशीलता थी। अभी तक यह समाज एकबद्ध ग्रामीण समाज के रूप में परिणत नहीं हुआ था। इसके विपरित समृद्ध तथा विस्तारवादी सातवाहन-वंश के अधीन इसने हाल में

ही विक्रय वस्तुजनक अर्थव्यवस्था को विकसित किया था। यह एक ऐसी समृद्ध अर्थव्यवस्था थी, जिसमें शिल्पकारों को **'रेडीकैश'** में पर्याप्त दान दिया जाता था। एलोरा तथा एलीफेंटा आदि में खोदी गयी परवर्त्ती गुफाओं में उक्त पूर्ववर्ती गुफाओं के बीच यह एक ध्यान देने योग्य विषमता है। परवर्ती युग तक सातवाहनों की मुक्त व्यवस्था लुप्त हो जाती है। दानदाता पूरी तरह गुमनाम हो जाता है (एलीफेंटा में एक अभिलेख नहीं मिलता)। शिल्पकार जब सार्वभौमिक बद्ध-व्यवस्था के अर्न्तगत बसने लगे, तब **'कैश डोनेशन'** का कोई प्रश्न ही नहीं रहा। परवर्ती युग में केवल राजवंश ही इन गुफामन्दिरों को आर्थिक मदद देते थे। ऐसी स्थिति में इनकी चित्रण शैली में भी परिवर्तन हुआ और कलाकार को आभिजात्य वर्ग का आरेखण करना अनिवार्य हो गया।

तद्युगीन समाज में इन गुफाओं के प्रकार्य को समझने के लिए यह आवश्यक है कि हम **'विहार'** शब्द के अर्थ को समझें। ये गुफाश्रय पूरी तरह से 'विहार' नहीं थे। इनके प्रमुख दो लक्ष्य थे–

(क) ये गुफाएँ साधुओं के लिए **लयनम्** (एकान्तवास) थे। साधुओं का मात्र एक ही लक्ष्य था – **निर्वाण[1] की प्राप्ति**। पूर्ण के साथ एकाकार अथवा परम सत्य की प्राप्ति।

(ख) गुफाओं में आश्रय बनाने के लिए चुने गए स्थल आदर्श एकान्तवास **(लयनम्)** थे। वे दिव्यस्थल थे, जिन्हें स्थानीय जनता पुण्य स्थान मानती थी। ये वे स्थान थे, जिनकी गृहस्थ उत्सवकाल में तीर्थकाल करते थे। तात्पर्य यह है कि अरण्य में एकान्तवास केवल साधुओं तक सीमित नहीं था, अपितु समूचा समाज समय-समय एकान्तवास करता था। कराली एक ऐसा ही स्थल है, जो शताब्दियों से तीर्थस्थल के रूप में प्रसिद्ध है।

संस्कृत के नाटक, रामगढ़ की गुफाएँ तथा बस्तर के घोटुल

अब यहाँ रामगढ़ की गुफाओं और बस्तर के घोटुलों की रूपंकर कलाओं के मध्यावर्त्त में संस्कृत-नाट्यकला को पुनराविष्कृत करने का प्रयास किया गया है। यह विचार इस मान्यता पर आधारित है कि भवभूति की **"चित्रवीथिका"** तद्युगीन मानवनिर्मित गुफाश्रयों की चित्रकला का साहित्यिक 'पाठ' **(टेक्स्ट)** है। गुफाश्रयों के चित्रांकन और संस्कृत-रूपकों के पाठों का सामूहिक अभ्यास जनजातियों के घोटुलों में आज भी होता है। ऐसी स्थिति में जनजातीय घोटुलों के माध्यम से संस्कृत-रंगमंच तक पहुँचने का यह एक विनम्र प्रयास है।

---

[1]निर्वाण केवल बौद्ध परम्परा तक एकान्तिक प्रयोग नहीं है। उक्त लक्षणा ज्वाला की 'इमेज' से व्युत्पन्न है। निर्वाण का अर्थ है बुझना। बिना ईधन के काम की ज्वाला बुझ जाती है। शान्त हो जाती है। (जिमर 1951–183)।

सरगुजा की रामगढ़ पहाड़ियों तक पहुँचने का पुराना मार्ग खुदरी होते हुए जाता था। खुदरी की दक्षिण में साँवतरी गोंडों का गाँव था और उससे आगे रामगढ़ की पहाड़ी की शृंखला शुरू हो जाती थी। इसी मार्ग से कर्नल ऊसले 1848 में (JASB, XVII,PtI, 1848 pp.65-68), कार्नल डॉल्टन 1865 में (तदेव, ZZXIV, pt II, 1865, pp 57-27), तथा वी० बाल 22 मार्च 1872 में (The Indian Antiquary, Sept 1873, Vol. Ii pp. 243-246) रामगढ़ की पहाड़ी में आकर यहाँ की गुफाद्वय पर अपने आलेख लिखे थे। रामगढ़ की गुफाओं पर बाद के अनेक विद्वानों ने संरचना तथा इतिहास से सम्बद्ध अनेक लेख लिखे। यहाँ उनसे भिन्न रामगढ़ की गुफाओं के परिपेक्ष्य में संस्कृत के नाटकों तथा बस्तर के घोटुलों की अंतरावलम्बिता पर विचार किया गया है।

भित्ति-रूपांकनों तथा संस्कृत-रूपकों का विकास समानांतर परिस्थितियों में हुआ था। संस्कृत-रूपकों का स्वर्णयुग मोटे तौर पर ईसा की द्वितीय शताब्दी की नौवीं शताब्दी तक माना जाता है (Henry W.Wells,**The Classical Drama of India**, Asia Publishing House, Bombay, 1963.82) यद्यपि संस्कृत-रूपकों की उत्पत्ति गुफा-चित्रों की उत्पत्ति से भिन्न है, किन्तु दोनों का पतन एक ही काल में समान कारणों से हुआ। राजनैतिक तौर पर भारत की शासक-संस्कृति तनाव के दौर से गुजर रही थी। पहले की तरह न तो जनता का वह विश्वासभाजन थी और न ही उसमें पहले जैसी सांस्कृतिक उदात्तता थी। इस दुहरे आघात से उक्त 'रूलिंग इलीट' कभी उभर नहीं पाया। इसके मूल में कुछ अन्य तत्व भी क्रियाशील थे। पहला तत्व था हिन्दुत्व का धार्मिक पुनरुत्थान। दूसरा तत्व शायद ब्राह्मणवादी हठधर्मिता का आग्रह था, जिससे भूवभूति भी मुक्त नहीं थे और अपनी उपेक्षाजन्य पीड़ा को उन्होंने **मालतीमाधव** में इस प्रकार व्यक्त किया था—

> **ये नाम केचिदिह नः प्रथयन्त्यवज्ञां:**
> **जानन्ति ते किमपि तान्प्रति नैष यत्नः।**
> **उत्पत्स्यतेऽस्ति मम कोऽपि समानधर्मा**
> **कालो ह्ययं निरवधिर्विपुला च पृथ्वी ॥ (1.6)**

जिस नागर (urbane) चातुर्य और लावण्य ने अपने सारभूत गुणसंग्रह से क्लासिकी-युग में अखण्ड संस्कृति को उच्छ्वसित किया था, वही खण्डित सामन्तवाद तथा निपट ग्रामीणता की स्थिति में मरणासन्न थी। खण्डित देशी सामन्तों के आश्रय में पोषित पाण्डित्य ने भी जनप्रवाह को अवरूद्ध कर दिया था। पण्डित-वर्ग से अतिक्रमित विद्वता ने प्राचीन वाचिक परम्परा को बहुत गहरा धक्का पहुँचाया और वल्लभदेव (दसवीं शताब्दी) तक आते-आते वाचिक परम्परा छूट-सी गयी। वाचिक परम्परा पर प्रहार के अन्य दो कारण भी हैं-(क) अभिघटन-कलाओं (plastic art यथा शिल्पकला, भाण्डकला) में अशिष्टता

या अक्खड़पने का समावेश तथा (ख) क्लासिकी-युग की कलाओं को आवेष्टित करने वाले संश्लेषण की अनुगूँज का क्रमशः अव्यक्त होना।

संस्कृत-रूपक मरणासन्न वाचिक संस्कृति के साहित्यिक संस्कार थे। इस वाचिक संस्कृति ने प्राचीन भारत की कलाओं को चिरकाल तक सर्वमान्य शक्ति से अभिषिक्त किया था। हिन्दू और बुद्ध मिथकों में उन्मुक्तभाव से सम्मिश्र दरबारी संस्कृति के काल में संस्कृत-रूपकों में जो समृद्धि शब्दों के माध्यम से व्यक्त हो रही थी, गुफाचित्रों में वही रेखाओं से व्यंजित हो रही थी। भारतीय संस्कृति की प्रतिनिधि अजन्ता की कलादीर्घा जहाँ एक ओर नागर सभ्यता के दर्शकों के लिए बनायी गयी थी, वहीं दूसरी ओर भवभूति के उत्तररामचरित की चित्रवीथिका भी राम और सीता के लिए अभिकल्पित थी। रामगढ़ की गुफाओं में एक ओर **सुतनुका देवदासी** का इतिहास विद्यमान है, तो दूसरी ओर राम लक्ष्मण और सीता के वनवासकाल के आश्रय के मिथक भी हैं। इन दोनों के बीच कालिदास के रामगिरि का आख्यान भी विकसित होता गया। इन **"काव्य-नाटकों"** में गुफाचित्रों—जैसी कलात्मक उदात्तता थी, क्योंकि ये दोनों (काव्य-नाटक गुफाचित्र) ही आभिचारिक—धार्मिक संस्कारजनित संचेतना के परिष्कृत रूप थे। उदाहरण के लिए संस्कृत के रूपक हर्षोन्माद के देवता, नटराज तथा सृष्टि व प्रलय के कारण शिव को समर्पित हैं। **मालतीमाधव** (प्रथम अंक, प्रथम श्लोक) में भी **'शूलपाणि'** नन्दी के मुरज की ध्वनि से नृत्य करते हैं। रामगढ़ तथा अन्य गुफाओं के प्रतिनिधि देवता भी शिव ही हैं। मानव-निर्मित प्राचीन कन्दरायें शिव को ही समर्पित हैं। संस्कृत के विविध रूपकों में परिष्कृत समाधि (अचेतनावस्था) और मूर्च्छा को जो महत्व दिया गया है, वही महत्व अजन्ता आदि के भित्तिचित्रों में प्रकट है और दोनों के ही मूल कहीं न कहीं आटविक संस्कृति में हैं। संस्कृत-रूपकों और गुफाचित्रों की समाधि (अचेतनावस्था) और मूर्च्छा आदि के प्रसंग हर्षोन्माद और उत्सव के पारस्परिक सम्बन्धों की प्राचीन कड़ियों को सूचित करते हैं। ऐन्द्रिय अनुभवों के कुशल संयोजन से दोनों ही उदाहरणों में दर्शक की सहभागिता निरापद लगती है। रामगढ़ की गुफा के संलग्न चित्र से यह समझा जा सकता है। गुफाचित्रों में मिलने वाला "आवेष्टित (wrap around) प्रभाव संस्कृत-रंगमंच में वैदिक मंत्रों और शिक्षाशास्त्र की तकनीकों के संयोजन से पैदा किया जाता था। संस्कृत-रूपक तथा तद्युगीन गुफाचित्रों में मिलने वाले उक्त सादृश्य की कतिपय अन्य विशिष्टताएँ भी हैं।

(क) वस्तु-संरचना में समानता

साँची, भरहुत, अजन्ता, एलोरा तथा रामगढ़ आदि के शिल्प और चित्रों में संरचनात्मक प्रथम साम्य यह है कि ये सभी गुफाचित्र चक्रीय (Cyclical) तथा अक्रम (non-sequential) हैं। इसी प्रकार संस्कृत-रूपकों की संरचना भी चक्रीय है— वियोग

और संयोग के वस्तु (थीम) पर आधारित—आरम्भ में ही समाप्ति निहित है। इस हेतु अनेक युक्तियों का प्रयोग मिलता है; जैसे स्वप्न, समाधि, आकाशभाषित, पूर्व दृश्य। इनके कारण काल की 'लीनिआरिटी' (उद्रेखण) को छिन्न-भिन्न करने में मदद मिली है तथा नाट्यक्रिया का स्वतः विर्वतन होता है। दोनों ही माध्यम (गुफाचित्र और रूपक) रूपाश्रयी संगीत और आनन्दातिरेक के सिद्धान्त-रस पर आधारित हैं। फलस्वरूप ये गतिक्रमों (sequence of movements), दृश्यों तथा अंको (चाक्रिक हैं) की युक्ति का सहारा लेते हैं। इनमें से प्रत्येक घटक किसी न किसी भाव पर जोर देता है। यह भाव संगीत के किसी राग के समान है।

(ख) आध्यात्मिक दृष्टि में समानता

अजन्ता आदि की गुफाओं में रूपांकित चित्र एक रहस्यात्मक किन्तु सदृश सातत्य (continuum) से उद्भुत प्रतीत होते हैं। उनकी भाररहित उत्प्लावकता तनाव अथवा संतुलन (सौष्ठव) क्रिया की अदृश्य निस्तब्धता तथा शाश्वत गति के कारण है। हेनरी वेल्स (तदेव, पृ० 30) भी मानते है कि **"सभी संस्कृत-रूपकों में आधारभूत वस्तु है आध्यात्मिक संतुलन, विरोधों के बीच सौष्ठव तथा चरमावस्था के मध्य शान्ति और प्राप्त्याशा।"** वेल्स (तदेव, पृ० 147) की मान्यता है कि जहाँ एक ओर ग्रीक-नाटकों की समाप्ति **"षड्यंत्र या उलझन"** या गाँठ के खुलने में निहित है, वहाँ संस्कृत के रूपक विविध सूत्रों के बंधन या वेणीसंहार में समाप्त होते हैं। यही कारण है कि **'एको रसः करुण एव'** का उद्घोष करने वाले भवभूति भी उत्तररामचरित की सुखात्मक समाप्ति (सुखमिति) के लिए बाध्य हैं, जबकि इसका अंत एक ट्रेजडी (करुणा) (दुःखमिति) में होना चाहिए थी। विरोधों या प्रतिवादों के बीच उपजीवित समरसता की परिव्याप्त चेतना का ही यह परिणाम है। इस प्रकार के नैतिक द्वन्द्वों को समझने के लिए हमें यह ध्यान देना होगा कि हमारे धर्मशास्त्र का इतिहास धर्म और अधर्म के बीच होने वाले एक अवतरित द्वन्द्व का प्रतिनिधित्व करता है—नैतिक-आदर्शवादी-आध्यात्मिक शक्तियों तथा तमोगुणी-कामातुरी-पापात्मा जैसी अधर्म संस्कारित शक्तियों के बीच— जिसमें अंत में सदैव धर्म की विजय होती है। इतिहास ,नीति, अर्थ, राजनीति तथा समाज से सम्बद्ध भारतीय परिकल्पना **cosmic- ritual scheme** ब्रह्मामण्डीय सन्दर्भ से एकाकार है— **यद्पिण्डे तद् ब्रह्मामण्डे।** इसलिए (राम) देव तथा मनुज (देवदत्त) पारलौकिक संसार (sacred world) तथा लौकिक संसार (profane world) के बीच समन्वयात्मक मध्यस्थों की भूमिका का निर्वाह करते हैं। ठीक वही प्रतीक **'जनकतनया'** तथा **'सुतनुका देवदासी'** में भी मिलता है। सत् तथा असत् के मध्य युद्ध **'सर्वतोभद्र'** की **'वसुधैव कुटुम्बकम्'** की भावना से उपजा है, जिसकी परिणति देव और मनुज का राजधर्म में समागम है। धर्म और अधर्म

का यह द्वन्द्व ही भवभूति के रूपकों का अन्तर्निहित विषय है। रामगढ़ की गुफाओं का यही सारतत्व है। भूवभूति के रूपकों में मिलने वाले चाक्रिक तथा आध्यात्मिक पक्षों को संक्षेप में वेल्स (पृ० 43) के अनुसार इस प्रकार प्रस्तुत किया जा सकता है – **"बिछुड़े हुए मिल जाते हैं। संततियों का समागम होता है। कथावस्तु ऋतुज तथा कालचक्रज मिथकों से अनुगूँजती है। बारहमासी नृत्य तथा उत्सव वर्ष भर के तापों का उपशमन करते हैं। आध्यात्मिक मिलन अथवा माननीय आकांक्षा के पूर्ति में सहायक इन रूपकों का प्रवाह सागरोन्मुख हैं। इन्हें सरिता के रूप में नहीं देखना चाहिए। अपितु ये ब्राह्माण्डीय सौष्ठव के महत्व हैं। आदर्श जीवन के उच्च किन्तु त्रुटिरहित विक्षेप।"**

(ग) दृश्यताभिप्रेरक तकनीक

विविध परिदृश्यों के भ्रमावर्त से दर्शक को आकृष्ट करने के लिए शब्दों और बिम्बों का सहारा लिया गया है। संस्कृत के रूपक ग्रीक, चीनी, जापानी और एलिजाबेथ नाटकों से इस मायने में भेदक हैं कि इनमें गीतियों के प्रयोग से **'एक्शन'** थम सा जाता है, किन्तु उनमें निहित घटनाओं, स्वप्नों, काल्पनिक यात्राओं आदि के माध्यम से आगे सरकता है। ये अजन्ता के भित्तिचित्रों के समान हैं, जहाँ काल की अवधारणा के कोई मायने नहीं हैं। इन युक्तियों से दर्शकों में गहरी अनूभुति होती है।

संस्कृत-रूपकों में **दृश्यताभिप्रेरक तकनीक** (vision inducing technique) का विशिष्ट प्रयोग मिलता है। इस कारण पात्र उस क्रिया (action) के बारे में स्वतः ही विवेचना करते हैं, जो घटित हो रही है। यदाकदा किन्ही काल्पनिक दर्शनीय स्थलों की व्याख्या के लिए किसी खास भाष्यकार को नियुक्त किया जाता है। केवल शब्दों के माध्यम से यात्राएँ निष्पन्न होती है। इन सबके लिए नाट्य-अभिनय का सहारा नहीं लिया जाता। एक प्रकार की यह **'रनिंग कामेण्टरी'** (आँखों देखा हाल) संस्कृत-रूपकों की अवधारणा में एक आधारभूत तत्व है, जो चलते-फिरते **'मूवी कैमरा'** के समान नाट्य-क्रिया या काल्पनिक क्रिया में नए-नए रंग भरती जाती है। इस तकनीक का सबसे महत्वपूर्ण प्रयोग भवभूति ने अपने **उत्तररामचरितम्** में किया है। यहाँ शब्दचित्रों के माध्यम से भित्तिचित्रों के उन परिवाही गुणों को उभारा गया है, जो श्रोताओं के लिए दर्शनातीत हैं। इसी प्रकार अन्यत्र विविध अनुकूल कथासूत्रों का प्रयोग मिलता है, जिनमें झंझावत, आकाश्य दृश्य, युद्ध आदि सम्मिलित हैं। इनमें भी सबसे पहले असामान्य है काल्पनिक राजप्रसाद की यात्रा (मृच्छकटिकम्, चतुर्थ अंक) या अनुनादी ध्वनि (**गद्गद्नदद् गोदावरीवारयः** प्रभृति) से नाटककार मन की आँख में विर्सपण पैदा कर देता है—ऐसा लगता है कि उसके सामने कोई वास्तु-संरचना हो, जिसके एक साथ अनन्त दृश्यों को वह दिखाता चला जा रहा है।

(घ) ऐन्द्रिय सम्प्रेषण

एकीकृत क्षेत्र में सम्पूर्ण इन्द्रियों की अनेकवधि(Multidimensional) अन्योन्य प्रतिक्रिया तथा उत्तराधार रूप से एक ही परम तत्व से जुड़े हुए परस्परावलम्बी मानवीय सम्बन्ध भवभूति के रूपकों के श्रृंखलाबद्ध प्रतिरूप हैं। भवभूति तथा अजन्ता के कलाकार दोनों ही उत्तराधारित सामाजिक खण्डता को एकात्मक अखण्डता से शब्द और रंग देते हैं। अंग्रेजी के नाटकों में क्रिया विखंडित हो जाती है, किन्तु संस्कृत-रूपको तथा गुफा-शैलचित्रों (cave paintings) में क्रिया एकीभूत (अखण्डित) रहती है। सच तो यह है कि जैसे ही क्रिया आगे बढ़ती है, भवभूति शैलचित्र के समान मानवजीवन को लयबद्ध करते जाते हैं। उनकी तूलिका से नागर जीवन के जो चित्र बनते हैं, वे आरण्यक जीवन से भिन्न प्रतीत होते हैं। इसी भिन्नता या विरोध में भवभूति की चित्रवृत्ति का समाधान विद्यमान है। उदाहरण के लिए **मालतीमाधव** नामक प्रकरण में नागरवधुओं के **'भ्रूविलास'**[1] की अभिज्ञता का विस्तृत चित्रण है, जबकि उत्तरामचरित की वनेचर वधुएँ कालिदास के अनुसार **"भ्रूविलासनभिज्ञ"**[2] हैं।

(ङ) जड़ों की तलाश

भवभूति की कलात्मक प्रवृत्ति तद्युगीन सामाजिक व्यवस्था की ही अभिव्यक्ति है। अन्तरावलम्बी जातियों से उत्तराधारक्रम में वर्गबद्ध समाज की एकता इसके कलाकारों के कारण पुष्ट हुई थी। संस्कृत के रूपकों की भाषिक संरचना में जाति-संरचना के ही समान विविधता मिलती है। उक्त भाषिक और सामाजिक विविधता समूहगान के प्रतिमान पर संयोजित है। इस संयोजन की जड़ें भारतीय नृत्य और संगीत में है। संश्लेषणात्मक रीति से यदि हम विषय की गहराई में जायँ, तो नृत्य और संगीत के देवता शिव की कालातीत

---

[1]मालतीमाधव के प्रथम अंक में मकरण्ड माधव के **आलसं गमनं, शून्या दृष्टिः** और सौष्ठव रहित देहयष्टि का वर्णन मालती से करता है। मालतीमाधव के टीकाकार जगद्धर ने अधोलिखित दृष्टियों का विवरण दिया है – **विस्मय हेतु अद्‌भुता, हर्ष हेतु कान्ता, शृंगार हेतु संभ्रूप्रक्षेपकटाक्षा, भय हेतु मुकुलिता तथा शंकिता, तथा आशंका हेतु कुंचिता दृष्टि**। मालतीमाधव के पाठों में इन दृष्टियों का नागोल्लेख तो नहीं है, किन्तु eyelids, eyeballs तथा eyebrows के movements से जगद्धर ने ऐसा संकेत निकाला है कि भवभूति ने eyeballs तथा eyebrows के movements को जिस प्रकार विषयक्रम से व्यवस्थित किया है, उससे उनकी नागरबोध की अन्तर्दृष्टि का आभास होता है। जगद्धर ने विविध कटाक्षावस्थाओं का विवरण दिया है तथा तीन अन्य दृष्टियों का भी विहगम सर्वेक्षण किया है, जिनमें **विषादिनी, ललिता, स्निग्धा, जिह्मा, अर्धमुकुला, एकाकारा** आदि का समावेश है।

[2] उत्तरामचरित में दृष्टि के बजाय हस्तसंकेत और स्पर्शसंकेत का प्रयोग उसके आरण्यक परिवेश के कारण हुआ है। नाटक के तृतीय अंक में राम अरालहस्त की मुद्रा में अदृश्य व्यक्ति को सम्बोधित करते हैं। **कटकामुख** या **हंसास्यहस्त** से पुष्पचयन (अंक 3, श्लोक 5)। आँख के पास **त्रिपताकहस्त** से आँसू पोंछने का अभिनय आदि द्रष्टव्य है। उत्तररामचरित (अंक 3, श्लोक 39) में स्पर्शाभिनय (तव स्पर्शं स्पर्शं आदि में) का उत्कृष्ट प्रयोग है।

प्रश्न से अनेक गुत्थियाँ सुलझ सकती हैं। उदाहरण के लिए शिव सिन्धुसभ्यता के मोहन-जो दड़ों के प्रमुख आराध्य हैं। शिव सिन्धु नदी के तट पर बसी **मालतीमाधव** की नगरी **पद्मावती** के **'कालप्रियानाथ'** हैं। पद्मावती के नाग ईसापूर्व 1500 वर्ष में सिन्धुतट[1] से आए होंगे और जिस नदी के तट पर बसे, वह सिन्धु नाम से सम्बोधित हुई। यहाँ नागों की अनेक शाखाएँ सिन्द[2] सिन्दक[3], छिन्द तथा छिन्दक[4] आदि नामों से देश के विभिन्न भागों में फैलीं। सभी नाग अपने को कश्यपगोत्रोद्भूत मानते हैं। भवभूति भी कश्यपगोत्री हैं नागों की काल्पनिक राजधानी **पद्मावती**[5] या **भोगवती** है। सभी नाग परममाहेश्वर हैं। नागों अर्थात् (नगों) पर निवास करने वालों के क्षेत्रीय उत्तराधिकारी गोंड[6] या माडिया आदि हैं और एकमात्र यही लोग लोकमहाकाव्य 'लिंगोपाटा' को वाचिक परम्परा से कायम किये हुए हैं। लिंगों अर्थात् शिव ने इन्हें नृत्य और संगीत की शिक्षा दी– *'लिंगो ना वेहले पाटा, लिंगों न वेहले डाका।'* गुफाश्रयों तथा संस्कृत-रूपकों के देवता यदि शिव हैं, तो घोटुल के मूल संस्थापक भी लिंगों ही है। घोटुल गोंडों की सहस्राधिक वर्षों पुरानी वह जीवन्त नाट्यशाला है, जहाँ अहर्निश संस्कृत के रूपकों का अभिनय होता है। आखिकार संस्कृत के रूपक भी तो शिव की आराधना से ही प्रारंभ होते हैं। रामगढ़ की गुफाओं और संस्कृत-नाटककारों की अन्तरावलम्बिता पर विचार करने के लिए हमें इन्हीं जड़ों की तलाश करनी होगी।

---

[1] M.S. Andronov. The Brahui Language, Mosco 1980, p. 18

[2] हैदराबाद के नागकोट के सिन्द नागवंशी थे तथा ग्यारहवीं शताब्दी तक भ्रमरकोट्यमंडल के शासक थे (EI, III. 230)

[3] कर्नाटक में पाँचवी शताब्दी से सातवीं शताब्दी के मध्य सिन्दकों या सिन्दकों का शासन था। ये भुजगेन्द्रान्वय' सिन्दकविषय के अधिपति थे। (EI, Iv. 36)

[4] बस्तर के छिन्द या छिन्दक भी नागवंशी थे तथा ये चक्रकोटमंडल पर ईसा की पहली शताब्दी से लेकर 1324 ई. तक शासन करते रहे। (हीरालाल शुक्ल तृतीय खण्ड, दिल्ली 2005)

[5] पद्मावती तथा विदिशा में ईसापूर्व तृतीय शताब्दी से ही नागसत्ता के चिन्ह मिलते है। (JRAS. 1905, 233)। पद्मावती में शासन करने वाले नौ नागराजाओं का उल्लेख पुराणों में मिलता है। पदुम पवाया (पद्मावती) से कुछ सोने के सिक्के मिले हैं, जिनमें भवनाग अंकित है। यह भवनाग रूद्रसेन प्रथम का नाना था तथा इसका पोता चन्द्रगुप्त द्वितीय (JRAS. 1905, 233) का समकालिक था (NJSI. V. 21)। इससे ज्ञात होता है कि पद्मावती नागों की राजधानी ही नहीं थी, नागों का प्रमुख केन्द्र था। सिन्धु नदी के तट पर अवस्थित इस नगरी का प्रकरण भवभूति ने मालतीमाधव में प्रस्तुत किया है, जिसके आधार पर प्रमाणित पद्मावती के अन्य नागराजा इस प्रकार हैं – महाराज भीमनाग, महाराज स्कन्दनाग, महाराज वृहस्पति नाग, महाराज देवनाग, महाराज विभुनाग तथा महाराज व्याघ्रनाग (JNSI, V. 26-27)।

[6] संस्कृत शब्द नाग का शाब्दिक अर्थ है नग अर्थात् पर्वत का निवासी। ब्राहुई, गोंड, माड़िया आदि शब्दों का व्युत्पत्तिमूलक अर्थ है पर्वतवासी। नागों और गोंडों की समान विवक्षा पर मैंने अपने ग्रन्थ चक्रकोट के छिंदकनाग (दिल्ली 2005) में विस्तार से विचार किया है।

अजन्ता के भित्तिचित्रों में उत्तरधारित समाज को यदि हम सूक्ष्मता से देखें तो वहाँ मापनी (scale) के अनुक्रमों (gradations of scale) आहार्यवस्तु (Costume) तथा आकृतियों (features) में विविधस्तरीय समाज का दर्शन होगा, किन्तु जातियों के अन्तरावम्बन को आरेखित करने वाले तकनीकी साधन अत्यन्त जटिल हैं और वे गहरे आकार के वर्ण-चित्रण पर आधारित हैं। ये वर्ण-विचित्रण स्थानीय रंगों की विविधता के आधार पर वैषम्य को बताते हैं तथा रंगाभास की समानता से घनिष्ठता को द्योतित करते हैं। उत्तररामचरित की चित्रवीथिका में तत्समान वर्णोंकी संकल्पना है, जिससे ज्ञात होता है कि भवभूति गुफा-शैलचित्रों की 'समानधर्मी' प्रवृत्ति से परिचित रहे होंगे। निष्कर्षतः यह कहा जा सकता है कि गुफा-शिल्पकारों व रूपकारों की तकनीक एक समान है। शिल्पकार पत्थरों के परिवेश में निमज्जित रहता है, तो भवभूति पत्थरों को भी रुला देते हैं, वज्र के हृदय को भी पिघला देते हैं। गुफामन्दिर (cave sanctuary) गीतिनाट्य तथा घोटुल—तीनों ही ऐसे अत्यन्त स्वाभाविक तथा जीवन्त मीडिया रहे हैं, जिनके माध्यम से अर्न्तमुखी उत्तराधारक्रम ने अन्तरावलम्बी तथा बुद्ध समाज की ऐन्द्रिय चेतना एक साथ व्यक्त होती थी। गुफामन्दिरों और गीतिनाट्यों के पतन के बावजूद मुरिया-गोडों में घोटुल तथा उराँवों में धुमकुरिया आज भी जीवंत हैं। ये घोटुल आज भी उत्सव, संगीत, नृत्य, वाद्य, तथा विविध नाट्यक्रीड़ाओं से आरण्यक जनता की सामूहिक चेतना को व्यक्त करते हैं। यहाँ उकेरे गये विविध भित्तिचित्र कलाधर्मिता के अनूठे उदाहरण हैं। गुफाविहारों या संस्कृत रूपकों के ये जीवन्त अवशेष हैं। इनके विविध प्रतीक तथा वास्तु-विद्या सम्बन्धी आदिरूपों **(प्रोटोटाइप)** की आदिम संस्कृति में ही खोजना होगा। इसमें कोई आश्चर्य नहीं कि गुफागृहों तथा संस्कृतनाट्य-गृहों की इन्द्रियासक्ति और कामुकता के भाव **(ethos)** में घोटुलों की भी सहभागिता है—सामान्य वातावरण में अतिसूक्ष्म समानता। शायद अभिमंत्रीय या दीक्षामूलक प्रतिरूप के प्रत्यपर्ण की चाह तथा जीवनशैली की सादगी ही घोटुलों के अस्तित्व के कारण बनी। शायद यहाँ सन्यासियों के कठोर अनुशासन को आरोपित करने की आवश्यकता ही नहीं थी। रामगढ़ की गुफाओं की तरह घोटुल में रति और यति दोनों का ही वास है। किन्तु यहाँ के यतित्व (देवदत्त) ने जीवन के रतिपक्ष (सुतनुका देवदासी) को कभी अस्वीकार नहीं किया, अपितु उसके प्रति सच्चाई के साथ जुड़ा। रति और यति के विरोध और सम्बन्धों की सच्चाई पुराणों में भी वर्णित है, यथा **कामो वै शिवः, शिवा वै कामः**। दोनों के बीच कुछ तो है। संस्कृत के रूपकों की यही सच्चाई है—रामगढ़ के गुफागृहों की यही कहानी है।

भवभूति के उत्तररामचरित की समाप्ति पर घटित युद्ध नायक के मन की गहराई से अभिचारित मंत्रशक्ति के स्वतः स्फूर्त आत्मप्रकाश से जीत लिया जाता है। अभिनेय

दिव्यास्त्र – **जृम्भकास्त्र** – की कथावस्तु उक्त नाटक में आद्योपान्त प्रधान कथावस्तु के रूप में छाया रहती है। विविध अवस्थाओं से गुजरती हुई कथा उस दृश्य तक पहुँचती है, जहाँ राम की समूची सेना का हौसला पस्त हो जाता है। सम्मोहक अस्त्रों से चारों तरफ निस्तब्धता और जड़ता छा जाती है। भारतीय काव्य की यह आर्ष विलक्षणता आदिम समूहों के सिरहा समाज की परम्परा में आज भी जीवित है। फलश्रुति यह है कि सभी युद्धों-द्वन्द्वों की समाप्ति दिव्यशक्तियों से ही संभव है। अर्वाचीन-समाज के लिए रामगढ़ की गुफाओं का भी सन्देश यही है। महात्मा गाँधी ने सत्याग्रह के इसी दिव्यास्त्र से भारतीय समाज को मुक्ति दिलायी थी। रामगढ़ की गुफाओं की दिव्यशक्तियों की यही प्रासंगिकता है। भवभूति के 'जृंभकास्त्र' का यही प्रतीक है।

3
सांस्कृतिक अस्मिता

विगत दस वर्षों के अन्तराल में विकास के प्रभावी 'माडेल' को प्रस्तुत करते हुए समीक्षकों ने सांस्कृतिक तर्क प्रस्तुत किए हैं। इन्होने विकास के वर्तमान स्वरूप को नकार दिया है और पारम्परिक या देशज संस्कृति के पक्ष में विकास की वकालत की है। इस प्रकार की वकालत से ऐसे आंदोलनों का विकास हो रहा है, जो मानव जाति के लिए हानिकारक हैं।

विकास-कार्यो में छिद्रान्वेषण करने वाले लोगों ने दो उपगमों की चर्चा की है। (क) **सांस्कृतिक उपगम, तथा (ख) पारिस्थितिक-आर्थिक-राजनीतिक उपगम**। सांस्कृतिक उपगम के पक्षधर दूसरे उपगम की भी पूरी तरह से उपेक्षा नहीं करते। इनमें से अनेक का तर्क है कि विकास में प्रमुख बुराई यह है कि इससे आदिवासियों की संस्कृति या तो विनिष्ट हो रही है अथवा वह मिटा दी जाती है।

वोल्फगैंग सचेस (1989) का यह विचार है कि पश्चिम ने 1949 में पूर्व के लोगों को अविकसित और निर्धन माना था और फिर उनके ऊपर विकास के विचार और नीतियों **को थोप दिया था। उनका विचार था कि इस तरीके से समूचा विश्व एक इकाई बन जायेगा** तथा उसके जीवन के **'मॉडेल'** से पूर्व की संस्कृतियाँ और भाषाएँ लुप्त होने लगीं और इसी के साथ पारम्पारिक संस्कृतियों के जीवन-निर्वाह के स्रोत समाप्त होने लगे। विकास की उक्त प्रक्रिया का परिणाम यह हुआ कि पूर्व के लोग और भी अधिक गरीब होते गए और उन्होंने अपनी सांस्कृतिक गरिमा को भुला दिया।

सचेस का विचार है कि 'एक विश्व' का नारा भयोत्पादक है; क्योंकि यह जीने और समझने के आत्मानुरोध के मार्ग में बाधक है और देश की संकल्पना को संकुचित कर देता है। **'बायोस्फियर'** के खतरे से भी वे परिचित हैं। अनेकता के प्रति उनका स्नेह सुस्पष्ट है। इसलिए विश्व की एकता के प्रति उनकी आस्था नहीं है।

टी० जी० वेरहेस्त (1990) इसे और व्यापक बनाते हुए कहते हैं कि **'अनेकता जनता का अधिकार है'**। इसी सन्दर्भ में सचेस तो आदिवासियों की साक्षरता-योजनाओं के विरूद्ध हैं। वेहरेस्त विकास का विरोध तो नहीं करते; किन्तु विकास के पश्चिमी 'मॉडेल' का विरोध करते हैं। वे नहीं चाहते कि पश्चिम की तकनीकी और संस्कृति पूर्व पर हमला करे। वे मानते हैं कि इसी हमलावर नीति के कारण पूर्व के लोग विकास को या तो नकार रहे हैं या उससे तटस्थ हो गए हैं। उनकी व्याख्या है कि 'नेति-नेति' या 'तटस्थता' का यह भाव साम्राज्यवाद के खिलाफ एक प्रकार का 'प्रतिरोध' है। उनका मानना है कि विकास-कार्यो में असफलता तथा कठिनाइयाँ इसलिए पैदा हुई; क्योंकि स्थानीय संस्कृतियों

की कोई खास पहचान नहीं हो पायी। सभी संस्कृतियों के प्रति सम्मान का भाव बनाते हुए स्थानीय संस्कृति के परिवेश में किया गया विकास-कार्य सफल हो सकता है। इस प्रकार के विचार भारतीय विचारकों के भी हैं। स्मिथ कोठारी (1985 : 8) के अनुसार–And alongside this biological survival of marginal communities is the continuous threat to the survival of their cultures. The undermining of cultural plurality is thus built into the dominant model of "progress."

भारत के पारिस्थितिकी– विशेषज्ञों का मानना है कि मानव-समुदाय की सांस्कृतिक तथा जैविक विविधता के परिणामस्वरूप an understand of the essential rationality of each culture, how it had emerged in its own pariticular ecosystem and the way people had developed social and production systems, behaviour patterns and survival techniques. Once this was understood, there was an immediate respect for all cultures (अनिल अग्रवाल 1987 : 351)। द्वितीय अध्याय के अंतर्गत मैंने यह स्पष्ट किया है कि दण्डकारण्य की धार्मिक और सांस्कृतिक विरासत ने वहाँ की अर्थव्यस्था को पारिस्थितिकी के साथ जोड़ दिया था। उस विरासत के प्रमुख अंग थे – अंहिसा तथा धर्म। इसीलिए सांस्कृतिक अस्मिता को मूलभूत मानव अधिकार माना गया था। ज्ञान और विज्ञान क्षेत्र की संस्कृति के अनुरूप ही विकसित हुए थे।

संस्कृति के पक्षधरों का उक्त विचार समझ लेने के बाद अब इसके दूसरे पक्ष पर विचार करना उपयोगी होगा। उक्त चिन्तन विचार का एक पहलू है। सबसे पहले संस्कृति के एक सामाजिक-मानवविज्ञानी रूप में एडवर्ड्स (1987: 27) के अनुसार हम इस प्रकार समझ सकते हैं– "Culture is that complex whole which includes knowledge, belief, art, morals, law, customs and any other capabilities and habits acquired by man as a member of society. In this meaning culture also includes the material organisation of life, i.e., social and economic institution.

"सांस्कृतिक उपगम के खिलाफ मेरा तर्क यह है कि विकास को नकारते हुए यह ऐसे तर्कों का इस्तेमाल करता है, जो परिणामी तौर पर न केवल हानिकारक हैं, अपितु खतरनाक भी हैं। विकास को इसलिए नहीं नकारा जा सकता कि यह पश्चिमी या विदेशी है। इसे इसलिए नकारना चाहिए कि पारिस्थितिक, आर्थिक, राजनीतिक तथा सामाजिक दृष्टि से असंभव है या हानिकारक है। सांस्कृतिक उपगम के पक्षधर अनेक लोग उक्त दूसरे उपगम को भी स्वीकार कर लेंगे। ऐसी स्थिति में विकास को नकारते हुए उनका सांस्कृतिक उपगम अनावश्यक प्रतीत होता है।

सांस्कृतिक उपगम इसलिए भी हानिकारक है कि वह न केवल पारम्परिक या देशी संस्कृतियों को रोमानी ढंग से प्रस्तुत करता है, अपितु वास्तविकता की एक विकृत तस्वीर पेश करता है। मैं यह नहीं मानता कि पश्चिम ने अपने विकास के प्रादर्श या संस्कृति को भारत पर आरोपित कर दिया है। भारत के ही लोग अपनी इच्छा से पश्चिम के विकास और संस्कृति को स्वीकार करते जा रहे हैं। इतना ही नहीं, अस्सी के दशक से ही अनेक यूरोपीय नेता भारत को सबक देते आ रहे हैं कि वह पश्चिम की नकल न करे और सांस्कृतिक तथा सामाजिक मूल्यों के अनुसार विकास करे। हमें यह ध्यान रखना होगा कि सांस्कृतिक अस्मिता के साथ धार्मिक अस्मिता भी जुड़ी रहती है और कभी-कभी विकास के दौर में इसके घातक परिणाम हो सकते हैं। बाबरी-मस्जिद का उदाहरण हमारे समाने है। माना कि कतिपय परिस्थितियों में *सांस्कृतिक उपगम* लोगों में एकता का भाव पैदा कर सकता है और घनिष्ठता के बन्धन में बाँध सकता है; किन्तु यह तभी सम्भव है जबकि एक वर्ग से दूसरे वर्ग में अलगाव पैदा कर दिया जाय। आदिवासी अंचलों में आदिवासी तथा परदेशी का विचार एक ऐसा ही विभाजक तत्व है। हो सकता है कि प्रतिकूल परिस्थितियों में अस्मिता की खोज शत्रुता की खोज में बदल जाय। उससे शान्ति बाधित होगी तथा समाज में नफरत, युद्ध, साम्प्रदायिक दंगे तथा बलवा होने लगेंगे। भारत में हम भाषा के नाम से होने वाले शत्रुओं से पूरी तरह परिचित हैं। ऐसे संघर्षों में यद्यपि आर्थिक कारण प्रमुख होता है, किन्तु यह स्वीकार करना होगा कि अलग-अलग सांस्कृतिक अस्मिताओं की खोज से किसी समस्या का निदान असंभव है।

भारतीय संदर्भ में सांस्कृतिक अस्मिता का आग्रह अयाचित संकट का कारण बन सकता है। इससे ***'सेक्युलर इंडिया'*** का विचार भी समाप्त हो जाएगा। आदिवासी और गैर आदिवासी के बीच संघर्ष की स्थिति आ जाएगी। अतीत का हवाला देकर वर्तमान को नहीं सँवारा जा सकता। माना कि अतीत में पर्यावरण उतना प्रदूषित नहीं हुआ था, जितना कि आज है। इसके प्रमुख तीन कारण है। पहला तो यह है कि प्राचीनकाल में आज जैसी विकसित तकनीकें नहीं थीं, जिससे **'बायोस्फियर'** प्रदूषित होता। दूसरा कारण है कि प्राचीन में जनसंख्या का दबाव आज जैसा नहीं था। तीसरा कारण था कि क्षेत्रों में जनसंख्या का घनत्व कम था। सच तो यह है कि यदि पंद्रहवीं शताब्दी में अमेरिका की खोज नहीं होती, तो यूरोप समाप्त हो गया होता।

पुरातत्वविदों तथा इतिहासकारों ने इस बात की भी खोज की है कि हमारे पूर्वजों ने भी पारिस्थितिकी को किस प्रकार विनष्ट किया था। ***सिन्धुघाटी-सभ्यता*** तो अति सिंचित होने की स्थिति में विनष्ट हो गयी थी; क्योंकि उसके कारण कृषिभूमि में **'वाटर लॉगिग'** के कारण क्षारीय तत्व विकसित हो गए थे। प्राचीनकाल में भी आज के समान पारिस्थितिकी को लेकर संघर्ष की स्थितियाँ आयी थीं। आज भी इन्द्रावती को लेकर भूमि

को **'खोने वालों'** और **'पानी को पाने वालों'** के बीच संघर्ष है। प्राचीन और नवीन दोनों के कालखंडों में **'इको-सिस्टम'** को लेकर संघर्ष रहा है; अंतर केवल **'टेम्पो'** या गति का है। पारिस्थितिकी की दृष्टि से भूत वर्तमान से कहीं अधिक बुद्धिमत्तर या सदाचारी नहीं था। भूत और वर्तमान दोनों ही संस्कृतियों में शोषण, अत्याचार, अपराध तथा विद्रोह मौजूद रहे हैं। आदिवासी संस्कृतियों ने इसके लिए अनेक बार युद्ध छेड़ा है। सभी समाजों में विसंगतियाँ और संघर्ष सांस्कृतिक मूल्यों के कारण होते हैं। आदिवासी समाजों में घनिष्ठता तथा सहकार आम बात थी, किन्तु पड़ोसी जनजाति के प्रति सौहार्द्र का यह भाव कभी नहीं आया। एक जनजाति दूसरी जनजाति से सदैव संघर्षरत रही।

कुछ लोग पारिस्थितिकी तथा संस्कृति को समानांतर मानते हुए एक ही साँस में पारिस्थितिकी तथा संस्कृति के भेद गिना जाते हैं। किसी भी पारिस्थितिकी के लिए विविधता अनिवार्य है और 'मोनो कल्चर' से पारिस्थितिकी का स्वास्थ्य बिगड़ जाता है। कृत्रिम रूप से रची गयी संस्कृति की जीवन-अवधि बहुत कम होती है। हम 'जीन बैंक' के समान 'कल्चर बैंक' की कल्पना नहीं कर सकते।

सांस्कृतिक उपगम के पक्षधर लोगों की विविधता के अधिकार पर बल देते हैं और यूरोपीय न बनने का आग्रह करते हैं। किन्तु योरोपीय बनने के लिए उन्हें बाध्य कौन कर रहा है? हमें किसी ने नहीं रोका कि हम बैलगाड़ी का प्रयोग न करें या धोती का इस्तेमाल न करें। हमने ही कारें चाहीं और **'जीन्स'** को स्वीकार किया। हमें कोई रोक नहीं रहा कि हम अपनी पारंपारिक संस्कृतियों से न जुड़ें। लेकिन सवाल यह है कि आज लोग क्या चाहते हैं? सच तो यह है कि भारत के बहुसंख्यक लोग अर्थव्यवस्था, विज्ञान, तकनीकी, तथा शिक्षा आदि के क्षेत्र में पश्चिम की बराबरी करना चाहते हैं। अपनी पारम्परिक कला, साहित्य, संगीत आदि के अतिरिक्त वे इन क्षेत्रों में पश्चिम की रचना-धर्मिता का आस्वाद लेना चाहते हैं। क्या यह सही है या नहीं, यह अलग सवाल है। यह भी सही है कि विवाह तथा अन्य संस्कारों, विविध, कर्मकाण्डों, प्रथाओं, धार्मिक विश्वासों, परिधानों आदि से हम पारम्परिक संस्कृतिक से ही जुड़े हुए है। किन्तु अर्थव्यवस्था, विज्ञान, तकनीकी तथा शिक्षा आदि के क्षेत्र में हम पश्चिम से जुड़ रहे हैं।

सांस्कृतिक उपगम के पक्षधर यह चाहते हैं कि आदिवासी अपनी संस्कृति से जुड़े रहें। किन्तु आदिवासी क्या चाहते हैं? हम कर्नाटक की कुरूबा जनजाति का ही उदाहरण सिद्धार्थ (1991) के शब्दों में लें–Apart from imitating Hindu values they are also being influenced by western and commercial value communicated through cinema. Many tribal youth do not known tribal songs, but will enthusiastically sing film songs in Kannada language .... hey still parctice herbal medicine, but modern medicine has made eep inroads .... If the tribals are giving up some of their values, it is not entirely because of the aggression of the capitalist economy. To a certain extent they themselves want these changes. The space that modern period creates for the individual is exhilarting to many tribal youth who find some of the customs of the clan oppressive. It must be admitted that the freedom of the individual and the space for that.......... is an important gain." मैं सोचता हूँ कि इसी प्रकार की बातें बस्तर के आदिवासियों पर लागू होती हैं।

पश्चिमी संस्कृति यदि पश्चिम के लोगों के लिए अच्छी है, तो भारतीय के लिए बुरी कैसे हो सकती है? यह कहना कि पश्चिम की तरह भारत भी अपनी सांस्कृतिक जड़ों से कट रहा है, भ्रमास्पद है। पश्चिमी संस्कृति पश्चिमी संस्कृति से कैसी कट सकती है? फिर उसे जड़ों से काट कौन रहा है? सच तो यह है कि औद्योगिक सभ्यता और पूँजीवाद के कारण ऐसा हुआ है। इसमें संस्कृति का कोई दोष नहीं है। औद्योगिक सभ्यता और पूँजीवाद इसलिए बुराइयाँ हैं; क्योंकि ये पारिस्थितिकी, आर्थिक, सामाजिक तथा राजनीतिक दृष्टि से विनाशकारी हैं। चाहे पश्चिम हो या पूरब।

गाँधी के **'स्वराज'** से लेकर जपता के **'एजिदोस'** तक प्रत्येक संस्कृति में परिवर्तन की कल्पना होती है। किन्तु 'परम्परा की ओर वापस लौटना' एक उल्टी धारा है। परिवर्तन का तात्पर्य है नए संदर्भों से संस्कृति का जुड़ जाना। हमें आदिवासी संस्कृति के विलुप्त होने पर विलाप करने की जरूरत नहीं है। आदिवासी संस्कृति ने खोने और पाने के क्रम में अपने को सदैव सँवारा है। इतिहास के दौरान अनेक संस्कृतियाँ विलुप्त हो गयीं और उनके स्थान पर नयी संस्कृतियाँ आयीं। बस्तर में पहले 'हेले' की संस्कृति थी, जो कालांतर में लुप्त हो गयी। पारिस्थितिकी के अनुसार आदिवासी संस्कृति अपने को सदैव ढालती रही है। विकास की सीमा के अनुसार समय-समय पर उसमें परिवर्तन हुआ है। समता का सिद्धान्त भी आदिवासी संस्कृति से जुड़ा रहा है। आदिवासियों में अभी हाल तक एक **'कलेक्टिव स्पिरिट'** थी। इस मूल्य को पुनर्जीवित किया जा सकता है। ऐसा इसलिए कि यह समूची मानवता के लिए श्रेयष्कर है। इसी मूल्य से अर्थव्यवस्था का पारिस्थितिकीजन्य रूपान्तरण होगा और आदिवासी अंचलों में शान्ति की पुनः प्रतिष्ठा होगी।

'एक विश्व' का अर्थ **गेट, वर्ल्ड बैंक, आई एम एफ, या टी एन सी** नहीं है। एक विश्व का अर्थ है व्यापक संवाद के अतिरिक्त घनिष्ठता तथा पारस्परिक सहायता। भारत के आदिवासी तथा गैर-आदिवासी का अवचेतन मन एक-सा है। दोनों एक जैसा ही सपना देखते हैं। विवाह, परिवार, ईश्वर में विश्वास, पुरोहिताई, कलात्मक अभिव्यक्ति आदि में दोनों समान हैं। शताब्दियों से दोनों साथ-साथ रहे हैं। भेदभाव पैदा करके इन्हें अलग न होने दें। 'स्वायत्तता' का राग न अलापें। कम से कम इतिहास से तो सीख लें।

4
विकास-यात्रा

आजादी के बाद भारत ने आर्थिक समृद्धि तथा राष्ट्रीय उन्नति के दायित्व को प्रभावशाली विकास की विचारधारा के माध्यम से स्वीकार किया। विकास का यह ढाँचा पश्चिमी 'मॉडेल' पर आधारित था, जिसमें उच्च तकनीकी-हस्तान्तरण तथा अत्यधिक पूँजी-निवेश ने पहले से ही विद्यमान सामंती ढाँचा के शक्ति-सम्बन्धों को प्रोत्साहित किया तथा आदिवासी विकास की राह में पिछड़े गए। उन्हें जब यह चेतना आयी कि वे ठगे गए हैं, तो अन्य किसी विकल्प के अभाव में उन्होंने आन्दोलन के मार्ग को अपना लिया।

बस्तर देश का एक निर्धनतम अंचल है, जहाँ कुपोषण तथा बीमारी से प्रतिदिन सैकड़ों लोग विलपते हैं। अंचल के इस पिछड़ेपन के नाम से यहाँ विभिन्न विभागों, परियोजनाओं तथा कार्यक्रमों के माध्यम से पैसा पानी की तरह बहाया गया है। किन्तु दुर्भाग्य यह है कि इसका कुछ प्रतिशत ही विकास कार्यों में खर्च हुआ है।

औद्योगिक गतिविधियों से इस अंचल की जनता कैसे लाभान्वित होगी, जो प्रमुख रूप से कृषकसमुदाय है। औद्योगिकीकरण से प्राकृतिक स्रोतों पर क्या प्रभाव पड़ेगा? प्राकृतिक स्रोत ही आदिवासी समूहों की आजिविका के साधन हैं। जिन अंचलों में उद्योग लगे हैं, उनके आस-पास रहने वाले लोगों का क्या अनुभव रहा हैं? जाहिर है कि विकास की तथाकथित इन समूची योजनाओं से आदिवासी बदहवास है और उसने अनेक तरीकों से इनका विरोध करना प्रारंभ कर दिया है। भुखमरी का यह आलम है कि अब आदिवासी सरकारी तथा गैर-सरकारी अनाज के वाहन को लूटने लगे हैं।

बस्तर के आदिवासी व्यवहारकुशल तथा प्रभावी समाज से दूर प्रायः वन्य और पर्वतीय अंचलों के सूदूरवर्ती तथा अलग-अलग बस्तियों में निवास करते हैं। वे एक सुसम्बद्ध समुदाय में जीते हैं तथा उनकी संस्कृति, रीतिरिवाज, विश्वास तथा भाषाएँ विशिष्ट तथा विभेदक हैं। जब तक बाहरी सामाजिक शक्तियों ने इन्हें छेड़ा नहीं था, ये खुशहाल थे। इनका जीवन सरल अकृतिम तथा आदिम है। इनका विचरण ही नर्तन है और इनका भाषण ही गायन है।

आज बस्तर का आदिवासी समाज अपने पुरखों की भूमि से विस्थापित और बलात् निष्कासित कर दिए जाने से अस्थिर हो चला है। कुछ आदिवासी तो समूल विनाश के कगार पर खड़े हैं। पिछले कुछ ही वर्षो में खदानों, औद्योगिक परियोजनाओं तथा पनबिजली के लिए बाँध बनाए जाने के कारण आदिवासी-जनसंख्या को अपनी मूल भूमि से बेरहमी के साथ विस्थापित, विसर्जित तथा खाली करा दिया गया है। छत्तीसगढ़ तथा मालवा-अंचल की अधिसंख्यक जनसंख्या के विस्थापन का आँकड़ा तो बहुत ही चिंताजनक हैं।

कोल-कम्पनियाँ विस्तृत क्षेत्रों में कब्जा कर काफी तादात में आदिवासी जनता को विस्थापित कर रही हैं। एक अनुमान के अनुसार 1981 से 1985 के बीच **'सेन्ट्रल कोलफील्ड लिमिटेड'** ने 1,20,300 एकड़ जमीन को हथिया लिया तथा 32751 परिवारों को विस्थापित बना दिया। इनमें से केवल 11901 परिवारों के एक-एक सदस्य को 'कोल कम्पनी' में रोजगार मिला (फर्नाडीज तथा ठकुराल, 1989)।

उद्योगों के स्थापित होने से इन निर्धन विस्थापित लोगों में से अधिकतर लोग बेरोजगार, भूमिहीन तथा बेघर हो जाते हैं। आर्थिक विकास के बहाने बस्तर के आकर्षक पर्वतीय अंचलों में उद्योगों की आकस्मिक बाढ़-सी आ गयी है और ठेकेदारों ने असंख्य मात्रा में प्रायः प्रत्येक पहाड़ी पर खनिजों की छानबीन शुरू कर दी है। ये सारी बातें निर्बाध रूप से पारिस्थितिकी तथा पर्यावरण का सत्यानाश कर रही हैं। इस प्रकार के विकास की कीमत अंततोगत्वा आदिवासी को ही चुकानी पड़ती है। प्रोफेसर देसाई का यह कथन सही है कि भूमि का प्रत्येक कोना (वन्यांचल और पर्वतसमेत) एक अधिकतर जटिल किन्तु सभ्य तानेबाने के पेट में समाता चला जा रहा है । यदि इन आदिवासियों को बहुसंख्यक समुदायों के साथ उलझा दिया गया, तो शोषण की विकराल समस्या उठ खड़ी होगी (देसाई, रमेश थापर से उद्धृत, 1977, पृ० 23)।

नर्मदा तथा बरगी जैसी विशाल बाँधों का निर्माण आदिवासी जनता पर महाप्रलय की स्थिति ला देगा। ***'नर्मदा वैली डेव्हलपमेण्ट प्रोजेक्ट'*** (NDVA) जब पूरा होगी, तो 111816 हेक्टेयर भूमि पानी की सतह के नीचे आ जाएगी। कुल 491 गाँव जलमग्न हो जाएँगे। एक लाख से अधिक लोग विस्थापित हो जाएँगे (ठुकराल, 1989 : 51)। इस समय मालवा के आदिवासी बाँध निर्माण के विरोध में आन्दोलन कर रहे हैं। परियोजना के पूरी हो जाने पर यहाँ के आदिवासी हाथों में कटोरा लेकर भीख माँगने के लिए विवश हो जाएँगे। बाणसागर-परियोजना में यही हुआ था, जो कि आज तक अधूरी है।

किसी भी आदिवासी भाषा, संस्कृति और साहित्य का विकास आदिवासी-समुदाय के चिरकाल तक किसी स्थान पर स्थायी तौर पर बसने से जुड़ा हुआ है। इसके विपरीत यदि आदिवासी को उनकी भूमि से बेदखल कर दिया जाता है, तो उनकी आजिविका का एकमात्र स्रोत विनष्ट हो जाता है। परिणामस्वरूप उनके रीतिरिवाज, भाषा, साहित्य तथा आदिम विश्वास भी बेरहमी से कुचल दिये जाते हैं। अपनी प्रमुख कड़ी भूमि को गँवा देने से आदिवासी निस्सहाय हो जाएँगे। आज वे नए प्रकार के खतरे से रूबरू हैं और वे खतरे हैं ऐसी प्रत्येक वस्तु को खो देना, जो उनके पास शताब्दियों से है—भाषा, संस्कृति, साहित्य और परिणामतः अपनी खास आदिवासी अस्मिता। इस प्रकार वे प्रभुतासम्पन्न समाज की मूलधारा में निम्नजाति या दलित के रूप में डूब जाने के लिए विवश कर दिए गए हैं। अब वे जंगलों के स्वतंत्र व स्वाभिमानी आदिवासी नहीं रह गए हैं। इस प्रक्रिया को ***'सांस्कृतीकरण'*** कहने के बजाय ***'गैर-आदिवासीकरण'*** कहना अधिक उपयुक्त होगा।

जब बस्तर की जनसंख्या के एक चौथाई आदिवासी नहीं बचेंगे, तब हमारे लिए वह दुर्दिन ही होगा। जातिसमाज की भीड़ उन्हें निगल जाएगी। आजाद भारत के संस्थापकों ने कभी ऐसा नहीं सोचा था। जवाहरलाल नेहरू ने कहा था—"There is not point in trying to make them a second- copy of ourselves"!

जातिवाद और सम्प्रदायवाद के जहर के बावजूद बस्तर आज भी एक आकर्षक अंचल है, जहाँ विविध रीतिरिवाजों, संस्कृतियों, भाषाओं तथा साहित्य से सम्पन्न अद्भूत लोग निवास करते हैं। विकास के अपने नियमों के अनुसार यहाँ के प्रत्येक पुष्प को खिलने का अधिकार है। अपनी खुशबू फैलाने का हक है। अपने सौन्दर्य को द्विगुणित पसारने के साथ बगीचे की चमक-दमक बनाने की आजादी है। वे अपने कमल को कचनार में या कचनार को कमल में नहीं बदलना चाहेंगे और न ही वे **'पॉप म्यूजिक'** के सामने **'रेलो'** संगीत को न्यौछावर करना चाहेंगे

आज बस्तर के आदिवासी अपनी पहचान के खतरे से गुजर रहे हैं। आर्थिक विकास की परियोजनाएँ जैसे-जैसे दूरस्थ आदिवासी अंचलों तक पहुँच रही हैं, वैसे-वैसे अधिक सभ्य किस्म के गैर-आदिवासियों की इन अंचलों में प्रोजेक्ट स्टाफ, ठेकेदार तथा व्यवसायियों के रूप में बाढ़ आ गयी, जो आदिवासी मूल्यों से न तो प्यार करते हैं और न ही उन्हें समझने की इच्छा है। बस्तर के आदिवासी ऐसे लोगों को **'परदेशी'** कहते हैं। इन परदेशियों का प्रमुख व्यवसाय ही आदिवासियों का शोषण करना है। एक नए समाज की रचना के उद्देशय से अब आदिवासियों को उनके पैतृक निवास से खदेड़ा जा रहा है। अपने मूल निवास से विस्थापित होने के कारण खास समुदाय का प्राकृतिक साहचर्य छिन्न-भिन्न होने लगता है। पारंपरिक पंचायतें टूट जाती हैं। ग्रामीण संस्थाएँ नष्ट हो जाती हैं। सामूहिक जीवन विघटित हो जाता है। घरेलू सम्पत्ति नष्ट हो जाती है और पारिवारिक बंधन चूरचूर हो जाते हैं। प्रत्येक व्यक्ति अपने तटबंध को छोड़ देता है। बूढ़े धरतीमाता से बिछुड़ने पर गमगीन और युवक स्वच्छद हो जाते हैं। आदिवासी घनिष्ठता समाप्त हो जाती है और आदिवासी मनोराग भंग हो जाता है। पारंपरिक जीवन में इतना बिखराव आ जाता है कि उसकी पुर्नरचना संभव नहीं होती। नया जीवन संकटमय रहता है। आदिवासी भाषा और संस्कृति के विकास के लिए अनुकूल वातावरण नहीं मिलता।

आदिवासी हमेशा ही एक वंशानुक्रमिक, सम्मानित तथा स्वतंत्र जीवन जीने के आदी रहे हैं। इसीलिए पिछली शताब्दियों में जब ब्रिटिश-सरकार और जमींदारों ने उनका शोषण किया, उन पर अत्याचार किया, तो उन्होंने हथियार उठा लिए। केवल बस्तर में ही 1774 से 1947 के बीच तेरह विद्रोह हुए। ब्रिटिश प्रशासन आदिवासियों की समस्याओं को समझने मे असफल हुआ और बदले में जमींदारों की रक्षा के लिए सेना भेज दी।

आज जब आदिवासी अंचलों में विकास की अनेक योजनाएँ प्रारम्भ की जा रही हैं, तब आदिवासी अनुभव कर रहे हैं कि विस्थापन से उनकी जिन्दगी नरक बन जाएगी। अतएव ऐसी परियोजनाओं का वे उग्रता के साथ विरोध कर रहे हैं। यह विधि और व्यवस्था की समस्या नहीं हैं। यह जीने के लिए मानव-अधिकारों का प्रश्न है। इस प्रसंग में प्रोफेसर वी० के० आर० वी० राव० के विचार द्रष्टव्य है—I look the current tribal unrest as a reaction to the development process and a consequent "revolution of rising expectations" which is still largely unfulfilled. In more articulate communities, this gulf between epectations and fulfilment might have taken other forms of expression. In the tribal communities discontent manifests itself in a more element form. xxx It is not necessary to emphasize that it will be a fatal mistake to regard this as a problem of law and order. We must also recognize that we have to understand and appreciate the aspirations of tribal people and help them to rise their full potential" (seminar 1966).

अपनी धरती तथा प्राकृतिक स्रोतों की रक्षा के प्रयास को अमली जामा पहनाने के लिए बस्तर-संभाग के प्रायः सभी जिलों के लोग अब संगठित होने लगे हैं तथा आदिवासी- अंचलों में भी विविध संघटनों का विकास हो गया है। इन अंचलो ने समय-समय पर अपनी जो माँगे प्रस्तुत की हैं उनका सारांश यह है कि सूचनाओं की प्राप्ति जनता का मौलिक अधिकार है और

(क) इन सारी योजनाओं का तफसीलवार ब्यौरा जनता के समक्ष प्रस्तुत किया जाय तथा साफतौर पर यह बताया जाय कि जनता के जीवन तथा उसके प्राकृतिक स्रोत पर इन परियोजनाओं का क्या असर होगा?

(ख) इन परियोजनाओं को स्थापित करने के लिए विविध कम्पनियों तथा सरकार के बीच किन अनुबन्धों और शर्तों को स्वीकार किया गया है? उनका खुलासा किया जाय।

(ग) इस अंचल के मूल निवासी होने के कारण यहाँ की भूमि और जंगल और घरों पर यहाँ की जनता का मौलिक अधिकार है, जो उससे छीना जा रहा है, क्योंकि वह बेदखली से भयाक्रान्त है और उसके लिए अन्य कोई विकल्प भी नहीं सुझाया गया है। इस सम्बन्ध में सरकार का क्या नजरिया है?

(घ) ऐसे औद्योगिक तथा खनिज उद्यमों से आंचलिक जनता को क्या लाभ है?

बस्तर का नाजुक "इको-सिस्टम" व्यापक वन-कटाई के कारण और अधिक आक्रमणीय हो गया है। यहाँ आदिवासी भूमि के अधिकार से इस तर्क के आधार पर वंचित कर दिए गए हैं कि वे पारिस्थितिकी से छेड़छाड़ करेंगे, किन्तु दूसरी ओर ठेकेदारों के

माध्यम से सरकार इन जंगलों को नष्ट करा रही है और यह सब कुछ विकास के नाम पर हो रहा है।

उक्त कथन से विकास का मुखौटा हमारे सामने आता है। लोगों की आजिविका के निरंतर विनाश और पर्यावरण की अधोगति से झणभंगुर पारिस्थितिकी बिगड़ रही है। इससे हम यह सोचने के लिए बाध्य है कि कहीं यह विकास किसी युद्ध की तुलना में अधिक आक्रमक तो नहीं है? बस्तर के खनिजों का दोहन पर्यावरण की दृष्टि से एक सर्वाधिक विनाशकारी प्रक्रिया है। नव-उपनिवेशवादियों के हित में सरकार अपने ही लोगों को विस्थापित करने के पीछे क्या तर्क देगी? कहीं जनकल्याण के बहाने सरकार जनता के खिलाफ कोई साजिश तो नहीं कर रहीं है? जनता विकास को एक अघोषित युद्ध मानकर अब उसके विरूद्ध लामबंद हो रही है। एक नक्सलीगीत में हमें इसी प्रकार की प्रतिध्वनि मिलती है—

मंत्रीगण समझा रहे हैं
चिरंतनकाल से जनसाधारण को
कि शासन, शासन है,
कोई हँसी-खेल नहीं।

यदि मंत्री न होते
तो अन्न भूमि के भीतर की ओर उगता
उन्होंने ही तो प्रदान की है उसे
ऊर्ध्वगति।

खानों से एक मुट्ठी कोयला भी
न उठाता,
यदि न होते खनिज-मंत्री
इतने चतुर।

और प्रचार मंत्री के अभाव में
भला कौन कंन्या
गर्भधारण को होती प्रस्तुत?

मुख्यमंत्री के बिना
सूर्य भी उनकी आज्ञा के बिना
सुबह अपनी रश्मियाँ बिखेरने का साहस
बटोर नहीं पाता

और यदि वह ऐसा कर भी ले तो
यह निश्चित है कि वह
गलत दिशा उगेगा।
वे कहते हैं
कि कोई उद्योग
चल नहीं सकता
उद्योगपति के बिना।
समझाते हैं
कि यदि न हो कारखानेदार
तो ढह जाएँ दीवारें कारखानों की
और मशीनों में जंग लग जाय।
यदि किसी प्रकार का कोई 'हल' भी निकल आए
तो वह खेत तक नहीं पहुँच सकता,
जब तक कि
उद्योगपति का ज्ञानभरा पत्र
कृषक को प्राप्त नहीं हो जाता।
क्योंकि वही तो उन्हें बताता है
कि 'हल' भी कोई चीज है।
भूपति के बिना
भूमि की स्थिति
कल्पनातीत है।
जमींदार के अभाव में तो
आलुओं के लिए तैयार ज़मीन में
वे मूर्ख,
वो देंगे राई।
यदि शासन होता सरल
तो 'चीफ सेक्रेटरी' के जागरूक

मष्तिष्क की
क्या थी आवश्यकता?
यदि मजदूर जान जाय कि
मशीनें कैसे चलती हैं
और किसान को
खेत और हीरे के बोर्ड में
दीखने लगे फर्क,
तो उद्योगपति और जमींदार को
कौन पूछे?
क्योंकि जनता बेवकूफ है
इसलिए तो सृष्टि ने
ज्ञान का भंडार,
बाँट दिया है
नेताओं, पूजीपतियों तथा प्रशासक-जैसे
कुछ लोगों में।
और क्या ऐसा तो नहीं
कि शासन
इसलिए भी है इतना कठिन
क्योंकि
भ्रष्टाचार और शोषण के लिए
अभ्यास
आवश्यक है?

बस्तर देश का एक विशालतम जिला रहा है। शताब्दियों से यह ब्रिटिश अधिकारियों, मानवविज्ञानियों, इतिहासकारों, पुरातत्वविदों, धातुविशेषज्ञों तथा विविध रुचिसम्पन्न समाजविज्ञानियों के कौतूहल का विषय रहा है। यह एक प्रकार का **'जीवित अजायबघर'** है, जहाँ आज भी आदिवासी-परम्परा और संस्कृति अक्षुण्य है। वन्य और खनिज-सम्पदा (जिले का 54 प्रतिशत अभी भी वनाच्छादित है तथा देश का दस प्रतिशत लौह भंडार यहाँ सुरक्षित है) से सम्पन्न इस अंचल पर शुरू से ही विकासवादी नियोजकों की ललचायी नजर रही है। महान् भुमकाल (1910) की शांति के बाद विदेशी और देशी नियोजक इसे लूट का जरिया बनाते रहे हैं और ऐसा करने के लिए समय-समय पर उन्होंने विविध षड्यंत्रों

को भी जन्म दिया है। सभी नियोजक यह चाहते थे कि थोड़ी सी अवधि में वे अधिकाधिक सम्पत्ति अर्जित कर लें। ऐसा करते समय उन्होंने यह कभी नहीं सोचा कि उनकी इस नीति से जनता के जीवन और आदिवासी-अस्मिता पर कैसा असर पड़ेगा? उन्होंने यह भी नहीं देखा कि प्राकृतिक स्रोतों की दीर्घ अवधिक अवलम्बनीयता कितनी जरूरी है? यह स्थिति आज भी यथावत् है और नई औद्योगिक नीति के तहत आज भी बस्तर में 3000 करोड़ से 5000 करोड़ तक के **'स्टील प्लाण्ट'** बनाने की योजना चल रही है।

बीसवी शताब्दी के अरुणोदय से ही बस्तर में विकास की जो योजनाएँ चलायी गयीं, उनसे यहाँ गरीबी आयी। पिछड़ापन बढ़ा और पर्यावरण बिगड़ गया। इसी के साथ पैदा हुए विविध प्रकार के जनान्दोलन और इनमें सबसे नया है नक्सली-आंदोलन जिसने बस्तर के **'आदिवासी किसान मजदूर संगठन'** को पोषित कर रखा है। इस संगठन ने छत्तीसगढ़-शासन की सभी विकासोन्मुखी नीतियों को विनाशकारी करार दिया है। इसी क्रम में ब्रम्हदेव शर्मा का **"भारत-जनांदोलन"** है जो अपनी **"भुमकाल"** नामक पत्रिका के माध्यम से क्रांति को एक नया स्वर दे रहा है।

6 तथा 7 नवम्बर को **"आल इंडिया पीपुल्स रेसिस्टेंस फोरम"** (AIPRF) ने नागपुर में एक सेमीनार आयोजित किया था, जिसका मूल उद्देश्य था कि बस्तर की जनता और पर्यावरण पर जो भीषण आक्रमण हो रहा है और उसके विरुद्ध लोगों में जो आक्रोश है, उस पर चर्चा की जाय। सेमीनार में बहस के दौरान यह बात सामने आयी कि विकास की सारी योजनाएँ साम्राज्यवादियों के पक्ष में हैं। अतः जरूरी है कि जनता के प्रतिरोध को उभाड़ा जाय। साम्राज्यवादी नियंत्रण के विरूद्ध विद्रोह को लाजिमी माना गया है। सेमीनार ने यह निर्णय लिया कि बस्तर के लूट-खसोट को बंद किया जाय। उक्त सामंती शोषण आर्थिक, सामाजिक तथा सांस्कृतिक जीवन को घुन की तरह चाट गया है। यह भी विचार सामने आया कि राजनीतिक तथा आर्थिक क्षेत्रों में जो सर्वव्यापी परिवर्तन आ रहे हैं, उनसे जनांदोलन अपरिहार्य हो गए हैं।

इस सेमीनार के उद्घाटन-भाषण में बी० डी० शर्मा ने बस्तर की जनता पर होने वाले सतत् आक्रमणों का एक संक्षिप्त इतिहास प्रस्तुत किया। उनके अनुसार 1947 में सत्ता के हस्तांतरण के बावजूद बस्तर के आदिवासियों का अब तक कोई विकास नहीं हुआ। ठीक इसके विपरीत आजादी मिलने के बाद शोषण का एक नया रूप सामने आया, क्योंकि इसी के साथ एक नए जमींदार-व्यापारी वर्ग का प्रादुर्भाव हुआ। उनके अनुसार बस्तर में वास्तविक उथल-पुथल 1960 से प्रारंभ हुई, जब दिल्ली-सरकार ने आदिवासी राजा प्रवीरचन्द्र भंजदेव की राजसत्ता छीन ली और उनका प्रीवीपर्स बंद कर दिया। 27 मार्च 1961 को प्रवीरचन्द्र भंजदेव को धनपूँजी से पकड़कर नरसिंहगढ़ जेल में बंद कर दिया गया, जिसके फलस्वरूप 30 मार्च 1961 को एक भारी भीड़ लोहंडीगुड़ा में राजा के प्रति अपनी निष्ठा जताने के लिए इकट्ठी हुई। इस भीड़ पर पुलिस ने गोली चलायी, जिसके

फलस्वरूप 13 व्यक्ति घटना स्थल पर ही शहीद हो गए और सैकड़ों घायल हुए। इस घटना का चित्रण एक हलबी-गीत(रघुनाथ महापात्र) में इस प्रकार मिलता है –

लेजा लेजा रे सन इकसठ रकत खाया पूर
परजा ऊपर कांग्रेस बंदूक जनम भैंसासूर
होय नाई काय पुलिस भसमासूर
लोहोड़ीगुड़ा ने पुलिस शिकार रईत चकनाचूर
रईत चकनाचूर "माहा मारी" परजा चकनाचूर
बुईल-सींघ ने मारा मंतर मसान पेसान धूर
लेजा लेजा लेजा रे ॥

प्रवीरचन्द्र भंजदेव के बंदी बनाए जाने पर बस्तर की जनता ने अपने-आपको असहाय पाया। यह **'प्रतीक विपर्यास'** का लक्षण था। इससे वे अपनी भूमि और वन के प्रति भी विरक्त हो गए। उनकी यह विरक्ति उस समय खीझ में बदल गयी, जब 25 मार्च 1966 को उनके राजा को मार डाला गया। हलबी-गीतकार ने **मोचो राजा मारून गेला**" में इस दर्द को व्यक्त किया है। इसी के बस्तर नायक-विहीन होकर आंदोलन की राह पर साथ चल पड़ा और नक्सलवाद से जुड़ गया–

नगाड़े खामोश हैं
बाँसुरी हवा में गुम है
भारी माँदरी का संगीत थम गया
नाचते पाँव ठिठक गए हैं
गाँव के आँगन में चाँद अकेला है
गोलियों की आवाज ने
सन्नाटा गहरा दिया है
आतंक ने एक अघोषित युद्ध करने का ऐलान
कर दिया है जंगल में।
पहाड़ों के शिखर और घाटियों में
तनाव अफवाह की तरह पसरता है
स्वणरिखा का जल अशांत हो उठा है ....

(विद्याभूषण)

सभ्य दुनिया से हमें कुछ पूछना है
क्या हमें उत्तर मिलेगा?

था नहीं माँगा कभी
हमने किसी से राजपथ
तब क्यों छीन रही हमारी पगडंडियाँ हैं?
हरहराते नदी-नालों
और पर्वत, गहन वन
के बीच अपने खेत में हम
मस्त "लेजा" गा रहे थे।
तुम इसे क्यों गलत समझे
और ले जाने हमारी लड़कियाँ
महुआ, चिरोंजी, खनिज इमली
तुम समझ बैठे इसे आव्हान क्या अपना?
जो हमारे रूठ बैठे देवताओं को
मनाने के लिए
हमने सुनाए थे
उसे तुम सिर्फ क्या एक गीत
एक धुन, एक लय समझे हुए थे
प्रार्थना थी वह नहीं क्या?
पूछना वन की किसी भी
एक तितली से
सुमन से या शशक से
या किसी बाँके चौकड़ी भरते
मृगों के झुण्ड से
क्या गीत हमने बेंचकर
अपनी क्षुधा को मेटने हित ही
रचे थे।
वनों से
हरहराते नदी-नालों, पर्वतों से
गहन वन से
थे हमें जो देवताओं ने दिए

पर थी नहीं माँगी कभी हमने
तुम्हारे मोटरें, रेलें, सिनेमा
शहर, बिजली।
एक नभ, माटी, हवा, पशु-पक्षि
के अतिरिक्त कुछ पत्ते
वनों के फूल-फल बस,
और कुछ भी था नहीं चाहा
कभी कुछ।
फिर हमारे 'गोत्र-कुल' पर
कैमरों की आँख फाड़े
क्यों स्वयं की गंदगी
गंदी सभ्यता ओढ़े
चले आते रहो हो तुम?
अतिथि बनकर भी
तुम्हारी दृष्टि पशुधन या
हमारी बेटियों
पर ही रही है।
पेज, सल्फी या कि महुए से बने
मधु से हमारी स्नेह-भीगी
अतिथि-सेवाभावना का
क्या तुम्हारी सभ्यता में
लूट ही प्रतिदान है?
तब क्यों हमारी संस्कृति को
नष्ट करने पर तुले हो?
झूठ रंगमंचों की छटाएँ
सच बताना
तुम हमारी नृत्यशैली
या हमारी नग्न देहों का
प्रर्दशन चाहते हो?

अब हमें कुछ-कुछ समझ
आने लगी है
हम नहीं बिकते
तुम्हारे झूठ या आश्वासनों पर।
याद रखो शेर को तुमने
उसी की माँद में जाकर
जगाया है
अगर धोखा किया उससे
भले वे अभी चुप रहे थे
सिंहशावक चुप नहीं बैठे रहेंगे
आव के पौधे बड़े मजबूत हैं
वे झेल जाएँगे
तपिश आँधी-थपेड़े
पर नहीं स्पर्श करने
दे सकेंगे
लाज अपनी
गीत अपने
और उनको गुनगुनाते
राजपथ को चीर डालेंगे
बढ़ेंगे
देश के प्रहरी बनेंगे
और बस्तर की यही
माटी कभी इस
देश का गौरव बनेगी।

(सुरेन्द्र रावल)

आजादी के बाद की पचास वर्षों की अवधि में प्रशासनिक व्यवस्था ने जनता का खुलकर शोषण किया। शोषण की यह नयी 'स्ट्रेटेजी' "आदिवासी-उपयोजनाओं" के

माध्यम से प्रारंभ हुई। इस प्रकार की उपयोजनाओं के माध्यम से आदिवासी-अंचलों में पैसा पानी तरह बरसने लगा, जिसके कारण ठेकेदारों, तकनीशियनों, मजदूरों तथा सरकारी अधिकारियों की फौज इकट्ठी हो गयी और ये सब केवल योजनाराशि को चट ही नहीं कर गए, अपितु यह प्राकृतिक स्रोतों, जमीनों और वस्तुओं को खुल कर लूटने लगे। लूट के इस कार्यक्रम में राजनेता भी पीछे नहीं थे। ***रघुनाथ महापात्र*** ने लूटखसोट के इस महायज्ञ की भूमिका का वर्णन किया है—

ए.....धन सरी गला, बन सरी गला, सरला बास्ता भाजी,
रे सरला बास्ता भाजी।
हाँडी-कुंडी बासी पसेया सरला "भाई रे"
खेदा काँगरेस आजी, खेदा काँगरेस आजी

X X X

ए.... छानी कुड़िया ने गिदहा बसलो टूटली मोंगरी पाटी
रे टूटली मोंगरी पाटी।
लेभीधान गाँवगदिया जूरला "भाई रे"
परजा मूँड ने लाठी, परजा मूँड ने लाठी
गाँव चो बायले सड़क ठिंया
पेट काजे नाई पेज-पसिया

X X X

माहांग चाउर माहांग फटई एक पाहारिया राँधा
रे एक पाहरिया राँधा
भूख-अकाल ने पेट छटपट "भाई रे"
खायलू पीता काँदा, जंगल कड़वा काँदा
काँगरेस राज कंगाल होली
गोटक रुपिया चाउर सोली ॥

यह वह अवधि थी, जब वन्य सम्पदा को व्यापारिक शोषण के लिए खोल दिया गया और यह सब कुछ सरकारी नियंत्रण में होने लगा। 1980 में वन-संरक्षण-नियम के पारित होने के साथ ही भूमि से स्थानीय आदिवासियों के **"एलिनेशन"** (अलगाव) की प्रक्रिया पूरी हो गयी। 1990 के आते-आते आदिवासी अंचलों के प्राकृतिक स्रोतों की लूट का औपनिवेशिक **'पैटर्न'** सरकार की विश्वीकरण और उदारीकरण की नीति के कारण और भी तेज हो गया। आदिवासी अंचलों में निजी कम्पनियों को स्टील आदि के ठेके मिलने लगे और आदिम समुदाय टुकुर-टुकुर देखता रह गया। स्थिति यह है कि आज बस्तर का

आदिवासी अंचल **"चौथी दुनियाँ"** में तब्दील हो रहा है और यह **"तीसरी दुनिया"** भारत का उपनिवेश बनता जा रहा है। यही कारण है कि "तथाकथित आक्रामक हस्तक्षेप" आठवें दशक से यहाँ होने लगा। बी० डी० शर्मा के अनुसार * it is a new phase in the people's struggle ...., came as a great relief to the people. The emancipation of the tribals could only take place by firmly asserting their right of control over all natural resources and the community ownership of any industry that may be started in the district. (स्टीफेन रेगो, इकोनामिक एण्ड पोलिटिकल वीकली, 12 फरवरी 1994 से उद्धृत)

आज आदिवासी-जनता तथा **'इको-सिस्टम'** पर विकास का प्रभाव विनाशकारी सिद्ध हो रहा है। यह सिलसिला 1950 से शुरू हुआ, जो आज तक जारी है। स्वंतत्रता प्राप्ति के बाद भी आदिवासी अंचल स्थानीय बनिया-पूँजीपति वर्ग के नियंत्रण में चले गए। यह स्थिति आज भी विद्यमान है तथा इसीलिए यहाँ के लिए ऐसी विकास योजनाएँ बनीं, जो साम्राज्यवादी देशों की हितसाधक हों। सीमित औद्योगिक अधिकार क्षेत्र के विकास में विदेशी तकनीकी तथा पूँजी लगायी जाने लगी। देवभोग की हीरा-खदान का भी यही विवाद है। दूसरी ओर ग्रामीण क्षेत्रों में सामन्ती शक्तियों को यथातत् रहने दिया गया, जिससे क्षेत्र की जनता दुहरी गुलामी में फँस गयी। पिछड़े क्षेत्रों में सर्वाधिक विकसित साम्राज्यवादी तकनीक के इस्तेमाल से आदिवासी जनता आजीविका के लिए कोई विकल्प भी नहीं सोचा गया। बस्तर की बैलाडीला के खदानों से जापान को लौहअयस्क भेजने का जब करार हुआ, 1970 में जब विश्व बैंक ने बस्तर में पाइनरोपणी के प्रोजेक्ट को चलाया, या जब बोधाघाट हायडेल प्रोजेक्ट आया, या जब हाल में बस्तर में स्टील प्लाण्ट की स्थापना का निर्णय लिया गया, तो इनका लक्ष्य बस्तर का विकास न होकर साम्राज्यवादियों का हितसाधन ही था।

बस्तर में तथाकथित विकास के विरोध में प्रारंभ से ही दर्जनों जनान्दोलन हुए हैं और आज नक्सलियों के माध्यम से पुनः प्रखर आन्दोलन प्रारंभ हो गया है। स्टीफेन रेगो (तदेव) के अनुसार Baster has a long history of revolt against harmful impact of development brought about by vested class interests........ The major challenge to the exploitation of the region and the tribal people which has developed under the leadership of the 'Dandakaranya adivasi kisan Mazdoor Sanghatan' which has taken up various issues like better wages and higher rates for the collection of minor forest produce, pattas regularising cultivation on forest land and right of cattle to continue grazing in the forests and ending all harassment by forest officials and police and the arbitrary fines collected by them." रेगों का कथन है कि यद्यपि कांग्रेस तथा भाजपा सरकारों

ने उक्त आंदोलन को कुचलने के लिए कोई कसर नहीं छोड़ी, फिर भी यह अभी भी अग्रगामी है। उनके अनुसार "It has the potential of development into a powerful force to resist the attacks of destruction being brought about by the rulling class and will emerge as the foundation for building a new India."

प्राकृतिक स्रोतों और पर्यावरण का अनियंत्रित विनाश आज विकास के नाम से तेजी के साथ हो रहा है। इससे एक ओर तो आदिवासियों का विस्थापन हुआ है, तो दूसरी ओर उनकी संस्कृति संकटापन्न हो गयी है। यह सब कुछ शासक-वर्ग की प्रकृति के अनुकूल है, जो विनायशकारी विकास की योजनाओं को अपने निजी स्वार्थों के कारण कम नहीं करना चाहता है। इस प्रकार बस्तर के पर्यावरण को बचाने के लिए आज भी आन्दोलन चल रहे हैं, वे अंततोगत्वा शासकवर्ग के लिए चुनौती के रूप में सामने आ रहे हैं।

शताब्दियों से वंचित और सतायी गयी जनता पर्यावरण का एक अटूट हिस्सा है, किन्तु पूँजीवादी शोषणचक्र से पर्यावरण बिगड़ रहा है। औद्योगिकीकरण से पर्यावरण की जो विनाशलीला प्रारंभ हुई, उससे कभी जंगलों का स्वामी आदिवासी आज निरीह हो गया है। इन पूँजीपतियों ने सुरक्षा के उपायों के बिना जो औद्योगिक साम्राज्य स्थापित किया है, उससे नदियाँ प्रदूषित हो गयी हैं, जंगल कट गये हैं और भूमि अनुर्वर हो गयी है। साम्राज्य प्रकृति की **'ट्रेड यूनियन'** जब इस विनाश को नहीं रोक सकी, तब आक्रामक दल सामने आने लगे, जिससे सरकार घबड़ा गयी। आज सभी प्रकार के समाजवादी प्रयोग जब असफल हो चुके हैं, तब एक ऐसी समाजवादी नैतिकता सामने आ रही है, जो **पोषणपरक (सस्टेनेविल)** विकास को तरजीह देती है तथा उपयुक्त तकनीकी, जनभागीदारी और नियंत्रण वकालत करती है। उपभोक्तावादी संस्कृति का प्रसार शायद इस अवलम्बितापरक चिन्तन से रुक सकता है।

आदिवासी-संस्कृति तथा भाषा इस उपभोक्तावादी संस्कृति की चपेट में आ रही है। जरूरत है कि इनकी रक्षा के उपाय किए जायँ। ऐसा न होने से आदिवासी अस्मिता को खतरा पैदा हो जाएगा। दुःखद स्थिति यह है कि आज प्रशासक तथा कार्यकर्ता अपने विचार आदिवासियों पर थोप रहे हैं। ऐसा कहना कि आदिवासी संस्कृति और भाषा की सुरक्षा से ही उनमें पिछड़ापन बना हुआ है, साम्राज्यवादी मानसिकता का प्रतीक है। आदिवासियों की संवेदनशीलता की पहचान उनकी जनभाषाओं के माध्यम से ही हो सकती है। अधोलिखित भतरी—प्रतिद्वंद्वितापरक गीत (रघुनाथ महापात्र, 1956) में जनता का मनोरोग प्रतिबिंबित होता है—

मुनुष- फाटले करम दसा (रे भाईग) फाटले करम दसा
नागिन उपर मेंडकी बसा, बिलेई उपरे मूसा
काय लाटिया भाजी रे तमरी मने राजी।

बायले- गोठने हारले ठसा (सोनमाली) गोठने हारले ठसा
मन कल - बल ऊपरी हंसा कोड़ के दखुन बसा
काय लटिया भाजी रे काय झिकाटाना आजी ॥

मुनुष- पीरतिर नाईं जाती रसबती पीरतरि नाईं जाती
सिनमा मोटर होटल भाटी काय दिन काय राती
काय लाटिया भाजी रे तमरी मन राजी।

बायले- भोबड़ा तुंड के डाँडा (डाँडामाली) भोबड़ा तुंड के डाँडा
बायले बनले गाँवर - गाँडा भेंड़िया चाउर काँडा
काय लाटिया भाजी रे, आय कलिकाल आजी।

यह तय है कि जनासापेक्ष्य नीतियाँ तभी बनेगी, जब विकास के हर कार्य में जनभागीदारी हो और यह जनान्दोलनों के माध्यम से ही संभव है। विकल्प की तलाश का मुद्दा आज जनान्दोलनों के माध्यम से सामने आ रहा है, चाहे वह मेधा पाटकर का 'नर्मदा बचाओ आन्दोलन' हो या ब्रह्मदेव शर्मा का 'भुमकाल'। प्राकृतिक स्रोतों का सनकी तौर पर इस्तेमाल अब तक के संकट का प्रमुख कारण रहा है। इसके लिए ऐसे वैज्ञानिक सोच की आवश्यकता है, जो भारी तकनीकी का विकल्प खोज सके।

विश्लेषण

1960 के मध्य तक बस्तर के गाँवों की स्थिति निपट दरिद्रता, बेरोजगारी, ग्रामीण जनता की साधनहीनता की थी तो दूसरी ओर राजाओं, जमीदारों तथा उनके चाटुकारों के लिए सम्पन्नता, शक्ति तथा अंतहीन अवसरवादिता की थी। जमींदारी वर्ग के इस समाज को ब्यूरोक्रेसी तथा राजनीतिक नेतृत्व का सर्मथन था।

1960 के मध्य तक शासन में काबिज कांग्रेस-पार्टी भी उसी वर्ग के राजाओं जमींदारों, ब्यूरोक्रेट, टेकनोक्रेट तथा व्यवसायियों के अधिकार में थी। इस काल तक ग्रामीण, दलित, पिछड़ावर्ग तथा आदिवासियों ने भारी मात्रा में ऋणग्रस्तता तथा गरीबी के कारण अपनी आजादी और आत्मसम्मान इन राजाओं तथा जमींदारों के हाथों गिरवी रख दिया था। माना जाता था कि गरीबी की रेखा से नीचे जीने वाला यह समाज सरल, शान्त तथा अनुशासित है। इस प्रकार के उत्पीड़ित लोगों पर राजनीतिक दखलंदाजी या माफिया के द्वारा आक्रमण करवाने की भी जरूरत नहीं थी; क्योंकि ये कानून का पालन करने वाले ऐसे अच्छे लोग थे, जिनकी विरोध की आवाज को आसानी के साथ चुप कराया जा सकता था।

आज शक्ति के सम्बन्धों में पर्याप्त परिवर्तन हो गया है और **"बड़े तथा छोटे"** के समीकरण (शक्ति और शक्तिहीनता के दो ध्रुव) का स्थान एक जटिल **"बड़े-मध्यवर्ग-निम्नवर्ग"** के शक्ति संतुलन ने ले लिया है। अब शोषण और हड़पने की समूची प्रक्रिया जटिल हो गयी है।

आज ठेकेदार, सरकारी अधिकारी, शासकदल की सदस्य, इंजीनियर तथा डाक्टर जैसे व्यवसायी, व माफिया गैंग नए-नए शासक वर्ग की रचना करते हैं। पिछले तीन दशकों में एक जटिल प्रक्रिया के अधीन इन सभी वर्गों का एक **'नेक्सस'** (रिश्ता) विकसित हुआ है। इस समय सभी वर्गों का एक 'नेक्सस' राजनीतिज्ञों के नेतृत्व तथा अधीनत्व में है, जो मध्य जातियों के माध्यम से ऊर्ध्वमुखी है।

इन दिनों विकास एक लोकप्रिय तथा आकर्षक नारा बन गया है। नया शासक वर्ग राज्य के खजाने, विश्वबैंक, आईएमएफ तथा बहुराष्ट्रीय कम्पनियों आदि से यथासंभव सम्पत्ति अर्जित कर रहा है और यह सब कुछ विकास तथा पिछड़े वर्ग की उन्नति तथा वितरणात्मक न्याय के नाम से हो रहा है। अधिकांश धन शासकवर्ग की जेब में पहुँच रहा है। हमारे पास समाचार-पत्रों में प्रकाशित ऐसे अनेक घोटालों की सूची है, जिनमें शिक्षा, सिचाई, आबकारी आदि के सैकड़ों उदाहरण हैं।

इस प्रक्रिया से शोषण तथा लूटखसोट की एक नयी संस्कृति पुरानी संस्कृति पर अध्यारोपित हो गयी है। शोषण तथा विनियोग के इस तरीके को **'ब्यूरोक्रेटिक फ्यूडलिज्म'** कहा जा सकता है। हाल ही में सत्तानशीन शासकवर्ग के शोषण तथा विनियोग का प्रतिनिधित्व करता यह तरीका है।

इस **'नौकरशाहीमूलक सामन्तवाद'** का क्या नतीजा हुआ? यह अतिरिक्त विनियोग में प्रतिबिम्बित नहीं हुआ, अपितु समाज की समूची व्यवस्था पर इसका प्रभाव पड़ा। उदाहरण के लिए संस्थाएँ ढह गयीं, जिनमें शिक्षा, स्वास्थ्य, बिजली तथा अन्य को गिनाया जा सकता है। इन संस्थाओं का 'पब्लिक सेक्टर' का रूप ध्वस्त हो गया और परिणामस्वरूप उच्च दामों पर **'प्राइवेट सेक्टर'** की चाँदी हो गयी। अब चारों ओर निजीकरण का नारा है। निजीकरण छत्तीसगढ़ की गरीब जनता का विकल्प कभी नहीं हो सकता। ***करदाता उन बातों के लिए कर दे रहे हैं, जो उन्हें बदले में कभी नहीं मिलेगी।*** इसमें भी सबसे अधिक पीड़ित आदिवासी हैं, जो शिक्षा, स्वास्थ्य आदि के निजी विकल्प को सोच भी नहीं सकते। निजीकरण आज एक समानान्तर संस्थानिक व्यवस्था के रूप में सामने आ रहा है। इससे ग्रामीण तथा आदिवासी जनता दो पाटों के बीच में सबूत नहीं बच पाएगी। इस परिस्थिति में आदिवासी के लिए वितरणात्मक न्याय का विचार समझ में नहीं आता। अब जीने का उनका मूल अधिकार ही छीना जा रहा है।

इन्हीं सब कारणों से नए प्रकार के जनान्दोलन की शुरूआत हो रही है।

5
समस्या और समाधान

भूमिका

आदिवासियों की समस्या अपरिमित है। विषमता भी अपरिमेय है। जब हम छत्तीसगढ़ के विविध आदिवासियों से रूबरू होते हैं, तब यह समझ में आता है कि समूचा मोजेक कितना असमंजसपूर्ण है।

मार्क्स ने कभी भारत पर ब्रिटिश-शासन के प्रभाव का आकलन करते हुए कहा था—The loss of his old world, with no gain of a new one, imparts a particular kind of melancholy to the present misery of Hindu.आजादी के पहले जो कथन हिन्दुओं पर लागू था, आजादी के बाद उक्त कथन आज हमारे आदिवासी बंधुओं पर लागू होता है।

सरकार ने शायद आदिवासियों की दुर्दशा और उनकी उन्नति के लिए जितना घड़ियाली आँसू बहाया है, उतना किसी अन्य पिछड़े वर्ग के लिए नहीं। इसी के साथ उनके निर्बाध सामूहिक जीवन, रीतिरिवाज, परम्पराओं, वेषभूषा, नृत्य तथा अन्य चिकनी-चुपड़ी बातों पर काव्यमय प्रशस्तियाँ लिखी गयी हैं, फिर भी हमारे शासक आदिवासियों को तभी याद करते है जब गणतंत्र-दिवस या किसी अन्य अवसर पर उन्हें नचाना होता है या मानवसंग्रहालयों में उनकी संस्कृति का प्रदर्शन होता है।

आजादी के बाद विकसित आदिवासी समस्या का गूढ़ विषय क्या है? पहेली यह है कि लालची व्यवसायियों, साहूकारों, जंगलों के ठेकेदारों, जमीन को हथियाने वाले व्यूरोक्रेट के द्वारा पोषित अनेक प्रकार के दलालों का झुंड आज आदिवासी अंचलों में घुस गया है। यह एक ऐसा वर्ग है, जो आदिवासियों का उत्थान करना चाहता है, किन्तु आदिवासियों की भाषा नहीं जानता। इस प्रकार के टिड्डीदल की समूची एक सेना ने ही आदिवासियों के घरों पर आक्रमण कर दिया है। आदिवासी सोचसमझ कर ही इसे **"परदेशी"** कहते हैं। यह सेना स्थानीय लोगों के लिए हर लिहाज से "परदेशी" है। ऐसा नहीं है कि ब्रिटिश युग के अधीन आदिवासी दूध और दही के सागर में गोते लगा रहे थे। उसी युग में उनकी सामूहिक संस्कृति में विघटन से मिलकर आदिवासियों का खून ही चूसा।

इस परिस्थिति में आदिवासी समस्या के समाधान के लिए बुनियादी जरूरत यह है कि आदिवासियों को इन खून-चूसने वाले जोंकों से मुक्ति मिले। इसका अर्थ है एक लंबा दुधर्ष संघर्ष। शासकवर्ग आज केवल आदिवासियों के विकास का मात्र दिखावा करता है, उसे आदिवासियों की समस्या सुलझाने में कोई रूचि नहीं है।

वर्तमान प्रसंग में आदिवासियों के संघर्ष का केन्द्रबिन्दु है, बहुसंख्यक आदिवासी क्षेत्रों में उनकी स्वायत्त परिषदों की स्थापना। इस स्वायत्तता की आड़ में ब्यूरोक्रेटिक प्रशासन को फिर से अधिरोपित न करने की मंशा भी होनी चाहिए। स्वायत्तता का सारतत्व यह हो कि आदिवासी अपनी समस्याओं के समाधान के लिए अधिकृत हों।

इस बात को सिद्धांत के रूप में स्वीकार कर लेना चाहिए कि आदिवासी अपनी उन्नति सक्षम तथा संवेदनशील परदेशियों की सहायता से स्वयं कर सकते हैं। अक्षम तथा संवेदनशील व्यूरोक्रेट के स्वामित्व से उनका विकास नहीं होगा। आदिवासियों के विकास का मार्ग प्रजातांत्रिक ही होगा। यह उनकी विरासत के अनुकूल है। इसमें संदेह नहीं होना चाहिए।

आदिवासियों के बीच आज वर्गविभेद भी तेजी के साथ पनपा है। कुछ में एक बुद्धिजीवी वर्ग का विकास हो चुका है। इनमें भी एक ऊपर के तबके का विकास हो चुका है, जो जाति-समाज के लोगों के ही समान भ्रष्ट हैं। नये औद्योगिक जीवन के साथ उनके पारंपरिक सामाजिक तथा सांस्कृतिक ढाँचे को संश्लेषित करने की भी समस्या हमारे सामने है। इसलिए विकास का वास्तविक मार्ग अलग-अलग उदाहरणों में अलग-अलग होगा। किन्तु यदि उन्हें स्वायत्तता मिल गयी, तो वे विकास का अपना मार्ग खुद विकसित कर लेंगे। छत्तीसगढ़ के आदिवासियों की आत्मनिर्भरता, आत्मसम्मान, तथा शूरवीरता का अपना भव्य इतिहास रहा है। वे पिछड़े हुए हो सकते हैं, किन्तु उनमें सामर्थ्य की कमी नहीं है।

आगामी पृष्ठों में आदिवासियों की समस्याओं का समाधानपरक विश्लेषण है।

भूमि का स्वत्व–हस्तान्तरण

हम यह अनुभव नहीं कर पाते कि भूमि आदिवासियों के लिए जीवनरेखा है। संसार में उनकी सर्वाधिक बहुमूल्य सम्पत्ति है। यदि उन्हें भूमि से वचिंत कर दिया जाता है, तो वे देश के हुक्मरानों को न तो कभी माफ करेंगे और न उन पर विश्वास करेंगे। भूमि के सम्बन्धों के सम्पूर्ण ढाँचे के साथ आदिवासियों के भूमि का अधिकार एक सम्बद्ध मुद्दा रहा है। इसका परिणाम यह निकला है कि आदिवासियों की भूमि तेजी के साथ बेदखली हुई तथा वे सीमांत समुदाय की स्थिति में आ गए। प्रगतिवादी संवैधानिक सुरक्षा के बावजूद समूचे छत्तीसगढ़ में पैतृक भूमि के स्रोत से आदिवासियों की पहुँच को रोक कर बहुत अन्याय किया गया है। आजादी के बाद आदिवासी अंचलों में भूमि की समस्या के निदान के लिए जो विधिक प्रक्रिया विकसित की गयी, उसके प्रयोग को विलम्बित, बाधित तथा बेअसर कर दिया गया, जिसके कारण अधिकाधिक संख्या में आदिवासी भूमि के अधिकार से वचिंत होते गए। भूमि ही नहीं जंगल में भी आदिवासियों को अतिक्रमण करने वाला माना गया, जिसकी रक्षा शताब्दियों से वे दिलचस्पी और चिन्ता के साथ करते आए हैं।

जब संवैधानिक और विधिक तरीकों से आदिवासियों की भूमि का अवैध हस्तांतरण नहीं रुका, तब आदिवासियों ने अपनी खोयी हुई भूमि को प्राप्त करने के लिए सामाजिक तथा राजनीतिक विकल्प चुना। छत्तीसगढ़ के अनेक जिलों में एक नये संघर्ष की शुरूआत हुई, जिसका अभ्यास उन्हें पहले से ही था। छत्तीसगढ़ में भूमि की समस्या की गंभीरता ने लोगों का ध्यान खींचा है; क्योंकि इसने 'स्वामित्व की प्रमाणिकता' को लेकर दूरगामी सामाजिक प्रश्न ही नहीं उठाया, अपितु इसने आदिवासी अस्मिता के सवाल को भी रेखांकित किया है।

भूमि का वितरण तथा स्वत्वाधिकार का प्रश्न आज अनेक राजनीतिक दलों ने जनान्दोलनों के माध्यम से उठाया है, जिनमें सी० पी० आई. (एम० एल०) के 'पीपुल्स वार ग्रुप' ने तो सशस्त्र संघर्ष छेड़ दिया है। छत्तीसगढ़ सरकार भूमि के पुनः निर्धारण से सदैव बचती रही है। प्रशासन ने जमीन पर हक मानने का विद्रोह माना और 1974 से 1991 के बीच इन नक्सलियों को दबाती रही। होना यह था कि एक प्रगतिशील सरकार के रूप में वह आदिवासियों की हड़पी हुई भूमि वापस कर देती। नक्सली-आन्दोलन की जड़ें भी सरकार की उदासीनता के कारण गहरी होती गयीं। उक्त आंदोलन एक प्रकार से सामाजिक मुक्ति-आंदोलन बन गया। इस आंदोलन के कारण आदिवासियों को चार लाभ हुए—

(क) वन-अधिकारियों के द्वारा आरोपित निर्बन्धन तथा निष्कर्षण की समाप्ति।

(ख) जमीदारों तथा सरकार के पास बंधक पड़ी भूमि की पुनः प्राप्ति।

(ग) साहूकारों के भारी ब्याज से मुक्ति।

(घ) अन्य प्रकार के सामाजिक उत्पीड़न से मुक्ति।

भूमि और साहूकार के मुद्दे को लेकर आदिवासियों को जिस प्रकार लामबंद किया गया, उसी प्रकार के प्रभाव से आदिवासी अंचलों में अनेक घटनाएँ घटित हुईं। इन आन्दोलनों से होने वाली राजनीतिक उथल-पुथल को यदि छोड़ भी दें, तो भी यह मानना पड़ेगा कि इन आन्दोलनों ने राज्य-सरकार का ध्यान अपनी ओर खींचा है और बढ़ते हुए तनाव को दूर करने के लिए उसने अनेक विधिक तथा विकासवादी तरीकों को अपनाया है।

आदिवासियों की भूमि के प्रत्यर्पण में तब तक कोई न्याय नहीं हो सकता, जब तक कि आदिवासी राजनीतिक तौर पर लामबंद नहीं होते। फिर भी आदिवासी-आंदोलनों ने सरकार को जगाने का काम किया है तथा सामाजिक न्याय के प्रति उसकी वचनबद्धता का स्मरण कराया है।

वनों में प्रतीकों के विखंडन की प्रक्रिया

छतीसगढ़ एशिया भर में सबसे घने वन्यांचलों में से एक है, किन्तु अब विशाल मध्यप्रदेश तथा अन्य अंचलों के विशाल इलाके पूरी तरह वनरहित हैं। वनों से सीमित मात्रा में उत्पादों को संचित करने के आदेश के कारण आदिवासी प्रचुर भोजन-सामग्री जुटाने में असमर्थ हो गए हैं और निराशा को व्यक्त करने के लिए व्यापक पैमाने पर उन्होंने वृक्ष काटना प्रारंभ कर दिया है। उनकी यह हताशा प्रकृति के विरुद्ध है, जो उन्हें शान्ति और संतोष प्रदान नहीं करती।

छत्तीसगढ़ में यह कोई अनोखी बात नहीं है। सच तो यह है कि ऐसा दृश्य छत्तीसगढ़ के उन सभी अंचलों में है, जहाँ आदिवासी जनसंख्या आज जीने के लिए असमान युद्ध में फँस गयी है। प्राचीन काल में जिन-वन्य उत्पादों के संचय से उनका सहज जीवननिर्वाह होता था, अब वनरक्षक तथा धूर्त ठेकेदारों ने उन्हें ऐसा करने से रोक दिया है। ऐसी स्थिति में आदिवासियों का वृक्षों के विरुद्ध ही क्रोध सुलग रहा है और इसीलिये भूमि को समतल बनाने के में वे वृक्षों को इसलिये काट रहे हैं कि वह उनकी पुरखौती भूमि है और अब वे उस पर खेती करेंगे।

ये सरल तथा निश्चल आदिवासी छत्तीसगढ़ की सम्पूर्ण जनसंख्या का एक-तिहाई हैं, फिर भी आज तक उनकी समस्याओं को समझने के लिए कोई गंभीर प्रयास नहीं हुए। एक ओर तो वे उन जंगलों से खदेड़े जा रहे हैं, जिन्हें उन्होंने शताब्दियों से अपना माना था, तो दूसरी ओर उन्हें फिर बसाने के लिए न तो कोई ठोस प्रयास किये गए और न उन्हें आजीविका का कोई अन्य विकल्प दिया गया। अतएव इसमें कोई आश्चर्य नहीं है कि आज वे असंतोष से खौल रहे हैं और शायद यह नहीं जानते कि अपने को किस प्रकार समुन्नत बनाएँ।

केन्द्र-सरकार ने आदिवासियों की समस्याओं के अध्यन के लिए 1960 में **"ढेबर'-कमीशन"** नियुक्त किया गया था। ढेबर-कमीशन ने पहली बार आदिवासी तथा वन एक समान को माना था तथा कहा था कि आदिवासी तथा वन एक-दूसरे के पर्याय हैं। यद्यपि कमीशन के प्रतिवेदन ने मीडिया तथा राजनीतिक हलकों में प्रचुर रूचि जगायी थी, किन्तु सरकार ने कमीशन के प्रतिवेदन की अनदेखी करते हुए पुराना ढर्रा नहीं छोड़ा।

सरकार 'ढेबरकमीशन' के ध्यान दिलाए जाने के बावजूद आदिवासी तथा वनों के बीच प्रतीकात्मक सम्बन्धों को नियम-कायदे में नहीं बाँध पायी। एक ओर कृषि को जहाँ उपजीविका माना जाता है, वहीं दूसरी ओर आखेट, शहद या अन्य जंगली उत्पादों को तत्समान दर्जा देने का कोई फायदा नहीं किया गया। आदिवासी की यही उपजीविका है। आदिवासियों को उन जंगलों में भी परदेशी माना गया, जहाँ वे निवास करते हैं।

कुछ वर्षों पूर्व छत्तीसगढ़ सरकार ने यह घोषित किया था कि आदिवासी तेंदूपत्ता के संग्राहक होने के बजाय उसके स्वामी होंगे। किन्तु आज तक तेंदूपत्ता के संग्रह के लिए आदिवासियों को मजदूर माना जा रहा है तथा अब तक उन्हें स्वामित्व का अधिकार नहीं दिया गया।

जंगली उत्पादों पर आदिवासियों को अधिकार देने की नीति पर बहस मध्यप्रदेश में 1974 से हो रही है, किन्तु अब तक आदिवासियों को कोई ठोस लाभ नहीं मिला। इंदिरा गाँधी के कार्यकाल में आदिवासियों को अधिकार देने के लिए सहमति हुई थी, किन्तु उसके बाद आगे की कार्यवाही नहीं हुई।

जंगल किस प्रकार सही सलामत बने रह सकते है, यदि जंगलों पर आदिवासियों के अधिकार का संरक्षण नहीं होता? यदि आदिवासी यह समझ जाय कि वृक्ष ही उसके भविष्य हैं, तो जंगल भी संरक्षित रहेंगे। आदिवासी जंगलों में निवास करना चाहता है, न कि मैदानी क्षेत्रों में। यदि वह यह जाने की वृक्ष उसकी जिंदगी को निरापद बनाएँगे, वह जंगल के उत्पाद बाजारों में बेच सकेगा, तो वनों की सुरक्षा के लिए वह किसी भी सीमा तक जाने को तैयार होगा।

जब तक समाज वनों पर आदिवासियों के अधिकार को स्वीकार नहीं करता जब तक आदिवासी वृक्षों के कटने के कुमंत्रित उद्योग में लगे रहेंगे, तब तक वन और आदिवासियों के बीच पारंपरिक समरसता का सिद्धान्त ओझल ही रहेगा। बस्तर के आदिवासी तेंदूपत्ता के दोहन और उससे अपनी आजीविका पर पड़ने वाले प्रभावों से अब परिचित हो चुके है। ठीक इन्हीं कारणों से अब उन्होनें प्रशासन के खिलाफ हथियार उठा लिया है। वनों में वृक्ष की अंधाधुंध कटाई के रोकने का एक ही समाधान है और वह यह है कि जंगलों पर आदिवासियों के अधिकार को मान लिया जाय।

दुर्भाग्यवश सरकार की वननीति आदिवासियों के हित को लेकर नहीं बनी। जब किसी वन्य क्षेत्र को एक **"राष्ट्रीय उद्यान"** घोषित कर दिया जाता है, तब आदिवासियों की राय जानने के लिए न तो कोई प्रयास होता और न ही उनके विरोध को सुना जाता। ये ही लोग हैं जो ऐसे कार्य से सबसे ज्यादा प्रभावित होतें हैं। जब सरकार किसी क्षेत्र को "राष्ट्रीय उद्यान घोषित कर देती है, तो पुरखौती से वहाँ निवास करने वाले आदिवासियों के जीवन पर पड़ने वाले प्रभाव का आकलन नहीं किया जाता

अनुसूचित जाति और अनुसूचित जनजाति पर ब्रह्मदेव शर्मा की 44वीं **"पार्लियामेण्टरी रिपोर्ट"** में एक अन्य बात कही गयी है–"Wasteland development at the national level is a conspiracy aginst the poor. Whenever land is given for plantation by industialists or for what matter, the government itself takes up plantation, the end result is destruction of forests. Planting of teak in lieu of natural forest has resulted in no shady tree during summer and no fodder for the animals. The models for wasteland use are all beyond the reach of poor people. "

पार्लियामेण्टरी कमेटी के सामने गवाही देते हुए एस० आर० शंकरन (पूर्व सचिव, ग्रामीण विकास मंत्रालय, भारत सरकार) ने स्वीकार किया था कि The rights of tribals over the forest resources are being curtailed and their occupation of forest land is being treated as encroachment. This is not the right approach (तदेव)

आठवीं पंचवर्षीय योजना के आदिवासी विकास पर नियुक्त कार्यदल ने यह सिफारिश की थी कि आदिवासियों के अधिकार को राज्यवार नियमबद्ध करना होगा और उन अधिकारों पर भविष्य में कोई कटौती नहीं होनी चाहिए। किन्तु राज्य-सरकार ऐसे सुझावों को नहीं मानती और केन्द्र के पास इसे 'मानीटर' करने की कोई व्यवस्था नहीं है।

क्षेत्रीयता : एक गलत निराशावाद

भारत सदा से ही एक बहुविध तथा अनेकता से परिपूर्ण समाज रहा है। छत्तीसगढ़ उन्नीसवीं शताब्दी के उत्तरार्द्ध तक एक सूबा था और बाद में जिले के समूह में परिवर्तित हो गया। यही कुछ स्थिति आज छत्तसीगढ़ के उन अंचलों की भी है, जो यदा-कदा नए राज्य की माँग करते हैं। संविधान में यह आजादी है कि वर्तमान छत्तीसगढ़ को नयी सीमाओं के साथ नया रूप दिया जाय। 1956 में राज्यों का जो पुर्नगठन हुआ, उसकी प्रक्रिया वहीं नहीं रूकी, अपितु उसके बाद भी नए राज्यों का पुर्नगठन हुआ। छत्तीसगढ़ उसी का परिणाम है। नवम्बर 2000 में नए छत्तीसगढ़ प्रदेश का उदय हुआ।

अब बस्तर में राज्यत्व की माँग फिर से उठ रही है, किन्तु अलगाव का भाव कतई नहीं है। इसी प्रकार आदिवासियों की स्वायत्तता का भी विचार जन्म ले रहा है। चाहे राज्यत्व की माँग हो या स्वायत्तता की, दोनों में ही विशिष्ट भाषायी व सांस्कृतिक पहचान को बनाए रखने का भाव हैं। संविधान इन दोनों को ही अस्वीकार नहीं करता। संविधान में ऐसे विविध उपाय हैं, जो ऐसी महत्वाकांक्षाओं को व्यवस्थित करने के लिए प्रयुक्त किये गए हैं। भारत की यही विविधता एक ताकत है। इससे स्थानीय आत्मसम्मान या आक्रामक विस्फोट की रक्षा होती है। अभी हाल ही में 73वें संशोधन ने **"पंचायतीराज"** को सवैधानिक दर्जा दिया है। यह प्रजातांत्रिक वकालत के ही कारण संभव हो सका है। इस प्रकार का लचीलापन प्रजातंत्र के स्वास्थ्य के लिए हितकर है। यह लोगों को विभाजित करने के बजाय कठोरता की दीवारों को तोड़कर उन्हें निर्णय लेने की प्रक्रिया से जोड़ता है। इससे स्थानीय उत्तरदायित्व का भाव जागता है। यदि इस प्रकार के लचीलेपन की संविधान में व्यवस्था न होती, तो शायद राष्ट्रीय एकता टूटन की स्थिति तक पहुँच जाती।

पाकिस्तान टूट गया, क्योंकि इसने बंगला-अस्मिता को न तो स्वीकार किया, न उसका सम्मान किया।

भारत में ऐसे अनेक लोग थे, जो छत्तीसगढ़ या किसी अन्य अंचल को नया राज्य बनाने की माँग से चिन्तित थे, जो भारतीय संघ को तोड़ देगी। ''प्रत्येक विभाजन एक नए विभाजन को जन्म देगा और एक स्थिति ऐसी आ जाएगी, जो केन्द्र के वश में नहीं रहेगी। आजादी के पचास वर्षों के बाद इस प्रकार की पहचान का उभरना खतरनाक है।" यह निराशावाद गलत है।

भारत कहीं से भी कमजोर नहीं हो रहा—यह परिपक्व हो रहा है। यहाँ बहुत कम लोग हैं, जो आज क्रियाशील सामाजिक गतिमत्ता को समझ पा रहे हैं। आजादी के समय गुणात्मक तथा परिणात्मक दृष्टि से लघुतर राष्ट्र था। उस समय 34 करोड़ जनसंख्या थी। इनमें पिरामिड के ऊपर की 20 प्रतिशत जनसंख्या को छोड़ दें, तो पिरामिड के नीचे की शेष जनता सामाजिक या राजनैतिक दृष्टि से शायद ही जागरूक थी। तब **"क्रीमी लेयर"** एक-समान था, जब कि शेष में अत्यधिक विविधता थी। समय के बीतने के साथ, शिक्षा के प्रसार के साथ, संचार के विकास के साथ, गतिमत्ता के बढ़ने तथा **'ग्लोबल टेलीविजन'** के आने के साथ सामाजिक **"पिरामिड"** के नीचे के तबके के लोग आज सामाजिक तथा राजनीतिक तौर पर बहुत अधिक जागरूकता के साथ प्रत्येक वर्ग अपने लिए सम्मानजनक स्थान चाहने लगा है।

आज चारों ओर धकापेल तथा विरोध है। यह विकास की सामान्य प्रक्रिया है, किन्तु लोग इसे विधि और व्यवस्था की समस्या मानकर इसे कठोरता के साथ दबा देना चाहते हैं। इस प्रकार के सोच से जनता हिंसा की ओर बढ़ रही है। शायद ऐसा इसलिये कि लोग इसे कठोर अनुशासन में बाँध रखना चाहते हैं। इस प्रकार के अलगाव से जन्मे क्रोध के कारण जनता में **'वे'** और **'हम'** की खाई पैदा हो गयी है।

वस्तुस्थिति तो यह है कि निचले तबके से आने वाले इस उभार को सहानुभूति पूर्ण ढंग से देखना चाहिए। इसके पीछे जो शक्ति है, उसे रचनात्मक कार्यों की ओर मोड़ देना चाहिए, न कि अपने लिए खतरा समझना चाहिए। इसी प्रकार जनसंख्या की वृद्धि के साथ राज्य और उसके जिले छोटे पड़ते हैं। इसलिए इसमें कोई बुराई नहीं है कि छत्तीसगढ़ अनेक जिलों में विभाजित हो।

छत्तीसगढ़ आकार और जनसंख्या की दृष्टि से राजनीतिक और प्रशासनिक प्रबन्ध के कारण पिछड़ गया था। इसलिए छोटे राज्य का विचार लोगों के मन में बार-बार आ रहा था। इससे प्रशासनिक क्षमता तथा प्रजातांत्रिक सहभागिता व उत्तरदायित्व में नाटकीय ढंग से विकास का काम हो रहा है। इससे राष्ट्रीय एकता को कोई खतरा नहीं है।

बहुत से लोगों ने अनेक बार भारत के टूटने की भविष्यवाणी की है, लेकिन पचास वर्षों के अन्तराल में कभी ऐसा हुआ नहीं और न भविष्य में ऐसा होने वाला है। यदि क्षेत्रीयता के विचार को संवेदनपूर्वक संचालित किया जाय, तो इससे भारत की एकता को कभी खतरा न होगा, जबकि कठोर केन्द्रीकरण से ऐसा खतरा उपस्थिति हो सकता है।

छठवीं अनुसूची

छत्तीसगढ़ के आदिवासी नेता छठवीं अनुसूची के मुद्दे को लेकर केन्द्र-सरकार से प्रभावशाली ढंग से बातचीत कर रहे थे, किन्तु छठवीं अनुसूची में तब भी अनेक खामियाँ थीं। पहले से ही जिन राज्यों में **"स्वायत्त जिला परिषदें" (ADC) विद्यमान हैं**, वे आदिवासियों के अधिकारों तथा हितों की रक्षा नहीं कर पायीं। ऐसे क्षेत्र जहाँ **"क्षेत्रीय परिषदें"** विहित हैं, अनेक राज्य उन्हें बनाने में असफल हैं।

छठवीं अनुसूची में कतिपय अन्तर्निहित रुकावटें हैं, जो उसकी कार्यक्षमता को प्रभावित करती हैं। एक ओर छठवीं अनुसूची जिला-परिषदों को विकासात्मक कार्यों को करने के लिए अधिकार देती है, तो दूसरी ओर वह इन्हें वित्तीय स्वायत्तता नहीं प्रदान करती। अतएव स्रोतों का आवंटन एक प्रमुख समस्या बन जाती है। इससे न केवल विकासपरक गतिविधियाँ प्रभावित होती हैं। यह जिला परिषदों के सामान्य ढंग से चलने में भी बाधक है। ऐसी स्थिति में पंचायतराज के समान इन्हें अधिकार देने होंगे। छठवीं अनुसूची में शामिल विषय को भी व्यापक बनाना होगा, जिससे जिला-परिषदें विकास का सशक्त माध्यम बन सकें।

दिलीपसिंह भूरिया की अध्यक्षता में संसद ने बहुत पहले एक समिति बनायी थी, जिसमें आदिवासी अंचलों की अनुसूची का परीक्षण किया जाना था। इसी समिति ने केन्द्र सरकार को अपनी सिफारिशें बहुत पहले ही दे दी थीं। प्रतिवेदन में आदिवासियों के स्वशासन तथा स्वायत्तता के मसले पर जोर दिया गया था। यह रणनीति राजनीतिक दृष्टि से भले ही सही थी, किन्तु सामाजिक तौर पर असंतोष का कारण बन सकती थी। छठवीं अनुसूची के सम्बन्ध में मैंने बहुत पहले कहा था—It is surprising that there should still be poeple who believe that the main aim of the sixth schedule is to keep the tribal people imprisoned in a vast Zoological Game Reserve! Protection,yes, but not the protection of prison bars. The protection which the sixth schedule was seeking for the tribal people was the assurance that would come to them from an awareness of their rights as human beings, from respect for their culture and way of life from their fellow citizens, from inbuilt safeguards in the constitution of the country" (1966 :40).

आदिवासी महिला

विकास की मंजिल तक पहुँचने के लिए आदिवासी-महिलाओं को अभी भी एक लंबा रास्ता तय करना होगा। माना कि अनुच्छेद 15 (3) राज्यों को यह अधिकार देता है कि वे महिलाओं तथा बच्चों के लिए विशेष उपबंधों की व्यवस्था करें, जिससे संविधान के 14वें अनुच्छेद में सुस्थापित *"विधि के समक्ष समता"* के मूलभूत अधिकारों को प्राप्त किया जा सके, फिर भी आदिवासी महिलाएँ आज भी पिछड़ी हुई तथा वंचित जनसंख्या के अंतर्गत आती हैं। इस स्थिति तक महिलाओं को पहुँचाने वाले यद्यपि अनेक कारण हैं, किन्तु अनुच्छेद 15 (4) ने भी उनका कोई हित नहीं किया है। 'आदिवासी विकास' नामक अस्पष्ट कोटि के कारण आदिवासी महिलाएँ विकास-प्रक्रिया के हासिए में चली गयी हैं। इस सर्वग्राही दृष्टि ने एक पृथक् कोटि के रूप में आदिवासी महिलाओं को नहीं नकारा, अपितु इसने उनके विकास की अनिर्वायता पर भी प्रश्नचिह्न लगा दिया है।

"यह विचार कि महिलाएँ एक पृथक् कोटि में आती है, जिनके लिए उनकी जरूरतों के अनुसार खास कार्यक्रम बनने चाहिए", भारतीय विकास की रणनीति को रेखांकित करता है। समय के दौरान सामाजिक परिवर्तन तथा महिलाओं की बढ़ती हुई महत्वाकांक्षाओं के कारण इस विचार में संशोधन तथा परिवर्धन हुआ। आमदनी, स्वास्थ्य तथा शिक्षा—जैसी महिलाओं की भौतिक जरूरतों को ही उक्त विचार पुष्ट नहीं करता था, अपितु इसने उन सामाजिक बुराइयों से लड़ने के लिए भी तैयार किया, जो शताब्दियों से लिंगभेद के कारण बनी हुई थीं।

छत्तीसगढ़ के वृहद आदिवासी जनसंख्या में लिंग (Gender) का मुद्दा अभी तक विकास योजना में समुचित ध्यान इसलिए नहीं खींच पाया; क्योंकि यहाँ एक रूढ़िबद्ध विचार यह है कि आदिवासी समाज लिंगगत भेदभाव से मुक्त हैं। यह विचार पूर्ववर्ती मानवविज्ञान-साहित्य में जड़ीभूत आदिवासी समाजों के रोमानी विवरण के कारण आया है। वैयक्तिक तथा आर्थिक मसलों में आदिवासी महिला जिस सापेक्षिक स्वायत्तता का उपभोग करती है और आदिवासियों की सामाजिक संरचना में बराबरी का जो **"एथॉस"** देखने को मिलता है, उससे मानव-विज्ञानियों ने आदिवासी महिलाओं को महिमामण्डित कर दिया। आदिवासी महिलाओं के 'स्टेटस' की प्रचलित समझ को नहीं बदला, अपितु इसने नियोजकों तथा नीतिनिर्धारकों के सोच को भी बदल दिया।

इसमें किसी बहस की गंजाइश नहीं है कि आदिवासी महिलाएँ जाति-समाज की अपनी प्रतिरूप महिलाओं की तुलना में आर्थिक और आने-जाने की स्वतंत्रता की अधिक अधिकारिणी हैं। किंतु **'सुपीरियर सोशल स्टेटस'** से उनकी बराबरी करना नासमझी है। आदिवासी महिलाओं की यह स्थिति उनके उत्पादन के स्तर के जीवन-भरण की विवशता के कारण आयी है, जब कि जातिसमाज में लिंगभेद आर्थिक विभेद तथा आधुनिकीरण से पैदा हुआ है।

सूक्ष्मता के साथ यदि परीक्षण करें तो आदिवासी समाज में लिंग-भेदभाव विद्यमान है, किन्तु यह उनकी अभावग्रस्त आर्थिक परिस्थिति के कारण ओझल हो जाता है, जो पुरुषों और महिलाओं की संयुक्त आर्थिक क्रियाओं में सहयोगी व सहभागी बनाने के लिए बाध्य करती है। नियोजक इस सम्बन्ध को समझने में विफल रहे हैं और लिंगभेद की समस्या के प्रति संवेदनहीन भी।

इसके परिणामस्वरूप आज आदिवासी महिलाओं के 'स्टेटस' तथा विकास की जरूरतों के मूल्याकंन में सरकारी अभिलेखों व प्रतिवेदनों का रुझान प्रमुख रूप से बाहरी तथा सहायक कारणों पर विश्वास करने का हो गया है। ये उन व्यक्तिनिष्ठ कोटियों पर ध्यान नहीं देते, जो उनके सम्बन्धों का ताना-बाना बुनते हैं। तदनुसार श्रमशक्ति में महिलाओं की अधिक भागीदारी (विशेषकर कृषि तथा लघु व्यवसाय), दहेज प्रथा का लगभग अभाव तथा अपेक्षाकृत अनुकूल लिंग के अनुपात के आधार पर लोग आदिवासी-समाज में महिलाओं की उच्च पदस्थिति मानते हैं। फिर भी इन सकारात्मक सूचकों के साथ यहाँ लिंग पर आधारित झगड़ों में वृद्धि पायी जाती है। महिलाओं के विरुद्ध बल-प्रयोग के उदाहरण भी मिलते हैं। महिलाओं में निर्धनता है तथा उनका **"सेक्सुअल"** शोषण होता है। ये पैतृक शक्तियाँ प्रभावी ढंग से लिंग की विचारधारा से जुड़ी हुई हैं और परिवार, समाज तथा राज्य के क्रियाशील अनुमति के कारण सम्पादित होती हैं। इसलिए बाहरी कारणों के आधार पर आदिवासी महिलाओं की स्थिति का विवेचन नहीं किया जा सकता।

यदि हम आदिवासियों के प्रचलित विधि-विधानों, उनके रीतिरिवाज, उनके सामाजिक और राजनीतिक विचारों तथा आर्थिक व आम जीवन में महिलाओं की भूमिका पर अपना ध्यान केन्द्रित करें, तो हमें अनुभव होगा कि पुरुषों की शक्ति और विशेषाधिकार को किस प्रकार संस्थाबद्ध कर दिया गया है। इसीलिये मैं चाहता हूँ कि आदिवासी विकास में लिंगगत संवेदनात्मक दृष्टि (**Gender-sensitive approach**) को स्वीकार किया जाय।

आज स्थिति यहाँ तक आ पहुँची है कि आदिवासी महिलाओं को वहाँ के पुरुषवर्ग अपनी जातीय-अस्मिता के लिए खतरा मान रहे हैं। विकास-योजनाओं के कारण बाहरी लोगों का आदिवासी अंचल में अन्तःप्रवाह हो रहा है, जिसके कारण आदिवासी तथा गैर-आदिवासी के बीच विवाह हो रहे हैं। ऐसे सम्बन्धों को पुरुषवर्ग न केवल अवांछित मानता है, अपितु इन्हें सामूहिक तथा जातीय अस्मिता के लिए खतरा भी समझता है। चूँकि वंशानुक्रम स्त्री के माध्यम से ही पोषित होता है, इसलिए बाहरी व्यक्ति के साथ आदिवासी महिला के विवाह को जनांकिकी की दृष्टि से खतरनाक माना जाता है। इसने आदिवासी महिलाओं के लिए एक गंभीर समस्या पैदा कर दी है। उन्हें सामाजिक प्रताड़ना तथा भेदभाव का सामना करना पड़ता है। अनेक आदिवासी पुरुषों ने पर-पुरुषों के साथ अपनी महिलाओं के विवाह का विरोध भी किया; क्योंकि उनका मानना था कि इससे न केवल उनकी सांस्कृतिक पहचान मिट जाएगी, अपितु उससे गैर-आदिवासियों का इस

बेनामी संयोग से भूमि के स्रोतों को हाथ से खोना पड़ेगा। सरकार आदिवासी-योजनाओं पर दिल खोलकर खर्च कर रही हो, तो पुरुष सोचते हैं कि बाहरी लोग भी उससे लाभ लेने लगेंगे। इस प्रकार यह एक गंभीर समस्या है, जिसके विधिक तथा सामाजिक समाधान हैं। इस तथ्य को भी अस्वीकृत नहीं किया जा सकता कि आदिवासी महिलाओं का कतिपय गैर आदिवासी **'सेक्सुअल'** तथा आर्थिक शोषण कर रहे हैं। नक्सली इन्हीं आदिवासी महिलाओं के माध्यम से आदिवासी अंचलों में प्रवेश कर गए हैं। राज्य अभी तक कोई ऐसी उचित प्रक्रिया के साथ सामने नहीं आया, जिससे इन महिलाओं के सम्मान तथा हितों की रक्षा हो।

इस प्रकार मैं पुनः दुहराना चाहूँगा कि आदिवासियों के लिए बनी विकास-योजनाओं में **'जेंडर-सेंसिटिव एप्रोच'** हो। यह आवश्यक है। आदिवासी महिलाएँ आधुनिकीकरण तथा विकास की शक्तियों के कारण बहुत अधिक आक्रमणीय ही नहीं है, अपितु अधिसंख्यक महिलाएँ आज भौतिक और सामाजिक स्रोतों की प्राप्ति में अपने को अयोग्य पाती हैं। शिक्षा, स्वास्थ्य, पोषण तथा सम्पत्ति की दृष्टि से वे पुरुषों से पिछड़ गयी हैं। यद्यपि आर्थिक क्षेत्र में अन्तर्भूत होने से उन्हें तुलनात्मक दृष्टि से कुछ लाभ हुआ है, किन्तु पितृसत्तात्मक समाज की संरचना और राजनीतिक-न्यायिक क्षेत्र में पुरुष-प्रभाविता ने उन्हें अधीनस्थ की स्थिति में ला दिया है। आज आदिवासी महिलाएँ घरेलू तथा पब्लिक अत्याचारों को झेल रही हैं। यह सब कुछ महिलाओं की वैचारिक तथा राजनीतिक अधीनता के ही कारण हुआ है। जरूरत इस बात की है कि आर्थिक तथा राजनीतिक तौर-तरीकों से उनकी अधीनता की स्थिति को समाप्त किया जाये। ऐसा कहने का यह तात्पर्य नहीं है कि महिलाओं के विकास को आदिवासी-विकास से असंबद्ध कर दिया जाय। फिर भी भीतर और बाहर महिलाओं की क्रमबद्ध अधीनता ने उन्हें निस्सहाय बना दिया है और इसीलिए आदिवासियों में ***"जेण्डर सेंसिटिव एप्रोच"*** को शामिल किया जाना चाहिए।

आदिवासियों भाषाओं की पारिस्थितिकी

गौण (आदिवासी) तथा **प्रधान** (हिन्दी) भाषाओं के बीच **'जीने के अधिकार'** के लिए संघर्ष को ही मैं **'भाषा की पारिस्थितिकी'** मानता हूँ। मैं यह भी मानता हूँ कि आदिवासी भाषाओं का संरक्षण मानवीय पारिस्थितिकी का ही एक भाग है। किंतु यह खेदजनक है कि छत्तीसगढ़ की आदिवासी भाषाएँ दुर्निवार रीति से हिन्दी में विलीन होती जा रही हैं। छत्तीसगढ़ की आदिवासी भाषाओं पर हिन्दी की क्षेत्रीय बोलियों का भयावह प्रभाव रहा है और यही कारण है कि 1981 की जनगणना में मुश्किल से 34 प्रतिशत आदिवासी अपनी मातृभाषा बोलते पाये गए। शेष 66 प्रतिशत आदिवासी भाषाएँ असमय में काल-कवलित हो गयीं या हिन्दी की क्षेत्रीय बोलियों में समीकृत हो गयीं। 1951 की जनगणना के समय मध्यप्रदेश में 84 आदिवासी भाषाएँ प्रचलित थीं, किंतु आज उनकी

संख्या मिटकर 14 हो गयी है। यह आदिवासी भाषाओं के विनाश (जेनेसाइड) का एक सुस्पष्ट उदाहरण है। यह **'भाषावध'** भाषासम्पर्क की एक पराकाष्ठा है, जिसमें विजयी हिन्दी भाषा ने विजित आदिवासी भाषाओं को मार डाला। 1969 में बस्तर के अध्यन के समय गदबा की एक मात्र वक्ता भालू डोकरी से मैंने सामग्री एकत्र की थी, और भालू डोकरी की मृत्यु के साथ मुंडा-परिवार की एकमात्र शेष भाषा गदबा मर गयी। यही स्थिति मुंडा परिवार की नहाल भाषा की भी हुई। इसी प्रकार निमाड़ तथा मालवा में बोली जाने वाली निमाड़ी-गोंडी एक दशक के बाद मर जाएँगी। धीरे-धीरे आदिवासी भाषाएँ अदृश्य हो रही है—**अदर्शनं लोपः**।

छत्तीसगढ़ का सबसे बड़ा आदिवासी समूह गोंड भी अपने पुरखों की भाषा छोड़ रहे हैं और हिन्दी को क्षेत्रीय बोलियों को स्वीकार कर रहे हैं। अधिसंख्यक अपनी मातृभाषा भूल चुके हैं। आज आदिवासी वर्ग की नयी पीढ़ी का यह मानना है कि आधुनिक ज्ञान का सामना आदिवासी भाषाओं के माध्यम से संभव नहीं है। इस परिरिथति में भाषा परिवर्तन स्वाभाविक है। शिक्षित आदिवासी आज बहुत तेजी के साथ भाषा-परिवर्तन के साथ सामाजिक व सांस्कृतिक परिवर्तन की ओर अग्रसर हैं। यह प्रक्रिया प्रगति पर है और 'आदिवासी' अस्मिता जानबूझकर आत्महत्या के लिए उतावली है।

आज की दुनिया में विकसित तथा गतिशील जनसंख्या के साथ आदिवासियों का सम्पर्क अपरिहार्य है। आदिवासी समुदाय यदि मिलकर एक नहीं होते, तो गंभीर खतरा है कि कहीं वे पूरी तरह समीकृत होकर विलीन न हो जायँ। **फ्यूरेर-हैमेनडोर्फ** का अनुभव है कि इस प्रकार के सम्पर्क से आदिवासी-समाज तेजी के साथ विखंडित हो सकता है और तब आदिवासी अपनी पड़ोसी जनसंख्या में पूरी तरह विलीन हों जाएँगे या फिर वे जानबूझकर अपने तौर पर अकेलापन चुन लेंगे। सम्पूर्ण-विलीनीकरण की इस प्रक्रिया में आदिवासी अपनी संस्कृति, भाषा तथा लोक-साहित्य खो देंगे; क्योंकि तब इनकी न तो सुरक्षा हो पाएगी और न ही किसी का इन पर ध्यान जाएगा। आदिवासियों की बिरासत का सम्मान उन्ही की शर्तों पर करने की आवयश्कता है। उसे 'मूल धारा' में विलीन कर देने का लक्ष्य बहुत ही घातक होगा।

आज आदिवासी भाषाओं और संस्कृतियों को जीवित रहने के लिए एक लम्बा संघर्ष करना पड़ेगा। पहले तो आदिवासियों को अपनी भाषा और संस्कृति के प्रति सम्मानजनक भाव रखना होगा। अपनी पुश्तैनी विरासत पर उन्हें स्वाभिमान होना चाहिए। यदि इस विरासत को बनाए रखने के लिए कुछ करते, तो दुनिया की कोई भी ताकत इसकी स्वाभाविक मृत्यु को नहीं रोक सकती।

भाषा जनता का एक विशिष्ट संकेत होती है। यह एक ऐसा प्रयोगक्षेत्र है, जहाँ सामूहिक पहचान और यथार्थ निरंतर बार-बार सूत्रबद्ध होते हैं। भाषा में लोगों की पीड़ा

तथा न्याय के लिए वे कुछ गुहार छिपी रहती है और इसी के माध्यम से सताए हुए लोगों को वाणी मिलती है। आदिवासियों की भाषाओं को दबाकर आदिवासियों को दबाए रखना एक सोची-समझी चाल है और इसी के कारण आसानी से उनका शोषण हुआ है।

आदिवासियों में छिपे हुए सौन्दर्य को बाहर लाने के लिए यह आवश्यक हैं कि उनकी भाषा और साहित्य को विकसित किया जाय। आदिवासी भाषाओं को बचाए रखने के लिए यह अनिवार्य है कि प्राथमिक स्तर से विश्वविद्यालय-स्तर तक उनको शिक्षा दी जाए। मैने अपने विभाग में 1986 से ही यह व्यवस्था की थी। यदि साहित्य समाज की आत्मा है, तो भाषा समाज की प्राणवायु है। ये दोनों मिलकर ही समाज को ऊँचा उठा सकते हैं। भाषा और साहित्य के बिना समाज मर जाता है, गूँगा हो जाता है। हमारे लिए वह दुःखद घड़ी होगी, जब आदिवासी भाषा, संस्कृति तथा साहित्य का अस्तित्व समाप्त हो जाएगा और आदिवासी प्रभावी समाज से पूरी तरह विलीन हो जाएँगे। आदिवासी भाषा और साहित्य के बिना आदिवासी कला, संस्कृति तथा विश्वास केवल अकादमिक रुचि के विषय बन कर रह जाएँगे— नाश्ते के टेबिल पर समाजवैज्ञानिकों के समय बिताने के साधनमात्र।

मरणासन्न आदिवासी लोकसाहित्य

विशिष्ट ताल-सुरों में गाए जाने वाले आदिवासी लोकगीत वर्ष भर में बदलते हुए मौसम की संवेदना के आधार पर लयबद्ध हैं, जो आदिवासियों की सोच तथा अनुभव की स्वच्छंद अभिव्यक्ति हैं। उनके गीत उनके आसपास की प्रकृति के साथ तादात्म्य के निरूपक हैं। यह उनकी वाचिक कविता हैं। जिंदगी जीने का जरिया है। उनकी कहानियों में उनका सारा परिवेश आ जाता है। कहावतों और पहेलियाँ अनुभव का निचोड़ हैं। इनके गाथाकाव्य अलिखित उपन्यास हैं। इनके नाटक इनके जीवन जीने का अभ्यास हैं। इनकी सुरक्षा के बिना इनका जीवन नीरस हो जाएगा (द्र० हीरालाल शुक्ल, **आदिवासी संगीत,** भोपाल 1986)।

आदिवासियों में साक्षरता

आजादी के पचास वर्षों के बाद भी छत्तीसगढ़ में आदिवासी-साक्षरता अत्यधिक अकिंचन तथा शोचनीय स्थिति में है। प्रथम अध्याय के अन्तर्गत विभिन्न जनजातियों की साक्षरता के प्रतिशत को देखकर दुःखद आश्चर्य होता है। आज भी बहुसंख्यक आदिवासी लिखना और पढ़ना नहीं जानते। उनका वाचिक साहित्य पीढ़ी-दर-पीढ़ी उनके साथ है, किंतु आधुनिक औद्योगिक विकास के कारण वह बहुत दिनों तक जीवित न रह सकेगा। औद्योगिक विकास से व्यापक पैमाने पर विस्थापन तथा अलगाव के कारण आदिवासी समुदाय वाचिक परम्परा को भूल जाएगा। आदिवासियों में साक्षरता के अभाव के कारण उनके वाचिक साहित्य को लिपिबद्ध करना आज निहायत जरूरी है। अलिखित

आदिवासी-साहित्य धीरे-धीरे लुप्त हो रहा है; क्योंकि आदिवासी गाँव उजड़ रहे हैं और आदिवासी अपने मूल निवास से विस्थापित हो रहे है। जब व्यक्ति अपने जीने के ही संघर्ष में लगा हो, तो कविता निःशब्द हो जाती है और साहित्य स्वाभाविक मौत मरने के लिए छोड़ दिया जाता है।

आदिवासियों के बीच साक्षरता एक वर्तमान घटना है। लगभग नब्बे प्रतिशत आदिवासी जनता आज भी असाक्षर है। प्राथमिक स्तर के सामान्य शिक्षा से भी वे वंचित हैं। वे आज भी अर्थव्यवस्था के पिछड़े पायदान पर खड़े हुए हैं। बहुसंख्यक आदिवासी जनता में असाक्षरता का साम्राज्य होने से उनका अधिकांश साहित्य आज भी अलिखित है। साक्षरता से आदिवासियों की अर्थव्यवस्था तथा जीवनशैली में परिवर्तन आएगा। सामान्य तौर पर प्राथमिक शिक्षा का लक्ष्य आम व्यक्तियों की जरूरतों से जुड़ा होना चाहिए, जिससे कि खेतिहर मजदूर तथा कारीगर के रूप में वे बेहतर आजीविका से जुड़ जायँ। छत्तीसगढ़ में आदिवासियों की साक्षरता का प्रतिशत मात्र दस है। धीरे-धीरे आदिवासी अपनी मातृभाषा को छोड़कर हिन्दी को स्वीकार कर रहे हैं। फिर भी सरकार की निरपेक्षता के कारण उनमें साक्षरता का प्रतिशत बहुत कम बना हुआ है।

यदि आदिवासी-वार साक्षरता का परीक्षण किया जाय, तो यह जानकर निराशा होती है कि कतिपय प्रमुख जनजातियों की साक्षरता का प्रतिशत बहुत कम है। 1971 की जनगणना के अनुसार भीलों में 3 से 12 प्रतिशत साक्षरता है तथा गोंडों में साक्षरता का प्रतिशत मात्र 3 से 13 के बीच है। ओरॉवों में यह प्रतिशत 9 और 17 तक है।

छत्तीसगढ़ की दो तिहाई जनसंख्या के लिए हिन्दी अभी भी 'ग्रीक' जैसी है। आदिवासी अंचलों में हिन्दी-माध्यम के कारण लोगों में पढ़ाने के प्रति रूचि जागृत नहीं हो पायी। पाठशाला की भाषा और घर की भाषा के बीच कोई सामंजस्य नहीं है। इसलिये आदिवासी बालक-बालिकाओं को अनेक समस्याओं से जूझना पड़ता है। उन्हें लिपि सीखनी पड़ती है। एक तोते के समान वर्णमाला को रटना पड़ता है, जो उनके लिए अजनबी हैं। कक्षा में दूसरों के साथ आदिवासी शिशु कैद हो जाता है। खेतों और जंगलों में अपने जानवरों या शिकार के पीछे दौड़ने में अभ्यस्त आदिवासी बालक को कक्षा बंद रहना अस्वाभाविक लगता है। इसी कारण यह आवश्यक है। कि शिशु तथा प्राथमिक स्तर तक आदिवासी भाषाएँ अध्ययन का माध्यम हो। जब कुछ वर्षों के बाद आदिवासी बालक पाठशाला में जम जाय, तब धीरे-धीरे हिन्दी का प्ररिवेश कराया जाये। मध्यप्रदेश सरकार ने आदिवासी भाषाओं के माध्यम से शिक्षण की योजना तीसरी कक्षा तक कुछ पाठशालाओं में अप्रमाणिक और अविश्वसनीय तरीके से लागू की थी।

मेरा विचार है कि साक्षरता-अभियान मातृभाषा के माध्यम से होनी चाहिए। इस सम्बन्ध में बहुत पहले (1991) मैंने जो सुझाव दिये थे, वे इस प्रकार हैं—

The centre for studies in tribal Languages (CSTL) views literacy beginning in the mother-tongue, with a bridge to national language, as being of great value to the tribes of Madhaya Pradesh. First of all literacy provides a sense of personal dignity & an opportunity for the personal growth and development. It opens a window on the world, and the possibility of knowing the world beyond the reader's personal experience. In the second place literacy is an important element in tribal development, as has been recognized by UNESCO and other agencies in their emphassis on "functional literacy" In the third place,for most tribal groups, participation in the main stream of national life depends of learning the national language. Vernacular literacy provides the base for transfer to the second language. It gives the new literate the option of learning a new language and culture, and ultimately of shifting his life-style as he wishes. Finally for many readers, literacy provides a channel for spiritual values in reading the sacred writings of his faith.

It is quite clear that literacy in and of itself is not the goal, rather literacy is a tool which can be used for rationalizing these various options.

The present literacy policy of Rajiv Gandhi Shiksha Mission is not practical one. I would rather suggest the following goals.

(a) The establishing of literateness as a tribal community value;

(b) The training of tribal authors and developing of distribution channels to ensure a continued flow of literature; and

(c) The preparation of pedagogical materials and training of teachers to form the nucleus of an ongoing programme to spead literacy in the tribal languages to both adults and childern and to provide a bridge to Hindi where needed and desired

The minimum program for achieving these goals may be seen as including the following :

(i) The Devanagari orthography is well establised in the tribal regions. It needs possible changes according to tribal ethos.

(ii) The publication of a substantial body of post-primer material of varying content and difficulty, Written or edited by speakers of the tribal language, sufficient to develop and sustain the reading habit.

(iii) The Training of a number of tribal writers to make possible a continued flow of new literature and the developing of the means of producing and distributing such literature so that it can reach the entire tribal community.

(iv) The testing and publication of primers or series of primers, including : preparing exercises, supplementary material where needed, some graded post-primer material, teachers guides, and writing lessons to paralle the reading lesson. This will usually require separate materials for adults and children.

(v) The training of a sufficient number of teachers to ensure and outgoing programme including teachers who able to train and supervise other teachers as well as to teach illiterates.

(vi) The teaching of a substantial nucleus of people to the point where they have acquired the habit of reading and can read material from outside their own culture without undue difficulty.

(vii) A plan for the continuation of literacy and literature programme for both adults and children after withdrawal of the personnel of Rajiv Gandhi Mission.

If lieracy is to be available to all segments of all the three language famlies of Madhaya Pradesh, a way must be found to stimulate, encourage, and help local literacy activity in the tribal communities which at present are hardly literate. One way of doing this which is not dependent on the continuing presence of an outsider is as follows.:

(i) Workshops may be held in which the director and other consultants are experienced linguists (sadly this lacks in M.P.) and in which the participants are intelligent, motivated native speakers of several different tribal langugages (perhaps one language family per linguist, theree linguists according to the three language groups, two or more speakers of each language, and a period of perhaps 6 months). The purpose of these workshops would be to teach the participants some linguistics(the traditional way of literating in M.P. is not effective) and develop their language language awareness, so that together with the linguist they could produce sufficient analytical material to form the basis for a reasonable adequate orthography and preparation of primers.

(ii) Follow-up workshops may help these same people to produce literacy teaching materials, and train them as the first teachers and teacher trainers.

(iii) Writer's workshops with participants chosen from the first of the new literates can then produce a body of literature to support a programme in tribal languages.

The development of this policy can only help the spread of literacy in Madhya Pradesh. It is strange to note that in the literacy policy promulgated by the government, there is not scope for linguists to sugges the better way. No literacy policy can succeed without the active participation of experienced linguists. The govt. has never approached these scholars working in the state universities.

आदिवासी अर्थव्यस्था

छत्तीसगढ़ के आदिवासियों की आय के प्रमुख स्रोत है—जंगली उत्पाद का संचय और विक्रय, कृषि, मत्स्यपालन, आखेट तथा जंगलों में मजदूरी इत्यादि। अनादि काल से यहाँ के आदिवासी अपनी आजीविका तथा जीवननिर्वाह के लिए वनों पर ही आश्रित रहे हैं। जंगलों से ईंधन जुटाने के अतिरिक्त वे अपने आश्रय के लिए लकड़ी भी प्राप्त करते हैं। ये वहाँ से प्रचुर मात्रा में विविध प्रकार के लघु वनोपज का संग्रह करते हैं और पास के बाजारों में कम दामों पर उसे बेचने के लिए बाध्य होते हैं।

चूँकि बाजार-दर और विविध प्रकार के बाजारू हथकड़ों से आदिवासी अपरिचित होता है, अतएव उसे कम कीमत पर अपनी वस्तुएँ बेचने के लिए बाध्य होना पड़ता है। ठीक इसके विपरीत जब वह बाजार से जरूरत की चीजें खरीदता है, तो उसे अधिक दाम देना पड़ता है।

अपने पुत्र-पुत्रियों के विवाह के अवसर पर या कतिपय धार्मिक कार्यों के अवसर पर आदिवासियों को साहूकारों से ऊँची ब्याज में रुपया उधार लेना पड़ता है, जिसे वे अपने जीवनकाल में भी नहीं लौटा पाते और परिणामस्वरूप वे साहूकार के बंधन में जकड़ जाते हैं।

वन्यक्षेत्र में रहने वाले आदिवासियों से जंगल ठेकेदार तथा ब्यूरोक्रेट अनुचित लाभ उठाते हैं और बहुत कम मजदूरी पर आदिवासियों को उनके अधीन काम करना पड़ता है।

आदिवासी स्वभावगत भविष्य के लिए बचत करने के आदी नहीं हैं और इसीलिए उन्हें हमेशा निर्धनता का सामना करना पड़ता है। ब्रिटिश-शासन की अलगाववाद की नीति के कारण आदिवासी-क्षेत्रों में संचार के साधनों का विकास नहीं हो सका और इसीलिए बाहरी सम्पर्क के अभाव में वे कृषि के उन्नत तरीकों से परिचित नहीं हो सके। इन सभी कारणों से शताब्दी-दर शताब्दी उनमें निर्धनता बनी रही और उनके जीवनस्तर को उन्नत करने की किसी ने चिन्ता नहीं की।

आजादी के बाद सरकार ने वार्षिक बजट में वृद्धि व पंचवर्षीय योजनाओं के माध्यम से उनकी आर्थिक स्थिति को सुधारने का गंभीर प्रयास किया। प्रथम पंचवर्षीय योजना के साथ ही "आदिवासी उपयोजना" का विचार आया और तब से आदिवासी अंचलों पर भारी मात्रा में धन खर्च किया गया। सरकार ने कृषि की उत्पादकता को बढ़ाने के लिए सिचाई, उन्नत बीज तथा खाद आदि की अनेक सुविधाएँ प्रदान कीं। साहूकारों के चंगुल से मुक्ति के लिए उनके उत्पादों के क्रय की व्यवस्था की। इससे आदिवासियों को अपनी उत्पाद का उचित मूल्य मिलने लगा।

इन सारी सुधार-योजनाओं और संवैधानिक सुरक्षा के बावजूद आदिवासी समाज का आज भी एक सबसे निर्धन वर्ग है। आदिवासी और गैर-आदिवासी के बीच की दूरी दिनों-दिन बढ़ती ही जा रही है, जो दोनों के आय की तुलना से स्पष्ट होती है। इस दूरी को कम किये जाने की आवश्यकता है, जिससे आदिवासी मूलधारा में शामिल हो सकें। आदिवासी अर्थव्यवस्था का समृद्ध बनाने के लिए परिवहन तथा संचार के साधनों के विकास की तात्कालिक आवश्यकता है। दूरदराज के इलाकों में सड़कों का निर्माण व पहले से बनी सड़कों ने सुधार को आवश्कता है। प्रत्येक गाँव को पक्की सड़क से जुड़ जाना चाहिए। यथावश्यक पुल तथा पुलियों का निर्माण हो। सड़क के इस 'नेटवर्क' के कारण आदिवासी बाहरी संसार के सम्पर्क में आएगा। इसी प्रकार डाकघरों का प्रसार तथा दूरभाष आदि की सुविधाओं को भी बढ़ाना आवश्यक है।

चलित वाहनों के माध्यम से आदिवासियों को सस्ते दामों में खाद्य-सामग्री उपलब्ध कराना भी आवश्यक है। आदिवासी कलाओं को व्यावसायिक रूप देना भी जरूरी है।

आदिवासियों का विस्थापन

आजादी के बाद केन्द्र तथा राज्य-सरकारों का निरंतर यह प्रयास रहा है कि वे अधस्तल संरचना का विकास करें, जैसे कि मझोली व बड़ी सिंचाई व बिजली आदि की परियोजनाएँ। दुर्भाग्यवश बड़ी-बड़ी सिंचाई व विद्युत की परियोजनाएँ पिछड़े तथा आदिवासी इलाकों में हैं। इन परियोजनाओं के लगाने से वनों से नैसर्गिक आवास पर प्रभाव पड़ा। यह भी सुविदित है कि अनादि काल से आदिवासी इन जंगलों में विविध वृक्ष, पौधे, जड़ी-बूटियों, फल, फूल, पत्ते, आश्रय, वल्कल वस्त्र, औषधियाँ तथा यहाँ तक कि आभूषण प्राप्त करते रहे हैं। इन जंगलों में भोजनसंग्रह और आखेट के अतिरिक्त वे परवर्ती कृषि भी करते रहे हैं, जिससे वे अनेक प्रकार की फसलें उगाते थे। इस प्रकार वन के बिना आदिवासी या आदिवासी के बिना वन की कल्पना ही नहीं की जा सकती। इन सभी परियोजनाओं ने आदिवासी अंचलों का विनाश कर दिया तथा आदिवासी अपने प्राकृतिक आवास से कट कर एक अपरिचित परिवेश में धकेल दिए गए, जिससे उनकी जीवनशैली और आत्मसम्मान को भारी क्षति पहुँची।

इनसे व्यापक पैमाने पर आदिवासियों का विस्थापन हुआ। यह एक गंभीर किस्म का मानवसंकट तथा दुर्भाग्य है, जिसमें मानवमूल्यों की घोर उपेक्षा करते हुए विकास की योजनाएँ आयीं। सातवीं योजना के अर्न्तगत बनाए गए आदिवासी कार्यदल ने यह पाया कि "The richly adored tribal tract affords opportunities for irrigation, power, mining and several other natural resources- based projects. In all these cases, the tribal and his ecology are the first casuality, while the benefits largely flow to other sections of the society. Discontentment following the inadequate rehabilitation of displaced tribals has spread in some areas. Suitable strategy to solve this problem has to be devised" (Ministry of Home Affairs, 1984-85).

कार्यदल के प्रतिवेदन के दस वर्षों के बाद भी अभी तक कोई उपयुक्त रणनीति नहीं बनी। जरूरत है ऐसी राष्ट्रीय नीति की, जिससे परियोजनाओं से प्रभावित आदिवासियों का उपयुक्त सामाजिक-आर्थिक पुर्नवास हो, जिससे वे अपनी सांस्कृतिक अस्मिता बनाए रख सकें। छत्तीसगढ़ की **"रैय्यतवारी प्रथा"** ने पहले से ही आदिवासियों का जीना दूभर कर दिया था। इन परियोजनाओं ने तो उसे जड़ों से उखाड़ फेंका। वह जंगलों पर अपना अधिकार बताने के लिए पट्टे भी नहीं दिखा सकता। ऐसे लोग जिनका जीवन वन के "इको-सिस्टम" पर आधारित रहा है, वे इन परियोजनाओं से सबसे अधिक प्रभावित हुए हैं।

कृषि-सम्बन्धी विकास

छत्तीसगढ़ के नब्बे प्रतिशत से अधिक आदिवासियों का आर्थिक जीवन वन तथा कृषि पर अवलम्बित है। इस प्रकार आदिवासी अर्थव्यवस्था **'युग्मशाखी'** है। अभी हाल तक समूचे छत्तीसगढ़ के आदिवासी समुदाय के प्रमुख स्रोत अन्न का संचय, आखेट, मछली, पकड़ना तथा लघु वनोपज का संग्रह करना था। समय के अंतराल के साथ जनसंख्या के दबाव के कारण आदिवासियों ने खेती करने में भी कुशलता प्राप्त कर ली। उन्होंने वन के टुकड़े को साफ कर उन्हें कृषि-योग्य बना दिया। कुछ ने तो वन से बाहर निकल कर समीपवर्ती भूमि में ही खेती करना प्रारंभ कर दिया। फिर भी बाहरी दुनिया से सम्पर्क के अभाव में उनके कृषि के तौर-तरीके आदिम ही थे। मध्यप्रदेश के बैगाओं तथा अबुझमाड़ियों में परिवर्ती कृषि की परम्परा रही है, जिसने कृषि की उत्पादकता को भी प्रभावित किया है। जैसे-जैसे आदिवासी समुदाय बाहरी दुनिया के सम्पर्क में आए, वे स्थायीतौर पर कृषक बन गए, किन्तु खेती का तरीका आदिम ही बना रहा।

भूमि संभवतः आदिवासियों के लिए एक मात्र अनुभवगम्य सम्पत्ति है, अन्य स्वामित्व बिलकुल ही अकिंचन हैं। **'भूमा'** से जुड़े हुए अनेक सामाजिक और धार्मिक कर्मकाण्ड हैं, जो आदिवासी तथा भूमि के बीच भावनात्मक सम्बन्धों की कड़ियाँ बनाने का काम करते हैं। इस प्रकार आदिवासी के लिए भूमि आजीविका के स्रोत के अतिरिक्त भी बहुत कुछ है। इससे यह सुस्पष्ट है कि आदिवासियों की कृषि-सम्बन्धी भूमि केवल आर्थिक सम्पत्ति नहीं है, अपितु उसका सामाजिक और सांस्कृतिक महत्व भी है। फिर भी दीर्घ अवधि तक आदिवासी क्षेत्र भूमि की बंदोबस्ती-व्यवस्था की पहुँच से बाहर व दूरी के कारण अलग बने रहे। इसलिए आदिवासी समुदायों ने भूमि के प्रबन्धन के लिए अपनी ही परम्पराओं को विकसित किया। अपने फसल-क्रम को प्रकल्पित किया। अपने भूमि के उपयोग के प्रक्रम को विकसित किया और यह सब कुछ भूलों के सुधार के साथ विकसित हुआ। संक्षेप में हम कह सकते हैं कि कृषि के आदिम तरीके तथा अनुचित भूमि के दोहन व फसल-क्रम से आदिवासी-क्षेत्रों में कृषि की उत्पादकता कम बनी रही। दूसरी प्रमुख कठिनाई भूधारकत्व की लघु आकृति थी, जिसकी अपनी सीमाएँ थीं, जिससे वहाँ कृषि के उन्नत तरीकों का प्रयोग संभव नहीं हो सका। परिवार के आकार के बढ़ने के साथ उस भूमि पर भी दबाव बढ़ता है, जो कालांतर में आर्थिक तौर पर उपयोगी नहीं रह जाती। इसका एक ही निदान है कि भूमि की धारकता को स्थायी बना दिया जाय। फिर भी छत्तीसगढ़ में "भूमि के समेकित" नियमों से कोई सार्थक परिणाम नहीं आए। संक्षेप में आदिवासियों की कृषि से सम्बद्ध अधोलिखित बातें उल्लेखनीय हैं—छोटे आकार का भूस्वामित्व, पारंपरिक कृषि-सम्बन्धी उपकरणों का इस्तेमाल, वैज्ञानिक ढंग के फसल-क्रम का अभाव, खेती के लिए झाड़ियों को जलाने की प्रथा, कृषिमूलक जलवायु की परिस्थितियों

व वर्षा की स्थिति की वैज्ञानिक जानकारी का अभाव, सिंचाई की सुविधाओं की अल्पता। इन सभी कारणों से कृषि की उत्पादकता में कमी आयी है।

आदिवासी अंचलों का औद्योगिकीकरण

हमने पहले ही यह देखा कि कृषि आदिवासी-अर्थव्यस्था का प्रमुख **'सेक्टर'** है। कृषि की न्यूनता के साथ निम्नस्तरीय सहायक रोजगार की संभावना के अभाव में आदिवासी अंचल दिनों-दिन निर्धन होते गए हैं।

निर्धनता का कारण यह भी है मानवीय तथा भौतिक स्रोतों का भरपूर उपयोग नहीं किया गया और न ही रचनात्मक योग्यताओं को विकसित होने दिया गया। क्षेत्र के आर्थिक विकास के लिए यह आवश्यक है कि प्राथमिक, माध्यमिक तथा तृतीयक सेक्टरों का विकास किया जाय। भौतिक स्रोत का दोहन पारिस्थितिकी तथा संस्कृति की अवलम्बनीयता में किया जाय। इस सम्बन्ध में विस्तृत चर्चा अन्य अनुच्छेदों में की गयी है।

नयी आर्थिक नीति का प्रभाव

नयी आर्थिक नीति निजीकरण की परिकल्पना करती है तथा उद्योग व वाणिज्य के नियमितीकरण का विरोध करते हुए उन्मुक्त बाजार की प्रतिद्वन्द्विता से जुड़ती है। इसका तात्पर्य यह हुआ कि **'पब्लिक सेक्टर'** में सरकार किसी औद्योगिक इकाई की स्थापना नहीं करेगी तथा प्रचलित पब्लिक सेक्टर की इकाइयों का भविष्य में निजीकरण करना होगा। इस नीति से आदिवासियों पर गंभीर तथा बुरा-प्रभाव पड़ेगा। **'प्राइवेट सेक्टर'** में योग्यता के आधार पर ही नौकरियाँ मिलेंगी। आदिवासी उससे वंचित रह जाएगा। इसके लिए यही मार्ग हैं कि निजी कम्पनियों में भी आदिवासियों के लिए 'कोटा' निश्चित हो।

स्वास्थ्य तथा पोषण-सम्बन्धी जोखिम

1983 में घोषित "राष्ट्रीय स्वास्थ्य-नीति" आम जनता की प्राथमिक स्वास्थ्य की चिन्ता के साथ उसके निरोधक, प्रोन्नायक तथा पुनर्वासी पक्षों पर विचार करती है (जयश्री गुप्ता, 1986), किन्तु प्रत्यक्ष तौर पर यह सफल नहीं रही। इस नयी दृष्टि में प्राथमिक स्वास्थ्य-केन्द्र तथा सामुदायिक स्वास्थ्य-केन्द्र का विचार सामने आया है।

इस व्यवस्था के बावजूद आज भी छत्तीसगढ़ के आदिवासी अंचलों में स्वास्थ्य सेवाओं की स्थिति चिन्ताजनक है। आदिवासी अंचलों में व्याप्त मलेरिया, क्रिमी, घेंघा, सिकल सेल मलेरिया, चर्म रोग, दंतरोग, पाचन विकृति, सर्पदंश, क्षयरोग तथा शीघ्र बुढ़ापे आदि के कारण प्रतिवर्ष सैकड़ों आदिवासी अकाल काल-कवलित होते हैं। इनकी रोकथाम के लिए युद्धस्तर पर कार्ययोजना की आवश्यकता है। इनके स्थानीय वैद्यों को प्रशिक्षित कर उक्त कार्य में लगाया जा सकता है।

हर आदिवासी गाँव से 15-20 किलोमीटर की दूरी पर एक प्राथमिक स्वास्थ्य केन्द्र की स्थापना होनी चाहिए तथा उपकेन्द्र किसी भी गाँव से पाँच किलोमीटर से अधिक दूरी पर नहीं होना चाहिए। दूरदराज के गाँवों में प्रत्येक प्राथमिक केन्द्र के लिए कम-से-कम दो वाहनों की व्यवस्था हो, जिसमें अनिवार्य रूप से एक चलित वाहन हो। प्रत्येक स्वास्थ्य केन्द्र में कम-से-कम दो चिकित्सक हों। आदिवासी युवकों को प्राथमिक स्वास्थ्य का प्रशिक्षण दिया जाए। आदिवासी अंचलों में कार्यरत चिकित्सकों को प्रोत्साहित किया जाय। प्रत्येक प्राथमिक स्वास्थ्य केन्द्र पर कर्मचारियों के लिए आवास की व्यवस्था हो। पौष्टिक भोजन देने का कार्यक्रम केवल आंगनबाड़ी के बच्चों तक सीमित न होकर 2 से 10 वर्ष के सभी बच्चों के लिए हो। लोगों को वैयक्तिक स्वास्थ्य के महत्व को समझाया जाय।

आदिवासियों में विकास की नीतियों के प्रति जागरूकता

अभी हाल के कुछ वर्षों में विविध प्रकार की सम्प्रेषणात्मक रणनीतियों के माध्यम से आदिवासी अंचलों में स्वास्थ्य, पोषण तथा विकास आदि से सम्बन्धित सूचनाओं का प्रसार हुआ है। ऐसे ही प्रयासों में एक प्रयास **"राजीव गाँधी शिक्षा मिशन"** का है। हमारे एक अध्ययन से यह ज्ञात होता है कि अभी अधिकतर आदिवासी सरकार की बहुसंख्यक विकास की नीतियों से अपरिचित हैं। ग्राम-स्तर के सरकारी कर्मचारी (ग्रामसेवक) इस प्रयास में सहायक सिद्ध हो सकते हैं। ग्राम-सभाओं की भी इसमें अच्छी भूमिका हो सकती है। ग्राम-पंचायतों प्रभावी कार्य कर सकती हैं। यह भी आवश्यक है कि सूचनाओं के प्रसार के लिए स्थानीय तकनीकों को व्यवहार में लाया जाय।

छद्म आदिवासीकरण की प्रक्रिया

संस्कृतीकरण के सिद्धांत के विपरीत आज एक नया सिद्धांत "छद्म आदिवासीकरण' का है, जिसका प्रवाह उच्च से निम्न की ओर है। इस प्रक्रिया के तहत गैर-आदिवासी कतिपय समानताओं के आधार पर आदिवासी होने का दावा करते हैं। यह गैर-आदिवासी अस्मिता का आदिवासी अस्मिता में जुड़ने का भाव है, किन्तु इससे वास्तविक आदिवासियों के हितों पर कुठाराघात हो रहा है। आदिवासियों को प्राप्त आरक्षण की सुविधाओं के कारण ही ऐसा भाव जागा है। आज ऐसे झूठे प्रमाणपत्रों को जुटाने वालों का एक **'रैकेट'** है, जो इसके माध्यम से चिकित्सा तथा अभियांत्रिकी-महाविद्यालयों में प्रवेश पा चुका है।

आवास और पेयजल की समस्या

कुछ आदिवासी अच्छे कलात्मक घरों में निवास के कारण गौरव का अनुभव करते हैं, तो बहुसंख्यक आदिवासियों के पास घर का हमारे जैसा कोई विचार ही नहीं है। बिरहोड़-जैसे आदिवासी आज भी पर्णकुटी में निवास करते हैं। मैदानी क्षेत्र तथा पहाड़ी क्षेत्र के आदिवासियों की वास्तुसंरचना में बहुत अधिक अंतर है। सरकार ने आदिवासियों

के लिए जो घर बनाए हैं, उनमें न तो कल्पनाशीलता है और न ही आदिम अभिकल्पना है। ऐसे वास्तुशास्त्र जिसे आदिवासी संस्कृति का कोई ज्ञान नहीं है। वह जब ऐसे घर बनाएगा, जिनमें आदिवासी कर्मकाण्ड व संस्कृति की झलक न होगी, तो आदिवासी उनमें रहने के लिए नहीं जाएँगे। बस्तर में ऐसे ही घर बने थे, जो आज तक खाली पड़े हैं।

इसलिए मेरी मान्यता है कि आदिवासियों के घर उनकी सहजानुभूति पारंपरिक अभिकल्पना तथा कर्मकाण्डी संदर्भों से युक्त होना चाहिए।

स्वच्छ और साफ पेयजल की उपलब्धता एक अन्य मुद्दा है, जिस पर तत्काल विचार करने की आवश्यकता है। छत्तीसगढ़ के आदिवासियों की 65 प्रतिशत बीमारियाँ स्वच्छ पेयजल की उपलब्धता से समाप्त की जा सकती हैं।

आदिवासी नेतृत्व और विकास

आदिवासी अंचलों में विकसित नेतृत्व को अधोलिखित कोटियों में वर्गबद्ध किया जा सकता है—

(क) नैसर्गिक नेतृत्व : संकट की घड़ी में यह अपने आप जन्म लेता है, जैसे दुर्घटना, मृत्यु, सर्पदंश, पशुओं के आक्रमण आदि के अवसर पर।

(ख) पारंपरिक नेतृत्व : सामाजिक, आर्थिक, धार्मिक व राजनीतिक आदि कारणों से आदिवासी जनता की जरूरतों के अनुसार इसका विकास होता है। माझी, चालकी, सिरहा, गुनिया, लेस्के, ओझा, पटेल आदि ऐसे ही नेतृत्व से जुड़े हुए लोग हैं। इस प्रकार का नेतृत्व पारंपरिक नियमों, आदर्शों, मूल्यों, तथा प्रथाओं पर आश्रित होता है। छत्तीसगढ़ के सभी आदिवासियों में ऐसा पारंपरिक नेतृत्व अनुभव किया जा सकता है। इनमें कतिपय सामाजिक संगठन इस प्रकार है —**गीत-नृत्य मंडलियाँ, घोटुल-मंडली, सिरहा-वर्ग, माझी वर्ग-मंडल, मड़ई-संगठन इत्यादि।**

(ग) बाह्य प्रभावों से विकसित नेतृत्व : बाहरी प्रभाव तथा अभिप्रेरणा के कारण इस प्रकार के नेतृत्व का जन्म होता है। इस प्रकार बाह्य प्रभावों के एजेण्ट शिक्षक। सरकारी कर्मचारी, एन० जी० ओ० कार्यकर्त्ता तथा ***सोशल एक्टिविस्ट*** होते हैं।

(घ) राजनैतिक नेतृत्व : क्षेत्र के आदिवासियों तथा गैर-आदिवासियों के द्वारा चुने जाने पर स्थानीय आदिवासी विधायक या सांसद राजनैतिक नेतृत्व की भूमिका प्रदान करते हैं।

उक्त नेतृत्व के विवेचन-प्रसंग में यह विचारणीय है कि आदिवासी अंचलों में पारम्परिक नेतृत्व को सुदृढ़ करने की आवश्यकता है। ऐसा न होने से बाहर का आरोपित नेतृत्व आदिवासियों को इस्तेमाल करता है। जरूरत इस बात की है कि आदिवासियों के बीच में से संभावित पारंपरिक नेतृत्व की तलाश की जाय और उनकी छवि को प्रायोजित किया जाय।

निष्कर्ष

आदिवासी-विकास का कार्य बहुत नाजुक है। इससे सफलता *मध्यमार्ग* पर चलने से ही मिल सकती है। न तो आदिवासियों को अकेला छोड़ दिया जाय और न ही उन पर विकास-योजनाओं का भारी-भरकम बोझ डाल दिया जाय। पण्डित जवाहर लाल नेहरू ने आदिवासी-विकास के इसी मध्यम मार्ग को सुझाया था। इसलिये छत्तीसगढ़ में आदिवासियों के विकास, कल्याण, सहायता और विस्तार की नीति निर्धारित करते समय प्रशासकों को नेहरू के द्वारा सुझाई गयी अधोलिखित कसौटियों पर विचार करना चाहिए–

(a) Will the scheme help the tribesmen to grow according to their own genius tradition?

(b) Or will it result to be merely to shape them according to our own image or likeness and impose on them our particular way of living?

(c) Will it tend to make the tribesmen a second-rate copy of ourselves?

(d) Will it uproot the tribal people from their surroundings and make them grow soft and thus lose some of their fine qualities?

(e) Is it open to criticism that it is grossly presumptuous on our part to approach the tribesmen with an air of superiority or tell them, "what to do or not to do"?

(e) Will in involve too rapid a process of acculturation or, in other words, are we trying to go too fast?

(g) Is there any danger that we are overwhelming the tribes by too many projects, each good in itself, but in the aggregate too heavy burden.?

(h) Will it improve or destroy in any way the self-reliance of the people?

(i) Is it realiy. on long term basis, for the ultimate good of the tribesmen/or is it simply something that will make a good show in the press or on official report?

(j) Will it help to integrate the tribal people with Madhya Pradesh and with India as a whole?

The keynote of the Administration's policy indeed is this : the tribesmen first, the tribesmen last, the tribesmen all the time.

6
जड़ों की तलाश

"आदिवासी-अस्मिता" एक ऐसी अनुशासित दृष्टि है, जो आदिवासियों की अपनी पारदृश्यता **'विजिविलिटी'** तथा छवि को विकसित करने में सहायक हो सकती है, जिससे वे प्रजातांत्रिक तरीकों से अपने लक्ष्य को हासिल कर सकें। हम यह स्वीकार करें कि आज आदिवासी अपनी **'विजिविलिटी'** तथा लुप्तप्राय प्रतिष्ठा को पुनः प्राप्त करना चाहता है। चाहे वह राजनेता हो, कलाकार हो, संगीतज्ञ हो, शिल्पकार हो, सिरहा या गुनिया हो या छात्र हो। यह एक ऐसा व्रत है, जो केवल सशक्त प्रतीकों की रचना और उनके सम्प्रेषण तक सीमित नहीं है, अपितु इस कार्य में लक्ष्यों तथा लक्ष्यों की जनतांत्रिक दृष्टि में संशोधन की आवश्यकता है। **"आदिवासी-अस्मिता"** की रचना के लिए अधोलिखित तीन तरीके हो सकते हैं–

(क) आदिवासियों की निराशा को दूर करने की 'स्ट्रेटेजी'

(ख) आदिवासियों में परिवर्तन लाने की 'स्ट्रेटेजी'

(ग) बृहत्तर भारत से जुड़ने की 'स्ट्रेटेजी'

'आदिवासी–अस्मिता' के दो प्रकार हैं। पहली है उनकी **आत्मछवि** और दूसरी है उनकी **प्रदत्त छवि**। आदिवासियों की प्रदत्त छवि का अर्थ है कि गैर–आदिवासी उनके बारे में क्या धारणाएँ रखते हैं। आदिवासियों के बारे में सामान्य धारणाएँ या मिथक शेष समाज में इस प्रकार प्रचलित हैं :–

(क) आदिवासियों की अपनी कोई छवि नहीं है

जातिवर्गों में अधिकतर लोग आदिवासियों से परिचित नहीं हैं और यही कारण है कि शैक्षिक पाठ्क्रमों में आदिवासियों के इतिहास, संघर्ष, समाज, पंचायतीराज व्यवस्था, धर्म, लोकसंगीत, लोकसाहित्य आदि के बारे में कोई जानकारी नहीं दी जाती। एक मिथक यह विकसित हुआ है कि आदिवासियों का अपना कोई इतिहास नहीं है और आजादी की लड़ाई में वे मात्र मूक दर्शक बने रहे। आज आदिवासियों के अध्ययन को ***"मानवविज्ञान"*** के सिद्धातों से जोड़कर उन्हें सीमित कर दिया गया है। ***"मानव संग्रहालय"*** आदिवासियों का उपहास उड़ाते हैं, जहाँ "मानव का अर्थ मात्र आदिवासी–संस्कृति के प्रदर्शन तक सीमित हो गया है। शेष मानव का प्रदर्शन नहीं। तथाकथित सभ्य समाज कतिपय रूढ़ धारणाएँ रखकर आदिवासियों के बारे में एक "शिक्षक" के बतौर सोचता है;

(ख) कुछ आदिवासी सुपरिचित हैं, किंतु छवि नकारात्मक है

बस्तर के आदिवासियों पर जो कार्य हुआ है, उससे उनके परिचय—क्षेत्र में विस्तार तो हुआ है, किन्तु अभी भी उन्हें असभ्य, पिछड़ा हुआ, जादूटोना व तंत्र—मंत्रों वाला रहस्यात्मक प्राणी माना जाता है;

(ग) कुछ आदिवासियों की मिश्र छवि है, जिसमें सकारात्मक तथा नकारात्मक दोनों तत्व समाहित हैं

आदिवासियों की छवि को प्रतिरोपित करना तात्कालिक आवश्यकता है, किन्तु है यह एक दीर्घ अवधिक तथा कठिन कार्य; क्योंकि **"काउंटर एवीडेंस"** के होने के बावजूद लोग अपनी पूर्व धारणाओं को कठिनाई से छोड़ते हैं। बाहरी लोगों ने आदिवासियों के बारे में एक खास छवि बना रखी है और कोई आदिवासी यदि उससे विचलन करता है, तो उसकी विचलित छवि रूढ़ छवि से मेल नहीं खाती। वे चाहते है कि आदिवासी लँगोटी धारण करें, पगड़ी पहनें, मूँगे की माला धारण करें, मूँछें सफाचट करें, भयप्रद हों, कुल्हाड़ी लिए हुए हों, धनुषबाण-धारी हों, मदिरा का सेवन करें और "बासी" खाते हों। ऐसा इसलिये कि इतिहास के किसी दौर में आदिवासियों की **"वनेचरवृत्ति"** थी और लोगों के बीच आदिवासियों की यही छवि बनी हुई है।

लगातार चलने वाले युद्ध, संघर्ष, विद्रोह, राजनैतिक उठापटक, आर्थिक शोषण और सरकारी अमले के भ्रष्टाचार के कारण आदिवासियों की अस्मिता का यदि कालक्रमिक विवेचन करें तो ज्ञात होगा कि इतिहास के अलग-अलग कालखंडों में आदिवासियों की छवि में परिवर्तन आया है :—

आदिवासी अस्मिता का कालक्रमिक इतिहास
(विवरण से सहमत व्यक्तियों का प्रतिशत)

	1940	1966	1992
कठोर परिश्रमी	69	37	74
चतुर	24	14	32
व्यावहारिक	23	8	27
क्रूर व निर्दयी	4	19	12
योद्धा	4	23	23
संवेदन-शून्य	3	13	9

स्पष्टतः आदिवासियों की बाहरी छवि के अनेक पहलू हैं। घटनाओं के आधार पर उनमें परिवर्तन होता रहता है। आवश्यकता इस बात की है कि उनके सकारात्मक प्रतीकों

को उभारा जाय तथा उनकी आंतरिक छवि को विकसित किया जाय। जब उनकी आंतरिक छवि में परिर्वतन होगा, तो बाह्य छवि स्वतः बदल जाएगी। नकारात्मक सोच को समाप्त करने की दिशा में पहल करनी आवश्यक है। आदिवासियों के बीच ऐसी साफ-सुथरी छवि वाले व्यक्तियों को प्रोत्साहित करना होगा, जो आदिवासी-मूर्त्ति (icon) के प्रतीक बनें और वांछित छवि सम्प्रेषित कर सकें। गाँधीजी के मॉडेल के अनुसार नेतृत्व को विकसित किया जा सकता है।

II

सामन्तवाद, साम्राज्यवाद और उपनिवेशवाद से पीड़ित आदिवासी भारत ने बस्तर के **भुमकाल-आंदोलन** (1909-10) से **'मुरियाराज'** की माँग को प्रस्तुत करते हुए स्वाधीनता के एक नए मुहावरे को विकसित किया था। कालांतर में **"मुरियाराज"** की संकल्पना गाँधीराज से जुड़ गयी—

गाँधी बाबा बल्लो "सुनो हो गँवरेया"
मंद के छाँडा तुमी
नंगत गोठ के धरा हो गँवरेया
मंद के छाँडा तुमी
(हलबी-लोकगीत)
दुनिया ते मतोर गाँधी बाबाल
ओर मानेय आयोर मतोर महात्माल ॥
दुनिया ते सोर ओना पोरोय हता
भारत देश मावा मतोर राष्ट्रपीता ॥
(गोंडी-लोकगीत)

और आदिवासी-चेतना ने एक नया मोड़ तब लिया था जब स्वतंत्रता की चेतना में समता की माँग अविभाज्य रूप से समा गयी। आठवें दशक में आर्थिक समता के साथ सांस्कृतिक पहचान (**नक्सली-आंदोलन**) भी जरूरी मानी जाने लगी। इस देश की वैदिक—संस्कृति की विरासत की अंग है आदिवासी—संस्कृति। **कौटिल्य के अर्थशास्त्र** में उसके दो प्रभेद हैं—(क) **आटविक संस्कृति** तथा (ख) **आरण्यक संस्कृति**। प्रथम प्रकार की संस्कृति वीरयोद्धाओं की थी और **कौटिल्य** ने इसके साथ हस्तक्षेप न करने की नीति का पालन किया था। द्वितीय प्रकार के सांस्कृतिक परिवेश की नीरवता में ही हमारा **उपनिषद्-साहित्य** पनपा था। प्रथम प्रकार की आटविक—संस्कृति के संबंध में छठवीं शताब्दी के संस्कृत—महाकवि भारवि ने अपने ग्रन्थ **"किरातार्जुनीयम्"** (सर्ग **13,**

श्लोक 67) में कहा था—"आदिवासी युद्धकला में कुशल हैं।" "पहाड़ी" या "जंगली" कहकर उनका अपमान न करें। देवताओं के राजा इन्द्र ने पवतीय क्षेत्रों में निवास करने के लिए उनसे इसलिये प्रार्थना की थी, जिससे कि वे भारतभूमि की रक्षा कर सकें।" हमने जब उनके इस रक्षकभाव को नहीं समझा, तो वर्तमान दशक में आदिवासियों की निजता पर नये सिरे से विचार प्रारंभ हुआ। यह निजता आदिवासियों की मांग कर रही थी। इसे बस्तर की अलग पहचान और इयत्ता की स्वरलहरियों में अनुभव किया जा सकता है।

इस विचार—प्रक्रिया का भाग थी आदिवासियों की पारंपरिक आत्मछवि—उनकी मोहक सरलता, उत्कृष्ट कलासाधना, विनम्रता, खातिरदारी, अनुशासनप्रियता, आत्मनिर्भरता, कठोर परिश्रमशीलता, व्यग्रता, मित्रता और वीरत्वभावना के साथ "नास्टेलजिया", जो चौंतरफा आक्रमणों के बावजूद अविजित थी। दूसरा भाग थी, वह छवि जिससे आदिवासी—आंदोलनों में अजमेरसिंह (1775) गेंदसिह (1825), दलगंजनसिंह (1842), श्यामसुंदर जिआ (1850), धुर्वाराव, व्यंकटराव (1857), रामभोई, जुग्गा राजू, नागुल दोरा, कुन्या दोरा (1859), जुगराज कुँअर (1878), हिड़मा (1876), गुण्डा धूर, डिबरी धूर, हिड़मा पेंडा, डोडा पेंदा, मुकुन्ददेव माद्दमारा, मूरतसिंह, रोडा पेदा, सुकु पनारा, चकरू मुरिया, जोगी परजा, हरि चालकी, मड़कामी मासा, बोकड़ा बोडी, कुंडी कोसा, कुराटी सोमा (1910) आदि ने प्रयत्नपूर्वक उभारा था। भील अंचलों में रेवलिया नायक, भीमा नायक, घुसिया नायक, खाज्या नायक, भूमा, छीतू आदि भील 1857 की क्राति के प्रमुख नायक थे। 1906 में गोविद गिरी नामक भगत के नेतृत्व में भीलराज्य की स्थापना के संघर्ष में 600 भील शहीद हुए थे। इन प्रयत्नों ने आदिवासी-परम्परा के स्रोतों का उपयोग तो किया ही, साथ ही उसमें नए तत्वों को जोड़ा भी। इस प्रक्रिया में अनेक मिथकों का जन्म हुआ। स्वाधीनता की लड़ाई के युग में आदिवासी आत्मछवि की उक्त भूमिका उपयोगी और महत्वपूर्ण थी, किन्तु बदलते परिवेश में पूरा संतोष नहीं दे पा रही थी। धीरे-धीरे उसके कुछ पक्ष धूमिल होने लगे थे। देखते ही देखते नए मिथकों के प्रति हमारे मन में शंका सिर उठाने लगी थी।

गाँधीयुग के बदलते संदर्भ में मारागाँव (बस्तर) के माझी चैनूराम के नेतृत्व में बस्तर की अस्मिता ने करवट बदली और "मुरियाराज" या गाँधीराज का मुहावरा शिवराज में बदल गया (एल्विन 1947-521); किन्तु ग्रिग्सन तथा एल्विन की छल-कपटपूर्ण नीतियों के कारण बस्तर-अंचल को "निजामिस्तान" न बनने के लिए संघर्ष करना पड़ा। अंग्रेज-सरकार ने प्रफुल्लचन्द्र भंजदेव के सामने 1930 ई. में यह प्रस्ताव रखा कि "वे बस्तरराज को निजाम हैदराबाद के राज्य में शामिल हो जाने दें और इसके बदले अंग्रेज-सरकार उनको बस्तर का महाराजा बना देगी। गाँधीजी के सिद्धांतों के

अनुयायी राजा ने अंग्रेजों के उक्त प्रस्ताव को नहीं माना और 1931 ई. में ब्रिटिश-सरकार ने उन्हें बस्तर छोड़कर इंग्लैण्ड में रहने के लिए बाध्य कर दिया। (प्रेमनारायण अग्रवाल, संघर्ष और विकास, कानपुर 1955:41)। प्रफुल्लकुमार भंजदेव का विवाह 1927 ई. में रानी प्रफुल्लकुमारी देवी से हुआ था। 1936 ई. में संदिग्ध परिस्थितियों में लंदन में रानी की मृत्यु हो गयी थी। बस्तर की अस्मिता पर चर्चा करते समय हम राजा और रानी के बलिदानों को नहीं भूल सकते। इसी प्रकार भीली-अस्मिता पर विचार करते समय मामा बालेश्वर दयाल को विस्मृत नहीं किया जा सकता, जिन्होंने 1935 ई. के आसपास भीलांचल से जुड़कर राजा के विरुद्ध भीलों के हित में संघर्ष किया था।

बस्तर की छवि का दूसरा दौर 1935 ई. से प्रारंभ हुआ, जब एल्विन ने अपनी गोंड-पत्नी और श्यामराव हिवाले के साथ मुरियाक्षेत्र में प्रवेश किया। वैरियर एल्विन ने सबसे पहले 1931 में जमनालाल बजाज के मुख से 'गोंडों' का नाम सुना था और गाँधी के आदेश से मध्यप्रदेश के गोंडों के उत्थान के लिए तत्पर हुए थे। उन्हीं के शब्दों में "Then one day as I was driving through the streets of Ahmedabad with Sardar Vallabhai Patel and Seth Jamnalal Bajaj, I heard for the first time in my life—from the lips of Jamnalalji—the magic word "Gond" He urged me to go to the Central Provinces and take up the cause of the tribes who were then almost entirely neglected. We discussed the matter with Gandhiji and he approved." (Verrier Elwin, Leaves from the jungle, Bombay, 1936: XII)

वैरियर एल्विन सबसे पहले मंडला जिले के करंजिया गाँव 1932 में आए थे और श्यामराव हिवाले के साथ मिलकर 1935 तक वहाँ के आदिवासियों में गाँधीवादी विचारधारा का प्रसार करते रहे। 1935 ई० में जब पहली बार वे बस्तर गए, तो वहाँ के मुरियालोगों ने उन्हें "माड़ियाबाबा" के नाम से सम्बोधित किया था। एल्विन के प्रमुख सहयोगियों में अंतागढ़-निवासी धानूराम उसेण्डी तथा मंगलू भतरा के नाम उल्लेखनीय हैं। धानूराम उसेण्डी तथा मंगलू भतरा आशुकवि थे तथा इन्होंने आदिवासियों के बीच सत्य और अहिंसा के सिद्धांतों का प्रचार किया था (एल्विन, 1947, भूमिका)। एल्विन चाहते थे कि आदिवासियों की संस्कृति को "प्रेजर्व" किया जाय। इसीलिये कालांतर में इन्होंने गाँधीजी के सुधार-आंदोलनों का विरोध किया और ग्रिग्सन के साथ मिलकर "निजामराज्य" के साथ ही बस्तर का हित देखने लगे। इससे बस्तर की पारंपरिक आत्मछवि को झटका लगना स्वाभाविक था।

बस्तर की पारंपरिक आत्मछवि को एक तेज झटका उस समय लगा, जब इतिहास–दृष्टि ने अपना लक्ष्य बदला और नए तथ्यों और वैज्ञानिक विवेक के सहारे अपने

अनुसंधान को दिशा दी। 1937 में ब्रिटिश-सरकार ने यह अध्यादेश निकाला कि आदिवासियों को उनकी मातृभाषा के माध्यम से शिक्षा दी जाएगी। तदनुसार **दसराहा दरबार** की सम्पर्क-भाषा हलबी बनी तथा 16 अक्टूबर 1937 के दिन एच०एस० हाइड ने हलबी में ही भाषण दिया। यह परम्परा 1950 तक प्रचलित रही और बस्तर के दीवान हलबी या गोंडी के माध्यम से ही जनता से संवाद करते रहे। इस प्रदत्त छवि के कारण **गणेशप्रसाद सामंत** (हलबी बोली में देवीपाठ, जगलपुर, 1937) तथा ठाकुर **पूरनसिंह** (हलबी-भाषा-बोध, जगलपुर 1937) ने जहाँ हलबी को सँवारा, वहाँ ग्रिग्सन (माड़िया गोंड्स आफ बस्तर, लंदन 1938) तथा एल्विन (क्लाउड दैट इज ड्रागोनिश, लंदन 1938) ने क्रमशः माड़ियाजनजाति व मुरियाजनजाति को मानवविज्ञानी व औपन्यासिक पृष्ठभूमि में देखा। 1 जनवरी 1940 में मधुसूदन नारायणदेव के सम्पादकत्व में **"बस्तर समाचार"** नामक समाचार-पत्र के प्रवेश के साथ ही बस्तर जनसंचार-मुद्रण के साथ जुड़ गया। आगामी कुछ वर्षों में मिचेल (**ए ग्रामर ऑफ माडिया गोंडी, जगदलपुर, 1942**), एल्विन (माड़िया मर्डर एण्ड सुसाइड, लंदन 1943), बैट्टी (ए **हलबी ग्रामर, जगदलपुर, 1945**) तथा एल्विन (**मुरिया एण्ड देयर घोटुल, आक्सफोर्ड 1947**) ने बस्तर की भाषा और संस्कृति को देखने का नया आयाम विकसित किया। 1950 ई० में भाषाविद् सुनीतिकुमार चटर्जी ने कहा था कि बस्तर में हलबी को शिक्षा के माध्यम के रूप में स्वीकार कर लेना चाहिए (हितवाद, नागपुर 28 अक्टूबर 1950)।

आगे चलकर व्यक्तिगत, सत्ता, स्मरणीय घटना और कालानुक्रम इतिहास का मुख विषय बनी। 1977 ई० से 2005 ई० तक हीरालाल शुक्ल की अधोलिखित सात खण्डों में प्रकाशित बस्तर की जनचेतना ही आदिवासी-इतिहास का मुख्य विषय बनी और उक्त खण्डों के प्रकाशन से बस्तर के आदिवासी पहली बार अपने इतिहास-बोध से जुड़े।

(1) **रामायण का पुरातत्व** (दिल्ली, 2005) : ईसापूर्व 24000 से ई० सापूर्व 600 तक आदिम जनजातियों की जीवनयात्रा का इतिहास। परिवर्तित नाम 'रामायण का पुरातल', दिल्ली, 2004

(2) **बस्तर के नल,** (दिल्ली, 2005) : ईसा पूर्व 600 से 760 ईसा पूर्व तक आदिम समाज के अर्द्धसामंतीकरण के प्रयासों का इतिहास। संशोधित संस्करण 'वस्तर में ऐतिहासिक सभारंभ और नल', दिल्ली 2004

(3) **चक्रकोट के छिंदक नाग** दिल्ली, 2005

(4) **बस्तर के चालुक्य** (बी० आर० पब्लिशिंग, दिल्ली 2005) **1323** से **1774** ई० तक के पूर्ण विकसित सामन्तवाद का इतिहास। संशोधित संस्करण 'बस्तर के चालुक्य', दिल्ली, 2005

(5) आधुनिक बस्तर, दिल्ली 2005

(6) समकालीन बस्तर, दिल्ली, 2005
(7) मौखिक इतिहास और आदिवासी कविता, दिल्ली 2005

उक्त इतिहास—ग्रन्थमाला में सामंत या तथाकथित भद्रजनों से भिन्न बस्तर के आटविक-समूह ही इतिहास के मूल विषय बने हैं। इस प्रकार जनचेतना और उसकी अभिव्यक्ति के स्वरूप को आदिवासी इतिहास की समझ के लिए मैंने अनिवार्य मान लिया है। अंततः मेरे प्रयासों से बस्तर के उपेक्षित और तिरस्कृत आदिवासी-समूह इतिहास के पृष्ठों में पहली बार प्रतिष्ठित हुए हैं।

III

निर्माणशील भारतीय आर्ययुग में आदिवासी भारत की गणतंत्रात्मक शासनप्रणाली ने सामाजिक और राजनीतिक विचारों के विकास में अपनी महत्वपूर्ण छाप छोड़ी थी; विशेषकर उस कालावधि में जब हिन्दूसमाज संस्थागत **'फ्लूडिडिटी'** और विक्षुब्धता से ग्रस्त था। उक्त व्यवस्था विविध सफलताओं के साथ-साथ लगभग दो हज़ार वर्षो तक विद्यमान थी। यह अलग बात है कि कालांतर में राजतंत्री व्यवस्था इसे निगल गयी; क्योंकि समूचे भारत में राजाओं की शक्ति में बेतहाशा वृद्धि हुई और वे आदिवासियों के दमनचक्र में पारंगत हो गए थे। 600 ईसापूर्व से लेकर 1324 ई० तक बस्तर में ही गणतंत्रात्मक शासन-प्रणाली प्रचलित थी। टालेमी ने **"पत्तों से ढके हुए गोंडों" (leaf-clad gandali)** के प्रजातंत्र की भूरि-भूरि प्रशंसा की थी और अकबर (1556-1605) के काल तक समूचे भारत में आदिवासियों की गणतत्रात्मक शासनप्रणाली का वर्चस्व था। सोलहवीं शताब्दी तक आदिवासी नेताओं के कुलीन वर्ग की एक आर्ष तथा प्राकृतिक गणतंत्रात्मक शासन-प्रणाली मौजूद थी। दो हजार वर्षो तक इस जनतंत्रात्मक शासन प्रणाली की जीवन-क्षमता के क्या कारण थे? शायद क्षेत्रफल में सीमित होने व बीहड जंगलों में मौजूद होने के कारण ये बची रहीं। इस आर्ष जनतंत्रात्मक शासन प्रणाली की विशेषता थी वीरपूजा, जिसने कालांतर में राजतंत्रात्मक शासन-प्रणाली में राजा को भगवान् की कोटि में लाकर खड़ा कर दिया और बस्तर के राजा भी अपने-आपको आदिवासियों का भगवान् मानने लगे (प्रवीरचन्द भंजदेव, आइ प्रवीर दि आदिवासी गॉड, रायपुर 1962)। निश्चित ही शेष जनजातियों का उक्त इतिहास अभी भी कुहासे से घिरा हुआ है; किन्तु जिस दिन वे अपने इतिहास से जुड़ जाएँगे, उन पर आरोपित हीनभावना समाप्त हो जाएगी।

इतिहास-दृष्टि में बदलाव के साथ आदिवासियों की सांस्कृतिक चेतना में भी बदलाव आया है। छोटी-छोटी सांस्कृतिक इकाइयाँ नयी जागृति का आभास लेकर आयी हैं। उनमें आत्मविश्वास जागा है। इससे नयी सांस्कृतिक माँगों ने जन्म लिया है। यही कारण है कि आदिवासियों की सौन्दर्यमूलक जीवनपद्धति **क्लासिकी-संस्कृति** का पुनःस्मरण कराती है।

कालिदास की रचनाओं के पात्र जनजाति-जीवन में बार-बार प्रकट होते हैं। क्लासिकी संस्कृति या वैदिकी संस्कृति ग्रामीण संस्कृति की तुलना में आदिवासी-संस्कृति के अधिक निकट है। आदिवासी अभी तक पहुँच के बाहर उन क्षेत्रों में निवास करते थे, जहाँ का पर्यावरण वैदिक-युग के समान सुरक्षित था। सांमतीयुग में भी यहाँ के जंगल और पहाड़ जाति-समूहों के ग्रामों के समान गहन कृषि के योग्य नहीं हुए थे। इन आरण्यक क्षेत्रों में वैदिकयुगीन भारत अभी तक भुलाया नहीं गया। यहाँ के अनेक अंचल अभी हाल तक स्वच्छन्दता और उर्वरता से सरोबोर थे। अरण्याश्रम की "नास्टैलजिक-संस्कृति" का आदर्श यहाँ अभी तक जीवित था। यह आदर्श खाद्यसंचयी आदिवासियों के चिन्तारहित जीवन के ही "मॉडेल" पर बना था। सच तो यह है कि भारत की वैदिक-संस्कृति का ही पर्याय है भारत की आदिवासी-संस्कृति। संस्कृत-साहित्य में ऐसे अनेक विवरणात्मक अंश हैं, जिनमें गम्भीर प्रदूषण की भयातुरता के साथ आदिवासियों की शारीरिक शक्ति और शारीरिक सौन्दर्य का बखान है। अथर्ववेद, आरण्योपनिषद् तथा कादम्बरी आदि के गद्यांशों में आदिवासियों के शारीरिक सौष्ठव की कहानी मिलती है। सभ्यता से इतने निकट रहते हुए भी आदिवासियों का अस्तित्व कैसे बना रहा ? शायद इसलिये कि प्रच्छन्न हिन्दू-प्रवृत्ति अपनी भावनात्मक जरूरतों की पूर्ति आदिवासी-संस्कृति के मिलन से करती थी और शायद यही कारण है कि अब तक आदिवासियों की पहचान बनी रही।

आदिवासियों की जड़ों की खोज एक बुनियादी मुद्दा है। इसके पीछे आदिवासियों की जातीय स्मृतियों का आग्रह है और नए इतिहास-बोध की माँग। आदिवासियों की अस्मिता अब जग रही है। जो लोग इस तथ्य को नहीं समझते, वे किसी अतीत में जी रहे हैं। जनता जब जागती है, तो इतिहास-बोध भी जागता है। छलावा टिक नहीं पाता। पर सीधे-सच्चे सवालों के हमेशा सीधे और सच्चे उत्तर नहीं दिए जाते। आदिवासियों के इतिहास पर सदा ही सत्ता और न्यस्त स्वार्थों के दबाब रहे हैं और अनेक स्थितियों में वह न केवल उनके साथ झुका है, अपितु वह स्वेच्छा से ऐसे प्रयत्नों में सहभागी भी बना है। इस प्रक्रिया में अनेक विकृतियाँ आयी हैं, जिससे आदिवासियों के ऐतिहासिक सोच और समझ में विकृतियाँ उत्पन्न हुई हैं। आदिवासियों की जड़ों की तलाश को हमें दिशाभ्रम से बचाना है। उन्हें लक्ष्यभ्रष्ट नहीं होने देना है। ऐसा करने के लिए कुछ बातें आवश्यक हैं। पहली बात तो यह है कि आदिवासियों के इतिहास को हम उसकी समग्रता में देखें और तथ्यों के सहारे जितना पीछे जा सकते हैं, उतना पीछे जाने का प्रयत्न करें। हम यह जानने का प्रयत्न करें कि गोंडों में प्रचलित "लिंगो-पाटा" और शैव पुराणों में क्या समानता है? यह पड़ताल करें कि रामायण की कथा और गोंडों की लक्ष्मणजती की कथा में क्या समनुरूपता है? हम यह जानें कि अबुझमाड़ियों के कर्ण महाभारत के कर्ण से क्या समानता रखते हैं? हम यह भी समझें कि रामायनी और पंडवानी के आदिवासी-संदर्भ

रामायण और महाभारत से किस प्रकार सामजस्य स्थापित करते हैं? संक्षेप में हमें यह समझना होगा कि लिखित परंपरा (शास्त्र) के प्रतीकों को आदिवासी समूह ने अपने वाचिक प्रतीकों में किस प्रकार ढाल लिया था? यह सब समझकर हमें यह अहसास होगा कि भारत की सांस्कृतिक विरासत की रक्षा में इन आदिवासियों का कितना बड़ा योगदान है। यही कारण है कि संस्कृत-ग्रन्थों में आदिवासियों को **"देवयोनि"** की कोटि में लाकर रख दिया गया है और जब हमारे सांस्कृतिक नायकों पर संकट आया है, आदिवासियों ने ही उन्हें उस संकट से उबारा है। आश्चर्य तो यह है कि आज भी हम **सुपीरियारिटी** की भावना से ग्रस्त होकर अपने इन वैदिक ऋषियों की संतानों को हीनभावना से देखते हैं। आज हमने अपनी संस्कृति से आदिवासियों की विरासत को भुला दिया है? इससे हम ऐतिहासिक दृष्टि से समृद्ध हुए हैं अथवा दरिद्र? उक्त सभी उदाहरणों से यह ज्ञात होता है कि **"लोक तथा शास्त्र"** दोनों ने ही **"एमोशनल नीड" के कारण विपरीत दिशा** में यात्रा की है। इससे दोनों की आजादी और पहचान पृथक्-पृथक् बनी रहीं।

IV

आदिवासियों के विविध सांस्कृतिक समूहों की अपनी अलग-अलग छवियाँ है। छवि के दो प्रमुख पक्ष हैं—एक वह जिसे आदिवासी स्वयं अपने बारे में विकसित करता है। दूसरा वह जो उसे इतर संस्कृतियाँ देती हैं। पहली को हम **"आत्मछवि"** कहते हैं और दूसरी को **"प्रदत्त छवि"**। आत्मछवि आत्माभिव्यक्ति है। किंतु यह आत्माभिव्यक्ति या आत्मस्वीकृति है क्या ? इसका उत्तर देना सहज नहीं है; क्योंकि आदिवासियों के बारे में जो सूचनाएँ संग्रहीत होती हैं, वे ब्रिटिश—स्रोतों के माध्यम से आयी हैं। आदिवासी क्या है ? यह जानने के लिए जरूरी है कि किस स्रोत पर विश्वास करें और किसी की उपेक्षा करें ? आदिवासियों की आत्मछवि की रचना के लिए हमें आदिवासियों के प्रतिबिम्ब की व्याख्या करनी होगी। ये प्रतिबिम्ब जनमन के दर्पण में देखे जा सकते हैं। आदिवासियों की आत्मछवि एक ऐसी जटिल प्रक्रिया है, जिसमें न केवल उनकी रूपाकृति झलकती है, अपितु उनकी वैयक्तिक विशेषताओं, सामासिक इतिहास तथा सामाजिक भूमिका को सहकार-संबंधों में देखा जा सकता है।

वैदिक-काल से लेकर सोलहवीं शताब्दी तक आदिवासियों की आत्मछवि में सकारात्मक पहलू हैं, जबकि सोलहवीं शताब्दी से लेकर आज तक आदिवासियों की जो छवियाँ प्रस्तुत हुई हैं, वे नकारात्मक हैं। गोस्वामी तुलसीदास ने जब कहा था—

> गोंड-गँवार तुरुक्कन राजा
> जवन महा महिपाल

साम न दाम न भेद कलि
केवल दण्ड कराल।
(दोहावली)

तो आदिवासियों की यही नकारात्मक छवि चित्रित हुई थी और तब से लेकर आज तक आदिवासियों की उक्त छवि में किसी भी प्रकार का सुधार नहीं आया। आदिवासी अपने को पूरी तरह देख-सुन नहीं पाते, जितना कि दूसरे उन्हें देख-सुन सकते हैं। तुलसीदास के एक दर्पण (दोहावली) से आदिवासियों की समग्रता को समझना कठिन है। अनेक दर्पणों की आवश्यकता है। ये एकाधिक दर्पण एक-दूसरे को परावर्तित करेंगे। तभी सच्ची तस्वीर उभरेगी।

आदिवासियों का भौगोलिक परिवेश उनके संस्कारों को बनाता है। आत्मबोध कराता है। वह आत्मबोध व्यवहार को प्रभावित करता है। सकारात्मक आत्मबोध से उनका आत्मसम्मान बढ़ता है तथा नकारात्मक आत्मबोध से उनका मन अवसादग्रस्त होकर हीनभावना से जुड़ जाता है। उनके आसपास के लोग उन्हें "मामा" सम्बोधन से पुकारते हैं और उसी के अनुरूप उनकी चेतना का विकास होता है। आदिवासी अपने पड़ोसियों के विचारों को आत्मसात् कर उन्हें अपना बना लेते हैं। वे जीवन भर अपने को वैसा ही देखते हैं, जैसा दूसरे उन्हें मानते हैं। आदिवासियों को सभी लोग एक ही नजर से नहीं देखते। कुछ की प्रतिक्रिया सकारात्मक है (यथा संस्कृत-साहित्य) तो कुछ की प्रतिक्रिया नकारात्मक है (यथा अंग्रेजी लेख)। आदिवासी उन लोगों के प्रति आकृष्ट होते हैं, जो उनकी सकारात्मक छवि रखते हैं। जब दूसरे लोग-ईर्ष्या या असुरक्षा के कारण आदिवासियों की आलोचना करते हैं, तो उनमें नकारात्मक फीडबैक की स्थिति आती है और आदिवासी उनके प्रति सम्मान खो देते हैं। बस्तर के आदिवासी 1774 ई० से लेकर आज तक यदि उद्वेलित हैं, तो उसका कारण है कि "परदेसियों" ने उनकी संस्कृति के प्रति लगातार अपमानजनक व्यवहार किया है।

V

हमारे लिये विश्वास करने के प्रचुर कारण हैं कि संस्कृत-साहित्य ग्रामीण कृषक की तुलना में आदिवासी आखेटक को अधिक चाहता था। यह भी स्मरणीय है कि गाँव का किसान सामाजिक व्यवस्था के "चातुर्वर्ण्य" के भीतर था, जब कि आदिवासी उससे बाहर था। बस्तर ही नहीं, समूचे छत्तीसगढ़ में शताब्दियों तक गोंडों व अन्य आदिवासियों की राजनैतिक शक्ति सुरक्षित थी। बस्तर के सात माड़िया-राज्यों का उल्लेख संस्कृत के अभिलेखों में हुआ है (इपीग्राफिया इंडिका, XIII.242)। इसमें कोई संदेह नहीं है कि इन गोंडों तथा माड़ियाजनों का हिन्दूसमाज में पुष्कल सम्मान था। बस्तर की मासकदेवी

नामक माड़िया महिला समूचे भारत में प्रतिष्ठित थी (शुक्ल 1987: 91)। जातिसमाज ने सजातीय विवाह की परम्परा के कारण अपने को धीरे-धीरे जनजाति समाज से अलग कर लिया था। धीरे-धीरे जाति और जनजाति की अंतरंगता घटी तथा जातिसमाज ने इस भेद को नैसर्गिक तथा अपरिवर्त्तनीय मान लिया। शास्त्र ने कभी ऐसा प्रयास नहीं किया कि आदिवासियों को जातिप्रथा के चातुर्वर्ण्य में लाया जाय। कौटिल्य ने अपने **अर्थशास्त्र** (1.103; 8.4.41-43) में बार-बार यह कहा है कि **"आटविक राज्यों के साथ छेड़छाड़ न की जाय। उनकी "ऑटोनामी" (स्वायत्तता) बरकरार रखी जाय।** जातिसमाज से निकटता रखने वाले आदिवासियों की एकता कालांतर में आर्थिक कारणों तथा संस्कृतीकरण के कारण छिन्न-भिन्न हो गयी और इसीलिए ये क्रमशः जातिवर्गों में परिणत होते गए। बस्तर का व्यापक क्षेत्रफल वाला अरण्यप्रदेश सबके लिये आश्रयस्थान बन गया। यही कारण है कि आश्रमव्यवस्था का तृतीय सोपान इन अरण्यों से जुड़ा तथा सप्तर्षियों ने अपने आश्रम यहीं स्थापित किया (शुक्ल 1977-300-338)। इस प्रकार आदिवासी-समाज ने सामाजिक या दार्शनिक संघर्ष के बिना जातिसमाज को आपस में मिलाने का कार्य किया।

घोटुल बस्तर के आदिवासियों की एक ऐसी विशिष्ट संस्था है, जिसे मुरिया जनजाति ने एक आदर्श रूप दिया था। घोटुल के निर्माण का विचार जब लिंगों के मन में आया होगा, तब शायद तथाकथित जातिवर्गों की तुलना में बस्तर की जनजातियाँ सांस्कारिक दृष्टि से अग्रगामी रही होंगी। घोटुल आज भी एक उच्च प्रकृति का संस्कारित संगठन है, जिसकी तुलना विश्व के किसी भी प्रकार के अन्य युवागृहों (डिस्कोथेक) से की जा सकती है, नारायनपुर तथा कोंडागाँव के मुरिया आदिवासियों में विशेष रूप से प्रचलित यह संगठन सामाजिक शिक्षण का एक ऐसा श्रव्य तथा स्पर्श्य (audio-tactile) माध्यम रहा है। जिसकी पूर्णता से आदिवासी प्रतिभा पर आश्चर्य होता है। मानव की आविष्कारक प्रवृत्ति पर हम मंत्रमुग्ध हो जाते हैं। सौन्दर्यशास्त्र की दृष्टि से यह स्वीकार करना होगा कि जिस प्रकार "संस्कृत-नाटक" तथा गुफा-गृहों ने श्रेण्य भारत की खिदमत की थी, उसी प्रकार इन घोटुलों ने आदिवासी-भारत की सेवा की है; सामाजिक तौर पर ये घोटुल इसलिए भी महत्वपूर्ण हैं; क्योंकि जाति-समाज के पास इनके तुल्य कोई संस्था ही नहीं थी। ये घोटुल ही थे, जहाँ आदिवासी-भारत की सूक्ष्म सौन्दर्य-मूलक संस्कृति का विकास हुआ था। भारतीय सभ्यता के सन्दर्भ में अब यह स्वीकार्य है कि बौद्ध-विहार घोटुल के ही अनुकरण पर विकतिस हुए थे। घोटुलजनित-चरित्र और संवेदनशीलता ने पूरे जनमानस को प्रभावित किया था तथा **अंजता और एलोरा** आदि में हम उनकी प्रतिकृति को देख सकते हैं। आदिवासियों की शैक्षिक आवश्यकता की पूर्ति में घोटुल मूल स्रोत थे। आदिवासी यहाँ अपने रीतिरिवाजों का अभ्यास करते थे। अपने नृत्य और गायन का अभ्यास करते थे। अपनी परम्परा का स्मरण करते थे। अपने-आपको पहचानने का अभ्यास करते थे। मुझे

तो ऐसा लगता है कि संकट की घड़ी में इन घोटुलों ने भारत की मुमूर्षू सांस्कृतिक प्राणशक्ति को एक नयी ऐन्द्रिक ओजस्विता से अनुप्राणित किया था। जब भारत की शास्त्र-परम्परा बाँझ होने की स्थिति में थी, जब भारत की तपश्चर्या और नीरस पण्डिताऊपन ने हिन्दू-समाज के स्वास्थ्य को अनिष्ट की आशंका से भर दिया था, उस समय हिन्दूसमाज को स्वस्थ बनाने के लिए आदिवासियों की ओर से ताजी हवा का एक झोंका आया था। हवा के उक्त झोंके को सांस्कृतिक नायकों ने ही उच्छ्वसित किया था। ये **"कलचर हीरो"** आदिम सभ्यता में ही जन्म थे। इनमें मुरिया-जनजाति के **"लिंगों"**, गोंड-जनजाति के **"लछमन जती"** तथा **"भीम"** व अबुझमाड़िया-जनजाति के **"कर्ण"** की भूमिका अप्रतिम है। इन्होंने निराशप्राय युवावर्ग को शिक्षित करने के लिए विविध विचारों को जन्म दिया था। इन सांस्कृतिक नायकों के अतिरिक्त ऐसी महिलाएँ भी बस्तर में सामने आयीं, जो स्वतंत्रता और समानता का पाठ पढ़ा रही थीं। इनमें गोंड (नाग) वंश के राजा सोमेश्वरदेव प्रथम (1069-1111) की छोटी बहन **मासकदेवी भी** थी। जब ब्यूरोक्रेसी द्वारा जनता के शोषण का समाचार **मासकदेवी** को मिलता है, तो वह रुष्ट होकर अपने अधिकारियों को सचेत करती हुई राजाज्ञा जारी करती है:—**"इस तथ्य पर ध्यान देते हुए कि सरकारी अधिकारियों ने भूमिकर की चुकती पर भी कृषकवर्ग के प्रत्येक सदस्य से जबर्दस्ती दुबारा लगान वसूल किया है, पाँच महासभाओं के प्रमुख व कृषकवर्ग के लोगों ने मिलकर यह नियम बनाया है कि भविष्य में किसी से कोई टैक्स नहीं लिया जाएगा" (इपी. इडिका, 9 : 313-16)।**

यह एक ऐसा ज्वलंत मुद्दा है, जिसे ऐतिहासिक दृष्टि से भी यहाँ प्रमाणित किया गया है और इससे बोध होता है कि आदिवासी गणतंत्रात्मक शासनव्यवस्था में जनता की भावना का कितना ख्याल किया जाता था।

हमें यह भी ध्यान रखना होगा कि कृष्णसंस्कृति और यहाँ तक अजंता के भित्तिचित्रों की कल्पनाएँ उस युग में विकसित हुई थीं, जब आरण्यक संस्कृति एक प्रमुख सांस्कृतिक शक्ति थी। उक्त आदिवासी-संस्कृति इन्द्रियों के बीच संतुलित अन्योन्य प्रतिक्रिया की अभिव्यंजना कर रही थी और यह सब कुछ घोटुलों की पूर्ण निरंतरता और अखण्डता से ही संभव था।

सवाल उठता है कि गुफादेवालयों में घोटुलों के **"एथॉस"** के प्रभाव को सिद्ध करने के लिए हमारे पास क्या प्रमाण है? **"फ्यूरेर-हैमनेडोर्फ"** ने घोटुलों में मिलने वाली विशेषताओं का आकलन करते हुए कहा था कि विवेच्य युग की आर्य-सभ्यता में उक्त विशेषताएँ नहीं थीं। उनके अनुसार घोटुलों का विकास केवल आदिवासी-समाज में ही हो सकता है, जो कि नवपाषाणयुग में **"कम्यून"** की शक्ल में जीवनयापन के कारण विकसित

हुए होंगे। बस्तर के घोटुलों के आसपास स्थित बौद्धगुफाएँ उक्त कथन को पुष्ट करती हैं। ये घोटुल घर-परिवार से अलग अविवाहित युवक-युवतियों के लिए पृथक् संगठन की स्वीकृति देते हैं। ये युवक-युवतियों के **"क्लब"** हैं तथा शक्तिशाली जादुई शक्तियों से सम्पन्न कर्मकाण्ड के भी केन्द्र हैं। दूसरे शब्दों में हम कह सकते है कि जिस समय नास्तिक सम्प्रदाय अविवाहितों के आश्रय के लिए किसी एकान्त संस्था की तलाश में थे, उस समय घोटुल पहले से ही सुस्थापित परम्परा के रूप में यहाँ विद्यमान थे। एल्विन भी यही मानते हैं कि घोटुल की शिक्षा स्वत्वधारिता का निषेध करती है। वह व्यक्तिगत सम्पत्ति का विरोध करती है। वैयक्तिक धनसंचय को हतोत्साहित करती है। यही बात प्राचीन भारतीय मठसम्प्रदायों में लागू होती है। दोनों में ही त्याग की वृत्ति देखने को मिलती है। ऐसी स्थिति में भारतीय आश्रम, संघाराम, विहार या मठ की विचारधारा का विकास घोटुलों के मॉडेल पर किया गया लगता है।

घोटुल—जैसी भव्य संस्था की प्रदत्त छवि में धीरे-धीरे बदलाव आया और एल्विन ने इसका जो रूप प्रस्तुत किया, उसमें "सेक्स" की प्रधानता थी। एल्विन (1947) के बस्तर-प्रवेश के साथ ही यहाँ के घोटुलों की छवि नकारात्मक ढंग से विकसित की गयी। आज भी घोटुल बस्तर-अंचल की एक ऐसी सामाजिक संस्था है, जो प्राचीनता और नवीनता का एक अद्भुत उदाहरण है। लाखों सामाजिक संस्थाएँ मर गयीं, किंतु घोटुल हजारों वर्षों से आज भी जीवित हैं।

VI

प्रश्न यह नहीं है कि आदिवासी-संस्कृति के कौन से तत्व जीवित हैं और कौन से तत्व मर गए? आदिवासियों ने भारतीय समाज को क्या दिया और भारतीय समाज से क्या लिया? प्रश्न यह है कि जाति और जनजाति की भावनाओं से पीड़ित होकर हम अपना **आटविक या आरण्यक संस्कृति** से नाता क्यों नहीं स्वीकार करते? आदिवासियों की वीरत्व की परम्परा को हम क्यों नहीं मानते? उनके इतिहास को हमने अपने पाठ्यक्रमों में क्यों नहीं शामिल किया? उनके आजादी के संघर्ष को हमने इतिहास के पन्नों से क्यों खारिज कर दिया? हमें यहाँ स्मरण रखना चाहिए कि इन आदिवासी समूहों की स्वतंत्र आत्मछवियाँ थीं। आज जो जनजातियों के रूप में रह रहे हैं, उनकी स्वतंत्र सामूहिक चेतना है। भारत की छवि की बात करते समय इन्हें भुलाया नहीं जा सकता। **मुंडाभाषी** (कोर्कू, कोरवा, खड़िया आदि) जनजातियों की अपनी जातीय चेतना है। ये आखेटक से होते हुए खाद्य-संकलन-स्तर, आरम्भिक कृषिस्तर, नवपाषाणयुग आदि से होते हुए विकसित कृषि—स्तर तक पहुँचे। चक्के का आविष्कार ये बहुत पहले कर चुके थे। इनकी सामाजिक संरचना क्रमश जटिल होती जा रही थी। ऐसा मानने के कारण हैं कि इनके विश्वासों और

जीवन-दृष्टियों ने अपनी छाप प्राचीन भारत पर छोड़ी है। "दण्डक" नाम मुण्डाभाषा से ही आया है। मध्यप्रदेश में इनकी भाषाएँ सरगुजा, रायगढ़ तथा सतपुड़ा-अंचल में आज भी बोली जाती हैं। **रामायण की शबरी, कादम्बरी** के शबर सेनापति और **महाभारत** के मिथक इनके सांस्कृतिक जीवन में आज भी घुले-मिले हैं। **नल-दमयन्ती** का उपाख्यान भी इसी मुंडा-अंचल से उपजा है।

द्रविड़भाषी—सिन्धुक्षेत्र से आए और कालांतर में छत्तीसगढ़ के विस्तृत भूभाग पर फैल गए। संस्कृत-ग्रन्थों में इन्हें **"नाग"** कहा गया है। इनकी पहुँच का अंदाजा इसी बात से लगाया जा सकता है कि उत्तर-पश्चिम क्षेत्र में—जो अब पाकिस्तान में है—अभी भी **ब्राहुई भाषा** बोलने वालों के छोटे-मोटे समूह हैं। यह भाषा निश्चित रूप से ओराँवों की कुडुख की बड़ी बहन है। भारतीय सभ्यता को छत्तीसगढ़ के द्रविड़भाषी समूहों की देन का सही आकलन अभी तक नहीं किया जा सका। इतिहास गवाह है कि छत्तीसगढ़ का समूचा अंचल कभी गोंडों के द्वारा शासित था। संस्कृत के एक अभिलेख में माड़िया लोगों के सात राज्यों का उल्लेख है। मण्डला के गोंड-राजाओं पर संस्कृत में पुष्कल साहित्य विद्यमान है। शिव और शक्ति की परिकल्पना भी गोंडी-संस्कृति की देन है। द्रविड़-संस्कृति की जीवंत धरोहर के रूप में बस्तर के मुरिया-घोटुलों की अपनी पहचान है। सौन्दर्यबोध की दृष्टि से **क्लासिकल छत्तीसगढ़** के लिए जो अवसर रामगढ़ की नाट्शालाओं और गुफाओं ने प्रदान किया था, आदिवासी-छत्तीसगढ़ के लिए वही अवसर **"घोटुलों और धुमकुरियों"** के माध्यम से मिला। जनजाति-समूह की इस सामाजिक संस्था के तुल्य जातिसमूह की कोई संस्था आज तक विकसित नहीं हो सकी। द्रविड़-जनजातियों के उत्कर्षकाल में छत्तीसगढ़ की आत्मच्छवि क्या रही होगी ? आदिवासी-अस्मिता आज एक नया राजनैतिक रंग लेकर जागी है। छत्तीसगढ़ के इतिहासकार आर्यों को अतिरंजित महत्व क्यों देते हैं? आदिवासियों की छत्तीसगढ़ की सभ्यता की देन का सही मूल्यांकन हम क्यों नहीं करते ?

आर्यभाषी दण्डकजनों का छत्तीसगढ़ में प्रवेश 1500 ईसा० पूर्व में हुआ। भौतिक संस्कृति और प्राविधिक विकास की दृष्टि से वे छत्तीसगढ़ में पहले से बसे लोगों से बहुत पीछे थे, किन्तु उनमें दार्शनिक चिन्तन और काव्यसृजन की विलक्षण प्रतिभा थी। उनका प्रजातीय अहं भी असीमित था। एकीकरण की प्रक्रिया आसान नहीं थी। संघर्ष का लम्बा दौर चला। **दण्डक तथा शुक्राचार्य** की कहानी से हम सभी परिचित हैं। गोंडों के **लिंगोपाटा** में हजारों गोंडों को बंदी बनाए जाने की कथा है। संघर्ष के लम्बे दौर के बाद नफरत की दीवारें टूटीं और सांस्कृतिक संविलयन की शुरूआत हुई।

बस्तर के अनेक द्विभाषी प्रस्तराभिलेख और ताम्रपत्र आर्य और द्रविड़-समीकरण के साक्षी हैं। श्वेत वर्ण, नीली आँखों वाले और सुनहरे बालों वाले दर्पस्फीत आर्य श्यामवर्ण के सौन्दर्य के सामने झुके। प्रजातीय मिश्रण बड़े पैमाने पर हुआ। आज के संदर्भ में **आर्य**

एक मिथक के रूप में जीवित है। सभ्यता को उनका योगदान महत्वपूर्ण है, परंतु पूर्ववर्ती **मुंडा** और **द्रविड़ों** की देन कम महत्वपूर्ण नहीं है। आर्यों के अनेक देवता गौण हो गए। दिक्पाल बन गए। उनकी भूमिकाएँ बदल गयीं। **भीमुल पेन** (भीम) वर्षा के देवा बन गए। मुंडा और द्रविड़ आदिवासियों के देवी-देवता हिन्दू-परिवार में प्रतिष्ठित हुए। छत्तीसगढ़ में वर्णव्यवस्था आज भी जीवित है, किन्तु वर्णों की शुद्धता संदिग्ध है।

आदिवासी छत्तीसगढ़ का आकर्षण और कई समूहों को इस धरती पर खींच लाया। अपनी-अपनी अस्मिता के साथ भारत के विविध अंचलों के लोग यहाँ आए। इन सबने आज तक अपनी स्वतंत्र सांस्कृतिक पहचान बनाए रखी है। ये अभी तक सामान्य आदिवासी समाज से घुल-मिल नहीं पाए। इसलिये इनके लिए **परदेशी** लेबिल का इस्तेमाल चल पड़ा। इस प्रयोग के आधार पर संस्कृति और अपसंस्कृति का बोध होता है। जब अपसंस्कृति (परदेशी) किसी अंचल के सोच को विकृत करने लगती है, तो संस्कृति (आदिवासी) उसे या तो खदेड़ देती है या उसका परिमार्जन करती है। मूल (आदिवासी) संस्कृति इन्हें अपना शोषक मानकर विद्रोह का तेवर दिखाती है।

आदिवासी अंचलों में एक ओर जहाँ पुरानी छवियों का संविलयन होता रहा, नयी स्वतंत्र छवियाँ भी उभरती रहीं। ये आदिवासियों की भूमि पर आदिवासी—परम्परा से उपज थीं। तंत्र की अनगिनत शाखाएँ आयीं। दीर्घकाल तक **"हेले"** (नरबलि) की छवि भी स्वतंत्र रूप से जीवित रही। आज **नक्सलवाद** की भी अपनी एक छवि है। ये सभी छवियाँ आदिवासी सोच से पृथक् नहीं हैं; क्योंकि इन सबकी जड़े आदिवासी-चिंतन की भावभूमि में हैं।

संघर्ष की स्थिति में आदिवासियों की आत्मछवियाँ अतिरंजित रूप से उभरी हैं। जय और पराजय के संदर्भ उन्हें नए अर्थ देते रहे हैं। साथ ही प्रतिक्रियाओं की शृंखला भी बनती रही है। अंग्रेजी-शासन कई दृष्टियों से आदिवासी-अस्मिता के लिए चुनौती था। उसने नए आदिवासी नायकों का जन्म दिया, जिनमें से कुछ की चर्चा मेरी पुस्तक **"बस्तर का मुक्तिसंग्राम"** (भोपाल 1995) में हैं। अंग्रेजी-शासन के पतन के साथ आदिवासी अखण्ड भारत के संविधान और उसकी अस्मिता से जुड़ गए। आदिवासी-अस्मिता राष्ट्र की अस्मिता में रूपांतरित हो गयी।

VII

प्राचीन काल में छत्तीसगढ़ के आदिवासी-अंचलों की जनसंख्या "दो स्टेटस" वर्गों में विभाजित थी। प्रथम थे मूल निवासी तथा द्वितीय थे परदेशी। इन्हीं मूल निवसियों से **"सेक्युलर"** तथा **"रिलीजियस"** माझी चुन जाते थे। दूसरा वर्ग सामान्य प्रजावर्ग का था, जो माझियों को नजराना देता था। इस प्रकार माझी और उनके उत्तराधिकारी प्रभावी-वर्ग

के लोग थे। इनकी ज्येष्ठ वंश-परंपरा से धार्मिक मुखिया (गायता) चुना जाता था तथा लहुरी वंश-परम्परा से **"सेक्युलर हैडमैन"** चुना जाता था। गाँव के कामकाज को लेकर इन दोनों मुखियाओं के बीच कट्टर शत्रुता होती थी। कालांतर में माझी की जीत हुई तथा धार्मिक नेता सिरहा या गायता गौण हो गया। औपनिवेशिक शासन के आने पर यही माझी गाँव तथा सरकार के बीच का मध्यस्थ बना। अबुझमाड़ में तो लगान की वसूली का अधिकार उसी को दिया गया था। उसे पुलिस के भी कतिपय अधिकार मिले हुए थे। कालांतर में जातिपंचायत के माध्यम से ही निर्णय लेने की परम्परा का विकास हुआ।

छत्तीगढ़ में आदिवासियों तथा गैर-आदिवासियों के बीच अंतःक्रिया बहुत प्रचण्ड थी—खासकर राजनैतिक, आर्थिक तथा धार्मिक स्तर पर। अंतःक्रिया का यह लंबा इतिहास तनाव तथा संघर्ष का इतिहास रहा है। प्रारंभ में आदिवासी—जीवनपद्धति प्रभुता के **"पोजीशन"** के लिए प्रतिद्वंद्विता करती रही, किंतु असमान संघर्ष के कारण आदिवासियों को अपना लक्ष्य बदलना पड़ा और प्रभविष्णुता की लड़ाई सह-अस्तित्व की लड़ाई में बदली गयी। और अंत में वह केवल जीने के संघर्ष में जाकर सीमित हो गयी। इस प्रक्रिया में उसे बहुत अधिक मेल-मिलाप तथा समायोजन करना पड़ा। किन्तु उक्त अंतःक्रिया में आदिवासियों के प्रति भेदभाव, शोषण तथा अत्याचार ही होते रहे।

औपनिवेशिक युग से पहले छत्तीसगढ़ के राजनैतिक जीवन को राजनिर्माण की प्रक्रिया ने भी प्रभावित किया। इस प्रकार की राजसत्ता को हम **माड़िया, गोंड, हलबा, तथा कँवर** आदि में देख सकते है। इस राजनिर्माण की प्रक्रिया के प्रमुख रूप से चार कारण रहे है। ये आदिवासी-समूह बंदोबस्ती-कृषिव्यवस्था से जुड़ गए थे और इनका राजनैतिक संगठन बहुत ही सुगठित था। सिंचाई के **"नेटवर्क"** से जुड़कर इन्होंने उपज को बढ़ाने में मदद की थी। द्वितीय कारण था हिन्दूकरण की बढ़ती हुई प्रवृत्ति। तृतीय कारण था एक सुसंस्कारित आदिवासी इलीट का पैदा हो जाना, जिसने शासनसूत्रों को सम्हाल रखा था। इस नए **इलीट** ने राजपूतों का अनुकरण किया और अनेक गढ़ों का निर्माण किया। इसके पास दरबारी थे और साथ ही थी सुगठित सेना। किंतु इन आदिवासियों की राजसत्ता इनसे अधिक सशक्त मुसलमानों तथा राजपूतों के आक्रमण के कारण छिन्न-भिन्न हो गयी। चौथी प्रक्रिया के कारण सामंतवादी संरचना का विकास हुआ, जिसके कारण आदिवासी विविध स्तर के वर्गों में विभाजित हो गए।

ये आदिवासी राज्य (समुद्रगुप्त के **अष्टादशाटविक राज्य**) शीघ्र ही संस्कृतीकरण के दौर से गुजरे। इन्होंने **क्षत्रिय-मॉडेल** को स्वीकार कर लिया। स्वाभाविक तौर पर आदिवासी-जनता के लिए ये संदर्भ-वर्ग बन गए। इन्होंने अपने क्षेत्रों में केवल ब्राह्मणों को ही नहीं बसाया, अपितु अनेक साहूकारों तथा शिल्पकारों का भी स्वागत किया। यही कारण है कि बस्तर में अनेक जातिवर्गों का प्रवेश होता गया। परिणाम यह हुआ कि जनजाति-क्षेत्रों

में अनेक जातियों तथा अनेक समुदायों का प्रवेश हो गया। वहाँ जाति-जनजाति तथा शिल्पकारों के बीच आर्थिक अंतर-निर्भरता थी। इसके कारण आदिवासी-अंचलों में एक नयी प्रकार की राजनीति का विकास हुआ।

1910 ई० के भुमकाल के पश्चात् बस्तर के आदिवासियों के मन घायल थे और अब ये हिंसा के बजाय अहिंसा के मार्ग से जुड़ने लगे। ऐसी स्थिति में **तानाभगत** के आन्दोलन ने इन्हें विशेषरूप से प्रभावित किया था। ओराँवों के भगत-सम्प्रदाय में सबसे प्रसिद्ध तानाभगत सम्प्रदाय रहा है। यह जबरा भगत के द्वारा 1914 ई० में गुमगा जिले (बिहार) में प्रवर्तित किया गया था। इसने शौच, मितव्यवहार तथा शराबबंदी के मुहावरे को विकसित किया। कालांतर में कांग्रेस-आंदोलन के प्रभाव से तानाभगतों का झुकाव स्वराज्य की ओर हुआ, जिसे बस्तर में **"गाँधीराज"** आ गया है और वन्यभूमि उनकी अपनी पैतृक सम्पत्ति बन गयी। असहयोग-आंदोलन के दौरान इन आदिवासियों ने जेल की यंत्रणाएँ सहीं। ये भारी तादात में काँग्रेस के अधिवेशनों में शामिल होने लगे। इन्होंने चरखा तथा तिरंगे का संदेश गाँव-गाँव तक फैलाया। इन्हें लगा कि जैसे ही आजादी मिलेगी, उन्हें अपनी जमीन का मालिकाना हक वापस मिल जाएगा।

गाँधीजी ने 1925 ई० में छोटा नागपुर की यात्रा की थी और 1932 ई० में वे रायपुर गए थे। इससे आदिवासी-अंचलों में आजादी की लहरें प्रचण्ड हो गयीं। ठाकुर पूरन सिंह ने बस्तर में गाँधीजी के संदेश को **"भारतमाता चो कहनी"** नामक अपने हलबी—खण्डकाव्य के माध्यम से पहुँचाया। इन्होंने आदिवासी जनता की बुराइयों के खिलाफ आंदोलन छेड़ दिया था तथा हलबी-रचनाओं के माध्यम से जनता को जगाया था। उनके संदेश नृत्य और गीतों के माध्यम से गाँव-गाँव तक फैलने लगे। मुरिया-अंचल में **"चैनू मुरिया"** (मारागाँव-निवासी) ने शराब के खिलाफ मुरियाजनों को लामंबद किया था। उसका उक्त आंदोलन 1920 ई० से 1941 ई० तक चलता रहा। उक्त विवेचना से स्पष्ट है कि 1920 से 1941 ई० के बीच बस्तर के खेतिहरों ने अपने आंदोलन को एक अहिंसक मुहावरे में बदल दिया था; ये मुहावरे गाँधी और नेहरू के राष्ट्रीय आंदोलनों के परिप्रेक्ष्य में विकसित हुए थे। ये विस्तृत क्षितिज पर संचालित थे और इनका लक्ष्य था आजादी की प्राप्ति।

1930 ई० के बाद आदिवासी-राजनीति में पुनः एक नया मोड़ आया। खेतिहर तथा पुनरुद्धार से सम्बद्ध विषय अब पृष्ठभूमि में चले गए तथा उनके स्थान पर पृथकता व स्वायत्तता की माँग उठने लगी। आदिवासी-अस्मिता के तलाश का एक नया दौर यहाँ से प्रारंभ होता है। इस प्रकार के आंदोलन की शुरूआत 1910 से ही प्रारंभ हो गयी थी, जब बस्तर की जनता ने पहली बार **"मुरियाराज"** की माँग की थी।

1937 ई० में पहली बार बस्तर में प्रथम **"आम-निर्वाचन"** हुआ और कांग्रेस विजयी रही। किन्तु इसी समय अनेक कारणों से प्रवीरचन्द्र भंजदेव कांग्रेस से खपा हो गए

और कांग्रेस के साथ जुड़ने का आदिवासियों का मिथक टूटने लगा। यह मिथक इसलिये भी टूटा कि आदिवासी अंचलों में गैर-आदिवासी नागपुर-सरकार के कर्त्ता-धर्त्ता बन गए। कांग्रेस से मोहभंग हो जाने के कारण प्रवीरचन्द्र भंजदेव बागी हो गए।

स्वंतत्रता-प्राप्ति के पश्चात् नया संविधान प्रयोग में आया। इस संविधान के निर्माण में अनेक आदिवासी नेता तथा सामाजिक व राजनैतिक कार्यकर्ता जुटे थे। इसी के साथ कांग्रेस-पार्टी की यह भी वचनबद्धता थी कि आदिवासियों को राष्ट्र की मुख्य धारा से जोड़ा जाय। इसके अतिरिक्त वह अन्य विविध प्रकार के शोषणों से भी आदिवासियों की मुक्ति चाहती थी, जिनमें सामाजिक, शैक्षिक तथा आर्थिक विकास प्रमुख मुद्दे थे। इन लक्ष्यों की पूर्ति के लिए संविधान में आदिवासियों के लिए अनेक सुरक्षात्मक तथा प्रोत्साहनपरक प्रावधान रखे गए।

वयस्क-मताधिकार तथा प्रजातांत्रिक-राजनैतिक-प्रक्रिया ने आज आदिवासी—राजनीति के स्वरूप को ही बदल दिया है। यद्यपि प्रारंभ से ही आदिवासी-राजनीति प्रकृति से प्रजातांत्रिक रही है तथा ग्रामपंचायतें सर्वानुमति के सिद्धांत पर अनादि काल से ही कार्य करती आ रही हैं, किन्तु एक व्यक्ति का मत और बहुमत का निर्णय आदिवासी-विचारधारा के अनुसार नया है। इस प्रकार राष्ट्रीय जीवन के शीघ्र बदलते हुए परिवेश के दौरान आदिवासी विलगाव की स्थिति से प्रतिद्वन्द्विता-परक राजनीति के भ्रमर में फँस गया है। शिक्षा का प्रसार, बाहरी दुनिया के साथ सम्पर्क तथा स्रोतों के असमान वितरण के कारण आदिवासी-क्षेत्रों में एक **"आर्टीकुलेट"** (निर्भीक) तथा प्रभावशाली राजनैतिक **"इलीट"** का जन्म हुआ है। उसने राजनीति के स्वाद को चख लिया है और अब एक नया राजनैतिक मुहावरा विकसित करना चाहता है। इसने जातिवर्गों के नेताओं से राजनीति का खेल सीख लिया है। अब यह खेल के पारम्परिक नियमों तक ही सीमित नहीं है। अब यह अपनी गोटियाँ भी बिछाने लगा है। वह आज आदिवासियों की समस्याओं को राजनैतिक रंग दे रहा है। हमें यह स्वीकार करना होगा कि आजादी के बाद आदिवासियों की सभी समस्याएँ छलावाभरी राजनीति का हिस्सा हैं। आज ये आदिवासी नेता आज्ञाकारिता की राजनीति से मुक्त होकर दबाव और विरोध की राजनीति की ओर मुड़ गए हैं। आदिवासियों के सोच और मत को प्रभावित करने के लिए ये अब हिंसा की राजनीति से भी परहेज नहीं करते। असंतोष की आग को हवा दे रहे हैं—आदिवासी अंचलों में कार्यरत स्वार्थी आदिवासी तथा गैर-आदिवासी संगठन। इस प्रकार आदिवासी—परिदृश्य का राजनैतिकीकरण प्रजातांत्रिक प्रक्रिया की एक स्वाभाविक पराकाष्ठा है। इस प्रकार आज आदिवासियों की राजनैतिक संस्कृति में बहुत तेजी के साथ बदलाव आ रहा है।

इसी के साथ समूचे राष्ट्र में अब आदिवासी—अस्मिता का विकास हो रहा है। इस **"आदिवासी-अस्मिता"** के विकास के साथ ही **"बृहत्तर राष्ट्रीय अस्मिता"** लुप्त हो

रही है। जब "आदिवासी-अस्मिता" और **"बृहत्तर राष्ट्रीय अस्मिता"** में टकराव होता है, तो **"राष्ट्रीय अस्मिता"** की ही बलि दे दी जाती है। विशुद्ध रूप से इस क्षेत्रीय या आदिवासी-अस्मिता पर रुचि के कारण विकसित राजनैतिक संस्कृति में संकीर्णता की आवाजें सुनी जा सकती हैं। परिस्थितियों की अपरिहार्यता के कारण ऐसी स्थितियों का निर्माण हुआ है। इसी के साथ आदिवासी युवा मुद्दे की राजनीति से जुड़कर नीति-निर्धारक के रूप में आगे आ रहे हैं। इस प्रकार अब भागीदारी की राजनैतिक संस्कृति का विकास हो रहा है। यह एक स्वागतयोग्य प्रवृत्ति है; क्योंकि इससे प्रजातंत्र की जड़ें मजबूत होंगी। फिर भी राष्ट्रीय और आदिवासी हितों को सदा एकता के बंधनों में बाँधना कठिन भी लगता है। इनमें से अनेक मुद्दे तो बहुत ही संवेदनशील हैं और यदि इन्हें गलत तरीकों से हल किया गया, तो हिंसा का वातावरण भी निर्मित हो सकता है।

आज आदिवासियों की राजनैतिक संस्कृति में दो धाराएँ देखने को मिलती हैं–संयोजक **धारा तथा वियोजक धारा**। आजादी के बाद समूचे देश में आदिवासी–एकता की धारा दृष्टिगोचर हो रही थी। आज विविध प्रकार के **"एथॉस"** से जुड़े भारत के आदिवासी-नेता एक मंच की तलाश में हैं। इससे आगे चलकर आदिवासियों के ही भीतर संघर्ष और मतभेद पैदा होंगे। इस प्रक्रिया से आदिवासी शेष भारत से कट जाएँगे और राष्ट्रनिर्माण की प्रक्रिया अधूरी ही रहेगी। ऐसा इसलिये कि पृथकूतावादी आंदोलन धीरे-धीरे हिंसा में बदल जाते है; जिससे धन और जन की अपार क्षति होती है। सामाजिक और आर्थिक मुद्दों के घालमेल से ये आंदोलन समस्या को और भी अधिक जटिल बना देते हैं। आज हिंसा की राजनीति का प्रसार हो रहा है तथा अब हिंसा आदिवासी-अंचलों में भी प्रवेश कर गयी है; किन्तु इस प्रकार के राजनैतिक संयम की आशा हम आदिवासियों से ही क्यों करें जब कि लोग व्यक्तिगत या दलगत-हित के लिए राष्ट्रहितों की तिलांजलि दे रहे हों। अब आदिवासी देश की राजनैतिक संस्कृति के प्रति असंवेदनशील नहीं बने रह सकते। यदि हमें ऐसा लगता है कि आदिवासियों की राजनैतिक संस्कृति हिंसा, असहिष्णुता और अतार्किकता की ओर बढ़ रही है, तो हमें इसके लिए खुद को दोषी ठहराना होगा। ये आदिवासी मँजे हुए राजनैतिक गुरुओं के सिद्धहस्त शिष्य हैं और इन्होंने यह खेल अपने इन्हीं राजनैतिक गुरुओं से सीखा है।

आजादी के बाद आदिवासी भारत एक नयी राष्ट्रीय छवि से जुड़ा है, किन्तु आदिवासी और गैर-आदिवासी के विरोधी युग्म ने शोषण के एक नए युग का सूत्रपात किया है। शोषित वर्ग की आवाज को यदि शासकवर्ग नहीं सुनता, तो आदिवासी-भारत की अस्मिता मूलधारा से कट कर एक नया प्रवाह खोज सकती है; यह एक प्रकार का उलट-पुलट का प्रवाह है, जिसे **मनु ने "अधरोत्तर" कहा था। पृथक् आदिवासी अंचल के नारे से इसी अधरोत्तर का आभास होता है। "गोंडवाना-पार्टी का वही**

निहितार्थ है। पुराणकारों ने इस स्थिति को **"संझोभ"** की संज्ञा दी है। **"नक्सलवाद"** के स्वरों में भी यही अनुगूँज है। समसामयिक आदिवासी-समाज अपने-आपको एक नयी राष्ट्रीय छवि देना चाहता है। **"आदिवासी-अस्मिता"** का सवाल भी इसी प्रश्न से जुड़ा हुआ है। कठिनाइयाँ आदिवासियों का जिया हुआ यथार्थ हैं, जिसे अग्रिम परिच्छेद में अनुभव किया जा सकता है।

VIII

छत्तीसगढ़ के गोंड नर्मदा से गोदावरी के बीच के बीहड़ क्षेत्र में बसे हुए हैं, जिसे समुद्रगुप्त की **"प्रयागप्रशस्ति"** में **"आटविक राज्य"** कहा गया है। मुसलमान इतिहासकारों ने इस क्षेत्र को **"गोंडवाना"** नाम से सम्बोधित किया था। **कौटिल्य** ने अपने **"अर्थशास्त्र"** (तदेव) में इन **"आटविकजनों"** को सीमान्त क्षेत्रों का **"प्रहरी"** निरूपित किया था और यह निर्देश दिया था कि इन्हें किसी भी प्रकार की चुनौती न दी जाय। पूर्व-मध्ययुग तक नर्मदा से लेकर गोदावरी की तलहटी तक के विस्तृत क्षेत्र में इन्हीं गोंडों का शासन था। मध्यक्षेत्र में संग्रामशाह तथा बस्तर में सात माड़िया राजाओं की शौर्यगाथाओं के गीत पत्थरों में उत्कीर्ण हैं। उत्तर-मध्ययुग में इन गोंड-राजाओं और **"माड़िया-नृपतियों"** के हाथों से शासन-सूत्र तो निकल गए, किन्तु अंचलों के पर्यावरण पर किसी भी प्रकार का बाहरी हस्तक्षेप नहीं हुआ। ब्रिटिश-शासनकाल में स्थायी-बंदोबस्त की नीति से ये प्रभावित हुए और अंग्रेजी—राज के जंगल के कानून इनके उन्मुक्त जीवन के लिए चुनौती बन गए।

ब्रिटिश-राजस्व की अदायगी के लिए गोंडों को अपनी **"डाही खेती"** के तौर-तरीकों को बदलना पड़ा और खेती के नए तरीकों को सीखने के लिए बाध्य होना पड़ा। बाजारमूल्य के उतार-चढ़ाव और मौसम के मिजाज के कारण इन्हें दिनों दिन उधार लेना पड़ा, जिसको पटाने के लिए इनके पास कोई और साधन नहीं था। समानान्तर परिस्थिति यह बनी कि ये उपभोक्तामूलक अर्थव्यवस्था से जुड़ने लगे, जिससे ये विविध प्रकार के प्रलोभनों से घिर गए। सांस्कृतिक तौर पर ये इसके लिए तैयार नहीं थे। भोलेभाले और अविवेकी आदिवासी ऐसे लोगों का शिकार बन गए, जिनका एकमात्र लक्ष्य आदिवासियों को अपनी भूमि से बेदखल कर देना था। इसमें कोई आश्चर्य नहीं है कि इन परिवर्तनों ने सामाजिक संकट की अवधि को जन्म दिया और बस्तर की धरती डोल गयी—**एथा गुड़-गुड़ बस्तर डुला** (भतरी) "गोलियों की गड़गड़ाहट से बस्तर काँप उठा"। परिणामस्वरूप बस्तर की जनता ने आत्मरक्षा के लिए संगठित होना प्रारम्भ किया और 1774 से संक्षोम की स्थिति आ गयी। अंग्रेजी-शासन के खिलाफ इन्होंने तेरह बार विद्रोह किया था। उक्त विद्रोहों की सूची इस प्रकार है।

(1) हलबा-क्रान्ति (1774-1779)
(2) भोपालपट्नम-संघर्ष (1775)
(3) परलकोट-विद्रोह (1825)
(4) तारापुर-विद्रोह (1842-1845)
(5) मेरिया-विद्रोह (1854-1863)
(6) महान् मुक्तिसंग्राम(1857-58)
(7) कोई-विद्रोह (1859)
(8) मुरिया-विद्रोह (1876)
(9) रानी चो रिस (1878-82)
(10) भुमकाल (1909-10)
(11) राजकुमारी-विद्रोह (1924-36)
(12) गाँधीयुग का आन्दोलन (1936-46)
(13) ग्रिग्सन का निजामिस्तान-हेतु षड्यंत्र (1946-47)

आजादी के बाद विकसित तकनीकी और बैलाडीला-लौह—अयस्क के कारण आदिवासी-अर्थव्यवस्था में तेजी के साथ उलट-पुलट हुए। हरित क्रान्ति, सिंचित क्षेत्रों तक ही सीमित रही और जंगल तेजी के साथ कटने लगे। नए बीज, फर्टीलाइजर तथा **पेस्टीसाइड्स** आदिवासी-अंचलों में प्रवेश करने लगे, किन्तु इन सबका लाभ आदिवासियों को नहीं मिला और "**कोचेया**" बीच में आ गए। साहूकारों का शोषण अनवरत जारी था। अधोलिखित हलबी-गीत (सोनसिंह पुजारी) उक्त शोषण को स्वर प्रदान करता है :—

तुय नी गोठियाव, आपलो दादी-पुरखा चो गोठ के
सुनतो बीता बाँडा बाघ मरलो, जै गौपाल बले सरलो।
तुचो लोउ पानी होउन, जसन कि बंदूक ले निकरली
तुचो हाथ हथियार होउन, जसन कि सरग ले धरली।
तुचो गागतोर चिचियातोर उआज, ढोल आउर माँदर
चो उआज संगे मिसली।
तुचो आँसू झुमका बड़गी चो, गुलगुली संगे बोहली
आउर एदाँय तुचय दुआर चो तुचय रोपलो, बड़ रुख।
आपलो आउर गोटक चेर के, तुचय राँधा-घरे उतराली
पाली धरती काजे मोचो डोटरा सुखली।

हाथ के गाले देउक नी सकें
काटा गड़लो पायँ ने, टेका देउक नी सकें
तुय पोरटा, तुचो भूख–पियास के खातो बीता नीहाय
तुचो दुख-दंड के पिवतो बीता नीहाय।
मांतर दखनूँ, केबले तो ऊपर पारा चो डोकरी इंद्रावती
गाल के माँडी नो देउन, मने-मने गागेसे,
आउर दखेसे टुकुर-टुकुर।

प्राप्त आँकड़ों से पता चलता है कि आदिवासी विकास-योजनाओं को "टुकर-टुकर" देखता रहा है और उनसे उसकी आर्थिक विषमताएँ तेजी के साथ इतनी बढ़ी हैं कि वह "पोरटा" की स्थिति में आ गया है। उसे जमीन और जंगल से ही हाथ नहीं धोना पड़ा, अपितु बैलाडीला के कारण मजदूर वन गया। उसके लाभ के जब सभी रास्ते बंद हो गए, तो वह पुनःभुमकाल–गीता गाने लगा–

डाहल-बिकल भुइँ बस्तर
बाय बिकल ने गागेसे।
सतधरम चो पेट ने टँगिया-कोड़की
तिहार दिन के माँगे
परब दिन के माँगे
सोसेयामन के भुइँ बस्तर
रचुन जायसे पोथी-सास्तर
भुमकाल गीत गा भुमकालगीत गा रे।
गुंडाधूर चो धार फरसा ने
डेबरी धूर चो मार फरसा ने
सन दस गीत गा, भुमकाल गीत गा।
सन दस गीत गा सन दस गीत गा रे।
सन दस गीत काय सन दस गीत गा।
(जोगेन्द्र महापात्र)

और अनुक्रम में तीन गोलीकांड हुए

(14) लोहंडीगुड़ा-गोलीकांड (31 मार्च 1961)

(15) राजमहल-गोलीकांड (25 मार्च 1966)

(16) किरंदूल-गोलीकांड (5 अप्रैल 1978)

अस्वीकृति के इस लम्बे इतिहास पर पूर्ववर्ती शासन ने कभी ध्यान नहीं दिया और आदिवासी-विद्रोह को शांत करने के लिए बार-बार बंदूक का सहारा लिया। बस्तर को सभ्य बनाने के चक्कर में पारंपरिक मूल्य जिस प्रकार बार-बार विखंडित हुए, उससे भ्रान्त तथा निराश आदिवासियों ने अपनी अस्वीकृति को नक्सलियों के हिंसात्मक तथा उन्मूलनवादी तरीकों में ढाल लिया और अब इतिहास में पहलीबार वे अपनी अस्वीकृति को संवैधानिक तरीकों से हटकर व्यक्त कर रहे हैं। बस्तर में सी०पी०आई० (एम०एल०) के **"पीपुल्स वार ग्रुप"** द्वारा नक्सली गतिविधियाँ 1970 में परिलक्षित हुई तथा 1974 से ये गतिविधियाँ हिंसात्मक हो गयीं। बस्तर के बाद छत्तीसगढ़ के अन्य आठ जिलों में भी ये सक्रिय हुए तथा अब ये सर्वत्र दस्तक दे रहे हैं। 1990 में जब नक्सली-आंदोलन तीव्र हुआ, तो बालाघाट, राजनांदगाँव तथा मण्डला भी उनकी चपेट में आ गए। छत्तीसगढ़ में कार्यरत अधिकांश नक्सली-दलम के कमाण्डर एवं डिप्टी कमाण्डर आन्ध्रप्रदेश व महाराष्ट्र के हैं। **अर्बन डिवीजन, रूरल डिवीजन व फारेस्ट** डिवीजन में बँटे इन दलम में कम से कम 25 सदस्य रहते हैं। प्रत्येक दलम में महिलाओं की उपस्थिति देखी जा सकती है। छत्तीसगढ़ में ऐसे दर्जनों दलम सक्रिय हैं। प्रत्येक दलम के पास ए०के.047 रायफल होती है। इसके अतिरिक्त 12 बोर बंदूक, भरमार बंदूक, 303 रायफल 315 बोर रायफल, देशी बम, हैण्ड ग्रेनेड, व बारूदी सुरंग बनाने की सामग्री होती है। 1990 ई० से नक्सली-गतिविधियों में सक्रियता आयी है। भ्रष्ट सरकारी व गैर-सरकारी अमला इनका अनेक बार शिकार हुआ है। थाने लूटना या विस्फोट करना इनकी चिरपरिचित शैली है और छापामार-युद्ध में ये पारंगत हैं। इनकी आंतरिक तथा बाह्य संरचना ठोस भित्ति पर आधारित है और ये हिंसा के माध्यम से व्यवस्था बनाने के पक्षधर हैं। छत्तीसगढ़ में उक्त नक्सली क्रियाकलाप आदिवासी समाज के अस्वास्थ्य के ही उपलक्षक हैं। यह किसी घांतक बीमारी की तपन को ही व्यक्त करता है और वह घातक रोग है आदिवासियों का शोषण।

नक्सली—समस्या का मूल कारण "आदिवासी-अस्मिता" का विकृत उभार है। अतः नक्सली-समस्या के निदान के लिए यह आवश्यक है कि आदिवासियों के "एथॉस" को पहचाना जाय और अधोलिखित तरीकों से उनकी आत्मछवि तथा प्रदत्त छवि को सकारात्मक रीति से विकसित किया जाय।

(1) प्रचलित शालेय व्यवस्था में शिक्षकों का चयन आदिवासी-पंचायतों के माध्यम से होना चाहिए तथा स्थानीय लोगों के ही चयन की अनिवार्यता होनी चाहिए। पाठक्रमों की सरंचना क्षेत्रीय परिवेश के अनुरूप हो तथा शिक्षण का माध्यम आदिवासी बोलियाँ ही हों। आजादी के पहले बस्तर में यही व्यवस्था विद्यमान थी। आश्रम-विद्यालयों की स्थापना के माध्यम से बालक-बालिकाओं को शिक्षा के लिए अभिप्रेरित किया जाये। आदिवासी

अंचलों में प्रचलित खेलकूद को प्रोत्साहन दिया जाय। पाठशालाओं की संरचना ऐसी हो कि आदिवासी जनता उन्हें अपने हितों का पोषक माने।

छत्तीसगढ़ के विश्वविद्यालयों में आदिवासी भाषाओं को एक विषय के रूप में मान्यता मिले। छत्तीसगढ़ में एक **"आटविक विश्वविद्यालय"** की स्थापना हो, जिसमें आदिवासियों के मिथक, इतिहास, लोकसाहित्य, लोकव्यवहार, लोकविश्वास, लोकप्रथा, लोकभाषा, कर्मकाण्ड, लोकोत्सव, परिपाटी, लोकखेल, लोकनृत्य, लोकनाट्य, लोकचित्र, लोकशिल्प, लोकालंकरण, लोकवेषभूषा, लोकविज्ञान, लोकप्रौद्योगिकी, लोकोपचार, लोकौषधि, लोकसंस्कार, लोकपाककला, लोककृषि, लोकरूढ़ि, लोकसंस्कृति, लोकसंगीत, लोकसम्प्रेषण, आदि के पारंपरिक व्यावसायिक पाठ्यक्रम सम्मिलित हों।

रायपुर में अन्य अकादमियों के समान **"गोंडी-अकादमी"** की स्थापना हो। आदिवासी-अंचलों के लिए सरकारी सूचनाओं का प्रकाशन आदिवासी भाषाओं में हो। आदिवासी भाषाओं के ग्रन्थों के प्रकाशन में तत्परता हो। विश्वविद्यालयों के पाठ्यक्रमों में आदिवासी-संस्कृति से सम्बद्ध विषयों का प्रवेश कराया जाये।

(2) आदिवासी–पंचायतों को अपने मूल रूप में पुनः स्थापित किया जाय तथा विकास की सभी योजनाओं के निर्माण व क्रियान्वयन में इनकी सहभागिता हो। विकास की योजनाओं को बनाते समय आदिवासियों की सांस्कृतिक समस्याओं पर ध्यान दिया जाय। आदिवासियों के सांस्कृतिक मूल्यों से ये योजनाएँ न टकराएँ।

(3) सार्वजनिक निर्माण के कार्यों को प्राथमिकता दी जाय। आवागमन के सुलभ साधन उपलब्ध कराए जायँ। संचार के माध्यमों में **"ढोल-संकेतन"** की प्राचीन विधि का विकास किया जाय।

(4) जनजागरण–अभियान को गति प्रदान करते हुए घोटुलों को सहभागी बनाया जाय। घोटुलों को सुविधासम्पन्न किया जाय तथा गाँव-गाँव के विकास की योजना में घोटुल के उत्तराधारक्रम को स्वीकार किया जाय। विविध पारंपरिक पदों को पुनरुजीवित कर घोटुलों के युवक तथा युवतियों को अभिमंत्रित किया जाय।

(5) गाँव-गाँव में पारंपरिक **"बोहरानी"** उत्सव के माध्यम से परिवेश को प्रदूषित होने से रोका जाये।

(6) वनप्रशासन तथा उसके कर्मचारियों का आदिवासियों के प्रति सम्बन्ध सौहार्दपूर्ण हो और **"वनदेवता"** के प्राचीन विचार प्रसारित किए जायँ।

(7) पुलिसव्यवस्था में आमूलचूल परिवर्तन की आवश्यकता पर ध्यान दिया जाय। केवल विधि और व्यवस्था को बनाए रखने की आवश्यकता नहीं है, अपितु यह भी

आवश्यक है कि उसके प्रति स्थानीय लोगों में विश्वास पैदा किया जाय। बेहतर कोटि के पुलिसजनों की भरती की जाय। पारंपरिक "**पाइक**" के नेटवर्क को सूत्रबद्ध किया जाय।

(8) धार्मिक विन्यास से जुड़े हुए **लेस्की, सिरहा तथा ओझा** आदि को विश्वास में लिया जाय और उनके माध्यम से स्वास्थ्य-सेवाओं का विस्तार किया जाय।

(9) प्राचीन "**मुरियादरबार**" की परंपरा को जीवित कर आदिवासियों से सीधे "डायलाग" की प्रक्रिया को बढ़ाया जाय।

(10) सहकारिता—आंदोलन को गाँव-गाँव में फैलाया जाय। साहूकारों, बिचौलियों तथा ठेकेदारों को आदिवासियों से असम्बद्ध किया जाये। वनोपज पर आधारित सहकारी-समितियाँ विकसित हों। गाँवों में लघु उद्योग जायँ, जिससे प्रत्येक गाँव आत्मनिर्भर हो सके।

(11) आदिवासियों के विकास के लिए सरकार जिस मात्रा में रुपये खर्च कर रही है, उस मात्रा में आदिवासियों को लाभ नहीं मिल रहा है। कारण है कि योजनाओं को चलाने वाले सरकार कर्मचारी भ्रष्ट हैं। इनके काम की समीक्षा के लिए हर जिले में निगरानी-समितियाँ हों और इन निगरानी-समितियों में नक्सलियों को भी शामिल किया जाय।

(12) आदिवासियों के मौखिक इतिहास को क्रमबद्ध कर गौरवशाली अतीत से उनका परिचय कराया जाय। सकारात्मक छवि वाले सांस्कृतिक नायकों को प्रतिष्ठित किया जाय।

(13) मूलधारा से जुड़ने वाले लोगों के पुनर्वास की विस्तृत योजना बने।

(14) आदिवासियों को अहिंसक मार्ग से अपना आंदोलन चलाने के लिए प्रेरित किया जाय और इस हेतु बापू के अहिंसा के सिद्धान्तों का आदिवासी भाषाओं के माध्यम से प्रचार किया जाय। इस हेतु "इलेक्ट्रानिक मीडिया" की सहायता ली जाय तथा वाचिक माध्यमों से अहिंसक क्रान्ति की चेतना का विकास किया जाय।

(15) आदिवासी—हितों में बाधक—संस्थाओं के आय के स्रोत पर निगरानी रखी जाय और उन्हें आदिवासी—अंचलों में पैर न फैलाने दिया जाय। आदिवासियों के "**एथॉस**" से जुड़े हुए व्यक्तियों को प्रोत्साहित किया जाय।

IX

बाहरी दुनिया ने आदिवासियों को किन नज़रों से देखा? और आदिवासियों को कैसी छवियाँ दीं? यह चित्र एक "**कोलाज**" की तरह है, जिसमें एक नहीं अनेक छवियाँ हैं। पहली छवि सत्यनिष्ठता और ईमानदारी की है। एक अन्य छवि थी ऋषियों के आश्रमों की, जहाँ मनीषियों ने ब्रह्माण्ड की गंभीर गुत्थियाँ सुलझायी थीं। गोदावरी, शवरी, इन्द्रावती,

महानदी तथा नर्मदा के किनारे ऋषियों के अनेक आश्रम थे, जिन्होंने शास्त्र को लोक से जोड़ने का अभ्यास किया था। इन्हीं वन्यांचलों के ही सन्दर्भों के आधार पर विविध कलाओं और विज्ञानों का आविष्कार हुआ था, जिनमें लोहा बनाने से लेकर पत्तों से विविध पात्र बनाने की चर्चा वात्स्यायन के **कामसूत्र** में है। आदिवासियों की एक अन्य छवि कर्मकाण्डी समाज की थी। तंत्र के विस्तार के कारण पहले तो एक वैज्ञानिक सोच का विस्तार हुआ, किन्तु कालान्तर में आदिवासी-सभ्यता का मूल स्वर जैसे-जैसे रहस्यात्मक होता गया, वैसे-वैसे "हेले" (नरबलि) का प्रचलन हो गया। बिना तर्क और परीक्षण के तंत्र (जादू टोना) आदिवासी जीवन में घुसता गया। आदिवासी जादू-टोने और सम्मोहन की दुनिया में जीने लगे। इसके बाद उक्त वन्यांचल **लेस्के, वड्डे, सिरहा, गुनिया, और ओझाओं** के अंचल के रूप में जाना जाने लगा। **एल्विन** ने घोटुलों के विवरण के माध्यम से यहाँ की महिलाओं के चरित्र पर लांछन लगाया। उन्होंने 1938 ई. में प्रकाशित अपने उपन्यास A cloud that is dragonish (लंदन) के माध्यम से माड़िया जनजाति को राक्षस के रूप में प्रस्तुत किया। उनके दूसरे उपन्यास "Phulmat of the Hills (लंदन 1938) में मंडला जिले के मालमुत्ता गाँव के गोंडों को असभ्य तथा बर्बर रूप में चित्रित किया गया। 1795 ई० में प्रथम योरोपीय यात्री **कैप्टेन जे०टी० लण्ट** बस्तर आया और तब से लेकर आज तब बस्तर के आदिवासियों की नकारात्मक छवियाँ ही प्रस्तुत होती रहीं। इन अंग्रेज-लेखकों और यात्रियों ने आदिवासियों को नरबलि करने वाले, भूत-प्रेत पर विश्वास रखने वाले, कठोर, निर्दयी, आत्मघाती, हिंसक, नग्न, पेड़ों पर रहने वाले, डरपोक, शंकालु तथा चरित्रहीन आदि निरूपित किया।

पुरानी छवियों के अवशेष के साथ आज आदिवासियों की दो छवियाँ और हैं—भयावह गरीबी और भुखमरी वाले नक्सली हिंसा से ग्रस्त अंचल की; और गंभीर समस्याओं के बावजूद प्रगति की ओर धीमी गति से चलने वाले अंचल की

ए हिंडतो बीता
झपके-झपके पाँय बढ़ाउन जा ॥ (हलबी-गीत)

रूढ़ छवियों की अपनी सीमाएँ होती हैं और न उनमें पूरा सत्य होता है, न पूरा असत्य। वे उन्हें भी प्रभावित करती हैं, जिनके बारे में उन्हें विकसित किया जाता है। प्रशंसात्मक रूढ़ियाँ प्रायः जैसी की तैसी स्वीकार कर ली जाती हैं। प्रतिकूल या आलोचनात्मक मत भी अंशतः आत्मसात् कर लिए जाते हैं। इस दशा में आदिवासी-समाज अपनी प्रतिक्रिया भी व्यक्त करता है और कभी-कभी बदलने का प्रयास भी करता है। हमारी आदिवासी की प्रकल्पना काफी हद तक इन प्रदत्त छवियों से प्रभावित है।

आदिवासी-संस्कृति में एक अविकिल निरंतरता है। हजारों वर्ष पुरानी इस संस्कृति में आज भी अतीत और वर्तमान के बीच की कड़ियाँ सशक्त हैं। यह तो कहना उपयुक्त न होगा कि हर दृष्टि से आदिवासी-संस्कृति आदर्श है। उसमें अनेक विसंगतियाँ और विरोधाभास भी हैं। इन विसंगतियों और विरोधाभासों के बावजूद आदिवासी-संस्कृति केवल पुरातन की संस्कृति न रह कर आज भी जीवित है। उसकी इस अदम्य जीवनी-शक्ति का क्या रहस्य है?

बहुसंख्यक आदिवासी—समाज आज भी निरक्षर है, किन्तु मौखिक—परम्परा से उसने आज भी वह सँजो रखा है, जो आभिजात्य-साहित्य की पकड़ से बाहर है। यही कारण है कि आदिवासी-अंचलों में अनेक **लोकमहाकाव्य** विकसित हुए है और ये सब जनगायकों; यथा परधान, मुंडा, पाटाड़ी, गीतकुरया, या गीतकुरिन आदि से जुड़ गए। इन महाकाव्यों में **लिंगोपाटा (गोंडी), उदुलपाटा (गोंडी), करनपाटा (गोंडी), लछमनजती (गोंडी), पंडवानी (गोंडी), रामायनी (गोंडी), लद्दमी जगार (हलबी), तीजाजगार (हलबी), धनकुलगीत (हलबी), रावनपाटा (गोंडी) तथा भुमकालगीत (भतरी) आदि प्रमुख हैं; जिनसे** आदिवासी-आत्मा को पहचाना जा सकता है। आदिवासियों के लोकगीत और नृत्य **शिवशिक्षा से उद्भूत है:—**

लिंगोना वेहना पाटा, लिंगोना वेहना डाका

और ये आदिवासियों की अदम्य जीवनी-शक्ति के उपलक्षक हैं।

आदिवासी-संस्कृति को बचाए रखने में प्रश्न, शंका, असहमति, विरोध, सुधार और विद्रोह का बड़ा हाथ था। आदिवासी—अंचलों के अनेक समाजसुधारकों (यथा **तानाभगत, राजमोहनीदेवी, बाबा बिहारीदास आदि**) ने सामाजिक विक्षोभ की अभिव्यक्ति और अन्याय से लड़ने का एक नया मुहावरा विकसित किया था। परंपरा को प्रकट रूप से बिना अस्वीकार किए उन्होंने पैने सवाल किए। गंभीर शंकाएँ की। अपनी असहमति को शब्द दिया। विरोध को वाणी दी। सुधार की योजनाएँ सुझायीं। आवश्यकता पड़ने पर विद्रोह का समर्थन किया। इन परम्पराओं ने एक ओर सामजिक तनावों को दूर या कम किया, तो दूसरी ओर सामाजिक सामंजस्य उत्पन्न करने में सहायता दी।

आदिवासी-संस्कृति में बाह्य तत्वों को आत्मसात् करने की अपूर्व क्षमता है। ऐसे तत्वों का आदिवासियों की सांस्कृतिक परम्परा में अनुकूलन भी हुआ और समाकलन भी। इस प्रकृति के अभाव में आदिवासी—संस्कृति खंडित ही रहती। अनेक लोग आदिवासी-अंचलों में आए और अपनी भेंट देकर आदिवासी-समाज के अंग बन गए। परिवेश के अनुकूलन, समन्वयन और सांस्कृतिक वैभिन्य के सहअस्तित्व की स्वीकृति की प्रवृत्ति यदि आदिवासी-समाज

में न होती, तो उसका सामाजिक रूप ही न उभरता। यह प्रक्रिया सरल और संघर्षहीन नहीं थी। फिर भी दूरगामी परिणामों में उसकी विजय होती रही और उसने आदिवासी—समाज को विघटन से बचा लिया।

अन्ततः आदिवासी का प्रश्न भावना का प्रश्न है। भावना यदि सकारात्मक ज्ञान पर आधारित हो, तो वह अधिक टिकाऊ होती है। इस खोज के लिए हमें **नचिकेता** को अपना उदाहरण बनाना होगा, जिसे ज्ञान के लिए यम के पास जाने तक में हिचक नहीं हुई। इतना नैतिक, सांस्कृतिक और नैसर्गिक वैभव है आदिवासियों के पास, फिर भी हम उनके प्रति हीनता का भाव रखते हैं। क्या कारण है कि हम आदिवासी-संस्कृति के प्रति गौरव का भाव नहीं रखते? जो कुछ अपना है, उसे स्वीकारने में संकोच कैसा ? आदिवासियों की जब चर्चा चलती है, तब या तो हम मौन हो जाते हैं या चर्चा चलाने वाले की विशेषता में डूब जाते हैं। सोना, हीरा तथा लोहा-जैसी धातुओं की खानों के मालिक होते हुए भी आदिवासी अपने को इतना निरीह क्यों मानता है ? तभी तो सारी ईमानदारी के बावजूद **ग्रिग्सन तथा एल्विन** केवल अपमान दे पाए। आज आदिवासी अपने अतीत से अनभिज्ञ हैं। अतः बिना नींव के मकान की तरह हलके आघात से हिल जाते हैं। असुरक्षित अनुभव करते हैं। वर्तमान को वे खण्ड-खण्ड रूप में देखने के आदी हो गए हैं। अखण्डित आदिवासी-समाज आज खण्ड-खण्ड प्रतीत हो रहा है। आदिवासी-समाज की अखंडित छवि क्यों नहीं उभर पायी? नक्सलियों के सामने वे क्यों झुक गए? क्यों? शायद आदिवासी हीनभावना के शिकार हो चले है?

अंधकार को लाठी से कितना भी पीटें, क्या वह दूर हो जाएगा? एक छोटा-सा दीपक जला दें, तो अँधेरा भाग जाएगा। उपेक्षा से आदिवासी दुःखित होते हैं। शोषण की शिकायत करते हैं। **''ऑटोनामी''** का नारा देते हैं। नक्सलियों की मदद करते हैं। आगामी कल की कोई **"ब्लू-प्रिण्ट"** उनके पास नहीं है। समाज की आत्मा बारूदी सुरंगों या नारों से नहीं जागती। अतीत का गौरव गुदगुदाएँ। आत्मविश्वास का आइना दिखाएँ और भविष्य का सपना उनके सामने रखें। तभी उनमें आत्मछवि पैदा होगी। हम इस ओर उदासी हैं। आदिवासी भी उदासीन हैं। शरसंधान के लिए लक्ष्य का सामने व स्पष्ट होना आवश्यक है। "समस्या का समाधान" कोई पका आम नहीं है, जो नारों को हिलाते ही हमारी गोद में आ टपकेगा। नहीं? ऐसा नहीं होगा। हमें पहले यह कोशिस करनी होगी कि आदिवासी-अंचलों में जो सौन्दर्य बिखरा पड़ा है, अलग-अलग दायरों में बँधा हुआ है, उसे अपना कर जोड़ें। आदिवासियों की सोच जब तक सकारात्मक नहीं होती, तब तक उनकी सकारात्मक छवि भी नहीं बन पाएगी।

आदिवासियों की अस्मिता बरकार रहेगी। यह निश्चित है। फिलहाल तो हमें गोपनीयता के उस जाल से—नक्सलवाद की हिंसा से—जूझना है, जिसमें भ्रष्टाचार, उत्पीडन, हत्या, बलात्कार, निर्वासन-इत्यादि सब कुछ अजीब से रहस्य में लिपटा प्रतीत होता है। रहन-सहन, खान-पान, बोल-चाल, इत्यादि सभी मामलों में उन्नत सभ्यता की सम्मोहक छवियाँ नए संचार-माध्यमों से आदिवासी अंचलों के गाँव-गाँव में बस रही हैं। बिना किसी सामाजिक या राजनैतिक आंदोलन के आदिवासी-अंचलों में दूरदर्शन आदि के जनसंचार-माध्यमों से राजनैतिक, सामाजिक व पारिवारिक सम्बन्धों में आमूलचूल परिवर्तन आ रहा है। इसकी तुलना में आदिवासियों के तमाम गंभीर आंदोलनों की विफलता लक्ष्य के योग्य है। इसके कुछ नतीजे साफ हैं। आज आम आदिवासी के मन में उत्कट लालसाएँ और महत्वाकांक्षाएँ पनप चुकी हैं। तकनीकी क्रान्ति से एक नया आदिवासी-समाज बनेगा। आदिवासी-समाज के बोध की यह उत्तर-आधुनिक स्थिति है। उसने आदिवासी-संस्कृति की वाचिक परम्परा को एक नया भविष्य दिया है, जो कल तक हाशिए में थी। **आदिवासी-अस्मिता अब करवट बदल रही है। वह अपनी पहचान और हक माँग रही है। उसकी पहचान नक्सली-हिंसा से नहीं, अपितु गाँधी की अहिंसा से ही बनेगी।**

द्वितीय अधिकरण

आमी विद्रोही चिर अशांत

7

लोकप्रशासन

आदिवासी प्रशासन

छत्तीसगढ़ में ब्रिटिश–शासन से पूर्व आदिवासियों का अपना एक प्रशासनिक ढाँचा था, जिसे जातिपंचायत के नाम से जाना जाता था। केन्द्रीय स्तर पर प्रशासन का बस्तर में उत्तराधारक्रम इस प्रकार था–

राजा
|
दीवान
|
कामदार
|
नेगी
|
माझी
|
चालकी
|
पंच

इस प्रकार के प्रशासिनक ढाँचे के अन्तर्गत माझी तथा चालकी लघुतम इकाई थे, जिनके माध्यम से राजा तथा जनता के बीच सम्बन्ध स्थापित होता था। प्राचीन बस्तर 105 परगनों में विभाजित था, जिनमें 82 माझी तथा 23 चालकी थे। तहसीलों के अनुसार विविध परगनों के माझियों तथा चालकियों की संख्या इस प्रकार थी–

क्रं०	तहसील	माझी	चालकी
1.	नारायनपुर	21	4
2.	कोंडागाँव	12	5
3.	जगदलपुर	12	9
4.	दन्तेवाड़ा	6	1
5.	बीजापुर (कुटरू सहित)	14	2

क्रं.	तहसील	माझी	चालकी
6.	भोपालटनम	8	1
7.	कोण्टा	5	0
8.	सुकमा	4	1
	योग	82	23

इस प्रकार प्राचीन 8 तहसीलों तथा 105 परगनों में विभाजित था। परगनों में निवास करने वाली विविध जनजतियों का सामाजिक तथा आर्थिक जीवन तथा उनसे सम्बन्धित विविध प्रकार की गतिविधियाँ और समस्याएँ 82 माझियों तथा 23 चालकियों पर निर्भर करतीं थीं। माझी का पद तथा अधिकार चालकी के पद तथा अधिकार से बड़ा था, किन्तु जहाँ तक परगने की देखभाल और विकास का प्रश्न है, दोनों के क्रियाकलापों में कोई स्पष्ट अंतर नहीं था। ब्रिटिश-शासन ने इस परम्परा को बरकरार रखा, किन्तु आजादी मिलने के बाद प्रवीरचन्द्र भंजदेव से शासन की दूरी के कारण माझियों और चालकियों की विद्यमानता में एक प्रतीकात्मक टूटन की स्थिति उस समय आयी, जब राजा और प्रदेश सरकार के दो अलग-अलग माझी होने लगे। इसी के साथ एक झटका तब लगा, जब राजा की हत्या हो जाने से राजा के द्वारा माझियों की नियुक्ति की परम्परा समाप्त हो गयी, और फलस्वरूप प्रदेश-शासन ने भी माझियों की परम्परा को विलोपित कर दिया। राजा और कांग्रेस के बीच के विवाद से शताब्दियों पुराने आदिवासी प्रशासन ने दम तोड़ दिया और उस पर भारतीय प्रशासनिक सेवा से जुड़े हुए लोगों का एकाधिकार हो गया।

भारतीय लोकप्रशासन और आदिवासी

व्यवस्थापरक-शासन आदिवासियों के स्पंदित जीवन को एक विशेष व्यक्तित्व प्रदान कर सकता था, किन्तु ऐसा नहीं हुआ। लोकप्रशासन आदिवासियों के विकास के प्रति सदैव ही असंवेदनशील रहा। ऐसी स्थिति में आदिवासी-अंचलों में व्याप्त लोकप्रशासन का परीक्षण लाजिमी है। इसकी विवेचना दो बातों को लेकर की जा सकती है—

(क) छत्तीसगढ़ के निर्माण के बाद आदिवासी-विकास की योजनाओं के पचाससाला 'स्टाक' का परीक्षण, और

(ख) आदिवासियों की विकास की योजनाओं में सफलता या असफलता पर लोकप्रशासन की जवाबदेही पर विचार।

हम यह जानते हैं कि "आदिवासी विकास" एक मिथक है, जबकि इन अंचलों में कार्यरत "लोकप्रशासन" एक यथार्थ है। विवेचन-योग्य यह है कि सरकार की विकास-योजनाओं को आदिवासी-अंचलों में कार्यरत सेवक क्यों और कैसे हजम कर गए? नक्सलवाद का प्रसार इसी भ्रष्ट प्रशासनिक व्यवस्था के कारण ही हुआ है। राजनेताओं तथा अफसरों की मिलीभगत से आदिवासी अंचलों में पूरी व्यवस्था ही चमरा गयी है। आज विश्व के प्रमुख भ्रष्ट राष्ट्रों में भारत का दसवाँ स्थान है।

आदिवासी अंचलों में कार्यरत नौकरशाही को लोकरुचि के आधार पर दो परिदृश्यों में परखा जा सकता है—(क) सम्बद्ध नौकरशाही की वस्तुनिष्ठता, (ख) सम्बद्ध नौकरशाही की अनभिव्यक्त आदिवासीनिष्ठ व्याख्या। यह भी कहा जा सकता है कि नौकरशाही के दो स्तर हैं—(क) युक्तियुक्त तार्किकता तथा (ख) प्रतीकात्मक मिथकीकरण। इस प्रकार प्रशासन के दो प्रकार्य हैं—साधन के रूप में तथा प्रतीक के रूप में। एक ओर प्रशासन आदिवासियों के विकासकार्यों को सुचारू रीति से सम्पादित करता है, तो दूसरी ओर वह आदिवासियों की शक्ति का प्रतिनिधत्व करता है। छत्तीसगढ़ के आदिवासी अंचलों में प्रशासन का प्रतीकात्मक पक्ष अधिक प्रभविष्णु है और इसने साधनपक्ष को मलिन बनाकर आदिवासियों का निरंतर शोषण किया है।

आदिवासी जनता के नजरिये से प्रशासन एक प्रकार का मिथक है। एक ऐसा मिथक, जिस पर बहुसंख्यक लोगों की भागीदारी है। जिस पर कोई प्रश्न नहीं करता। जो घटनाओं और कार्यों को एक विशेष प्रकार की अर्थवत्ता प्रदान करता है। प्रशासन का यही आदर्शरूप आज प्रचलित है। मिथक की यह लौकिक व्याख्या है। इसके साथ पारंपरिक तथा धार्मिक मिथक आदिवासी समाज की नैतिकता की आधारशिला रखते हैं।

प्रत्येक समाज के अपने मिथक होते हैं। किन्तु हम यहाँ मिथकों की व्याख्या नहीं करना चाहते। लेवी स्ट्राउस ने उन पर गहन अध्ययन किया है। यहाँ हम यह बताना चाहते हैं कि मिथक केवल कपोल-कल्पना नहीं है, अपितु भोगे हुए वे यथार्थ हैं, जो हमारे सामाजिक और वैयक्तिक जीवन को निर्धारित करते हैं। एल्विन ने छत्तीसगढ़ियों के मिथकों में जिस प्रादर्श-शक्ति की कल्पना की थी, उसी से मिलती-जुलती मिथकीय संरचना अपने देश में आज भी परिलक्षित होती है। अनेक मिथक आज भी राष्ट्रीय जीवन के वर्तमान परिदृश्य के नियामक हैं। आदिवासी संस्कृति की संरचना में इन मिथकों की अदृश्य भूमिका रही है।

क्या हमारा आज का भोगा हुआ यथार्थ हमारी उपनिवेशवादी संरचना की प्रतिच्छवि है? इस प्रश्न का उत्तर "हाँ" और "नहीं" दोनों में है। "हाँ" इसलिए कि उपनिवेशवाद ने आदिवासी-मूल्यों को पूरी तरह विस्थापित कर दिया था। अनेक पुराने

मिथक औपनिवेशिक सामाजिक प्रक्रिया में अपनी अर्थवत्ता खो चुके थे। "नहीं" इसलिए कि मिथक सामाजिक परिवर्तन की सतत् प्रक्रिया में अन्तर्भूत होकर विश्वास, कर्मकाण्ड तथा प्रतीकों के रूप में जीवित रहते हैं। इसी कारण आंशिक रूप से ये हमें औपनिवेशिक युग से जोड़ देते हैं। यही कारण है कि संस्कृति के अन्य घटकों के समान प्रशासन में भी पुनर्मिथकीकरण की प्रक्रिया विद्यमान है। अत्याधुनिक व्यक्ति और वस्तु भी मिथत्व से जुड़ गए हैं। यह "मिथत्व" एक ऐसी "कल्पितकथा" है, जिसने आज आदिवासी जीवन को अवसादग्रस्त कर दिया है और आदिवासी इससे ऊपर नहीं उठ पाए। यथार्थ पर एक सम्मोहक विवशता, एक मारणमंत्र के प्रयोग का यह अभिनव प्रयास है। सम्भवः वांछित आदर्श की प्राप्ति का साधन भी यही है। ऐसा लगता है कि इच्छाओं की संश्लिष्टता एवं यथार्थ और कल्पना के घालमेल के कारण कहीं यथार्थ कल्पना में न खो जाये।

आधुनिक आदिवासी भारत में मिथक और इन्द्रजाल पहले की तुलना में और अधिक गहराते हुए प्रतीत होते हैं। ये आदिवासियों के सामाजिक जीवन के नियामक बन गए हैं। आदिवासी दोहरे मानदण्ड की गिरफ्त में हैं। एक ओर तो उनका प्राचीनतम ज्ञान है, जो प्रतीकात्मक है। दूसरी ओर आधुनिक विज्ञान है, जो उनसे पूरी तरह असम्बद्ध है।

उक्त दोनों उदाहरणों से यथार्थ दो चरम स्थितियों का मिलन-बिन्दु है, जिसे बुद्ध ने "मज्झिम निकाय" कहा था। अपने विवेचन को यदि हम स्वातंत्र्योतर आदिवासी भारत के संदर्भ में प्रस्तुत करें, तो परिदृश्य बदलते चले जायेंगे। आजादी के बाद का भारतीय चिन्तन परम्परा और आधुनिकता के दो ध्रुवों में विभाजित था। इन्हीं दो ध्रुवों के बीच से विकास को अपनी मंजिल खोजनी थी। परम्परा से उसे आधुनिकता की चकाचौंध तक पहुँचना था। इसी द्विविधा की स्थिति में विकास की नीति बनी। विकास की यह नीति आरम्भ से ही दो विरोधी युग्मों से जुड़ी रही है और इसने गाँधी जी के रामराज्य की कल्पना से भी सबक नहीं लिया। विकास की पश्चिमी विचारधारा से भारत पर क्या बीती? क्या वह विकास की प्रतिस्पर्धा में टिक पाया ? क्या वह विकसित हो सका ? क्या उसे कृषि (कुटीर) से औद्योगिक व्यवस्था की ओर नहीं बढ़ना था? क्या उसे वैयक्तिक संचार की स्थिति से होते हुए "मीडिया" की ओर नहीं जाना था? और अन्त में। क्या उसे मिथ से निश्चित विचारधारा की ओर यात्रा नहीं करनी थी? इस प्रकार की विसगंतियाँ आज हमारे राष्ट्रीय जीवन की अंग बन गयी हैं। इन सबसे हमारे विकास की अवधारणा बनी है। किन्तु विकास की उक्त अवधारणा से क्या भारत कभी जुड़ सका? क्या उक्त अवधारणाएँ एक जागृत राष्ट्र की अतिरंजित आकांक्षाओं के बोझ तले नहीं दब गयीं?

सक्षम तथा प्रकार्यात्मक राज्य व प्रशासन-व्यवस्था में इन आकांक्षाओं को शृंखलाबद्ध रूप से किसी प्रकार संजोया गया ? इस सवाल का जवाब देने के लिए यह लाजिमी है कि हम औपनिवेशिक शासन के प्रमुख पक्षों पर विचार करें और यह जानने का प्रयास करें कि स्वातंत्र्योत्तर भारत पर उसने अपनी क्या छाप छोड़ी हैं?

ब्रिटिश औपनिवेशिक शक्ति की नजरें भारत पर अठारहवीं शताब्दी से ही रही हैं। 1857-1859 का जनविद्रोह भारत के इतिहास में एक महत्वपूर्ण घटना है। उसने ब्रिटिश-शासन के सामाजिक आधार की आपेक्षिक कमजोरी को प्रकट किया। ब्रिटिश पूँजीपति-वर्ग ने प्रशासन-तंत्र को मजबूत करने और इसे नयी ऐतिहासिक परिस्थिति के अनुकूल बनाने के लिए औपनिवेशिक प्रणाली में महत्वपूर्ण परिवर्तन किया। इन प्रशासनिक सुधारों के दौरान कुल मिलाकर भारत की स्थिति औपनिवेशिक दास के रूप में परिवर्तित हो गयी। अनेक औपनिवेशिक सिद्धान्तों का तेजी के साथ विकास हुआ, जैसे कि भारत को सभ्य बनाने के "मिशन" का औचित्य, भारत के राजनैतिक-प्रशासनिक तंत्र का औचित्य, भारत के आर्थिक शोषण का औचित्य तथा भारत पर सांस्कृतिक प्रभावशीलता का औचित्य। आज भी इस बात पर विवाद है कि भारतीय संस्कृति की जड़ों पर "मठा डालने" का काम किसने किया? इस प्रकार के सैद्धान्तिक विवाद का समाधान औपनिवेशिक प्रशासन के अनुभव-सिद्ध ज्ञान में है। विवाद की चाहे जो भी संकल्पना हो, इनता तो निश्चित है कि भारतीय प्रशासन औपनिवेशिक युग की देन है। उपनिवेश-पूर्व के युगों से इसे नहीं जोड़ा जा सकता है। ऐसा इसलिये कि औपनिवेशिक प्रशासन की भाषा ही सरकारी भाषा बन गयी। इस औपनिवेशिकता ने अपने प्रभाव-क्षेत्र के लोगों को यह अहसास दिलाया कि भारतीय परम्परा और संस्कृति घटिया है। इससे भारतीयों के मन में विकृति (अपसंस्कृति) आयी और उनका अखण्ड व्यक्तित्व खण्ड-खण्ड हो गया। ये तत्व भारतीय जनमानस में आज भी जीवित हैं।

औपनिवेशिक शक्ति ने अपने पीछे जो चिह्न छोड़े हैं, वे इतने गहरे हैं कि आज कोई भी ज्ञानमार्ग खतरनाक लगता हैं तथाकथित "इलीट" उसी औपनिवेशिक शक्ति का ध्वंसावशेष है। उपनिवेशवाद के अन्तिम दौर में इस इलीट (संभ्रातं) वर्ग ने वैयक्तिक लाभों की फसल काटनी प्रारंभ कर दी थी। जैसे ही आजादी मिली, यह वर्ग लाभ के विंविध पदों पर बैठ गया। इस "इलीट" वर्ग को अनेक कोटियों में विभाजित किया जा सकता है–

(क) पुराने सामन्त और राजप्रमुख, जो औपनिवेशिक शासन के एजेण्ट थे,

(ख) शहरी सभ्रांत (जाने माने व्यक्ति, देशी पूँजीपति, तथा प्रथम श्रेणी के शासकीय कर्मचारी)।

(ग) राष्ट्रवादी मध्यम वर्ग, जो द्वितीय विश्वयुद्ध के बाद पनपा (व्यवसाय और प्रशासन में उच्च पदों पर प्रतिष्ठित व्यक्ति, शिक्षक, वकील, पत्रकार तथा कर्मचारी-संघों के पदाधिकारी आदि) तथा अन्त में।

(घ) आधुनिक बुद्धिजीवी, जो लम्बी-चौड़ी उपाधियों पर गर्व करते थे।

संख्या में अल्प होते हुए भी मध्यम वर्ग ने राजनीति की दिशा निर्धारित की। इसने ऐसे राजनेताओं को पैदा किया, जो दीर्घ अवधि तक शक्ति के स्रोत बने रहे। तृतीय श्रेणी के सरकारी मुलाजिम इनके "क्रैश कोर्सेज" में प्रवेश पाकर मंत्री बन गये। यूरोपीय औपनिवेशिक अधिकारियों के द्वारा रिक्त पदों पर इसलिए प्रशासनिक अधिकारी भरती नहीं किये गये, क्योंकि उनमें वांछित योग्यता नहीं थी। अलविदा कहने वाले औपनिवेशिक स्वामी यह चाहते थे कि उन्हीं के द्वारा प्रशिक्षित "इलीट वर्ग" उन पदों में काबिज होकर नियमों की भूलभुलैया में भटकते रहे। आजादी के बाद प्रशासन की समूची व्यवस्था "**वेस्ट मिनिस्टर मॉडेल**" का अनुकरण थी। हमें सभ्य बनाने का "**मिशन**" पहले यूरोपीयों के हाथों में था, आजादी के बाद वह नौकरशाही के अधीन हो गया। यह नौकरशाही यूरोपीयों द्वारा प्रदत्त प्रशासन-व्यवस्था पर काबिज हो गयी। हम यह भूल गये कि औपनिवेशिक व्यवस्था में प्रजातंत्र की कल्पना तक नहीं हो सकती और प्रजातांत्रिक समाज पर औपनिवेशिक प्रशासन-व्यवस्था बेमानी होती है। हमने अपने औपनिवेशिक स्वामियों की उसी प्रशासन-व्यवस्था को अपना लिया, जिसका इतिहास आजादी की लड़ाई में काले पृष्ठों पर अंकित है। यह वही प्रशासन-व्यवस्था है, जिसमें आम जनता का दमन, उत्पीड़न, षड्यन्त्र और तिरस्कार होता है। अब यूरोपीयों के बजाय देशी नौकरशाह आम जनता के स्वामी बन गये और आम जनता पहले के समान जहाँ की तहाँ थी। आज भले ही कुछ लोग लोकशाही पर सवाल उठाने लगे हों, फिर भी अधिकतर लोग इन्हें ही "**अन्नदाता**", "**माई-बाप**" या "**महाप्रभु**" मानते हैं।

इन सवालों के बीच एक महत्वपूर्ण बात थी "नवसम्भ्रांत वर्ग" का उदय। यह "न्यू इलीट" औपनिवेशिक सामाजिकीकरण और शासन के पारम्परिक रूपों के बीच से रास्ता खोज रहा था। यह अपनी ही सीमा के भीतर "आधुनिक" बनना चाहता था और अपनी उस परिमार्जित आधुनिकता का प्रसार भी चाहता था। इसकी राष्ट्र की परिभाषा भी इसके निजी हितों से जुड़ी हुई है। भारतीयता के सन्दर्भ इससे दूर छिटक गये। एकता के सूत्र तार-तार हो गये। ऐसी स्थिति में यह व्यक्ति अपने परिवार में ही अपने को सुरक्षित मानता है। कमांडों की सुरक्षाकवच के बिना यह समाज के सामने जाने से डरता है। एकता के पूर्वचित्रण के रूप में अब हमारे यहाँ कतिपय आदिवासी समूह बचे हैं, किन्तु अब वे भी गोलियों की आवाजों से सन्नाटा तोड़ने लगे हैं। आज हमारे पास

एकता का विचार तो है, किन्तु एकता की भावना नहीं है। व्यक्ति दलगत-भावना से जैसे-जैसे घिरता चला गया, वैसे-वैसे उसकी समाजगत भावना लुप्त होती चली गई। ऐसी स्थिति में आज राष्ट्र ही विकास का मिथ बन गया है।

आजादी के बाद आम जनता की चिरपोषित आकांक्षाओं की पूर्ति औपचारिक शिक्षा-व्यवस्था तथा प्रशासनतंत्र के विस्तार और प्रचार के माध्यम से की गयी। शिक्षा और प्रशासन के बीच प्रकार्यात्मक सम्बन्धों के कारण उपाधिधारियों का प्रवेश प्रशासन के देवालयों में तो हुआ, किन्तु उपाधिविहीन उनकी ड्योढ़ी तक नहीं लाँघ सके। प्रशासन में प्रवेश पाकर ही विकास का महत्त्वपूर्ण कार्य सम्पन्न किया जा सकता है। जब मंदिर के द्वार सबके लिये खुले, तो देवता नदारद थे। कहने का तात्पर्य यह है कि उपनिवेशी शासन में उच्च शिक्षा उतने ही लोगों को मिलती थी, जितने कि प्रशासकीय पद रिक्त होते थे। आजादी के बाद शिक्षा के लोकव्यापीकरण के कारण डिग्रियाँ तो मिलीं, किन्तु नौकरियाँ नहीं मिलीं। अलबत्ता बेरोजगार नयी पीढ़ी में राष्ट्रवाद के अंकुर अवश्य प्रस्फुटित हुए, किन्तु वे भी एक अधोगामी चेतना के साथ।

नई शिक्षा-व्यवस्था की उक्त क्रिया-प्रक्रिया में शिक्षा का एक निश्चित "मिथक" विकसित हुआ। हमारी ग्रामीण आबादी ने यह समझा कि शिक्षित होने के साथ उसके बेहतर भविष्य का सपना पूरा होगा। इस हेतु अधिकाधिक विद्यामन्दिरों के लिये उसने सरकार पर दबाव डाला। आजादी के बाद लगभग पहले ही दशक में ये आकांक्षाएँ पूरी हो गयीं। उस समय प्राथमिक शिक्षा के मायने थे राजकाज में भागीदारी। बस्तर के हलबी-लोककवि ने एक व्यंग्यचित्र इस प्रकार खींचा है–

पढ़ुन लिखुन कुरची बसा, राज के चलावा।
जोहार बाबू बल्ले कोनी, मूँड के हलावा।

अर्थात् "पढ़ लिख कर कुर्सी पर बैठो (प्रशासन चलाओ)। यदि कोई कहे "बाबू जी नमस्कार तो धीरे से सिर हिला दो।" वह व्यक्ति जो किसी विश्वविद्यालय से डिग्री हासिल कर लेता, वह बहुत शीघ्र विभागप्रमुख, प्रमुख सचिव अथवा मंत्री के पद तक पहुँच जाता। उक्त अधिकारी गाँवों के प्रतिभाशाली छात्र ही होते थे। उनकी छाप गाँवों पर पड़ी और गाँव-गाँव में पाठशालाएँ खुलने लगीं। इसी के साथ सरकार ने भी शिक्षा पर अधिक राशि जुटानी प्रारंभ कर दी। आज भी भारत में ऐसे सैंकड़ों विद्यालय या मदरसे हैं, जहाँ सभी छात्रों को शिष्यवृत्ति मिलती है। यह अलग बात है कि मेहनतकश भूखा रहता है। आज भी शिक्षा के ऐसे सैकड़ों अनुत्पादक केन्द्र हैं, जिन पर करोड़ों रुपये खर्च किये जाते हैं। आजादी के बाद किसी भी केन्द्र से अन्तर्राष्ट्रीय स्तर की प्रतिभा का जन्म नहीं हुआ। ऐसी स्थिति कैसे बनी ?

इसे समझने के लिये हमें प्रशासनिक ढाँचे पर पुनर्विचार करना होगा। आजादी मिलने के बाद यह स्वाभाविक था कि औपनिवेशक शासन की तात्कालिक अभिव्यक्ति के रूप में कार्यरत संस्थाओं को बन्द कर दिया जाता और स्वदेशी चिन्तन पर अधिक आग्रह होता है। किन्तु ऐसा कुछ नहीं हुआ। भारतीयता की सोच के जन्म के साथ ही यहाँ का "इलीट" अपने-आपको सुविधाजनक स्थिति में पाकर शक्ति और राजनीति का खेल खेलने लगा। उसने औपनिवेशिकता की प्रतीक संस्थाओं को स्वामिभक्तिपूर्वक जीवित रखा।

आम लोगों की समझ में यह बात नहीं आ सकी कि औपनिवेशिक शासन का प्रमुख लक्ष्य "लॉ एण्ड आर्डर" को बनाये रखना था, न कि आम जनता की सेवा करना या सामाजिक विकास के लक्ष्य की पूर्ति करना। "आधुनिकता के सिद्धांत" के आधारभूत तत्व के रूप में परिभाषित "विकासहेतु प्रशासन" पूर्वाभ्यास के बिना असफल रहा। पिछले पाँच दशकों में इस देश में "लोकसेवा" का अभूतपूर्व विकास हुआ है और भारतीय प्रशासनिक सेवा जीवन के हर क्षेत्र में दखल देने लगी है। भारत का यह नौकरशाह आज हर मर्ज की दवा है और उसने प्रतिभा के उर्वर क्षेत्रों को बंजर बना दिया है। आज राज्य की सबसे बड़ा नियोक्ता है।

भारतीय प्रशासन-तंत्र पर समय-समय पर लोगों ने आक्षेप किये हैं, किन्तु असलियत यह है कि इस देश में नौकरशाह को असीम प्रतिष्ठा मिली हुई है। आमजनता उसे "ईश्वर का अवतार" मानती है। टेबिल के सामने कुर्सी पर बैठ कर महत्वपूर्ण फाइलों पर जूझने वाले इस प्रशासकीय पद से बड़ा और "माडर्न" शायद की कोई दूसरा पद हो। प्रशासकीय अधिकारी को विविध सुविधाओं के प्रभामण्डल से क्यों सजाया गया है ? निश्चित तौर पर यह मानना होगा कि भारतीय शिक्षाप्रणाली व्यावहारिक ज्ञान नहीं सिखाती है। वह तो मानवीय श्रम के लिये आरम्भ से ही शिशु के मस्तिष्क में तिरस्कार की भावना बैठा देती है। तकनीकी शिक्षा की यहाँ अनेक संस्थाएं हैं, किन्तु इन संस्थाओं में वे लोग प्रवेश पाते हैं, जो पी० ई० टी० की परीक्षाओं में उत्तीर्ण नहीं होते। तहसील-स्तर पर पुरुषों और महिलाओं के लिए विविध संस्थाएँ स्वरोजगार की गारंटी देती हैं, किन्तु संभावित शाररिक श्रम की वजह से लोग प्रवेश नहीं लेना चाहते। औपनिवेशिक मानसिकता से शिक्षित समुदाय आलसी हो गया है।

छात्र-छात्राओं का सपना भी लोकसेवा-आयोग की परीक्षा पास करना है— अधिकतर "सेवा-मार्गी" हैं। गाँव की खेतिहर संरचना से टूट कर शिक्षा के माध्यम से जैसे ही कोई व्यक्ति आगे बढ़ा, उसका लक्ष्य गाँव से नाता तोड़कर प्रशासनिक पद को हथियाने का हो गया। **प्राइवेट सेक्टर** के बेहतर वेतन वाले पद की तुलना में छात्र-छात्राओं को सरकारी नौकरियाँ आकर्षक लगने लगीं। खेती या व्यवसाय के

उत्पादक कार्यों के बजाय छोटे-मोटे पद भी लुभाने लगे। वाहन-चालक का पद इसी प्रकार का है, जिसमें व्यक्ति आठ घण्टे अपने **"बॉस"** के **"डिसपोजल"** में रहता है, फिर भी लोग **शोफर** बन कर प्रशासन की चकाचौंध से जुड़कर अपने को गर्वान्वित मानते हैं। आज किसी भी विज्ञापित पद के लिए सैकड़ों आवेदन-पत्र प्राप्त होते हैं। शिक्षा अब एक प्रकार का व्यापार बन गयी हैं, किन्तु गुणवत्ता के अभाव में अब यह अपना महत्व खोती जा रही है। शिक्षितों के बीच अब अज्ञान का अंधकार गहराता जा रहा है। इन उदाहरणों पर यदि हम ध्यान दें, तो यह आभास होगा कि आज लोकसेवा में प्रवेश **"अथारिटी"** स्टेटस तथा **"प्रेस्टिज"** का स्रोत बनता जा रहा है।

संक्षेप में कहा जा सकता है कि सरकारी नौकरी आधुनिकता का पर्याय बन गयी है। लोगों के लिये यह विकास का पैमाना है। सामाजिक-आर्थिक उन्नति का यह एक सरल मार्ग है। मानवीय श्रम का अपव्यय है। औपनिवेशिक शासन ने इसी माध्यम से हमारी जनता को गुलामी की जंजीरों में जकड़ दिया था और वह निष्क्रिय हो गयी थी। आज भी भारतीय जनता प्रशासन पर विश्वास करती है और अपनी समस्याओं के निदान की अपेक्षा रखती है। कैसी विडम्बना है कि सेवक स्वामी बन गया है और स्वामी सेवक ? उलटफेर की उक्त स्थिति में वह ऐसे संवेदनहीन प्रशासन से अपेक्षा रखती है, जो सरकारी भाषा अंग्रेजी के माध्यम से प्रशासन चलाता है। और वह प्रशासनिक भाषा बहुसंख्यक की पकड़ से बाहर है। जनता ऐसे प्रशासन की बाट जोहती है, जो वाचिक सम्प्रेषण वाले समाज के लिये टनों लिखित कागज रोज पैदा करता है। लिखित समाज का यह व्यवहार वाचिक समाज की समझ से परे है। वह कागज के उड़ जाने के भय से उस पर **"वजन"** रखने का अभ्यास करता है।

लेखन के प्रति आम जनता की आस्था के कारण नौकरशाही का व्यवहार प्रत्यक्ष तौर पर प्रकार्यात्मक हो गया है। इसी मिथक के कारण नौकरशाही अपनी **"पोजीशन"** और **"पावर"** बनाये रखती है। वह भूल गया है कि वह लोक का सेवक है। दूसरी ओर समाज भी भ्रमजाल के कारण अपने ही सेवक को स्वामी मान बैठा है। वह कार्यक्षमता के आधार पर लोकशाही का मूल्यांकन नहीं करता है। वह अपने इन सेवकों को इसलिये महिमामण्डित करने लगता है कि ये सभ्यता और सम्पन्नता के मिथक का प्रतिनिधित्व करते हैं। आगे चलकर ये **"व्यूरोक्रेट"** अपने चारों तरफ प्रशंसकों की एक ऐसी टीम खड़ी कर लेते हैं कि आम जनता उनसे कट जाती है। इन्हें इस बात का प्रशिक्षण दिया जाता है कि आम जनता से दूरी रखने का अर्थ है **"प्रभुता"** को बनाये रखना। ये वे लोग हैं जो भूत और भविष्य के बीच की विसंगति को छिपाकर **"मिथ्या प्रतिष्ठा"** के भाव से जुड़ गये हैं। एक ऐसा भूत, जिसे वे भुला देना चाहते हैं और **"सांस्कारिक आधुनिकता"** से लबालब एक ऐसा भविष्य, जिस तक वे अब तक पहुँच नहीं सके।

"सांस्कारिक आधुनिकता" से सरोबोर वह भविष्य है प्रतिष्ठा के प्रतीकों को चालाकी के साथ जुटाना (सरकारी गाड़ी, लालबत्ती और बंगला)। अपनी बाह्य आकृति को सजाना-सँवारना (सूट और टाई भले ही जेठ की दुपहरी हो), नियम और कायदों की दुहाई देना, तथा शासकीय या अन्य कार्यक्रमों में लच्छेदार व्याख्यान (छद्‌म बौद्धिकता और बौद्धिक साधकों पर छींटाकाशी)। ये वे माध्यम हैं, जिनसे इनकी आपेक्षिक अक्षमता छिप जाती है और निर्णय लेने की स्थिति से बचा जा सकता है। लोग इनके इस स्वाँग से प्रभावित हो जाते हैं।

कुछ हद तक यह तस्वीर अतिरंजित लग सकती है, किन्तु इससे यह तो संकेत मिलता है कि आजादी के बाद एक ऐसा नया वर्ग विकसित हुआ है, जो लोक-कल्याण के प्रति अपने छद्‌म अधिकारों से जुड़कर सही मायनों में व्यावहारिक तौर पर **"सरकार"** बन गया है। इसे आप किस नाम से पुकारेंगे—**आत्मरत** अथवा **परजीवी (पैरासाइट)**?

यह भी ध्यान देने योग्य है कि एक नौकरशाह अपने **"विस्तृत परिवार"** और ग्रामसमुदाय के सामाजिक ताने-बाने को जोड़कर किस प्रकार रहता है? अपने घोंसले से जुड़े हुए व्यक्तियों की भौतिक आवश्यकताओं की पूर्ति का वह साधन है। प्राचीन सामन्तों के समान वह भी घोंसला बना कर रहता है और उन्हीं को उपकृत करने का प्रयास करता है। लोक-कहावतों में उसकी इस मानसिकता का दर्शन होता है—**अँधरा बाँटे रेवड़ी, चीन्ह-चीन्ह के देय।**

इस प्रकार नौकरशाह **"सामाजिक पुनर्वितरण"** के कार्य को भी सम्पादित करता है। शहर में रहते हुए उसे अपने "विस्तृत परिवार" के सदस्यों की हफ्तों खातिरदारी करनी होती है और जब वह अपने पैतृक गाँव में वापस जाता है, तो वहाँ विविध समारोहों व उपहारों पर दिल खोल कर खर्च करता है। उसकी इस छद्‌म उदारता से भ्रमवश लोग उसे "अत्यधिक संवेदनशील" मान बैठते हैं। कहने का तात्पर्य यह है कि परम्परा के जिन कठोर नियमों से बचने के लिये वह गाँव से शहर की ओर भागा था, वे शहर में भी उसका पीछा नहीं छोड़ते।

क्या उक्त प्रशासनिक स्तर भविष्य में ऐसा ही जड़ बना रहेगा ? इस सवाल के जवाब में हम उन लोगों के उदाहरण दे सकते हैं, जिनकी शिक्षा-दीक्षा अंग्रेजी-माध्यम से हुई है। ब्रिटिश औपनिवेशिक शासन ने यहाँ के "काले" लोगों के लिये जिस शिक्षा की व्यवस्था की थी, वह **"बाबू"** बनाने तक सीमित थी। उसका लक्ष्य था कि भारतीय अपने जड़ों से कट कर तन से काले किन्तु मन में "गोरे" बन जायँ। यह स्थिति बहुत कुछ सीमा में आज भी मौजूद है। एक आलेख में मैंने इसे **"शक्ति और राजनीति का अभिनय"** कहा है। अंग्रेजी-दाँ-वर्ग आज भी विविध पारिवारिक और व्यावसायिक कड़ियों से जुड़ा हुआ है। यह **"न्यू इलीट"** बाहरी दुनिया पर अपने प्रभाव का प्रदर्शन

आर्थिक उदारता के माध्यम से करता है। विविध समारोहों के आयोजन के बहाने वर्गगत सामाजिक आकर्षण का वह केन्द्र बनता है। इससे बाह्यतौर पर मिथकों की संरचना होती है और उसका असली चेहरा छिप जाता है। यही कारण है कि आजादी के बाद ऐसे समारोहों, सेमीनारों, तथा सभाओं आदि के आयोजन का विस्तार हुआ है और इनसे पारिवारिक सदस्यता में इजाफा हुआ है।

ऐसे असंख्य उदाहरण है, जो स्वातंत्र्योत्तर "इलीट" के चरित को आरेखित कर सकते हैं। यहाँ उनकी विस्तार के साथ समीक्षा करने के बजाय संक्षेप में यह कहा जा सकता है कि अब कोई नौकरशाह अपने विशिष्ट मूल्यों को सार्वभौमिक मूल्य का रूप दे देता है, तो बाहरी दुनिया के बीच उसकी "पोजीशन" सुदृढ़ हो जाती है। ये सार्वभौमिक मूल्य न्यायिक व्यवस्था, लोकसेवा के आचार-विचार, तथा शैक्षिक व्यवस्था आदि के परम्परागत मानकों से जुड़े हुए हैं। हाथी के दाँत के समान बाहरी दुनिया को दिखाने के लिये, आंतरिकतौर पर ये मूल्य पारिवारिक हितसाधन के कवच हैं। कभी-कभी राजनेताओं से जुड़कर नौकरशाह राजनैतिक शक्ति के संतुलन में भी सहायक होते हैं।

यहाँ प्रशासन और राजनैतिक व्यवस्था के बीच के सम्बन्धों को समझना भी आवश्यक है। यह मान्यता झूठी साबित हुई है कि उत्तराधिकार से प्राप्त पश्चिमी प्रजातांत्रिक संस्थाएँ नवोदित राष्ट्र के जीवन-मूल्यों को संचालित करेंगी। एक बार राजनैतिक शक्ति मिल गयी, तो यहाँ के राजनेताओं ने दमन का सहारा लिया। आपातकाल आ गया। विरोधी दल प्रतिबंधित हो गये। विरोधी समाचारपत्रों के कार्यालयों को सील कर दिया गया। निर्वाचन को जयकारी कृत्य माना गया। संसद व विधानसभाओं की मर्यादाएँ भंग हुईं। राजनैतिक दलों पर व्यक्तिविशेष का प्रभुत्व हो गया और पार्टी के भीतर भी संवाद की स्थिति खत्म हो गयी। ऐसे वातावरण में नौकरशाह तटस्थ नहीं रह सके। बहुत ही शीघ्र उनका राजनैतिकीकरण हो गया। वे "राजनैतिक शासन" के काम्प्लेक्स से जुड़ गये। अपनी सुदृढ़ जातीय और व्यापक क्षेत्रीय पृष्ठभूमि के बावजूद पुराने राजनेता पृष्ठभूमि में धकेल दिये गये। प्रशासन को पहली बार क्रियात्मक महत्व मिला। उस स्थिति में सांसदों की भूमिका प्रतीकात्मक रही। बिल्ली और चूहे के इस खेल में प्रधानमंत्री तथा उसकी "कोटरी" की सनक पर ही सांसदों की जीवनरेखा निश्चित रही। इन राजनेताओं ने हजारों सरकारी कर्मचारियों का इस्तेमाल अपने हितसाधन में किया। आज ये सरकारी अफसर या तो पदावनत हैं या अन्तर्राष्ट्रीय संस्थानों की शोभा बढ़ा रहे हैं। कुछ राज भोगते हैं और कुछ वनवास भोगते हैं। अनेक विश्वविद्यालयों के कुलपति या विविध आयोगों के अध्यक्ष बन गये। सरकारी अधिकारी अनेक रूपों में ठगे भी गए हैं। उन पर अनेक आरोप भी लगते हैं। ये कटु आलोचना के शिकार होते हैं। ऐसा तब होता हैं, जब ये किसी मंत्री के खतरनाक "क्लिक" से जुड़

जाते हैं। यह भी मानना होगा कि प्रशासकीय क्षमता के लिए इन्हें जो प्रशिक्षण दिया जाता है और मन में कुछ कर दिखाने का शुरू में इनमें जो उत्साह होता है, वह कालांतर में सकारात्मक नहीं रह पाता। मंत्रियों का दबाव इन पर निरंतर बन रहता है। इन राजनैतिक प्रक्रियाओं के दो पहलू हैं—

(क) निर्णय लेने की प्रक्रिया को मंत्रियों ने पूरी तरह **"सेण्ट्रेलाइज"** कर दिया है, तथा (ख) सहभागिता के तत्व को इन्होंने पूरी तरह नकार दिया है। अर्थात् इनके राजनैतिक निर्णयों में जनता की सहभागिता का अभाव है। इस प्रकार **"राजनैतिक क्षेत्र"** निरंतर संकुचित होता गया है।

अनेक भारतीय राजनेता चुनाव जीत जाने के बाद अपमानजनक व्यवहार करते हैं। स्वागत-समारोहों को छोड़कर शेष अवसरों में भारतीय नागरिक की कोई भी क्रिया इनके हिसाब से राष्ट्रीय एकता के विकास में बाधक है और देश के विकास के लिए बहुत ही खतरनाक। अब प्रशासन भी उक्त सम्प्रभुता के अलंकारशास्त्र से जुड़ गया है। राजनैतिक दलों के साथ "यथास्थिति" बनाये रखने का वह निरंतर प्रयास करता रहता है। कोई भी प्रशासन उतना ही अच्छा होता है, जितना की राजनैतिक पर्यावरण उसे वैसा होने की अनुमति देता है। बघेली की एक लोकोक्ति इस स्थिति का सही चित्रण करती है...**"का रीमा राज म सती नहिं आहिन? आहिन पै जब हिंजड़न के मारे बाँचयँ।**

प्रशासन और अर्थव्यस्था के बीच सम्बन्ध कैसा है? हमारी सरकारें औपनिवेशिक युग की परम्परा को खत्म करने का वायदा करती रही हैं। राष्ट्रीय अर्थव्यवस्था को सुधारना चाहती हैं। आत्मनिर्भरता का दावा करती हैं, किन्तु पुनः उदारीकरण के दलदल में फँस जाती है। कभी सम्मिश्र अर्थव्यवस्था से प्राइवेट और पब्लिक सेक्टर की ओर झुकीं, तो फिर हड़बड़ाहट में प्राइवेट से जुड़ गयीं। यद्यपि विदेशी पूँजीनिवेश और आर्थिक उदारीकरण को मैं **"नेति नेति"** के भाव से नहीं देखता हूँ, किन्तु मुझे भय है कि कालान्तर में वांछित परिणाम नहीं मिल सकेंगे। इन परिणामों में विशेष उल्लेखनीय बात यह है कि बढ़ती हुई बेरोजगारी को दूर करने के लिये आर्थिक उदारीकरण का क्या योगदान होगा ? क्या इनसे सकल घरेलू उत्पादों पर प्रभाव नहीं पड़ेगा ? क्या इस स्थिति में लघु व्यवसाय व लघु उद्योग जीवित बचेंगे ? आर्थिक विकास के लक्ष्य की प्राप्ति के लिये हमने जिस खण्डित युक्ति का सहारा लिया है, वह आर्थिक उन्नति (प्रति व्यक्त आय में वृद्धि) पर अधिक बल देती है। उदारीकरण से विशाल उद्योगों में तो वृद्धि होगी, किन्तु इन विशाल उद्योगों पर उन विदेशी कम्पनियों का अधिकार होगा, जो हमारे राष्ट्रीय आर्थिक हितों से परिचालित नहीं होती हैं।

सेवा-क्षेत्रों (बैंक, ट्रांसपोर्ट इत्यादि) में भी कोई खास फर्क नहीं आया; क्योंकि "परा औपनिवेशिक-शृंखला" वहाँ भी विद्यमान है। इस **"मार्डन सेक्टर"** के साथ हमारा

"अग्रेरियन सेक्टर" भी है, जहाँ विदेशी पूँजीनिवेश (कोका कोला, लहर पेप्सी इत्यादि) तेजी के साथ हो रहा है।

क्या इस देश में राजनैतिक नेतृत्व तथा लोक-प्रशासन असफल रहे हैं? अधिकतर लोगों का यही विचार है। भारत का **इलीट** वर्ग **माडर्न सेक्टर** के विकास में विशेष रुचि प्रदर्शित कर रहा है। आजादी के बाद से भारतीय किसान इतना उपेक्षित कभी नहीं रहा।

क्या **"इलीट"** ने अपने उत्तरदायित्व का निर्वाह नहीं किया ? शायद उसके अपने ही तर्क हैं—विश्वबाजार की मंदी और राजनैतिक अस्थिरता। किन्तु इसमें अब कोई शक की गुंजाइश नहीं है कि उसमें आर्थिक चिन्तन और प्रबंधन की योग्यता का अभाव है। उसने अपनी इस अयोग्यता का प्रदर्शन **''माडर्न सेक्टर''** में पूरी तरह किया हे। प्रारंभ में तो उसने स्वदेशी का नारा लगाया और बाद में विदेशी कम्पनियों के साथ जुड़ गया। विदेशी वस्तुओं के प्रति उसने सम्मोहन की स्थिति पैदा कर दी और उक्त स्रोतों के माध्यम से मालामाल हो गया। प्रशासकीय अधिकारियों का भी इन स्रोतों पर अच्छा खासा **"शेयर"** रहा है।

इसमें कोई दो मत नहीं हो सकते कि राजनेताओं के स्वार्थों की टकराहट के कारण प्रशासनिक क्षमता में निरंतर गिरावट आयी है। अब राजनेताओं तथा प्रशासनिक अधिकारियों के बीच एक प्रकार का गुप्त समझौता हो गया है। इस **"राजनैतिक प्रशासनिक-आर्थिक काम्लेक्स"** पर मैं टिप्पणी नहीं करना चाहता, क्योंकि समाचार-पत्रों में भ्रष्टाचार की खबरें रोज ही छपती हैं।

उपयुक्त विवेचन को अधोलिखित बिन्दुओं में सूत्रबद्ध किया जा सकता है—

(क) भारत की प्रशासनिक व्यवस्था का विवेचन उसके सहायक प्रकार्य के अतिरिक्त प्रतीकात्मक प्रकार्य में भी होना चाहिए। इस प्रकार के विवेचन से यह ज्ञात होता है कि प्रशासन की **"रहस्यमयता"** के कारण प्रकार्यों के उचित निर्वहन में कमी आयी है, जिससे जनता की तकलीफें बढ़ी हैं। इसी से आदिवासी अंचलों में आक्रोश के स्वर नक्सलवाद से जुड़ रहे हैं।

(ख) वर्तमान प्रशासनिक व्यवस्था उपनिवेशवादी शासन की तात्कालिक परिणति है और इसलिए इसमें **"निष्क्रिय-अनुकूलित-वर्णसंकरता"** झलकती है, अर्थात् इसमें देशी सामाजिक व्यवस्था की परवाह किये बिना प्रशासनिक व्यवस्था के विदेशी ढाँचे को स्वीकार किया गया है।

(ग) उक्त विदेशी नकल एक **"पश्चगामी प्रतिस्पर्धा"** है अर्थात् इसमें नवधनाढ्य होने के कारण एक सामाजिक वर्ग **"स्टेटस"** हासिल कर अपने यूरोपीय

आकाओं की संस्कृति का अनुकरण करता है। इस प्रकार वह अपने ही लोगों के बीच दूरियों को विकसित कर उनका स्वामी बन जाता है। यह विपर्यास की स्थिति है; जिसमें मनु के अनुसार **"अधरोत्तर"** की संभावना बढ़ जाती है। अनुत्पादक शिक्षा के कारण केन्द्रीयकरण की स्थिति आयी है, जिससे विकेन्द्रीकरण संभव नहीं हो पाया और समूची शक्ति प्रशासकों के हाथों में सीमित हो गयी।

(घ) इसी के साथ हमें यह भी ध्यान रखना होगा कि भारत में पुराने मूल्य आज भी जीवित हैं।...विशेषकर सरकारी कर्मचारी और नागरिकों के बीच आपसी सम्बन्धों में। आयातित मूल्यों से इन पुराने मूल्यों में टकराहट पैदा हुई है। हम इसे **"बहुमानक"** कह सकते हैं। इन **बहुमानकों** के कारण आज धर्मसंकट की स्थिति बन गयी है; क्योंकि आयातित नए मूल्य सामान्य सामाजिक स्वीकृति की परिभाषा के अन्तर्गत नहीं आते। ऐसी स्थिति में नौकरशाह अपने आपको नियमों से परे मानकर अल्पकालिक वैयक्तिक हितों के लिए गलत निर्णय लेकर अपने पदों का दुरुपयोग करते हैं।

इस असन्तोषजनक स्थिति से छुटकारा कैसे मिले? उसे किस प्रकार निष्प्रभावित किया जाये ? भारत की **"प्रशासनिक आधुनिकता"** के मिथक पर नये सिरे से विचार करना आवश्यक है। प्रशासन के पश्चिमी **"मॉडेल"** से मानसिक और भौतिक गुलामी बढ़ी है। भारतीय समस्याओं के लिये पश्चिमी समाधान अनुचित हैं। आज भारतीय बुद्धिजावी भी पश्चिम के विचारों को समाधानपूर्वक आयातित कर रहे हैं। भारत को अपनी संस्कृति के माध्यम से ही विकास की मंजिल पर पहुँचना होगा। भले ही यह प्रक्रिया बहुत कष्ट- साध्य हो। हम भारत के नैतिक मूल्यों का पुनः स्मरण करें। उन्हीं के आधार पर प्रशासनिक व्यवस्था का संवर्धन हो। इसी आधार पर व्यक्ति और समाज के बीच एकता की भावना विकसित हो। **"अपरिपक्व व्यूराक्रेसी"** के कारण आजादी मिलने के साथ ही यह प्रक्रिया अवरुद्ध हो गयी थी।

हमारी मान्यता है कि प्रशासन से पश्चिम की अंधी नकल समाप्त हो। लोक-प्रशासन के अतिरंजित आदर्शीकरण व विशिष्ट कर्मकाण्डीकरण से आदिवासी जनता की समस्याओं का निराकरण नहीं हो सकता। समस्याओं की विद्रूपता हिंसा में भी बदल सकती है।

8
गाँधीवादी आंदोलन

भूमिका

छत्तीसगढ़ के दक्षिण छोर में "**वंशतरि**" के सघन वनों में आज आदिम जीवनधारा उद्दाम वेग से प्रवाहित हो रही है। 39, 114 वर्ग किलोमीटर में विस्तृत **दंतेश्वरी के "वस्त्र"** का प्रतीक बस्तर **शालवनों** व **वत्सर** का वह भू-भाग है, जहाँ कभी वनवासी राम ने विचरण किया था। शताब्दियों की विस्मृति के पश्चात् इस वनस्थली का इतिहास चौथी शताब्दी में नल-वंश की स्थापना से प्रारम्भ होता है। राष्ट्रकूट, चालुक्य, चोल, तथा गंग आदि राजाओं के संघर्ष-काल के अनन्तर यहाँ नागवंश राजाओं का आधिपत्य हुआ। चौदहवीं शताब्दी के मध्य में यह चालुक्य नरेशों के अधिकार में आया, तथा उन्होंने पाँच सौ वर्षों तक यहाँ शासन लिया। अंग्रेजी शासन-काल में बस्तर के वनवासियों ने अपनी स्वायत्तता के लिये तेरह बार रक्तक्रांति की थी। सन् 1948 में इस भू-भाग के भारत- गणराज्य में विलय के साथ वनवासियों के स्वप्न तथा बलिदान सार्थक हुए। 1968 ई० में **"बैलाडीला-लौह-अयस्क-परियोजना"** के साथ बस्तर के विकास का नया अध्याय प्रारम्भ हुआ।

आज बस्तर जिले में **एलविन** तथा **ग्रिग्सन** के समय के बस्तर के साथ काँकेर-राज्य भी सम्मिलित है। भारत गणराज्य के विविध प्रान्तों के सम्पूर्ण जिलों में बस्तर कभी वृहत्तर जिला था तथा विस्तार में केरल राज्य से भी अधिक विस्तृत। इसके पूर्व में उड़ीसा का कोरापुट जिला, दक्षिण-पश्चिम में आंध्र का गोदावरी जिला, पश्चिम में महाराष्ट्र का चाँदा जिला, व उत्तर-पश्चिम में मध्यप्रदेश के रायपुर तथा दुर्ग जिले थे।

दण्डकारण्य का भू-भाग बस्तर, भिन्न-भिन्न जातियों का संगम है। यहाँ अनुमानतः तेईस लाख वनवासी जातियाँ रहती हैं—संभाग की बहत्तर प्रतिशत जनसंख्या। इनमें **अबुझमाड़िया, दंडामी माड़िया, राजमुरिया, मुरिया, दोर्ला, परजा, गदबा, हलबा, भतरा, धाकड़, पनरा, महरा, गंडा, पनका, घसिया,** परधान तथा **कलार** आदि प्रमुख हैं। **ओराँव, कोर्कू** व **खड़िया** का उल्लेख सन् 1961 की जनगणना के पूर्व कभी नहीं मिलता। अतएव ये जातियाँ सम्भवतः उड़ीसा की ओर से हाल ही में आकर बस्तर में बसी होंगी। यों तो देखने में इन सबमें अलग-अलग रहन-सहन, वेश-भूषा, रीति-रिवाज, आचार-विचार, उत्सव-संकार, नृत्य गीत, कला-कौशल के भिन्न-भिन्न प्रकार हैं—सब अलग-अलग दिखाई देते हैं—पर "**सूत्रे मणिगणा इव**" एक ऐसा सूत्र है, जिसमें इन सब मणिगणों की एक ही माला पिरोई हुई है।

बस्तर के वनवासियों का जीवन सभ्यता के अन्तर्द्वन्द्वों में, राग-द्वेषजनित समस्याओं में कभी उलझा नहीं है। फलतः उनके जीवन में आज भी एकांतता और शान्ति विद्यमान है। वे आज भी पक्षियों के साथ उठते हैं, सिंह-शावकों के साथ खेलते हैं, तथा चाँद और सूरज के साथ हँसते और गाते हैं। उनकी हँसी से वन में वसन्त छा जाता है और उच्छ्वास से पतझड़। वेदना से अंतरिक्ष में लहर उठती है और विरह से आसमान में काली घटा मँडराती है। प्रकृति और उनके बीच कोई व्यवधान नहीं, कोई रुकावट नहीं। उनमें कृत्रिमता नहीं है। वे प्रकृति की भाँति अकृत्रिम हैं। उनके अंदर मानवी भावों की लहरें अपने अछूते रूप में आती हैं और जीवन के सभी क्षेत्रों में फैल जाती हैं। अपने को छिपाने की कला उन्होंने अभी तक नहीं सीखी। वे न आँसू पीते हैं, न हँसी चुराते हैं।

इन जनजातियों की बोली भी अलग-अलग है। **भतरी, हलबी** अथवा **छत्तीसगढ़ी** आर्य-बोलियाँ हैं, तो अत्यल्प प्रयुक्त **खड़िया, गदबा** व **कोर्कू** मुंडा-बोलियाँ। द्रविड़ परिवार की उपशाखा गोंडी की छह बोलियाँ हैंः—**झोरिया-माड़िया, दंडामी-माड़िया, अबुझमाड़िया, मुरिया, दोर्ली** तथा **पर्जी** या **धुर्वी**।

बस्तर की बोलियों पर **ग्रियर्सन** महोदय को जो सामग्री पटवारियों के माध्यम से मिली थी, वह मुझे अप्रामाणिक लगती है। उनके विचार से **हलबी** मराठी की बोली है, किन्तु मैंने अनेकानेक साक्ष्यों के आधार पर यह सिद्ध किया है कि हलबी एक **"पिजिन"** है। **ग्रियर्सन** को बस्तर में गोंडी का एक ही स्वरूप मिला था तथा वे इसका स्वरूप उत्तर-भारत की इतर गोंडी-जैसा मानते हैं। किन्तु तथ्य यह है कि बस्तर की गोंडी अन्य क्षेत्रों की गोंडी से पर्याप्त भिन्न होने के साथ ही साथ अनेकानेक बोलीगीत विभेदों से युक्त है। बस्तर के उत्तर-पूर्व कोने से लेकर पश्चिम-दक्षिण व दक्षिण-पूर्व तक एक वृत्त-खंड है, जिसमें गोंडी की विविध छह बोलियाँ बोली जाती हैं।

बस्तर के लोकगीतों में दण्डकारण्य—प्रकृति के उद्‌गार हैं। लोक-जीवन इन लोकगीतों से ओतप्रोत है। बस्तर के गाँव-गाँव में, गाँव की गली-गली में, गली के घर-घर में, घर के कंठ-कंठ में ये गीत युग-युगान्तर और कल्प-कल्पान्तर से हवा-पानी की तरह, सूरज-चाँद की तरह विकसित, सुरक्षित और संरक्षित हैं। समय और दूरी को पार कर सम्पूर्ण पन्द्रह हजार वर्गमील में व्याप्त ये स्वर भेद की तरह अपौरुषेय, गीता की तरह अर्थपूर्ण, एवं राम-कृष्ण की तरह प्रचलित हैं।

इन गीतों का विषय जन्म से लेकर मृत्यु तक की कोई भी वस्तु हो सकती है। ये **घोटुल-गुड़ी** (प्रमोद-मन्दिर) में **चेलिक** (घोटुल का युवा सदस्य) व **मोटियारी** (घोटुल की युवती सदस्या) के द्वारा गाए जाने वाले गीत हो सकते हैं या विविध **"परब"** या **"करसना"** (खेल) के गीत।

वनवासियों में प्रचलित गीतों (गोंडी-पाटा, कुरुख-डण्डी) के अनेक रूप हैं: **छेरता, तारा, कोटनी, लेजा, धनकुल व लक्ष्मीजगार।** ये हलबी के अपने गीत हैं, तथा **"चइतपरब"** मूल रूप से भतरी का। **रावनावेलो, रावना-पाटा, रीलो, करसना, लिंगो** आदि पाटा गोंडी की छहों बोलियों में मिलते हैं। आर्य तथा द्रविड़ दोनों ही परिवारों की बोलियों ने एक-दूसरे की गीत-शैली का अनुकरण किया है। मुंडा-परिवार की बोलियों में गीत की शैली इन दोनों से अलग-थलग है तथा उनमें बस्तर के अन्य गीतों की भाँति संजीदगी नहीं मिलती।

बस्तर के लोक-जीवन के उजले दर्पण में गाँधीजी के जीवन का प्रत्येक पक्ष प्रतिबिम्बित मिलता है। दुर्गमवनों में रहने वाले वनवासियों ने भारत की स्वाधीनता तथा उसके उद्गाता के चित्र सँजोए हैं। वनवासी बोलियों में **हलबी** ही एक प्रमुख बोली है, जिसमें युग की धड़कनों को निकट से सुना जा सकता है; क्योंकि यह अधिकांश बस्तर की सम्पर्क बोली है। इसके अतिरिक्त समय-समय पर अन्य बोलियों में भी गाँधी-दर्शन को अपने लोकगीतों का विषय बनाया है, किन्तु संख्या में अपेक्षाकृत कम।

रक्तक्रांति के स्वर

अंग्रेजी-शासन-काल में वनवासियों को अत्यन्त सताया गया था। उनका संत्रास जब-जब सहनशक्ति से परे हो गया, उन्होंने तब-तब अंग्रेजों के विरुद्ध रक्तक्रांति की। सन् 1910 की रक्तरंजित क्रांति के स्वर आज भी बस्तर के वनों में गूँजते हुए "भुमकाल-गीत" में सुने जा सकते हैं :

सुना सुजन हो, सान सियान हो,
भुमकाल गीत गाइबि, सुनाइबि ॥ (भतरी)

(बड़े लोग सुनें, मैं विप्लव-गीत गाकर सुना रहा हूँ।)

कितने ही वर्ष इस त्याग और बलिदान के गीत को सुनते हुए निकल गए। देश में एकता न रही। शक्ति क्षीण हो गई। स्वतंत्रता के अनेकानेक पुजारी (अंग्रेजों के छल के कारण) मातृभूमि के लिये मर मिटेः—

कितरो बरख असन गेली, देस चो टूटली बल।
देस चो कितरो फाँसी गेला, करुन थाकला छल ॥ (हलबी)

गाँधी का अवतार

ऐसी स्थिति में गाँधी का देवता के रूप में आविर्भाव हुआ। यह वह काल था, जब अंग्रेज हमारे देश के अन्न-धन को लूट रहे थे। भारतवासियों में फूट डाल रहे थे। कलह उत्पन्न कर रहे थे। गाँधी देवता ने हमारी आँखें खोल दी। उनकी भेद-नीति का रहस्य

प्रकट कर दियाः—

देवता बन के आये गाँधी, देवता बन के आये
हमरे देश के अन ला धन ला, जम्मो-जम्मो लूटिन।
परदेशियन के लड़वाए ले, भाई से भाई छूटिन॥
देश ला करके निचट निहत्था, उल्टा मारैं शेखी।
बोहे गुलामी करत रहेन हम, उँकरे देखा-देखी।
तै आँखी ला हमर उघारे, जम्मो पोल बताए।
गाँधी देवता बन के आए॥ (छत्तीसगढ़ी)

और गाँधी देवता का अवतार हुआ था "काठियावाड़" राज्य के दीवान करमचन्द गाँधी के घर। मनुष्य धर्म का उन्होंने पाठ पढ़ा था। अतएव अंग्रेजों की बातों को सुनकर उन्हें अत्यन्त कष्ट हुआ। देश के दुःख को देखकर वे अत्यन्त चिन्तित थेः—

काठेयावाड़ राज चो देवान रलो, गाँधी करमचन्द।
हुनचो घरे बेटा जनमलो, गाँधी मोहनचन्द
हो गाँधी मोहनचन्द॥ छेर-छेर॥
बाढ़लो उड़लो पाठ पढ़लो, मनुज धरमकारी।
साहेब मन चो गोठ सुनुन, धक्का लागली भारी-
हो धक्का लागली भारी॥ छेर छेर।।
देस भर चो दुख के दखुन, गाँधी फिरलो घरे।
पेट भितरे चिन्ता ढापली, आइग असन बरे-
हो आइग असन बरे॥ छेर छेर॥ (हलबी)

गाँधी का सत्याग्रह

भारतवर्ष के दुःख-दैन्य को समाप्त करने के लिए उन्होंने अहिंसा का सहारा लिया। उपवास के द्वारा सम्पूर्ण समस्याओं को सुलझाया। पत्थर मन अंग्रेज भी पिघल गये। ऐसे गाँधी मानव नहीं देवता हैं। उनके कार्यों की चर्चा भला वनवासी कवि कैसे कर सकता है? उसमें सामर्थ्य भी तो नहीं हैंः—

तोर करनी ला कतेक बतावों, सक्ती नइए भारी।
देस विदेस अउ गाँव-गाँव माँ, तोरेच चरचा-भारी॥
तैं उपास कर-करके मउनी बनके करे तपस्या
अंगरेजी चौगुन ला मेटे, टोरे सबो समस्या॥

साल बछरले धरे अहिंसा, पथरा ला पिघलाए॥

गाँधी देवता बन के आए। (छत्तीसगढ़ी)

गाँधीजी के द्वारा प्रदर्शित सत्य-मार्ग ही इन वनवासियों का प्रेय हैं, क्योंकि यह जानते हैं किः—

सत ने रले भात मिरेदे, सत ने होएदे जीत।

सत मारग ने रलू जाले, बयरी होयदे मीत।

हो बयरी होयदे मीत॥ छेर-छेर॥ (हलबी)

सत्य-धर्म के "धनुष्काण्ड" को इन्होंने सदैव धारण किया है तथा उसके उद्गाता की एक स्वर से जय बोलते रहे हैं:—

जय जय भारत माता चो, जय जय बलुक इया हो।

महात्मा गाँधी बाबा चो, सपाय जय बलुक दिया हो॥

हामी हिन्दुस्थानी भाई, नी जानूँ लन्द-फन्द काईं।

सत-धरम चो धनुकाण्ड के धरुन होलुसे ठीया हो॥ (हलबी)

तभी तो एक गीताकार गाँधी को **'सत्य तथा अहिंसा'** का प्रसाद बाँटने वाला मानता है:—

बाँधली द्रोपदी तुमके आँसू धार ने, कुब्जा बाँधुन पकाली फूलहार ने॥ घोषा॥

साग खोआउन बिदुर तुमके बाँधले, बाँधली सबरी तुमके बेर चार ने।

दीला ने हो सत्त-अहिंसा चो परसाद, भारत बाँधलो गाँधी अवतार ने॥ हलबी॥

अर्थात्, हे परमेश्वर द्रौपदी ने तुम्हें अश्रु की धाराओं से बन्दी बनाया। कुब्जा ने फूलों की मालाओं से बन्दी बनया। तुम्हें बिदुर ने साग खिलाकर अपने वश में किया। जंगल के बेर-चार खिलाकर सबरी ने तुम्हें अपने बन्धन में जकड़ लिया और तुम्हें इस गरीब भारत ने बन्दी बनाया सत्य और अहिंसा का प्रसाद बाँटने वाली गाँधी के अवतार से।

महात्माजी के विचारों से प्रभावित होकर वनवासियों के कंठ से जो स्वर निकलते हैं, वे देश सेवा व एकता की भावना से ओत-प्रोत हैं। देश-सेवा के लिये कवि धर्म की ढाल व तलवार लेता है:—

गाँधी दखलो अस्तीर होलो, बल्लो जय जय जय भगवान।

तुइ महाप्रु सदा होलिस, राखलिस सत चो लाज।

देस सेवा काजे धरलू, धरम चो ढाल सत चो तलवार॥ (हलबी)

राष्ट्रप्रेम, धर्म और आध्यात्मिकता

'हम सब भाई-भाई हैं, एक ही देश के निवासी हैं' यह कहकर बस्तर का कवि संपूर्ण कलहों को समाप्त करने की सलाह देता है:—

आमी सबे भाई-भाई, गोटकि देस चो लोग।
छियालाता झगड़ा मेंटूँ, सपाके भारी रोग ॥ (हलबी)

तथा गाँधी के द्वारा दिखाये गये सत्य, अहिंसा और प्रेम के मार्ग का अनुसरण करने के लिए अनुरोध करता है।

सवँसार चो निको काजे, गाँधी महात्मा दखालो तीन बाट।
सत ने रलो ने सुख मिरेदे, धन-लक्ष्मी न होय घाट ॥
अहिंसा के सिखा सबे, काचोय जीवके नी जारा।
दया करा सबरे जीव उपरे, कोनी जीव के नी मारा ॥ (हलबी)

गाँधीजी की लड़ाई असत्य और अधर्म से थी। अंत में सत्य की जीत हुई। उनकी यह गाथा युग-युगान्तर तक चलने वाली कविता बन गई। प्रत्येक युग में अवतार जन्म लेते रहे हैं। गाँधीजी भी एक अवतार थे। कृष्णावतार ने महाभारत-युद्ध में गीता का उपदेश दिया था। गाँधी-अवतार ने भी सत्य व अहिंसा के शान्तिमय पाठ का उपदेश दिया है। बस्तर की जनता उनके प्रति श्रद्धावान है:—

धरम अधरम चो लड़ई, सत चो होली जीत।
देव-सवँसार कहनी लिखेदे, जुग-जुग चो होली गीत॥
जय भगवान जय परमेसर, बिन्ती काय करुंदे आमी॥
युग-युग ने तुय होलिस, इए आय भारत भूमि॥
कृष्णावतार धरुन दुआपर ने, साँगलिस गीता चो गिआन।
धरम लड़ई महाभारत लड़ली, मारे गेला अधरमी सिआन॥
बउद चोला तुचो धरे कलजुग ने, समदुर कठा-कठा दुआर।
जानु लोक के तुइ सबे ठाने, करेसे गाँधी तुके जोहार॥ (हलबी)

तथा उसके गीतों में सत्य धर्म की उद्घोषणा के साथ निर्भयता की ध्वनि सुनने को मिलती है:—

होएदे सत्त धरम चो जीत, बसेदे बैरी मन चो बेर।
काहाँले खादे हुनमन पाक, रोपते बीजा आत कनेर।

दखानूँ धान-मिरी चो झार, गँवरिया भारत चो रखवार।

नी डरूँ आवत चोर-खँगार॥ (हलबी)

बस्तर के माड़िया 'लिंगो' देव के उपासक हैं तथा उनके प्रत्येक अविदित 'पाटा' 'लिंगों' की अर्चना से प्रारंभ होते हैं:—

वायवा पाटा वाई रा लिंगो, वायवा डाका वाई रा लिंगो,

पहाले पाटा नियरा लिंगो, माड़िया पाटा लायोर रा लिंगो,

वायुर लिंगो वायुरा॥ (अबुझमाड़िया)

अर्थात्

अविदित गीत हमें प्राप्त हो, अविदित कदम हमें मिले।

प्रथम गीत तुम्हारा, माड़िया गीत हमारा है, लिंगो, आ जावो, आवो॥

वनवासी गीतों में शरीर की नश्वरता तथा प्राण की चंचलता का चित्रण इस बात का द्योतक है कि ये आध्यात्म-जगत् में भी विचरण करते हैं:—

होय जिवी होय हो, हासा होड़मो, हे साक साकाम लेका हिपिड़ हिपिड़।

सारू साकामदाक लेका जिवे मा ठोल, ठोल नोआ सेताक सिसिर वांगताहेना ॥

(गदबी)

भावार्थः 'ये प्राण क्या है ? हवा है। शरीर क्या है ? मिट्टी है। पीपल के पत्तों से डोलने वाले ये प्राण, अरुई के पत्तों पर पड़े जल-कण की तरह, ढुलक पड़ने वाले हैं। प्रातःकालीन शिशिर की नाई क्षण-भंगुर॥'

जीवन की क्षणभंगुरता से व्याकुल होकर जन-मानव ने जिस जगत् की कल्पना की है, वह आठ खूँटों वाला है। उसके चौथे से लेकर आठवें खूँटों के संरक्षक राम, सीता, गाय, सिंह व गाँधी बाबा हैं :—

आँठ ठन खुँट, आँठ ठन खुँट, माकोड़ा चो जाली।

कुदुन-भाँगुन माकोड़ा दखा, एके बनाली॥

गोटक खुँट चटक-मटक, गोटक खुँटे रीता॥

गोटक खुँटे राम रहू आत, गोटक खुँटे सीता॥

गोटक खुँटे गऊ रहू आत, गोटक खुँटे नाहर।

गोटक खुँटे गाँधी बाबा, गोटक खुँटे जवाहर॥ (हलबी)

मद्य-निषेध-आंदोलन

बस्तर के अधिकतर वनवासी मदिरा-प्रिय हैं। सुरा उनकी चिरसंगिनी है तथा

किसी भी स्थिति में उसका वियोग उन्हें सह्य नहीं है, किन्तु महात्मा गाँधी के मद्य निषेध-आन्दोलन से वे अछूते नहीं रहे। प्रचार-गीत लेजा, छेरता तथा तारा गीत के युवक और युवतियों ने तो जैसे इसके विरुद्ध अभियान शुरू कर दिया थाः—

गाँधी बाबा बल्लो सुना हो गँवेरया
मंद के छाँड़ा तुमी
नंगत गोठ के धरा हो गँवरेया
मंद के छाँड़ा तुम ॥घोष॥
करेजा फोफसा जरुन जाएसे, देहें के चटपट चरुन खाएसे
धन सरेसे धरम जाएसे, मंद के छाँड़ा तुमी ॥1॥
मंद चो जोर ने धरा-धरी, मंद चो जोर ने मारा-मारी,
मंद चेघाएसे तुमके कछेरी, मंद के छाँड़ा तुमी ॥5॥
गाँव चो झगड़ा गाँए टूटे, कछेरी जातोर तुमचो छूटो,
उकील मन चो संगत छूटो, मंद के छाँड़ा तुमी ॥॥॥ (हलबी)

भावार्थ : गाँधी बाबा ने कहा है कि 'ग्रामीण भाइयो शराब को छोड़ दो और अच्छी बात सीखो। इससे कलेजा तथा फेफड़ा जल जाता है। शरीर क्षीण हो जाता है। धन तथा धर्म दोनों ही जाते हैं। शराब के कारण पकड़ा-पकड़ी व मार-पीट होती है। लोग अदालत जाते हैं। शराब पीना बन्द करो, जिससे गाँव का झगड़ा गाँव में ही निपट जाये तथा वकीलों की संगत से बच सको। ॥1॥

'लेजा' के गायक घसिया तथा महरा आदि भी इस आन्दोलन में पीछे नहीं थे। निम्नलिखित गीत में वे मद-प्रेमियों को सावधान कर रहे हैंः—

लेजा, लेजा, लेजा, टोरा-तेल पठेरानी घीव,
मंद-सुर के निचे छाँडसे,
परलो तुमचो जीव॥
लेजा, लेजा, लेजा रे पापा। परलो तुमचो जीव॥ (हलबी)

परजा तथा माड़िया के अतिरिक्त सम्पूर्ण वनवासियों द्वारा पूष महीने की चाँदनी रातों में मनाए जाने वाले छेरछेरा-उत्सव में गाए जाने वाले युवकों के छेरता-गीतों में गाधीजी के मद्य-निषेध की भावना भरी हुई है। लीजिए, नवयुवकों की टोली इधर ही आ रही हैः—

मंद सुर के छाँड़ते छाँड़ा नीको नो हांय मंद।
भाटी बाटे जाउन दखा, खूबे लंद-फंद

हो खूबे लंद-फंद ॥छेर-छेर॥

धरा-झूमा लोढ़ा-पारा, आउर मारा-पेटा।

बारा बाखना कुकड़ी-चाखना, बाप के मारलो बेटा

हो बाप के मारलो बेटा ॥ (हलबी)

अर्थात्: शराब पीना छोड़ दो, शराब पीना अच्छी बात नहीं है। नशे में कुछ नहीं सूझता। भट्ठी के पास जाकर देखो, कितना लंद-फंद होता है। धर-पकड़ व छीना-झपटी और मारपीट का अशोभनीय दृश्य हो जाता है। माँस भी चलता है। बाप को बेटा ही पीट देता है।

और अब बारी है **तारा-गीता** की गायिकाओं की, जो अपने नारी-समाज को सावधान कर रही है :–

पैसा जाऊ आर री, पैसा जाऊ-आय, मंद-सल्फी खादले पापा,

इजत जाऊ आय री-इजत जाऊ-आय ॥?॥

बण्डा कडरा री बण्डा कडरा,, बायलेमन चो मंद खातोर,

बड़े अडरा री बडे अडरा ॥2॥

अर्थात् : पैसे बरबाद होते हैं, री, पैसे बरबाद होते हैं।

सल्फी-शराब पीने पर इज्जत चली जाती है री,

इज्जत चली जाती है।?।

बंडा कडरा है री, बंडा कडरा है,

स्त्रियों का शराब पीना बड़ा बुरा है री, बड़ा बुरा है री, बड़ा बुरा है।2।

भला बताइए, गाँधीजी की मद्य-निषेध की भावना को सार्थक करने के लिए घर-घर में घूमकर जितना कार्य युवक और युवतियों की ये टोलियाँ कर रही थीं, उतना कहीं अन्यत्र निःस्वार्थ भाव से हो रहा था? ये मौन साधक और साधिकाएँ थीं, जिनका जीवन ही तब जैसे गाँधीमय हो रहा था।

विपन्न वनवासियों के देवता गाँधी

अंग्रेजी-शासन ने वनवासी जनता को कंगाल बना दिया था। चावल महँगा हो गया। वस्त्रों के भाव बढ़ गए। भूख-अकाल में इनका पेट छटपटाता रहा। कंदमूल भी नहीं मिलते थे। एक रुपये का एक सोली चावल ये कहाँ से खरीदतेः–

ए...माहांग चाउर, माहांग फटई, एक पाहारिया राँधा, रे एक पाहारिया राँधा।

भूख अकाल ने पेट छटपट, जंगल कड़वा राँधा ॥

अंग्रेजी-राज कंगाल होली, गोटक रुपिया चाउर सोली ॥ (हलबी)

राम की सीता भूख की ज्वाला में जल रही थी। पेज व मड़ेया ही उसके जीवन के सहारे थे :—

परजा चो सुख गरीब चो दुख, परले दुख ने जीवसत।
गोटक सीता मँडेया संगे, ढंगल पेज के पीवसत
हो ढंगल पेज के पीवसत। छेर-छेर। (हलबी)

बस्तर के वनवासियों का जीवन जब इस प्रकार विपन्नताओं से घिरा हुआ था। उनकी सीता 'राम-वन' में भटक रही थी। वैसी स्थिति में गाँधीजी के सतत् प्रयास से भारत का भाग्योदय हुआ। घर-घर के दुख-दैन्य समाप्त हो गए। बस्तर के निवासी गाँधी देवता को भला कैसे भुला सकते हैं :

तैं भारत के भाग ला फेरे, अपन के साहिबी बाना फेरे, गाँधी देवता।
घर-घर दुख-दरिद के मारे, निपट घुनागे रिहिस गा देवता-गाँधी देवता।
तैं जिनगानी देए सबन ला, तोला भुलावों कइसे देवता-गाँधी देवता॥ (छत्तीसगढ़ी)

भावार्थ : तूने भारत के भाग्य को पलटा। अपना साहिबी बाना छोड़ दिया। दुख दारिद्रय से प्रत्येक घर में घुन-सा लग गया था। तूने तो सबको नई जिन्दगी दी। हे गाँधी देवता! तुझे हम कैसे भुला सकते हैं?

खादी-आंदोलन

गाँधीजी ने सम्पूर्ण भारतीय मानवता की एकता तथा उसकी आर्थिक स्वतंत्रता और समानता की प्रतीक जिस खादी के उपयोग पर बल दिया, वह शीघ्र ही निर्धन, किन्तु स्वावलम्बन-प्रिय बस्तर की जनता में लोकप्रिय होने लगी:—

नानमुन छोकरा पहिरें ला पागी, गाँधी बाबा के कहे पहिनबो खादी। (छत्तीसगढ़ी)

अर्थात् : छोटे से बच्चे ने वस्त्र पहन लिया है। महात्मा गाँधी के कथनानुसार हम खादी ही पहनेंगे। इसकी लोकप्रियता का श्रेय छेरता-युवकों को है। उन्होंने गाँव-गाँव में जाकर एकात्मकता-सूचक खादी की वेश-भूषा पर बल दिया:—

भारतवासी आमी सबे, भारत आमचो देस।
खादी टोपी खादी कुड़ता, बनाऊँ, आमचो भेस-
हो बनाऊँ आमचो भेस। छेर-छेर। (हलबी)

तभी तो तब भारत माता, गाँधी, तथा खादी की "जयजयकार" सम्पूर्ण बस्तर में सुनने को मिलती थी:—

जय जय भारतमाता चो, जय जय बलुन इया हो।

महात्मागाँधी बाबा चो, सपाय बलुन दीया हो॥

सपाय पिंधवा फटई खादी, एमन महात्मा चो आय गादी।

धन धन हामचो ए भारत, जय जय चो धुन भरुन दीया हो॥

जय जय भारत माता चो, जय जय बलुन दीया हो।

महात्मा गाँधी बाबा चो सपाय बलुन दीया हो (हलबी)

अर्थात् : भारत माता की जय बोलना, महात्मा गाँधी की जाय बोलना।

सब जन खादी के कपड़े पहनेंगे। धन्य हमारे देश भारत को। इसकी जय की धुन से वातावरण को भर दो।

प्रजातंत्र और पंचायत

सत्य, अहिंसा और प्रेम के देवदूत महात्मा गाँधी के प्रताप से भारतीय जनता स्वतंत्र हुई। बस्तर की युवतियाँ खुशी से झूम उठीं:—

सोली ते सोली, चाउर नापा सोली,

गाँधी बाबा चो परताप ने रइयत राज होली री-

रइयत राज होली॥ (हलबी)

युवक उद्‌बोधन—गीत गाने लगे:—

रैयतवारी राज होली, पीला पढ़ावा।

पढुक लिखुक सिखुन तुमी, राज के चलावा-

हो राज के चलावा॥छेर-छेर॥ (हलबी)

तथा ईर्ष्या-द्वेष आदि की भावना को समाप्त करने के लिए, व झगड़ा-फसाद के निपटारे के लिये गाँधीजी की "**पंचायतराज**" की भावना का प्रसार करने लगे:—

इरखा कुचुर बाहिर डाला, सबके मिलावा,

गाँव चो झगड़ा गाँव टूटो, पंच वसावा-

हो पंच वसावा॥छेर-छेर॥ (हलबी)

इनके प्रयास सार्थक हुए। गाँव-गाँव में पंचायत हो गई। दरी पर बैठकर पंच लोग न्याय करने लगे:—

गाँव-गाँव ने पंचायत होला, दरी उपरे बसुन गेला,

नानी-सुनी निआव एवै, गाँव के टूटेसे।

दखा हामचो बस्तर कितलो सुन्दर, पुरे हिंडेसे॥ (हलबी)

पंचायत-राज की एक मनोरम झाँकी प्रस्तुत हैः—

सुना हो गाँव चो सिआन, पंचायत राज होली बे।
गँवरिया गोहार करसत, पंचमन विचार करसत,
नियाव चो उजर दखा, पंच परमेसर दखा,
पाहाली तुमचो बिहान, पंचायत राज होली बे॥ (हलबी)

अनेकता में एकता

आज वनवासी सजग हैं। उन्हें **एलविन** आदि विदेशी अब बहका नहीं सकते। धोखा नहीं दे सकते। वे देश के लिये जीना जानते हैं तथा देश के लिए धर्म का चोला पहनकर प्राण निछावर करना भी उन्होंने सीखा हैः—

देस काजे जिउक सिखा, देस काजे मरा।
आपलो देस के बचालो काजे, धरम बाना धरा॥
हो धरम बाना धरा। छेर-छेर॥ (हलबी)

उनमें अब कोई फूट नहीं डाल सकता; क्योंकि फूट के परिणाम को वे अन्य भारतवासियों के साथ भुगत चुके हैं—

गोंदा-गोंदा तुमी होलास, टूटली देस चो सोर।
अलग-अलग जात होली, घटली तुमचो जोर-
हो घटली तुमचो जोर॥छेर-छेर॥ (हलबी)

गाँधीजी की हर बात को वे सत्य मानते हैं। स्वराज्य ही उनका नारा रहा है तथा भारतमाता की पुकार को सुनने के लिए उन्होंने प्रतिज्ञा की हैः—

गोरी के अँचरा झुहिंहा में लूरे।
गाँधीजी के झण्डा दुनिया में फिरे॥
लाए ला माटी बनाए मरका।
गाँधीबाबा के कहे ठोंका-ठोंका॥
पावो सुराज मजा करबो।
भारत माता के पुकार सुना करबो॥ (छत्तीसगढ़ी)

भावार्थ : स्त्री का आँचल झूही में फँस गया। गाँधीजी का झंडा समस्त संसार में घूम रहा है। मिट्टी के मटके का निर्माण किया गया। गाँधीजी की हर बात सत्य है। स्वराज्य हमारा नारा है। भारत माता की पुकार सुना करेंगे।

समीक्षा

यद्यपि नवीन सभ्यता के अनेकानेक आकर्षण हैं, फिर भी बस्तर के वनवासी जीवन में गाँधीजी के आदर्श जादू की तरह छाये हुए हैं। कौन कहता है कि बस्तर पिछड़ा हुआ है? जब तक बस्तर के लोकगीतों के माध्यम से गाँधीजी की वाणी वनवासियों में प्राण-संचार रही है, बस्तर पिछड़ नहीं सकता। यह वह स्वर है, जो लोगों में अहिंसा, सत्य, प्रेम तथा निश्छलता की भावना का संचार करता है। उन्हें महान् बनाता है। किन्तु यह भी सत्य है कि अब गाँधीजी के गीतों के स्थान पर बस्तर के आदिवासी नक्सली-क्रान्ति के गीतों को गुनगुना रहे हैं।

आदिवासी अस्मिता के परिप्रेक्ष्य में विकास के सोपान गाँधीवादी विकास से ही संभव हैं। गाँधीजी आदिवासियों के समान एक वास्तविक कर्मयोगी थे और उनके अपरिग्रह, समभाव, तथा निष्काम कर्म जनजातीय चेतना के ही अनुकूल हैं। इसलिए हिंसा के बजाय अहिंसा और सत्याग्रह से ही सामूहिक चेतना जागृत हो सकती है। सत्याग्रह एक **'कलेक्टिव एक्शन'** है और मार्टिन लूथर किंग के अनुसार **Gandhi had forged a weapon which could be used by oppressed people.** ऐसी स्थिति में नक्सलवाद के बजाय गाँधीवाद एक सशस्त्र औजार है, जो जनजातियों को राष्ट्र की मुख्य धारा से जोड़ सकता है।

आदिवासी विकास का गाँधीवादी स्वदेशी मॉडेल

'आदिवासी अस्मिता' और **'विकास'** के बीच एक संघर्ष सर्वविदित है। ऐसा इसलिए कि जिस ढंग से भौतिक उन्नति हो रही है, उससे अनेक समस्याएँ स्पष्टतौर पर उभर रही हैं। पहली समस्या तो सामाजिक है, जिसमें नैतिकता, स्वार्थपरता तथा नशा आदि से जुड़ी हुई बातें हैं। दूसरी समस्या यह है कि तथाकथित विकास के नाम से सम्पन्न, सम्पन्नतर तथा निर्धन निर्धनतर बनता जा रहा है। इस रीति से विकास को **'मध्यमार्ग'** से गुजरना होगा, जिसे गौतम बुद्ध ने **"मझिम निकाय"** कहा था।

क्या वर्णसमाज की जीवनशैली आदिवासी समाज से बेहतर है? क्या आदिवासी समाज अपनी सांस्कृतिक अस्मिता को खोए बगैर वर्णसमाज की जीवनशैली अपना सकता है? क्या आदिवासियों की सांस्कृतिक अस्मिता निरपेक्ष, स्वतंत्र तथा अंतस्तल से प्रामाणिक बनी रह सकती है? क्या आदिवासियों के आंतरिक गुणों के परीक्षण के बिना उनका सही मूल्यांकन संभव है? यदि इन सबका उत्तर नकारात्मक है, तो हमें आदिवासियों के विकास की पूर्व प्रचलित अवधारणा को बदलना होगा। विकास की अवधारणा में गाँधीजी के **'स्वदेशी मॉडेल'** को स्थान देना होगा। गाँधीजी का **'स्वेदशी मॉडेल'** आदिवासियों की आकांक्षाओं तथा उनकी संस्कृति के सन्दर्भों से समरस है। यदि इसे न

स्वीकार किया गया तो अन्य विकल्पों से आदिवासी मूल्य तथा जीवन-शैली विदेशी हो जाएगी। आदिवासियों की पहचान और शिक्षा दोनों के ही संतुलन से यह 'मॉडल' बन सकता है।

आदिवासी विकास का **'स्वदेशी'** मॉडेल आज की बदली हुई परिस्थितियों में असंभव-सा प्रतीत होता है। यह समस्या बहुत कुछ उस कल्पित सिंह की सी है, जो बकरियों के बीच पोषित होने के कारण यह कठिनाई से अनुभव कर पाता है कि वह एक सिंह है। इसलिए आदिवासियों के लिए **'स्वेदशी मॉडेल'** को क्रियाशील बनाने से पहले सरकार को लाचारी की मानसिक स्थिति से मुक्त होना होगा।

आदिवासियों के बीच उद्योगतंत्रः एक आधुनिक मानसिक उन्माद

गाँधीजी ने 30,000 शब्दों वाली **'हिन्दी-स्वराज'** नामक पुस्तिका को 1909 में लिखा था। उस पुस्तक में जिन प्रश्नों का उत्तर दिया गया है, वे भारत की आदिवासी जनता के संदर्भ में आज भी प्रासंगिक हैं। गाँधीजी ने उसमें गीता के दस सूत्रों को वर्गबद्ध किया था।

गाँधीजी ने इस शताब्दी के प्रारम्भिक दशक में जो कहा था, वह अंतिम दशक में सुस्पष्ट हो रहा है। आज समूचा विश्व यह जानता है कि तकनीकी दृष्टि से समुन्नत देश व्यावसायिक स्वार्थपरता के राक्षस के चंगुल में हैं। त्रुटि मानव की न होकर व्यवस्था की है।

ज्ञान की आधुनिक व्यवस्था इस पूर्वधारणा पर आधारित है कि मानव इतिहास और सभ्यता के केन्द्रबिन्दु में होता है। आज मानव की सबसे बड़ी महिमा विज्ञान और तकनीकी मानी जाती है, जिसके कारण आधुनिक मानव ने प्रकृति को लगभग जीत लिया है। किन्तु विडम्बना यह है कि आत्मपूजा में रत विज्ञान भी तकनीकी और मानव के द्वारा नियंत्रित है, जो प्रकृति पर विजय पाने के चक्कर में उपभोक्ता के स्तर पर पराभूत हो गया है।

आज की व्यवस्था अखण्ड और विश्वजनीन होने की चिन्ता में है, आदिवासी विकास की आदर्शमूलक प्रकृति के निर्धारण में एकरूपीकरण, समस्थितिकरण, तथा विश्वीकरण का भाव है। यह इस तथ्य के असंबद्ध है कि ज्ञान की आदिम व्यवस्थाएँ भी हैं तथा विकास के अन्य "मॉडल" भी हैं। आदिवासी विकास को आज विश्व के सन्दर्भ में देखते हुए हम आदिवासियों की ज्ञानशक्ति तथा चेतना को झुठलाने का प्रयास कर रहे हैं। हम मानने लगे हैं कि तकनीकी के द्वारा नियंत्रित आदिवासी-अर्थशास्त्र तथा विज्ञान के द्वारा पोषित आदिवासियों की आकांक्षाएँ विकास का सही "माडेल" हैं। आधुनिक ज्ञानी-विज्ञानी आदिवासियों के समाज को पिछड़ा हुआ घोषित करते हैं।

नजरिया साफ है। आदिवासी संस्कृति उद्योगतंत्र के एकमात्र साँचे में ढलकर आधुनिक उन्मादपूर्ण सभ्यता की चपेट में आ जाय।

चरखाः एक अचूक औषधि

गाँधीजी ने चरखा के प्रतीक के माध्यम से देशी तकनीकों के विकास से समृद्धि का सपना देखा था। यही सपना कभी बस्तर के हलबी-लोकगायक का भी था—

साहब भेस छाँडू आमी, पीधूँ आमचो बाना।
चरखा कातूँ कपड़ा बिनूँ, जोडूँ सूत चो ताना-
हो जोडूँ सूत चो ताना॥छेर-छेर॥

स्वराज बनाम स्वायत्तता

गाँधीजी के ही आह्वान पर मैं आदिवासियों की पूर्ण स्वायत्तता की वकालत करता हूँ। मैं चरखे की संस्कृति का आदिवासी अंचल में प्रवर्त्तत चाहता हूँ। मैं चाहता हूँ कि आदिवासियों का विकास उनकी शैली के अनुरूप हो। सभी जीवनशैलियों के प्रति सम्मान का भाव जागे।

स्वदेशी बनाम आदिवासी संस्कृति

स्वराज का दर्जा ईश्वर से भी ऊँचा है। आदिवासियों को जिस दिन वास्तविक 'स्वराज' मिलेगा, उसी दिन विकास की स्वदेशी नीति का विकास संभव होगा। 'स्वराज' तथा 'स्वदेशी' एक दूसरे के पूरक हैं।

इस प्रकार आदिवासियों के विकास का '**स्वदेशी मॉडेल**' सामान्य वैश्विक अन्तः क्रिया का निवारण नहीं करता। यह एक मुक्त-व्यवस्था है, जो कि **स्वराज, समभाव,** तथा **अपरिग्रह** के गत्यात्मक सिद्धांत पर बना है। इन सबमें हृदय तथा प्रवृत्ति में परिवर्तन का पूर्वानुमान है। गाँधीजी के ही शब्दों में आदिवासी विकास को मैं इस रूप में देखना चाहता हूँ—"I do not want my house to be walled in all sides and my windows to be stuffed. I want the cultures of all lands to be blown about my house as freely as possible. But I refuse to be blown off my feet by any. I refuse to live in other people's houses as an interloper, a beggar or a slave" (Young India, June 1, 1921).

9

आदिवासी ईश्वर को सूली

राष्ट्रवादी आंदोलन जैसे-जैसे प्रबल होता गया, वैसे-वैसे ब्रिटिश-साम्राज्य के समर्थक राज्यों में व्याकुलता छाने लगी और वे आपस में लामबंद होने लगे (जेफरी 1978, हेतने 1978:36)। तब वैसी स्थिति में बस्तर का इतिहास पुनः लिखा गया। ब्रिटिश—साम्राज्य के धूर्ततापूर्ण कार्यों से भी बस्तर का मध्य प्रान्त में संविलयन रुक नहीं सकता। इस अकथ कहानी का उल्लेख विगत खण्ड में हुआ है।

ब्रिटिश सरकार यह जानती थी कि 15 अगस्त 1947 को भारत ब्रिटिश—आधिपत्य से मुक्त होकर एक स्वतंत्र राष्ट्र बन जाएगा, फिर भी उसने 1 जुलाई 1947 को प्रवीरचन्द्र भंजदेव को स्वतंत्र महाराजा घोषित कर दिया। उक्त तिथि से ही प्रवीर के मन में आकांक्षा जगी और वे कालांतर में कांग्रेस के शत्रु बन गए। ब्रिटिश सरकार और भारत के देशी राजा यह चाहते थे कि सार्वभौम शक्ति की समाप्ति के साथ भारत के देशी राजाओं को पूर्ण स्वतंत्रता प्रदान की जाय, किन्तु कांग्रेस ने उक्त प्रस्ताव को ठुकरा दिया (फिशर, 1991, 453-4)। प्रवीर ने कांग्रेस को छलावा उस सयम दिया, जब उन्होंने 1 जुलाई 1947 को राजसत्ता प्राप्त करने के साथ हैदराबाद राज्य को बस्तर के खनन-कार्य के लिए पट्टेदारी (लीज़) प्रदान कर दी, जिसके नवाब ने भारत गणराज्य से अपने को स्वतंत्र घोषित कर दिया था (मेनन, 1985 : 155)। कांग्रेस का भंजदेव के प्रति दुराग्रह का यही मूल कारण था।

प्रवीरचन्द्र भंजदेव के प्रति कांग्रेस के दुराग्रह के और अन्य कारण थे। बस्तर के पूर्व ब्रिटिश-प्रशासक ग्रिग्सन ने यह षड्यंत्र किया था कि बस्तर राज्य का विलय निज़ाम के राज्य में हो जाय। ऐसा न करने पर प्रवीर की माँ की लंदन में रहस्यपूर्ण स्थितियों में मृत्यु हो गयी और प्रवीर के पिता को बस्तर से हमेशा के लिए निष्काषित कर दिया गया। अंततोगत्वा आजादी से डेढ़ माह पूर्व प्रवीर को महाराज घोषित कर दिया, जिससे वे भारत विरोधी हैदराबाद के नवाब के कार्य में सहायक बन जायँ। भारत को उपनिवेश बनाए रखने का यह ब्रितानी षडयंत्र था। उन्होंने बस्तर के शालवनों को नेस्तानबूद करवा दिया था। यहाँ के धान के खेतों में अफीम की खेती प्रचलित करवायी थी। उन्होंने बस्तर की समृद्धि को पूरी तरह लूट लिया था। वे चाहते थे कि प्रवीर के माध्यम से बस्तर को निजाम में मिलाकर हैदराबाद को स्वतंत्र राष्ट्र घोषित कर दें। इस कार्य में उन्होंने प्रवीर को चुना था और उन्हें कुछ इस प्रकार का संस्कार दिया कि वे "स्कीजोफ्रेनिक" बन गए और उनका राष्ट्रवाद का नजरिया ही बदल गया।

15 दिसम्बर 1947 को सरदार वल्लभभाई पटेल वी०पी० मेनन के साथ नागपुर आए। उनका मकसद था छत्तीसगढ़ के रजवाड़ों का मध्यप्रान्त में संविलयन। उन्होंने मध्यप्रान्त के प्रधानमंत्री रविशंकर शुक्ल की उपस्थिति में छत्तीसगढ़ के राजाओं को सम्बोधित किया। उपस्थित दसों राजाओं ने संविलयन के मसौदे पर हस्ताक्षर किया (मेनन, तदेव, 169)। प्रधानमंत्री के द्वारा आयोजित रात्रिभोज में बस्तर के युवराज प्रवीर के अतिरिक्त सभी तनावमुक्त थे। जब लोगों ने उनसे उक्त तनाव का कारण जानन चाहा, तो प्रवीर ने कहा—"मेरे महाराजा न होने पर दंतेश्वरी का क्या होगा। यही चिंता मुझे सताए जा रही है।" तब सक्ती के राजा लीलाधर ने कहा कि आप दंतेश्वरी को प्रसन्न रखिए। इसी में आप और बस्तर की जनता का कल्याण है (डी०पी०मिश्र, खण्ड 2, दिल्ली 1978, पृ. 98)। प्रवीरचन्द्र भंजदेव ने 19 दिसम्बर 1947 को उक्त संविलयन की घोषणा बस्तर के रैयत को हलबी में इस प्रकार की थी—

मयावार रैयतमन

मैं गोटक बेड़ सांगेसे जेमे

तुमचो आरु बस्तराराजवंशचो भाग आसे।

मैं बस्तराज के हिस्दुस्तानचो सरकार के सोंपुन दिले। हुन

सरकार बाटले मध्यप्रदेशचो सरकार आगे बस्तरचो राजकाज चलायदे।

जब बस्तर राज्य भारत गणराज्य का घटक बन गया, तब हैदराबाद को दी गयी खनन की लीज भी स्वतः समाप्त हो गयी (फाइल नं० 161-पीआर/47, 1947, मिनिस्ट्री आफ स्टूटेस, पोलिटिकल)। इसी के साथ प्राचीन बस्तर और काँकेर राज्य बस्तर जिले में विलीन कर दिए गए, जो मध्यप्रदेश का एक जिला था। यह घटना 1 जनवरी 1948 की है, जब बस्तर जिला मध्यप्रदेश का घटक बना।

प्रकट रूप से प्रवीर राजशक्ति की क्षति से कभी अपने को समझा नहीं पाए। बस्तर के विलीनीकरण के बावजूद भारत सरकार प्रवीर के व्यवहार से चिन्तित थी। इसीलिए आजादी के बाद प्रवीर को सम्मानजनक स्थान नहीं मिला और वे इन कारणों से भी कुण्ठित हो गए थे। उन्होंने "आई प्रवीर, दि आदिवासी गाड" (रायपुर 1965) में अपने मन की व्यथा को लेखनीबद्ध किया था—"मेरी रैयत स्वतंत्र है, किन्तु मैं तो बंदी हूँ।" भारत सरकार भी इस बात पर आशंकित थी कि कहीं प्रवीर अपने प्रीवीपर्स के दो लाख रुपयों के साथ समूची सम्पत्ति अयूयाशी व दान में न खर्च कर दे (समीर कुमार गुप्त, 1965 ए 55-7) और ऐसा हो रहा था। वे सौ-सौ रुपयों के करेंसी नोट भीड़ के सामने फेंकते थे और लोग आपस में गुत्थम गुत्था होते थे। उनकी इन हरकतों के कारण मध्यप्रदेश सरकार ने उनकी समूची सम्पत्ति को 1953 में "कोर्ट आफ वार्ड्स" की अधीन

कर दिया। इसके पीछे सरकार का यह तर्क था कि वे मानसिक रूप से बीमार हैं तथा अपने कारोबार के प्रबन्धन में पूरी तरह असमर्थ हैं (फाइल नं० एफ-24 (40)-पीबी/53, 1953)। 1951 से प्रवीर ने तांत्रिक क्रियाओं का अभ्यास करना प्रारंभ कर दिया था। जब 1955 में बस्तर में अवृष्टि की स्थिति आयी, तो उन्होंने "कोर्ट आफ वार्ड्स" में सम्पत्ति जाने के परिणामस्वरूप दैवी प्रकोप माना और सुवृष्टि के लिए उन्होंने यज्ञ भी किया। इससे जनता में तो उनके पक्ष में संदेश गया, किन्तु सरकार द्रवित नहीं हुई। प्रवीर जनता की पीड़ा से एकाकार थे, किन्तु वे व्यापारियों और नौकरशाहों से खिन्न थे। इन दोनों ने मिलकर प्रवीर के खिलाफ साजिश रची (दण्डकारण्य समाचार, 14 अगस्त 1960)।

भारत में रजवाड़ों के विलीनीकरण का एक परिणाम यह हुआ कि "यूनीवर्सल" मताधिकार के आधार पर निर्वाचन प्रारंभ हुआ। उस समय बस्तर-राज्य में विधानसभा की सात सीटें थीं तथा लोकसभा की एक। प्रवीर को जब "ब्लैक शीप" घोषित कर दिया गया, तब 1960 से बस्तर में परदेशियों की बाढ़ आ गयी। 1951 से 1961 के बीच जनसंख्या में 27.7 प्रतिशत वृद्धि हो गयी और 1961 से 1971 के मध्य यह वृद्धि लगभग 30 प्रतिशत हो गयी (सेंसस आफ इंडिया, 1981)। यह सब नौकरशाहों तथा व्यापारियों के मिलीभगत से हुआ, जिनका प्रवीर विरोध करते थे। ऐसी स्थिति में "इनसाइडर" (बस्तरिहा) "आउटसाइडर" (परदेशी) हो गए और "आउटसाइडर" "इनसाइडर" बन गए।

जनसंख्या की उक्त बेतहाशा वृद्धि में अनेक "प्रोजेक्ट्स" का भी योगदान था। पूर्वी पाकिस्तान के विस्थापित बंगालियों को परलकोट तथा फरसगाँव क्षेत्र में बसाया गया और परलकोट-फरसगाँव के माड़िया विस्थापित होकर "आउटसाइडर" बन गए। लगभग 7330 बंगाली परिवार के लिए 58,000 एकड़ भूमि मुहैया कराई गयी (दण्डकारण्य समाचार, तदेव)। इन विस्थापितों के आने से बस्तर के वृक्ष कटने लगे और इससे आदिवासियों के मन में असंतोष पैदा हुआ। इसी प्रकार 1966 में बैलाडीला की खदानों के कच्चे लोहे को जापान भेजने का सिलसिला प्रारंभ हुआ। इसे दंतेवाड़ा के दंडामी माडिया पुनः विस्थापित हुए और भुखमरी की स्थिति में आ गएः क्योंकि श्रमशक्ति बस्तर के बजाय आन्ध्र तथा उड़ीसा से आयातित थी। सरकारी अधिकारी बस्तर का दैहिक और भौतिक शोषण करने में पारंगत हो गए थे। प्रवीर उपर्युक्त तथ्यों के भविष्य-द्रष्टा थे और उनके मन में धीरे- धीरे व्यवस्था के प्रति वितृष्णा का भाव जागा था। उनकी जनसापेक्ष्य नीतियों से उनकी प्रसिद्धि में इजाफा हुआ।

कांग्रेस चाहती थी कि प्रवीर की बढ़ती हुई लोकप्रियता का लाभ उसे मिले। इसीलिए 1957 के विधानसभा के चुनाव में उन्हें टिकट दिया गया। उन्हें "जिला कांग्रेस

कमेटी" का अध्यक्ष भी बनाया गया। प्रवीर भी ऐसे किसी भी समझौते से जुड़ जाना चाहते थे, जिससे उन्हें अपने लक्ष्य की प्राप्ति में सुविधा हो। निर्वाचन के परिणाम इस बात के साक्षी थे कि प्रवीर की लोकप्रियता बरकरार थी। महाराजा के प्रत्याशी के रूप में जो भी चुनाव लड़ता, उसकी ज़ीत निश्चित थी (दण्डकारण्य समाचार, 7 जून 1959)।

यह ध्यातत्व है कि कांग्रेस सरकार ने यह देखा था कि बस्तर के आदिवासी महाराजा प्रवीरचन्द्र को नेता की तरह पूजते हैं। तब सरकार ने 1957 के चुनाव के पहले प्रवीर को तपेदिक का मरीज घोषित कर लन्दन भेज दिया। लन्दन के डाक्टरों ने प्रवीर की जाँच कर कहा कि तुम्हें तपेदिक नहीं है। तुम जा सकते हो। भंजदेव चुनाव से पहले ही लन्दन से वापस बस्तर आ गए। तब क्या था? कांग्रेसी खेमों में हलचल मच गयी और एक षड्यंत्रकारी युक्ति बनाकर भंजदेव के पास कांग्रेसी गए और महाराजा से कहा कि आप बस्तर जिला कांग्रेस कमेटी के अध्यक्ष बन जायँ और बस्तर को अपना नेतृत्व दें। चुनाव में यह प्रचार किया गया कि बैल जोड़ी-छाप पेटी महाराजा बस्तर की है। इस प्रचार से कांग्रेस बस्तर की दस सीटों पर चुनाव जीतने गयी। चुनाव जीतने के बाद कांग्रेसियों ने प्रवीर से कहा कि अब आप कांग्रेस के अध्यक्ष नहीं है और न ही आप यहाँ की राजनीति का नेतृत्व करेंगे। प्रवीर ने बस्तर जिले में प्रचार कर दिया कि मेरे साथ कांग्रेस ने धोखा किया है। इस प्रकार से कांग्रेस के पैर उखड़ गए। तब से फिर सरकार व सरकार की नौकरशाही व पुलिस ने महाराजा प्रवीर-सहित आदिवासियों पर जुल्म ढाना प्रारंभ कर दिया। प्रवीर की अचल सम्पत्ति भी न्यायालय के अन्तर्गत कर दी गयी। उन्हें पागल करार किया गया। जब इससे भी काम न चला, तो आदिवासियों पर पुलिस द्वारा जुल्म कराए जाने लगे। शासन द्वारा आदिवासियों को कोई सुविधा नहीं दी गयी। यदि वे अपने पेट के लिए मांग करते, तो उन्हें पुलिस की लाठी से दबाया जाता। जब कांग्रेस-सरकार ने इससे भी काम बनते नहीं देखा, तो 1962 के आम चुनाव के पहले 1961 में लोहडीगुड़ा गाँव में निहथे गरीब आदिवासियों पर गोली चलाई, जिसमें अनेक आदिवासी मारे गए। आदिवासियों के नेता सुखराम नाग को गिरफ्तार कर जेल में जहर देकर मार डाला गया। इसके बाद 1962 में चुनाव हुए। महाराजा के द्वारा खड़े किए गए सभी उम्मीदवार जीत गए और कांग्रेस बुरी पराजित हुई। फिर तो कांग्रेसी हुकूमत और भी बौखला गयी।

1967 के आम चुनाव जीतने हेतु बस्तर की गरीब आदिवासी जनता पर पुलिस तथा नौकरशाही के द्वारा हर प्रकार के दवाब डलवाना शुरू किया। इसी आतंक से दुःखी होकर करीब चार साल पहले ग्राम तंजोरी से थानेदार मोहनसिंह को आदिवासियों ने पीट दिया, क्योंकि मोहनसिंह ने आदिवासियों पर डंडे बरसाए थे, जिस पर आदिवासियों पर जुर्माने हुए थे। वहीं मोहनसिंह थानेदार से जब सर्किल इंस्पेक्टर हो गया, तो मोहनसिंह

के दिमाग में तंजोरी की घटना याद रही और वह भली-भाँति जानता था कि आदिवासी महाराजा प्रवीरचन्द्र को ही भगवान मानते हैं। हो सकता है कि मुझे पिटवाने में महाराज का हाथ हो। इसलिए महाराजा प्रवीरचन्द्र के प्रति मोहनसिंह कोई न कोई षड्यंत्र करता रहता था। 25 मार्च 1966 को जगदलपुर गोलीकांड के एक डेढ़ माह पूर्व 160 आदिवासियों पर पुलिस ने जुर्म दफा 107 कायम कर मुकदमा चलाया। 18 मार्च 1966 को महल में लकड़ी की गाड़ी लाने वाले आदिवासियों को महल के प्रमुख दरवाजे पर यह कहते हुए मारा गया कि तुम सरकारी जंगल से लकड़ी काट कर लाए हो।

इस बीच मंहगाई तथा लेवी की जबरन वसूली से त्रस्त आदिवासी अपनी मांग को लेकर जहाँ-तहाँ भटक रहे थे कि इसी दरम्यान महाराजा प्रवीरचन्द्र भंजदेव को लेवी वसूली के सहयोग-हेतु सर्किल इंस्पेक्टर मोहनसिंह और राजस्व अधिकारियों ने ग्राम लोहडीगुड़ा, तोकापाल, इच्छापुर ले गए। महाराजा ने आदिवासियों को समझाया और अधिकारियों ने उसी समय आश्वासन दिया कि किसी के साथ ज्यादती नहीं होगी। अधिकारियों ने आदिवासियों को धोखा दिया और जबरन लेवी की वसूली चालू हुई। इससे दुःखी करीब 200 आदिवासी 22 मार्च 1966 को बस्तर के कलेक्टर मोहम्मद अकबर के पास जगदलपुर गए। कलेक्टर ने कहा कि शुक्रवार 25 मार्च 1966 को आवें। तुम्हारा फैसला कर देंगे। 23 मार्च 1966 को बस्तर गाँव के कुछ आदिवासी सूर्यपाल तिवारी के यहाँ गए अपनी मांग हेतु। किन्तु तिवारी अपने निवास पर नहीं मिले, तो निराश होकर आदिवासी वापस लौट गए। 25 मार्च 1966 (शुक्रवार) को महल के अंदर वाले मैदान में सैकड़ों आदिवासी रोटी बना रहे थे।

उक्त 19 आदिवासी मुलजिमों की औरतें उनसे मिलने आयीं, तो आपस में एक बंदी आदिवासी से उसकी औरत बातें करने लगी। इस पर क्रोधित होकर हवलदार श्याम सिंह ने बन्दी आदिवासी को गालियाँ दाग दीं और बंदी आदिवासी की औरत को धक्का देकर मारा तथा उससे दुर्व्यवहार किया। इसी बात को लेकर बात बढ़ गयी। एक आदिवासी ने श्यामसिंह हवलदार को तीर मार दिया, जिससे पुलिस वाले डर कर महल के बाहर हल्ला करते हुए भागे। उसी वक्त करीब 11 बजे से ऊपर धारा 144 की घोषणा पुलिस के द्वारा स्पीकर से की गयी और घोषणा के साथ-साथ लौह-टोपधारी सशस्त्र पुलिस की लारियाँ महल में प्रवेश करने लगीं। पुलिसलारी ने टियर गैस लेकर महल के अंदर छोड़ा गया। कुछ आदिवासी और उनकी औरतें मासूम बच्चों को लेकर भागने लगीं, तो उन्हें गोली का निशाना बनाया गया। करीब 12 या 15 औरतों के स्तन तथा गुप्तांग में गोली का निशाना लगाया गया। कई मासूम बच्चे गोली के शिकार हुए। गर्भवती स्त्री भी गोली से मार दी गयीं, जिसका आधा बच्चा बाहर और आधा बच्चा पेट में और इस प्रकार उसकी मौत हो गयी। 323 आदिवासी जिन्होंने समर्पण किया, उन्हें

गिरफ्तार कर जेल भेज दिया गया। कई आदिवासी तथा औरतें घायल अवस्था में अस्पताल में थीं और कई आदिवासी स्त्री-पुरुष घायल अवस्था में महल से भागे हुए पुलिस के भय से देहातों में छुपे हुए थे। महाराजा प्रवीरचन्द्र भंजदेव को धोखा देकर गोली मारी गयी। महल के कमरों तथा अलमारियों, तिजोरी व पेटियों के सभी ताले टूटे हुए थे। बस्तर के लोगों के कथनानुसार करोड़ों रुपए की सम्पत्ति राजमहल में थी। सब लूट ली गयी। महारानी वेदवती महल में नहीं थीं। अपने मायके पाटन में थीं। पुलिस ने हत्याएँ कर महल में सशस्त्र डाका डाला था, यह बात उन दिनों बस्तर की जनता से छिपी नहीं थी (प्रेमदास महोविया, 1966, पृ. 40)।

बस्तर जिले में कांग्रेस के सभी प्रत्याशियों को जीतने के बावजूद प्रवीर को निराशा ही हाथ लगी; क्योंकि तभीं भी उनकी सम्पत्ति "कोर्ट आफ वार्ड्स" के अधीन थी और कांग्रेस ने उक्त सम्पत्ति प्रवीर को नहीं लौटायी। इससे उनके मन में निराशा का भाव जागा और उन्होंने यह कहते हुए विधानसभा की सीट से इस्तीफा दे दिया– "I could have benefitted the society far better with my own economic resources instead of deceiving people and wasting public money like the other Congress M.L.A.s" (प्रवीरचन्द्र, 1965, 62) अर्थात् "अन्य कांग्रेसी विधायकों के समान लोगों के ठगने व धोखा देने और जनता के पैसों को उड़ाने के बजाय मैं अपने आर्थिक संसाधनों से जनता की बेहतर सेवा कर सकता हूँ।"

प्रवीर के उक्त विद्रोह से कांग्रेस तिलमिला गयी तथा प्रवीर को इस बात के लिए खबरदार किया कि वे "आदिवासियों को भड़का रहे हैं, जिसकी परिणति खतरनाक हो सकती है। कांग्रेस ने एक कदम आगे बढ़कर प्रवीर के एक प्रमुख सहायक बीरा माझी को" "प्रेवेण्टिव डिंटेन्शन एक्ट, 1950" के तहत् गिरफ्तार कर लिया (पाण्डे, 1967, पैरा 47)। इसकी प्रतिक्रिया तो होनी थी। प्रवीर ने शासन को धमकाया कि वे "आधिभौतिक शक्तियों के माध्यम से सरकार को खत्म कर देंगे। ऐसी बदतमीजी उन्हें पसंद नहीं है।"

इसी समय प्रवीर ने अपनी एक नयी पार्टी स्थापित की, जिसका नाम था "आदिवासी सेवादल"। इस पार्टी के माध्यम से प्रवीर ने अपने वैयक्तिक कष्टों को जनता को कष्ट के रूप में रूपांतरित कर दिया और कांग्रेस को भ्रष्टचार का प्रतीक सिद्ध कर दिया। उनके भाषणों में यह बात बार-बार आती थी कि कांग्रेस को हटाए बिना आदिवासियों का कल्याण नहीं हो सकता।

"आदिवासी सेवादल" के साथ बस्तर की समूची आदिवासी जनता थी। स्थानीय कांग्रेसी नेता सूर्यपाल तिवारी तथा सुंदरलाल त्रिपाठी के प्रति प्रवीर की नफरत सबको ज्ञात थी और कहते थे कि इन "आउटसाइडर" ने बस्तर का शोषण किया है। 1960 में सूर्यपाल तिवारी "जिला कांग्रेस" के अध्यक्ष थे और ''आदिवासी सेवादल" यह मानता था कि सूर्यपाल तिवारी ने स्थानीय "सहकारी संस्थाओं के अध्यक्ष के नाते जनता से

अकूत पैसा कमाया है। 1500 लोगों ने जून 1960 को तिवारी के बस्तर ग्राम के आवास को घेर लिया था और सूर्यपाल तिवारी की शिकायत पर 16 लोगों को गिरफ्तार कर लिया गया। इस शांतिपूर्ण प्रदर्शन में गिरफ्तारी से लोग भड़क उठे (दण्डकारण्य समाचार, 12 जून 1960)।

बस्तर के अनेक कांग्रेस के राजनेता या तो उच्च वर्ग के थे अथवा जमींदार, जो बस्तर की भूमि में ही पले-बढ़े थे, किन्तु सूर्यपाल तिवारी या सुंदरलाल त्रिपाठी तो "आउटसाइडर" थे, जिनका दावा था कि वे बस्तर की आदिवासी जनता का प्रतिनिधित्व करते हैं (बेकर, 1979, पृ. 128-31)। इसलिए "आदिवासी सेवादल" के नेतृत्व ने उन्हें सार्वजनिक तौर पर अनैतिक तथा दुष्ट समझा था। नवम्बर में "आदिवासी सेवादल" के रघुनाथ महापात्र को सरकार ने इसलिए गिरफ्तार कर लिया कि उन्होंने सूर्यपाल तिवारी के घर के सामने अभद्र भाषा का प्रयोग किया था। महापात्र–जैसे अनेक उच्च जाति के लोग प्रवीर के वफादार मित्रों में से थे। मैं भी प्रवीर से 1962 से ही जुड़ा हुआ था।

महापात्र की गिरफ्तारी के दिन बस्तर गाँव में एक महती सभा हुई थी, जिसकी अध्यक्षता प्रवीर ने की थी तथा जिसमें हजारों लोग शामिल हुए थे। उक्त सभा सूर्यपाल तिवारी के घर के सामने हुई थी तथा एकत्र भीड़ ने अपशब्दों की बौछार की थी।

"आदिवासी सेवादल" कांग्रेस का सशक्त विरोध करने के लिए संकल्पबद्ध था। उसने समूचे बस्तर जिले में बैठकें आयोजित करना प्रारंभ कर दिया, जिसमें हजारों की संख्या में आदिवासी जुटते थे। उसने धरना और प्रदर्शन की नीति को अख्तियार किया और कांग्रेस के कुशासन को जनता के बीच सुप्रचारित किया। ये धरने और प्रदर्शन करते हुए जंगल, जमीन के अधिग्रहण, उच्च वर्ग के भूमि के हड़पने, साहूकारों, पूँजीपतियों और व्यापारियों के खिलाफ थे (दण्डकारण्य समाचार, 12 जून 1960)। इनके कारण समूचा बस्तर आंदोलित हो उठा था। जिले का साम्यवादी दल भी भूमि को हड़पने और शराब की दुकानों को बंद करवाने में क्रियाशील था (दण्डकारण्य समाचार 13, जून 1960, 15 जनवरी 1961)। सरकार ने आदिवासियों के द्वारा भूमि के परिग्रहण को न्यायविरुद्ध तथा स्वेच्छाचारिता माना और यह दावा करती रही कि उसने 22,000 एकड़ जमीन भूमिहीनों को पहले ही प्रदान कर दी है और बस्तर में भुखमरी की कोई समस्या नहीं है (दण्डकारण्य समाचार, 3 जुलाई 1960, नरोना का साक्षात्कार)।

जगदलपुर तथा अन्य बड़े गाँवों में जो आमसभाएँ हो रही थीं, उनमें दस हजार से अधिक आदिवासी एकत्र होते थे। आमतौर पर इन सभाओं की अध्यक्षता प्रवीर करते थे तथा "सेवादल" के कार्यकर्ता सरकार पर शब्दों की बौछार करते थे। इन वक्ताओं का आक्रमण सरकार के बजाय कांग्रेस के प्रति होता था, खासकर सूर्यपाल तिवारी के विरुद्ध

(दण्डकारण्य समाचार, 20 नवम्बर 1960)। समय-समय पर अन्य दल यथा "प्रजा सोशलिस्ट पार्टी" व "रामराज्य परिषद के सदस्य भी कांग्रेस की बखिया उखाड़ने के लिए ऐसी सभाओं में शामिल होते थे।" "आदिवासी सेवादल" का दक्षिण पंथी "स्वतंत्र पार्टी" में विलय का भी प्रयास हो रहा था (दण्डकारण्य समाचार, 27 नवम्बर 1960, 18 दिसम्बर 1960, 25 दिसम्बर 1960)। इसी समय प्रवीर ने अपनी यह इच्छा भी व्यक्त की कि वे भूतपूर्व राजघरानों को पुनर्जीवित कर "चैम्बर आफ प्रिंसेज" का गठन करेंगे। ऐसी स्थिति में सरकर हरकत में आयी और उसने "आदिवासी सेवादल" के सदस्यों को बंदी बनाना प्रारंभ कर दिया। इससे जनता में यह संदेश गया कि सरकार सूर्यपाल तिवारी के साथ है, आम जनता के साथ नहीं (दण्डकारण्य समाचार, 4 दिसम्बर 1960)।

प्रवीर की गिरफ्तारी

"सेवादल" के क्रियाकलाप समूचे बस्तर में छा गए थे। प्रवीर "महान जननायक" के रूप में स्थापित हो गए थे। जनता के समर्थन से उत्साहित प्रवीर लगातार सरकार को यह चेतावनी देते रहे कि भ्रष्टाचार समाप्त हो और "सेवादल" के कार्यकर्ताओं का दमन रोक दिया जाय। ऐसी स्थिति में बस्तर के स्थानीय कांग्रेसी बस्तर पर अपनी पकड़ नहीं बना पर रहे थे और उन्होंने पं० नेहरू को लिखा कि बस्तर में हिंसा की स्थिति बन रही है (दण्डकारण्य समाचार, 11 दिसम्बर 1960)। ऐसी स्थिति में "विशेष सशस्त्र बल" की एक टुकड़ी को जगदलपुर तथा विशेष संवेदनशील स्थानों पर स्थापित किया गया। ऐसी भी अफवाह थी कि प्रवीर को भूतपूर्व शासक के पद से असम्बद्ध किया जाय और इसी के साथ उनके प्रीवीपर्स के अधिकार को समाप्त कर दिया जाय और अंततोगत्वा यही हुआ भी। फरवरी 1961 को उन्हें "प्रीवेण्टिव डिटेंशन एक्ट" के अन्तर्गत गिरफ्तार कर लिया गया (पाण्डे, 1967, पैरा 50)। उन्हें नरसिंहपुर जेल में ले जाकर बंद कर दिया गया। तब उनके स्थान पर उनके अनुज विजयचन्द्र भंजदेव को बस्तर का भूतपूर्व शासक घोषित किया गया (दण्डकारण्य समाचार, 19 फरवरी 1961)। सरकार की तरफ से उक्त घटना का औचित्य प्रतिपादन करते हुए यह तर्क दिया गया कि प्रवीर बस्तर में "अराजकता" और "विप्लव" के स्थायी स्रोत थे और 1910 के भुमकाल के समान बस्तर में सशस्त्र क्रान्ति लाना चाहते थे (पाण्डे, 1967, पैरा 50); प्रवीर की भूतपूर्व शासक की मान्यता रद्द करने का 12 फरवरी 1961 का भारत के राष्ट्रपति का आज्ञापात्र जारी हुआ।

प्रवीर की गिरफ्तारी से बस्तर में शोक और आक्रोश का माहौल था। प्रवीर को मुक्त करने के लिए असंख्य सभाएँ तथा प्रदर्शन हुए। बस्तर की जनता विजयचन्द्र भंजदेव को भूतपूर्व राजा के रूप में मान्यता को चुनौती दे रही थी और नए राजा के कार्यकर्ता प्रतिरोध कर रहे थे (दण्डकारण्य समाचार 26 मार्च 1961)।

मार्च 1961 से विरोध का सिलसिला तीव्र वेग से चला। समूचे जिले के स्थानीय हाटबाजारों में जनता ने बाजार टैक्स देना बंद कर दिया। ऐसी घटनाएँ लोहंडीगुड़ा, तोकापाल, देवड़ा तथा करंजी आदि के बाजारों में विशेष रूप से देखी गयीं। आदिवासियों ने गैर आदिवासियों को हाट-बाजारों को छोड़ देने के लिए आदेश दिया। ऐसी स्थिति में जगह-जगह पुलिस तथा आदिवासियों के बीच संघर्ष की स्थिति बनी। आदिवासी एक ओर से पत्थर बरसाते थे, तो पुलिस दूसरी ओर से लाठीचार्ज करती थी। बदनाम सूर्यपाल तिवारी को आदिवासियों ने नारायनपाल में घेर लिया था और यदि पुलिस रक्षा के लिए न आती, तो अनहोनी होनी ही थी (दण्डकारण्य समचार, 23 अप्रैल 1961)।

सिरीसगुड़ा और घोटिया में शराब की दुकानें नष्ट कर दी गयीं और बारसूर के स्कूल को जला दिया गया। आदिवासी क्रान्ति की राह पर चल पड़े और उसमें लोगों को आहूत करने के लिए आम की टहनियाँ बाजारों और गाँवों में भुमकाल का साथी बनने के लिए घुमाई गयीं। युद्धघोष के उक्त प्रतीक को पाते ही लोग लोहंडीगुड़ा की ओर आने लगे, जो जगदलपुर से 30 किलोमीटर दूर है। बस्तर के समूचे सरकारी कर्मचारी 1910 के भुमकाल की आशंका से जगदलपुर की ओर भागने लगे। (दण्डकारण्य समाचार, 2 अप्रैल 1961)।

प्रवीर की मुक्ति के लिए आदिवासी जनता ने यह निर्णय लिया कि जगदलपुर में एक बृहद् प्रदर्शन किया जाय। तदनुसार 28 मार्च की अर्धरात्रि से लोग जगदलपुर की बाहरी सीमा बैलाबाजार तथा खड़गघाट में इकट्ठा होने लगे। दूसरे दिन पुलिस के उत्पीड़न के कारण पुलिस तथा पाँच सौ लोगों की भीड़ के बीच संघर्ष हुआ। दो बसों में भरकर पुलिस वाले आए और उन्होंने लगभग सौ लोगों को गिरफ्तार कर सुदूर अंचल में ले जाकर मुक्त कर दिया (दण्डकारण्य समाचार, 2 अप्रैल, 1961)।

भंजदेव के कारागार-निवास से बस्तर में निरंतर विरोध–प्रदर्शन हो रहे थे। आदिवासी जनता अशांत थी। उसमें उत्तेजना भरती गयी। उसी उत्तेजना में 31 मार्च 1961 को लोहंडीगुड़ा में एक सभा आयोजित की गयी थी, जिसमें दस हजार से अधिक की संख्या में आदिवासी शामिल हुए थे। आदिवासी जन शान्तिपूर्ण ढंग से वहाँ बैठकर भंजदेव की रिहाई के विषय में बातचीत कर रहे थे। बाजार का दिन था। आशंकित सरकारी अधिकारी पुलिसबल समेत लोहंडीगुड़ा पहुँच कर आदिवासियों को समझा रहे थे। तभी विजयचन्द्र भंजदेव आए और उन्होंने आदिवासियों को समझाने का प्रयास किया। इतने में एक आदिवासी ने अधिकारियों के सामने अपनी समझ के अनुसार एक विचित्र तर्क पेश कर दिया। उसने पूछा–"हाथ की एक उंगली को उसके स्थान से हटाकर उसकी जगह दूसरी उंगली को कैसे बिठा सकते हैं।" उसके इस तर्क से अधिकारी खीज गए। घटनास्थल पर सशस्त्र पुलिस तो पहले से ही तैनात थी। इंस्पेक्टर

जनरल पुलिस, पुलिस अधीक्षक, जिलाधीश, विजयचन्द्र भंजदेव और अन्य उच्चाधिकारी भी उपस्थित थे। कहते हैं कि तर्क सुनकर अधिकारियों को इतना क्रोध आया कि भीड़ को गैर-कानूनी करार दे दिया गया और फायरिंग शुरू कर दी गयी। उक्त गोलीकांड में 13 लोग मारे गए और अनेक घायल हुए। 59 व्यक्ति गिरफ्तार कर लिए गए। कहा जाता है कि लोगों से यह कहा गया था कि गोलियाँ पानी के बौझार के रूप में शुरू हो गयीं और लोगों ने अपने साथियों को मरते हुए देखा, तो भगदड़ मच गयी। जो वहाँ से नहीं हटे, उनको लाठियों का प्रहार झेलना पड़ा (दण्डकारण्य समाचार, 9 अप्रैल, 1961–17 मार्च 1963)।

उक्त घटना से जिले में तनाव का वातावरण बन गया। इसीलिए 11 अप्रैल से समूचे बस्तर में 144 धारा लग गयी। सभी दलों ने उक्त गोलीकांड की निंदा की और न्यायिक जाँच की मांग रखी (दण्डकारण्य समाचार, 9 अप्रैल 1961)। इस पर कोई ध्यान नहीं दिया गया और 59 लोगों पर दमनचक्र प्रारंभ किया गया। अंततोगत्वा उन लोगों के ऊपर से प्रकरण उठा लिए गए; क्योंकि ऐसा कहीं नहीं लगा कि वे उत्तेजना फैला रहे थे (पाण्डे, 1967, पैरा 51)। इसके बाद कांग्रेस को होश आया और उसने बस्तर में एक "गुडविल" मिशन भेजा। इस मिशन की सिफारिश पर छह मृत लोगों के परिवारों को छतिपूर्ति दी गयी। अन्य लोगों को इसलिए उक्त राशि नहीं मिली; क्योंकि पुलिस के भय से उन्होंने मृतकों को पहचानना नहीं चाहा।

नरसिंहराम शुक्ल ने ज्येष्ठ–सं० 2020 की अपनी **सजनी पत्रिका** के 'बस्तर विशेषांक' को कानपुर से प्रकाशित करवाया था। उसमें लोहंडीगुड़ा के गोलीकांड का विस्तृत विवरण है। उन्होंने इस काण्ड को "आदिवासी जनपद" का "जलियाँबाग" कहा था, जिस पर पुलिस की गोली से घायल 13 आदिवासी अपने रक्त से अपनी मातृभूमि का अभिषेक करने के बाद सदा के लिए सो गए। "सजनी पत्रिका" के बस्तर–विशेषांक में लोहंडीगुड़ा–गोलीकांड पर 200 पृष्ठों की सामग्री है। अतः यहाँ उसका विस्तार अनपेक्षित है।

इस प्रकार लोहंडीगुड़ा में मार्च 1961 में गोली चली। फिर पुलिस, राजस्व और विभिन्न अधिकारियों द्वारा भयंकर आतंक फैलाया गया। जनता को अदालतों में सताया गया और उन्हें घरों में कानून के पहरेदारों ने चूसा। उनकी अस्मत और धन को खुलकर लूटा। यहाँ भारतीय संसद के तत्कालीन अध्यक्ष आयंगर का कथन उल्लेखनीय है। आयंगर ने लोहंडीगुड़ा–काण्ड से सम्बन्धित प्रस्ताव पर कहा–"बस्तर जिले में कलेक्टर व अधिकारियों के प्रति सदन को कृतज्ञ होना चाहिए क्योंकि उन्होंने उत्तेजित आदिवासियों के हमले से थाने को जलाने से तथा शांति कायम रखने के लिए गोली चलाया तथा उच्चस्तरीय कर्तव्यनिष्ठता का परिचय दिया।" इसके बाद तत्कालीन गृहमंत्री लालबहादुर

शास्त्री ने संसद में वैसा ही वक्तत्व दिया। मध्यप्रदेश के मुख्यमंत्री डॉ० काटजू ने भी वैसा ही बयान विधानसभा में दिया था और जगदलपुर के सशस्त्र पुलिस के सिपाहियों को इनाम दिया था।

इसके बाद 60 आदिवासियों पर धारा 307 भा० द० सं० का मामला सरकार ने चलाया और उन्हें एक राय होकर सरकारी अधिकारियों की हत्या करने और थाना जलाने की नीयत से जमा होने के अपराध में मुलजिम बनाया था। जगदलपुर में अपर सत्र न्यायालय में फैसला दिया था—"यह कहना बिलकुल असत्य है कि लोहंडीगुड़ा के पास आदिवासियों का मजमा थाना जलाने को या अधिकारियों की हत्या करने के लिए एकत्र था।" सभी आदिवासी निदोष घोषित किए गए। तब क्या सरकार ने अधिकारियों द्वारा अनेक निर्दोष व्यक्तियों के ऊपर गोली चलाकर हत्या करने वाले मुलजिमों के विरुद्ध कानूनी कार्यवाही की ? क्या अधिकारियों को सजा दी गयी? उदाहरण मौजूद है कि इस गोलीकांड की सारी पूष्ठभूमि को तैयार करने वाले रायपुर के तत्कालीन कमिश्नर नरोन्हा थे। वे आदिवासियों की भावना को नहीं समझ पाए। उन्हीं के सुझाव पर प्रवीर के छोटे भाई विजय को महाराजा बनाया गया था। विजय पुराने महल गए और दौलत का उपयोग करने लगे। प्रवीर नरसिंहगढ़ जेल में बंद थे। जनता में उत्तेजना फैली। नरोन्हा विजय को महाराजा बनवाने के लिए नाना प्रकार के उत्पात करने लगे। शासन द्वारा विजय को बदलने के कुप्रयास के कारण आंदोलन खड़ा हुआ और परिणति हुई लोहंडीगुड़ा की घटना में।

इसके बाद भेजरीपदर में कतिपय आदिवासियों ने दो सिपाहियों की हत्या कर दी। पुलिस का भीषण अत्याचार जनता को आतंकित करने लगा (निगम, 1966, 30-31)।

1962 से 1965 की गतिविधियाँ

प्रवीरचन्द्र भंजदेव को अप्रैल 1961 में कारागार से मुक्त कर दिया गया था। अगस्त में जब वे बस्तर लौटे, तो उनके समर्थकों में उत्साह छा गया। उसी के साथ कांग्रेसी हलकों में मुर्दानगी छा गयी। अन्य दलों में भी प्रवीर को अपनी ओर मिला लेने की उत्सुकता थी (दण्डकारण्य समाचार, 30 अप्रैल 1961)। प्रवीर के बस्तर-प्रवेश के साथ ही स्थानीय कांग्रेसी चुनावों में अपनी संभावनाओं को धूमिल मानने लगे और उनमें निराशा छा गयी। कांग्रेसी लोगों में भी आंतरिक गुटबाजी थी। अनेक प्रभावशाली प्रत्याशी जो पहले कांग्रेस के पक्षधर थे, उन्होंने अपने हाथ खींच लिए। उन्हें खतरा था कि कांग्रेस के साथ सम्बद्ध होने से उनकी प्रतिष्ठा को धक्का लगेगा। उसका तात्पर्य यह भी होता कि वे महाराज के विरोध में थे (दण्डकारण्य समाचार, 10 दिसम्बर 1961, 7 जनवरी 1962, 21 जनवरी 1962)।

प्रवीर ने अब तक दूसरी ही पार्टी खड़ी कर ली थी, जिसका नाम था "अखिल भारतीय महाराजा पार्टी"। पार्टी का लक्ष्य था भारत की प्राचीन विरासत को पुनर्जीवित करना। उन्होंने 1962 के विधानसभा चुनावों में बढ़ चढ़ कर हिस्सा लिया तथा अपने प्रत्याशियों के पक्ष में प्रचार करने के लिए सैंकड़ों गाँवों की पैदल यात्रा की। उन्होंने जाहिराना तौर पर यह घोषित किया कि जो प्रत्याशी लोहंडीगुड़ा-गोलीकांड में जनता के साथ थे, वे उन्हीं का समर्थन करेंगे। (प्रवीर तो बस्तर की जनता के आराध्य थे और एक बार पुनः उनके सभी प्रत्याशी प्रचण्ड बहुमत से जीते) कांग्रेस ने तो लोकसभा सीट में अपनी "सिक्योरिटी डिपाजिट" भी नहीं बचा पायी (दण्डकारण्य समाचार, 4 मार्च 1962)। प्रवीर स्वतः काँकेर से खड़े हुए, जहाँ वे काँकेर के भूतपर्व महाराज से हार गए (दण्डकारण्य समाचार, 28 जनवरी 1962)।

प्रवीर के प्रचार का तंत्र अत्याधिक सशक्त था तथा अभिमन्यु रथ व रघुनाथ महापात्र जैसे आशुकवि उनके प्रबल समर्थक और प्रचारक थे। कांग्रेस के विरुद्ध लिखी गयी उनकी पुस्तक **"फूटलो दशा, बिलेई उपरे चूहा"** की समूचे बस्तर में धूम थी।

उसके गीतों के संग्रह की कतिपय पंक्तियाँ इस प्रकार थीं—

(क) नुआं पैसा फुटलो दशा फुटक सजा रे।

(ख) जोड़ी बुइलर ठसा रस, जोड़ी बुइलर ठसा।

(ग) सरीगला एबे बन रस सरीगला सबे बन।

(घ) पाटकुती बसी फुसरफुसा जनपद लोक हाँसा।

(ङ) राजने फुटलो दशा रस राजने फुटलो दशा।

(च) काय लाटिया भाजीरे आय कलिकाल आजी।

(छ) खेदा कांगरेस आजी, खेदा कांगरेस आजी।

1962 से लेकर 1965 के मध्य बस्तर में आंदोलन का नया अध्याय प्रारंभ हुआ। प्रवीर ने पाटन की राजकुमारी शुभराज कुमारी उर्फ वेदवती से विवाह किया था, किन्तु उन्होंने तर्क दिया कि निर्धनता के कारण वे वेदवती को बस्तर नहीं ला सकते। ऐसा इसलिए कि उनकी भूतपूर्व राजा की उपाधि के साथ उनका प्रीवीपर्स भी छीन लिया गया था। प्रवीर के अनुयायी नई महारानी का दर्शन करना चाहते थे। इसलिए उनके भव्य स्वागत के लिए रुपए इकट्ठा किया। वेदवती की उपस्थिति से महिलाएँ भी आंदोलन में कूद पड़ीं। उनकी मांग थी कि प्रवीर को पुनः राजकीय सम्मान वापस मिले। उनकी सम्पत्ति को "कोर्ट आफ वार्ड्स" से मुक्त किया जाय तथा उन्हें दशहरे के रथ में बैठने की अनुमति मिले। 3 अगस्त 1962 को राजमहल में एक विशाल जनसभा आयोजित की गयी, जिसमें लोकसभा के सांसद लखमू भवानी से यह कहा गया कि या तो वे प्रवीर के

खोए हुए सम्मान की प्राप्ति के लिए संघर्ष करें अथवा लोकसभा की सदस्यता से त्यागपत्र दे दें (दण्डकारण्य समाचार, 5 अगस्त 1962)।

इस बीच लोहंडीगुड़ा–गोलींकाड की न्यायिक जाँच कराने के लिए भी आंदोलन चलता रहा। 1962 में "लोहंडीगुड़ा" नाम से "महाराज पार्टी" ने एक पुस्तिका का भी वितरित की, जिसके माध्यम से न्याय की गुहार की गयी थी (दण्डकारण्य समाचार, 16 सितम्बर 1962)। पार्टी के सदस्यों ने भूख हड़ताल की। हस्ताक्षर-अभियान चलाया। यथावसार प्रदर्शन करते रहे तथा सरकार को "मेमोरेण्डम" सौंपते रहे (दण्डकारण्य समाचार, 22 सितम्बर 1961, 14 अप्रैल 1963, 5 मई 1963)।

6 मई 1963 को एक घटना ऐसी भी घटी, जब लोगों के एक समूह ने "कोर्ट आफ वार्ड्स" के कार्यालय में प्राचीन बस्तर राज्य के झंडे को फहराया। पुराने महल के तालों को तोड़ डाला और नारे लगाते हुए जगदलपुर नगर की गलियों से गुजरे। उनका नारा था कि राजा की सम्पत्ति को लौटा दिया जाय। इसका परिणाम यह हुआ कि 8 मई 1963 को राजमहल के भीतर एकत्र आदिवासियों तथा पुलिस के बीच संघर्ष भी हुआ, जिसमें आदिवासियों के तीर से एक पुलिसवाला घायल हो गया। आदिवासी राजमहल के आहाते के भीतर से ही संघर्ष कर रहे थे। इसलिए कुछ दिनों बाद प्रशासन ने राजमहल के पानी के कनेक्शन के साथ लोगों का प्रवेश बंद कर दिया। परिणामस्वरूप 61 आदिवासी राजमहल से बाहर आए और पुलिस ने उन्हें गिरफ्तार कर लिया (दण्डकारण्य समाचार, 12 मई 1963)। बाद में 9 लोगों को गिरफ्तार कर शेष को छोड़ दिया गया। माना गया कि वे ही 9 लोग प्रमुख क्रान्तिकारी थे और उन्हें 6 महीने से 5 वर्ष तक की सजा सुनाई गयी (दण्डकारण्य, 19 मई 1963, 18 अप्रैल 1965)। दण्डित किए जाने वाले आदिवासियों के नाम इस प्रकार हैं—मंगल माझी, माटा माड़िया, बुद्दू, महादेव, रामधर, सूदू तथा लखमू।

समय के अंतराल के बाद भी आमजनता का सरकार के प्रति अलगाव बढ़ता ही गाया, जिसने आगे चलकर भयानक रूप धारण कर लिया। सितम्बर 1963 को दो पुलिस के सिपाही हिड़मा को गिरफ्तार करने के लिए भेजरीपदर गए। हिड़मा पर आरोप था कि उसने 6 मई से 11 मई के बीच राजमहल में विद्रोह को उकसाया था। भेजरीपदर जाने वाले दोनों पुलिसकर्मियों का गाँव वालों ने सिर काटा डाला। भेजरीपदर से संलग्न जंगल में उनके मृतक शरीर को फेंक दिया। उन दोनों के सिर कुछ दूर पर पंडरीपानी गाँव के शिलाखण्डों में दबे हुए मिले। दूसरे दिन हिड़मा और उसके साथी राजमहल में थे तथा यह अफवाह फैला रहे थे कि सिर "ट्राफी" के रूप में जगदलपुर लाए जा रहे हैं (दण्डकारण्य समाचार, 1 सितम्बर 1963)। उस कृत्य के लिए हिड़मा माड़िया तथा अन्य छह को आजीवन कारावास मिला तथा अन्य चार को साक्ष्य के अभाव में छोड़ दिया गया (दण्डकारण्य समाचार, 15 मार्च 1964)।

उक्त हत्याओं के कारण पुलिस तथा बस्तर के सरकारी अधिकारियों में आतंक छा गया। तब पुलिस हरकत में आयी और भेजरीपदर के बाद तोकापाल के ग्रामीणों पर कहर ढाने लगी। अनेक गाँव वालों ने पुलिस के मुखिया से यह शिकायत की कि पुलिस उन्हें प्रताड़ित कर रही है। तेलीमारेंगा की महिलाओं ने अपनी दुःखभरी कहानी पुलिस अधीक्षक को सुनाई थी (दण्डकारण्य समाचार, 28 सितम्बर 1963)।

नवम्बर 1963 में प्रवीर ने एक रिक्शा खींचने वाले के हाथ को काट डाला। रिक्शावाले का नाम था मोतीलाल। उन्होंने तलवार से उसके हाथ को काटा था। उसका अपराध यह था कि वह एक बार प्रवीर से दानराशि प्राप्त कर चुका था और दुबारा दानराशि प्राप्त करने के लिए पाँत में खड़ा हुआ था। प्रवीर उसकी इस प्रंवचना से बौखला गए थे। प्रवीर को 326 आईपीसी की धारा के अन्तर्गत गिरफ्तार कर लिया गया और बाद में जमानद पर छूटे। दो पुलिस कांस्टेबिल जो उस दृश्य के चश्मदीद गवाह थे, उन्हें प्रवीर के लोगों ने डराया धमकाया। उनसे कहा गया था कि यदि वे प्रवीर के खिलाफ मुँह खोलेंगे तो उनके सिर कलम कर दिए जाएँगे और उनके घरों को जला दिया जाएगा (दण्डकारण्य समाचार, 15 दिसम्बर 1963, 22 दिसम्बर 1963)।

आखिरकार प्रवीर की लड़ाई काम आयी और सरकार ने 25 जुलाई 1963 को उनकी वह सम्पत्ति उन्हें लौटा दी, जो अब तक "कोर्ट आफ वार्ड्स" के अंतर्गत थी। प्रवीर के अनुज विजयचन्द्र भंजदेव ने उक्त सम्पत्ति पर अपना दावा ठोक दिया और यह तर्क दिया कि सरकारी तौर पर वे ही भूतपूर्व महाराजा हैं (दण्डकारण्य समाचार, 6 अक्टूबर 1963, 24 मई 1964)। जुलाई 1965 में जब न्यायालय के काम से प्रवीर जबलपुर गए तो वे अपने साथ दंतेश्वरी की पूजा-सामग्री को भी ले गए (दण्डकारण्य समाचार, 4 जुलाई 1965)। उक्त घटना के विरोध में 10 हजार आदिवासी महिलाओं ने उनके अनुज के उकसाने पर अपना विरोध जताया तथा प्रवीर को उक्त पूजा सामग्री लौटानी पड़ी (दण्डकारण्य समाचार, 28 नवम्बर 1965)।

प्रवीर की पत्नी वेदवती अब तक प्रवीर से विमुख हो गयी थीं और उन्होंने भी प्रवीर की सम्पत्ति पर अपना दावा ठोक दिया (दण्डकारण्य समाचार, 24 अप्रैल 1964)। वेदवती पहले से ही न्यायालय में प्रवीर से तलाक लेने की अर्जी दे चुकी थीं। उनका तर्क था कि प्रवीर का उनके प्रति व्यवहार बहुत क्रूर है और वे उन्हें प्रताड़ित करते हैं। इसके अतिरिक्त प्रवीर ने सुभद्रा नामक एक महिला को राजमहल में रख लिया है। उन्होंने न्यायालय से यह भी गुजारिश की कि जब तक उनके भरणपोषण का मसला सुलझ नहीं जाता, प्रवीर को राजकीय सम्पत्ति बेंचने का अधिकार न हो।

वेदवती से विवाह-विच्छेद तथा सम्पत्ति के मसले के अतिरिक्त उन दिनों अन्य मुद्दे भी उभर कर सामने आए। उन मुद्दों का भी समाधान अभी तक खोजा नहीं गया

था। 1964 में प्रवीर के प्रमुख लोग, यथा मंगल माझी, माटा माड़िया, लखमू दुआल तथा अन्य ने यह आंदोलन छेड़ दिया कि बस्तर से चुने गए सभी विधायक तथा सांसद अपना-अपना त्यागपत्र सौंप दें। आरोप था कि किसी भी समस्या के हल के लिए वे न तो लोकसभा में बोलते हैं और न विधानसभा में (दण्डकारण्य समाचार, 21 जून 1964, 23 अगस्त 1964)।

दशहरा पर्व का राजनीतिकीकरण

1949 में प्रवीर की मृत्युपर्यन्त दशहरा आपसी टकराव का एक महत्वपूर्ण मुद्दा बना रहा। प्रशासन और प्रवीर के बीच यह प्रतीकात्मक महत्व का मसला था। आजादी के बाद से ही दशहरा एक राजनैतिक मुद्दा बन गया था। सवाल यह था कि भूतपूर्व राजा को दशहरा-दरबार आयोजित करने की स्वीकृति दी जाय? शासन को भय था कि इस प्रकार की स्वीकृति को देने से प्रवीर की आम जनता पर पकड़ मजबूत होगी (फाइल नं०10(85)-पी/49, 1949, मिनिस्ट्री आफ स्टेट्स, पोलिटिकल ब्रांच, एन ए आई)।

प्रवीर 1948 में बस्तर में अनुपस्थित थे। 1949 में उन्होंने दशहरा की राजनैतिक भूमिका का परित्याग कर दिया और कहा कि वे दंतेश्वरी के पुजारी की धार्मिक भूमिका का ही निर्वाह करेंगे (तदेव, 1949 के दशहरा में प्रवीर की उदघोणा)। किन्तु 1960 में जब उनकी प्रसिद्धि में अत्यधिक इजाफा हुआ और जब उन्होंने राजत्व पर अपना अधिकार जतलाया तब रथ पर आरूढ़ होने का विचार उनके मन में प्रस्फुटित हुआ। तदनुसार 1960 के दशहरे में आदिवासी नेताओं के एक डेपुटेशन ने कलेक्टर के समक्ष यह मसला रखा कि प्रवीर का रथ पर बैठने का पुश्तैनी अधिकार है। उक्त डेयुटेशन में भूतपूर्व विधायक बोडा डोरा तथा डोरा डोक्का शामिल थे।

नेताओं से आग्रह किया गया कि वे अपने निर्णय पर पुनर्विचार करें। उन्होंने महाराजा से सलाह मशविरा करने की बात कही। अधिकारी वर्ग ने उक्त परिस्थिति का समाधान जीप पर दंतेश्वरी के छत्र को रखकर किया (दण्डकारण्य समाचार, तदेव)। दूसरी ओर कांग्रेस की मक्कारी समझने योग्य थी। अब तो उसने दशहरा के राजकीय उत्सव के स्वरूप पर ही सवालिया निशान लगाना प्रारंभ कर दिया और दशहरा उत्सव का विरोध करना प्रारंभ कर दिया। उसका तर्क था कि उससे देश के धर्मनिरपेक्ष और प्रजातांत्रिक स्वरूप पर आघात लगता है। इस मूर्खतापूर्ण बयान से राजा की स्थिति और सुदृढ़ हो गयी। शहर के लोग चाहते थे कि दशहरा-पर्व को समाप्त न किया जाय; क्योंकि ऐसा करने से आदिवासी भावना को चोट पहुँचेगी (दण्डकारण्य समाचार, 11 सितम्बर 1960)।

1948 के बाद 1961 में प्रवीर पहली बार चार अनुचरों के साथ "माटी पुजारी" के रूप में रथ पर आरूढ़ हुए। 1961 तथा 1962 में बस्तर के दशहरा-पर्व में जगदलपुर

में अपार भीड़ थी। लोग वेदवती को भी देखने के लिए लाखों की संख्या में आए थे। दोनों ही वर्ष यह गैर सरकारी उत्सव माना गया तथा उत्सव का समूचा व्यय आम जनता ने वहन किया। यह परम्परा ब्रिटिश-राज की स्थापना से पहले बस्तर में मौजूद थी, जिसमें प्रत्येक गाँव से एतदर्थ चंदा उगाहा जाता था (दण्डकारण्य समाचार, 1 अक्टूबर 1961, 15 अक्टूबर 1961, 29 अक्टूबर 1961, 26 अगस्त 1962)।

1963 और 1964 में दशहरापर्व में जनता की उपस्थित एकाएक कम हो गयी। इसके दो कारण थे। एक तो यह कि प्रवीर तथा उनकी पत्नी के बीच विवाह-विच्छेद हो गया था और दूसरे अवर्षा के कारण उक्त वर्षों में फसल खराब हो गयी थी (दण्डकारण्य समाचार, 11 अक्टूबर 1964)। राजा और रानी की उपस्थिति से जनता में बेहतर संदेश गया था और जनता उक्त प्रक्रिया को मन से चाहती थी। फसल खराब होने से भी लोगों का उत्साह ठंडा पड़ गया। ठीक इसके उलट 1965 की घटना रोमांचकारी थी। यद्यपि 1965 सरकारी भुखमरी का वर्ष था, किन्तु उस वर्ष दशहरे में एक लाख से अधिक आदिवासी शरीक हुए थे (दण्डकारण्य समाचार, 17 अक्टूबर 1965)। ऐसा एकाएक क्यों हुआ ? शायद लोगों को लगा कि प्रवीर के प्रति बेरुखी से दुर्भिक्ष की स्थिति आयी है और अब प्रवीर की ही मध्यस्थता से दैवीप्रकोप शांत हो सकता है और यह तभी होगा जब दशहरे में समूचे बस्तर की व्यापक भागीदारी हो। इस प्रकार दशहरा के माध्यम से प्रवीर को अपनी शक्ति के प्रदर्शन का मौका मिला।

लेवी-धान का प्रकरण

1965-66 में समूचे भारत में अन्न की जबर्दस्त कमी थी। इसके दो कारण थे। अन्न के भंडार समाप्त हो गए थे तथा मानसून समय पर नहीं आया था। उक्त अवधि 1899-1900 की तरह भीषण अकाल की अवधि थी (ड्रेजे, 1995, 101)। यद्यपि अन्न के विशाल भंडारण से दुर्दिन टल गया था। इसके लिए अन्न-भंडार के क्षेत्र की नीति को अख्तियार किया गया। इस नीति का लक्ष्य था कि अधिक भंडारण वाले क्षेत्र से कम भंडारण वाले क्षेत्र में अन्न को पहुँचाया जाये (तदेव)। बस्तर में 1961 में धान की कीमतें बढ़ने लगीं (दण्डकारण्य समाचार, 29 जून 1961) तथा अनेक स्थानों से अन्न की कमी की सूचना आने लगी (दण्डकारण्य समाचार, 18 सितम्बर 1961)। 1963 तथा 1964 में भी परिस्थितियाँ अनुकूल नहीं थीं। अवर्षा के कारण बाजार की कीमतें बढ़ रहीं थीं। केन्द्र से अन्न का आवंटन भी सीमित था तथा जो भी धान आवंटन में मिला, उसकी उड़ीसा में तस्करी की जाने लगी (दण्डकारण्य समाचार, 23 जून 1963, 28 सितम्बर 1963, 17 जून 1964, 11 जुलाई 1964)।

1964 के बाद के वर्षों में यद्यपि कुछ समय के लिए स्थिति में बदलाव आया, किन्तु 1965 के प्रारंभ में स्थिति पुनः बदतर होती गयी। तब उपभोक्ता ने यह शिकायत

की कि कालाबाजरी के कारण स्थिति असहनीय है। व्यापारियों को बैलाडीला रेलवे तथा खदान के प्रोजेक्टों में ऊँची कीमतें मिलने लगीं और आदिवासी ऊँचे दामों के कारण धान खरीदने में असमर्थ थे (दण्डकारण्य समाचार, 9 अगस्त 1964, 23 मई 1965)। जुलाई में पुनः वर्षा नहीं हुई। अक्टूबर 1965 में सरकारी तौर पर अन्न के अभाव की घोषणा की गयी तथा काँकेर व भानुप्रतापुर में रिलीफ़ के कामों को प्रारंभ किया गया (दण्डकारण्य समाचार, 22 अगस्त 1965, 17 अक्टूबर 1965, मध्यप्रदेश क्रॉनिकल, 7 जनवरी 1966)।

1965 में राज्य सरकार ने "एम०पी०पैडी" प्रोक्योरमेण्ट (लेवी) आर्डर को जारी किया। उक्त आदेश के अनुसार एकड़ की संख्या के आधार पर कृषक को धान की लेवी देनी थी। सरकारी लक्ष्य यह था कि इस प्रकार से जिले को आत्मनिर्भर बनाया जा सकेगा तथा बाहरी आपूर्ति पर पराधीनता कम हो जाएगी (पाण्डे, 1967, पैरा 60)। चावल की खरीदी सरकार की विपणन समितियों से होनी थी और उनका वितरण मुक्त मूल्यवाली दुकानों से होना था। किन्तु बस्तर में यह नीति सफल नहीं थी और न ही तर्कसम्मत। यद्यपि "फ़ेयर प्राइस" की दुकानों की संख्या बढ़कर 61 हो गयी, किन्तु वह 39, 114 किलोमीटर के क्षेत्र वाले बस्तर में ऊँट के मुँह में जीरा के समान थीं (दण्डकारण्य समाचार, 17 जून 1964, 27 फरवरी 1966)। उक्त नीति का कठोरता से पालन किया गया और यह काम रेवेन्यू अधिकारी तथा पुलिस कांस्टेबिल के हाथों हुआ। इसका परिणाम यह हुआ कि स्थानीय बाजारों में चावल का आना पूरी तरह बंद हो गया। चावल की कालाबाजारी शुरू हो गयी, जो 1 रुपए 25 पैसे से एक रुपए तीस पैसे प्रति किलो थी (दण्डकारण्य समाचार, 7 नवम्बर 1965)। इसलिए यदि लोगों ने धान बेचना भी चाहा, तो लेवी दर से सरकार को बेचने के बजाय अन्यत्र बेचा। धान की मानक वसूली के दर बस्तर के लिए बहुत अधिक थे; क्योंकि मध्यप्रदेश के अन्य जिलों के समान बस्तर में कृषि का विस्तार नाकाफी था। उक्त वसूली में प्रत्येक भूस्वामी के अधीनस्थों की संख्या का भी ध्यान नहीं दिया गया। चूँकि बस्तर में भूमिस्वामित्व समान था, अतएव वास्तविक पारिवारिक संख्या व भूस्वामित्व के क्षेत्र पर भी ध्यान नहीं दिया गया। पटवारी वास्तविक सूचना देने में असमर्थ थे। यह एक ऐसी संकटापन्न स्थिति थी, जिससे आदिवासियों का उत्तेजित होना स्वाभाविक था।

न्यायाधीश पाण्डे के अनुमानों के आधार पर बस्तर में 1965-66 में धान का औसत उत्पादन प्रति एकड़ दो सौ पाउण्ड था। पाँच से आठ एकड़ तक के खेतिहर को प्रति एकड़ 32 पाउण्ड देने पड़ते थे, जब कि 15 एकड़ से अधिक के खेतिहर को प्रति एकड़ दो सौ पौण्ड में 110 पाउण्ड छोड़ने पड़ते थे। इससे सरकार का यह दावा महज धोखा था कि लेवी की राशि तुच्छ थी (पाण्डे 1967, पैरा 58)। इसके अलावा

व्यावहारिक तौर पर लेवी का प्रभाव जनवरी 1966 से ही पड़ा, जब अधिकतर लोगों ने अपनी अतिरिक्त धान बेच दी थी तथा केवल मानसून के लिए स्टाक बचाकर रखा था। परिणामतः सरकार केवल 1700 मीट्रिक टन धान ही संचित कर सकी, जबकि उसका लक्ष्य 8700 मीट्रिक टन था (पाण्डे, तदेव, पैरा 59)।

लेवी के खिलाफ जनान्दोलन

सरकार ने प्रवीर से कहा कि वे धान की वसूली में शासन की सहायता करें। प्रारंभ में उन्होंने सरकारी आदेश का पालन किया तथा बुझे मन से कतिपय गाँवों की यात्रा भी की (दण्डकारण्य समाचार, 23 जनवरी 1966)। वे अपनी तरफ से भी दैवी समाधान खोज रहे थे तथा इसके लिए उन्होंने इन्द्रदेव को प्रसन्न करने के लिए विविध यज्ञों का भी आयोजन किया था (पाण्डे, 1967, पैरा 56)। फरवरी 1966 में उन्होंने 48 दिनों की भूख हड़ताल रखी, जिसमें उनकी सरकार से मांग थी कि धान की वसूली की नीति को समाप्त किया जाय अथवा तब तक के लिए स्थगित कर दिया जाय, जब तक धान के उत्पादन का नए सिरे से मूल्यांकन न हो जाय (दण्डकारण्य समाचार, 13 फरवरी 1966)। गाँवों में लेवी के विरोध में तब तक सशक्त विरोध प्रारंभ हो गया था। धान के मसले को राजा की राजगद्दी की बहाली के नजरिए से देखा गया और उसको भूतपूर्व राजा की कानूनी स्थिति से जोड़ दिया गया। लोगों में यह सामान्य धारणा बन गयी थी कि सरकार पर विश्वास नहीं किया जा सकता। इसीलिए यदि लेवी के धान को जुटा कर उसे राजा के हवाले कर दिया जाय, तो राजा निर्धनों के बीच उचित तौर पर उसका पुनर्वितरण करेंगे। लोगों ने यह भी अनुभव किया कि सूखे से निपटने के लिए राजा की उपस्थिति अनिवार्य है। ऐसी भावना प्रवीर के भाषणों व कर्मकाण्डीय क्रियाओं के कारण बनी थी। यह कोई आकस्मिक नहीं थी; क्योंकि प्रवीर की अनवरत चलने वाली तांत्रिक क्रियाओं ने उन्हें ऐसा ही मसीहा जनता के बीच सिद्ध कर दिया था, जो कुछ भी कर सकता था।

बस्तर में जब धान की स्थिति बद से बदतर होने लगी, तब महिलाओं ने आंदोलन को अपने हाथों में ले लिया। अनेक गाँवों में बैठकों का सिलसिला प्रारंभ हुआ, जिनमें केवल महिलाएँ ही भाग ले सकती थीं। अनेक गाँवों में लेवी का पूर्ण या आंशिक बहिष्कार किया जाने लगा तथा बस्तर की महिलाओं ने उक्त आंदोलन को धारदार बना दिया।

इसी के साथ ही महिलाओं ने पुरुषों पर इस बात के लिए फबतियाँ कसनी प्रारंभ कर दी कि वे बिना रीढ़ की हड्डी के हैं तथा वे लेवी उगाही का पूरे मन से विरोध नहीं कर पा रहे हैं। अनेक विवरणों से यह ज्ञात होता है कि महिलाएँ पुरुषों को चेता रही

थीं कि वे उनके आंदोलन में भाग न लें, क्योंकि वे बहुत ही नपुंसक, कमजोर तथा बेकार हैं। गाँव के नेताओं तथा सम्पन्न व्यक्तियों (यथा जमींदार, बड़े आसामी के ठेकेदार आदि) को महिलाओं का कोपभाजन बनना पड़ा; क्योंकि वे यथास्थिति बनाए रखना चाहते थे। वे चाहते थे कि सरकार को लेवी की धान दे दी जाय; क्योंकि वे सरकार से डरे हुए थे। हालत से परेशान होकर दिसम्बर 1965 में भूखी और गरीब आदिवासी औरतों ने कलेक्टर के दफ्तर के सामने धरना दिया। इन औरतों की मांग थी कि उन्हें अनाज सस्ते दर पर दिया जाय। मगर पुलिस ने इन औरतों को भी नहीं छोड़ा। उनकी पिटाई की गयी। आदिवासियों की दूसरी मांग यह थी कि अधिकारी उनसे मनमाने ढंग से धान की लेवी वसूल न करें। आदिवासियों की यह धान खुले बाजार में इतनी मंहगी दर पर बेची गयी कि उनके एक वक्त का खाना भी मुश्किल हो गया। सरकार के इस रवैये से अपना शांतिपूर्ण विरोध प्रकट करने के लिए आदिवासियों ने फरवरी के पहले सप्ताह में जगह-जगह प्रदर्शन किया। इस शांतिपूर्ण प्रदर्शन का पुरस्कार उन्हें यह मिला कि केसरपाल, लोहंडीगुड़ा, नगरनार और सरगीपाल आदि स्थानों में पुलिस ने आदिवासी स्त्री-पुरुषों पर अश्रुगैस छोड़ी, लाठीचार्ज किया और मारपीट की। इस अत्याचार को खत्म करने और सुनियोजित ढंग से लेवी—वसूली के लिए सरकार का ध्यान खींचने के उद्देश्य से प्रवीर ने अनशन भी किया। पुलिस और सरकारी अधिकारियों के दमन, मारपीट और अत्याचार से त्रस्त और शोषित आदिवासी भंजदेव के राजमहल में अकसर सैंकड़ों की संख्या में शरण लेने जाते थे। इस दौरान आदिवासियों ने कभी भी राष्ट्रीय सम्पत्ति को नुकसान नहीं पहुँचाया (निगम, 1996, 16)।

18 मार्च 1966 को एक बार फिर दमनचक्र शुरू हुआ। करीब चार-पाँच सौ आदिवासी औरतें और मर्द दोपहर के तीन बजे **चइतपरब** के लिए धार्मिक नियमों के अनुसार एक लकड़ी का खम्भा ला रहे थे। इन गरीब और सताए हुए आदिवासियों को पुलिस ने बुरी तरह लाठी और डंडा से पीटा। इससे आदिवासियों का उत्तेजित होना स्वाभाविक ही था। मार खाए हुए आदिवासी डंडा, तीर और धनुष लिए हुए पुलिस का सामना करने के लिए राजमहल में जमा हो गए। एक ओर हथियारबंद पुलिस का दस्ता और दूसरी ओर तीर-कमान से लैस आदिवासी। इस भयानक स्थिति में बीच-बचाव किया प्रवीरचंद्र भंजदेव ने। इसके ठीक एक हफ्ते बाद 25 मार्च को राजमहल के अहाते के भीतर दिन को साढ़े दस बजे से 26 मार्च को सुबह चार बजे तक पुलिस की गोलियाँ चलती रहीं। सरकारी घोषणा के मुताबिक पुलिस का एक सिपाही और 12 आदिवासी मारे गए। 25 और 26 मार्च को वास्तव में क्या हुआ, कितने आदिवासी मारे गए, उनकी संख्या दर्जनों में है या सैंकड़ों में और प्रवीर की मृत्यु किन परिस्थितियों में हुई, इसका ठीक-ठीक पता पाण्डे—आयोग भी नहीं दे पाया। यहाँ यह जरूर कहा जा सकता है कि

बस्तर के आदिवासी बस्तर को नागालैंड नहीं बनाना चाहते थे। बस्तर के आदिवासी राजनीति के प्रति तब भी उदासीन थे और आज भी हैं और तब भी अँधेरे युग में जी रहे थे और आज भी उसी स्थिति में हैं। ऐसे लोगों पर आरोप लगाना कि वे नागा-विद्रोह करना चाहते थे, हास्यास्पद है।

इन आदिवासियों को विद्रोह के लिए उकसाने का सेहरा प्रवीर के अलावा दो राजैतिक कार्यकर्ताओं के माथे बाँधा गया। एक थे श्री रविशंकर वाजपेयी जो जगदलपुर के समाजवादी नेता थे और दूसरे थे लाडली मोहन निगम, जो संयुक्त समाजवादी पार्टी के राष्ट्रीय समिति के सदस्य थे। उन पर यह अभियोग था कि 21 मार्च को उन्होंने जगदलपुर में आदिवासियों को भड़काने वाले भाषण दिए। इसके फलस्वरूप आदिवासी बस्तर के भूतपूर्व राजा प्रवीर के महल में बहुत बड़ी तादात में इकट्ठे हुए। 25 मार्च को इन आदिवासियों ने पुलिस द्वारा गिरफ्तार कुछ आदिवासी मुजरिमों को छुड़ाने की नियत से महल के अहाते के अंदर स्थित हवालात को तोड़ दिया और पहरा देने वाले सिपाहियों पर तीर चलाया। एक तीर से एक कांस्टेबल मारा गया और कुछ अन्य कांस्टेबल घायल हुए। पुलिस ने अपने अभियोग-पत्र में कहा था कि अभियुक्त महल के भतीर अहाते के अंदर जीप में घूम-घूम कर आदिवासियों को हिंसा के लिए उत्तेजित कर रहे थे। इसलिए उन्हें गिरफ्तार किया गया। इन लोगों पर एक कांस्टेबल की हत्या का अभियोग था। इन दोनों को जमानत पर रिहा करने का आदेश देते हुए अदालत ने कहा था कि विवरण में ऐसा कोई प्रमाण नहीं मिलता, जिससे कि माना जाय कि हवालात पर हमले के वक्त अभियुक्त अहाते के अंदर थे और आदिवासियों को तीर चलाने के लिए उत्तेजित कर रहे थे। जिस हमले से एक हेड कांस्टेबल घायल होकर मारा गया था कुछ और कांस्टेबल घायल हुए, वह 25 मार्च को 10 से 12 बजे सुबह के बीच हुआ। एडीशनल कलेक्टर एप०पी० सिंह के विवरणगत वक्तव्य के मुताबिक महल के आहाते में 2 बजे दिन तक शांति कायम हो चुकी थी और उन्होंने उसके कुछ समय बाद इन दोनों व्यक्तियों को महल के पिछवाड़े से आते देखा था। फैसले में आगे कहा गया था कि "प्रार्थियों का यह कहना बेबुनियाद नहीं है कि महल में जो कुछ हो रहा था, उसे दर्शक के रूप में देखने के लिए वे महल के नजदीक गए थे। (निगम, 1966, पृ.16-17)

रोज नई-नई घटनाएँ घट रही थीं। मार्च-अप्रैल में छापरभानपुरी में एक ऐसी ही घटना घटी। वोटर लिस्ट तैयार करने के लिए गाँव में एक पटवारी आया हुआ था। तभी मेम्बराइन ने 16 गाँवों की महिलाओं को अपने गाँव में बुला लिया। वहाँ 500 महिलाएँ जुटी हुई थीं। उन्होंने पटवारी को घेर लिया और उसके कागजात छीन लिये। तब उस गाँव के पटेल ने महिलाओं को रोका। महिलाओं ने कहा कि यदि वह रोकेगा तो वे उसके मुँह में पेशाब कर देंगी। तब पटेल गाँव से बाहर गया और उसे लोहंडीगुड़ा थाने में उक्त

घटना की रिपोर्ट दी। तब थाने का हेड कांस्टेबिल आया और उसने सभी महिलाओं को धमकाया कि यदि उन्होंने कागजात वापस नहीं किया तो सबको हवालात में बंद कर देगा। उसके धमकाने पर महिलाएँ मान गयीं और उन्होंने कागजात वापस लौटा दिये।

पटेल की गतिविधियों से वे महिलाएँ अत्यन्त रुष्ट थीं। उन्होंने लगातार बैंठकें की। उन्होंने पटेल को धमकी भी दी कि यदि उसने कांग्रेसराज का साथ देना नहीं छोड़ा तो उसके घर को आग के सुपुर्द कर दिया जाएगा और उसे बस्तर से खदेड़ दिया जाएगा।

जब अनाज की लेवी के अधीन संग्रहीत धान के बीस बोरे पटेल सरकार को सुपुर्द करने की तैयारी कर रहा था, तब लगभग 400 से 500 तक की संख्या में महिलाएँ एक साथ इकट्ठी हुई तथा उन्होंने "लेवी के बहिष्कार के आंदोलन" को तोड़ने पर पटेल का विरोध किया।

उन्होंने लेवी के कागजात को पटेल से उस समय छीन लिया, जब वह उन्हें पटवारी को सौंप रहा था। इसके परिणामस्वरूप पटवारी तथा उसके सहायक भयाक्रांत होकर गाँव से भाग गए।

1965 तथा 1966 के प्रारंभिक दिनों में केसरपाल, सरगीपाल, सिउनागुड़ा, नगरनार आदि बाजार-हाटों में लाठीचार्ज हुआ और आँसू के गोले छोड़े गए। तब उन बाजारों में मेम्बर तथा मेम्बराइन अनाज के लेवी की उगाही को रोक रहे थे। लोगों ने पुलिस को गालियाँ दीं तथा उन गाड़ियों से बोरियों को हटा दिया, जिनमें धान की बोरियों को भरा गया था (पाण्डे, 1967, पैरा 61)। एक ऐसा भी उदाहरण देखने को मिला, जिसमें मेम्बराइन ने एक व्यापारी को अपनी कीमत घटा कर एक रुपए प्रति थैली करने को बाध्य किया। उक्त मूल्य बहुत कम था। माहौल ऐसा था कि समूचे बस्तर में सरकार के खिलाफ उत्तेजना फैल गयी। स्कूल के शिक्षकों को धमकाया गया तथा स्कूलों का भी बहिष्कार किया गया। जंगलों में आग लगा दी गयी तथा लोगों से कहा गया कि सरकार को किसी भी प्रकार की कर अदायगी न की जाये (पाण्डे, 1967, पैरा 61)। 1965 के नवम्बर तथा दिसम्बर में समूचे बस्तर और विशेषकर जगदलपुर में व्यापक शोभा-यात्राएँ निकाली गयीं, जिनमें यह मांग की गयी कि बस्तर से बाहर धान की निकासी बंद हो, बस्तर के लोगों को 2 रुपए प्रति थैली धान मिले। फसल के असफल होने के कारण लैण्ड रेवेन्यू समाप्त किया जाय तथा तकावी ऋण को बढ़ाया जाय। यद्यपि सरकार ने धारा 144 लगा दी थी, किन्तु वह तब भी जनाक्रोश को रोक नहीं पायी (तदेव, पैरा 56)। पुलिस ने 78 लोगों को गिरफ्तार किया, जिनमें 19 महिलाएँ थीं। उन पर आरोप था कि वे लेवी उगाही में बाधक बनी हुई थीं (दण्डकारण्य समाचार, 27 फरवरी 1966)। 1966 के प्रारंभिक दिनों में बस्तर में पुलिस फोर्स लगा दी गयी।

बस्तर नामक गाँव के हाट के दिन गुरुवार 24 मार्च 1966 को सूर्यपाल तिवारी के आवास के सामने असंख्य लोगों को जनसमूह उमड़ पड़ा, जिनमें अधिकतर महिलाएँ थीं। उस जनसमूह का नेतृत्व डोंगरीगुड़ा की मंगली बाई तथा रतनी बाई कर रही थीं। उनका आग्रह था कि सूर्यपाल तिवारी सामने आए। तिवारी की पत्नी ने जब यह बताया कि सूर्यपाल घर में नहीं हैं तब वे धरने पर बैठ गयीं। उन सबने बस्तर राज्य के ध्वज को वहाँ फहराया तथा यह मांग की कि भारत में बस्तर राज्य के विलयन को समाप्त किया तथा बस्तर से सारे परदेशियों को बाहर खदेड़ दिया जाय। उनका कथन था कि "सूर्यपाल तिवारी ने राजा के राज को हड़प लिया है और अब उसके कारण बस्तर की जनता को खाने के लिए धान तक नसीब न होगा।" पुलिस के प्रतिवेदन के अनुसार उस समय वहाँ पर दस हजार से अधिक लोगों की भीड़ थी। वे सभी पास के तीन तालाबों में पंक्तिबद्ध खड़े हुए थे। उछलकूद रहे थे। नाच रहे थे। उनके हाथों में धनुषबाण थे साथ ही टंगेया व फरसा भी लिए हुए थे। कुछ के हाथों में लाठियाँ थीं (पाण्डे, 1967, पैरा 70)। न्यायमूर्ति पाण्डे ने बाद में कहा था कि पुलिस ने अतिरंजनापूर्ण दृश्य प्रस्तुत किया था। कुछ भी हो, इससे बस्तर में विक्षोभों और धरनों का इजाफा ही हुआ।

8 फरवरी को अपने छोटे भाई महाराज विजयचन्द्र भंजदेव के निवास स्थान पर लेवी वसूली पर की जा रही पुलिस और अधिकारियों की ज्यादती के विरुद्ध सरकार का ध्यान खींचने के लिए अनशन करते हुए प्रवीरचन्द्र भंजदेव ने पत्रों के प्रतिनिधियों से उत्तेजित होते हुए कहा था—"बस्तर के आदिवासी बस्तर को नागालैण्ड नहीं बना सकते। आदिवासी तो यह भी नहीं जानते कि नागालैण्ड क्या बला है और वहाँ की समस्याएँ क्या हैं? भारत सरकार के पास बहुत बड़ी फौजी ताकत है। वह चीन और पाकिस्तान से लोहा ले सकती है और चाहे तो बस्तर के आदिवासियों को कुछ ही क्षणों में नेस्तनाबूद कर सकती है।" बातचीत के दौरान उन्होंने कहा था—"सरकार नागालैण्ड की समस्याओं को लेकर नागाओं से बातचीत कर सकती है, मगर बस्तर के दलित और शोषित आदिवासियों के लिए उससे कुछ भी नहीं किया गया" (निगम, 1966, पृ.14)।

25 मार्च को जो घटनाएँ हुईं, उनकी पृष्ठभूमि करीब छह महीने से तैयार हो रही थी। जिस अकाल की छाया छत्तीसगढ़ पर पड़ी थी, उससे सबसे अधिक प्रभावित बस्तर के आदिवासी हुए थे; क्योंकि उनकी क्रयशक्ति न के बराबर थी। एक ओर अकाल और दूसरी ओर बाहर से आए व्यापारियों और कुंजड़ों द्वारा आदिवासियों का शोषण। जिस समय बस्तर के आदिवासी अनाज की कमी से बेहाल थे, उस समय बाजार में बिकने योग्य तीन लाख बोरा अतिरिक्त धान गोदियों में छुपा हुआ था।

इसके बाद 1965-66 से जनता पुनः शासन के विरुद्ध उठ खड़ी हुई। उसने प्रवीर के महल में जो उनके भाई विजय ने जबरन ताला तोड़कर सोने की घड़ी तथा अन्य

वस्तुओं पर डाका डालकर ले गए थे, उसकी थाने में रिपोर्ट की। उक्त रिपोर्ट को वापस करवाने के लिए पुलिस अधीक्षक विश्वनाथप्रताप सिंह ने सर्किल इंस्पेक्टर मोहनसिंह को भेजा, किन्तु असफल होने के कारण उक्त मुकदये में ढील दी गयी और एक धनवान मुलाजिम को संरक्षण दिया गया। अंत में दस हजार आदिवासी महिलाओं ने कलेक्टर के कार्यालय को घेरकर विजयचन्द्र पर मामला चलाने की मांग की। कई दिनों तक धरना दिए महिलाएँ बैठी रहीं और अंत में रात्रि के अँधेरे में जिला पुलिस अधीक्षक व कलेक्टर की मौजूदगी में महिलाओं के ऊपर जलते हुए थैले फेंक दिए गए। गर्दन पकड़ कर ढकेला गया और उन्हें बेइज्जत कर कलेक्टरी सीमा से बाहर निकाल दिया गया। दूसरे दिन बड़े नाटकीय ढंग से उन्हें फिर हटाया गया।

इस घटना के बाद भी महिलाओं ने आंदोलन किया। धारा 144 लगाई गयी। महिलाओं के साथ दुर्व्यवहार करने के कारण जन-आन्दोलन शहर से हटकर गाँवों में चला गया।

धान की पैदावार नष्ट हो जाने के कारण लम्बी वसूली शुरू हुई। महिलाओं के नेतृत्व में लेवी धान वसूली में रुकावट डाली गयी। निष्क्रिय प्रशासन की असमर्थता से परिचित देहाती जनता ने धान की लेवी वसूली रोकना शुरू कर दिया। सरकार ने यद्यपि यह स्वीकार किया था कि लेवी वसूली की प्रक्रिया और वर्गीकरण गलत था, फिर भी लेवी-वसूली को प्रतिष्ठा का प्रश्न बना लिया। केसरपाल, सरगीपाल, नगरनार, लोहंडीगुड़ा, तथा तोकापाल आदि में अश्रुगैस व लाठी का प्रयोग प्रारंभ कर दिया। केसरपाल में लगातार दो दिनों तक पुलिस ने बर्बरतापूर्वक लाठीचार्ज और अश्रुगैस का प्रयोग आदिवासी महिलाओं व पुरुषों पर किया। करीब 100 व्यक्ति घायल हुए। इसके बाद सरगीपाल तथा नगरनार गाँवों में पुलिस ने भयंकर अत्याचार किया।

आदिवासी विरोध प्रदर्शन में लगातार यह नारे लगाते थे कि धान नहीं लेने देंगे। अन्यथा क्या खाएँगे? कैसे जिएँगे? ऐसे प्रदर्शन कोंडागाँव, नारायनपुर, जगदलपुर और दंतेवाड़ा में हुए। उनमें न राज था और न कोई अन्य शक्ति। आंदोलन स्वतः स्फूर्त था। प्रदर्शन और विरोध नितात अहिंसक थे। फिर भी विविध प्रकार के घिनौने तरीकों से आदिवासियों को आंतकित करने का क्रम जारी था।

25-26 मार्च की घटना के समय जो आदिवासी राजमहल में आए थे, वे आखेट की स्वीकृति राजा से लेने आए थे। चैत की नवदुर्गा में आदिवासी कुछ बीज राजा को देते थे और वही बीज लेकर खेत बोते थे। वे चैत तथा बैसाख के महीनों में आखेट के लिए निकलते थे। आखेट में जाने से पहले हथियार चलाने के लिए राजाज्ञा प्राप्त करते थे। इतना ही नहीं, मौसम का पहला शिकार राजा को भेंट किया जाता था। सरकार के द्वारा जप्त तीर-कमानों में अधिकांश बिना धार वाले तीर थे, जिनसे चिड़िया मारने का

काम लिया जाता था। ऐसा जमाव प्रति वर्ष की एक सामान्य घटना होती थी। किन्तु देखिए न्यायाधीश पाण्डे क्या कहते हैं।

न्यायाधीश पाण्डे ने 25 मार्च 1966 के संकटग्रस्त दिन पर जिन परस्पर विवरणों का खाका प्रस्तुत किया है, उसका सारांश कुछ इस प्रकार है। 25 मार्च को प्रातः जिलाधीश ने धारा 144 लागू की थी, जिससे आदिवासियों के प्रदर्शन पर रोक लग गयी थी। इस धारा को लागू करने के लिए राजमहल के चारों मुख्य द्वारों पर रायफलधारी पुलिस के जवानों का पहरा बैठा दिया गया था। ज्ञातव्य है कि ऐसे मौके पर लाठियों के बजाय उनके हाथों में रायफलें थीं। मुख्य द्वार पर अतिरिक्त जिला मजिस्ट्रेट के साथ बड़ी संख्या में पुलिसबल तैनात था। उसी समय एक घटना घटी। महल के लॉकअप में बंद जब एक ट्रायलसुदा बंदी को पुलिस ले जा रही थी, तब महल के अंदर एकत्र आदिवासी भड़क गए। फलस्वरूप राजबाड़े में ही आदिवासियों और पुलिसबल के बीच संघर्ष छिड़ गया। उक्त संघर्ष में आदिवासियों ने तीर चलाना प्रारंभ कर दिया और पुलिस ने आंसू गैस के साथ गोलियों की बौछार प्रारंभ कर दी। उक्त घटना में बाणों के प्रहार से एक पुलिस वाले की मृत्यु हो गयी तथा एक अन्य घायल हो गया। इससे पुलिस के अन्य सदस्यों ने अपना आपा खो दिया। उन्होंने बागीचे में एकत्र आदिवासियों पर धुआँधार गोली चलाना प्रारंभ कर दिया। उसी समय प्रवीनचन्द्र भंजदेव राजमहल से बाहर यह देखने के लिए निकले कि बाहर क्या हो रहा है। तभी उन पर गोलियाँ चलीं और अन्य लोगों के साथ उनकी मृत्यु हो गयी। 12.45 बजे तक अधिकतर आदिवासियों ने दो महलों में अपने को सुरक्षित कर लिया था और तब से लेकर देर रात्रि तक राजमहल में रुक-रुक कर गोली बारी होती रही (पाण्डे, पैरा 149-57)। सरकार ने यह दावा किया था कि आदिवासियों ने दो बार पुलिस बल पर धावा बोला था, जिसकी पाण्डे ने अत्याधिक कठोर भाषा में निंदा की थी—The learned cousel for the officers, however, clothed the Advivasis with heroic fervour born of a supreme sense of duty, which impelled them to come out and make an attack against all odds like Lord Tennyson's Light Brigade.............

The Counsel (for the officers) went on to say that, since the first attack at 1 PM had ended disastrously for the Adivasis, Pravir Chandra Bhanj Deo himself spred the second attack at 4 PM to put courage in the dis-pirated Advisasis and that is how he received bullet injuries and died. This picture, so cleverly and artfully painted, is too good to be true for the illiterate and ignorant Adivasis (Ibid, para 100).

राजमहल के गुप्त स्थलों से लोग धीरे-धीरे बाहर प्रकट होने लगे। यह तब हुआ जब रात में कमिश्नर ने लाउड स्पीकर से अपील की। उनमें से अधिकतर देर रात गोली

चलना बंद होने के बाद महल से बाहर खिसक गए। अँधेरे में खो गए। दीवालों से चिपक कर बाहर निकल गए। बगल में बने झरोखों से गायब हो गए। दूसरे दिन प्रातः काल कमिश्नर की दूसरी अपील पर 250 लोग बाहर आए (तदेव, पैरा 156)। इनमें से 220 लोगों को गिरफ्तार कर लिया गया, जो कि पुलिस की पूछताछ के बाद जमानत पर छोड़े गए (दण्डकारण्य समाचार, 27 मार्च 1966, 3 अप्रैल 1966)। लोगों का मानना है कि जो लोग रात के अँधेरे में भाग गए थे, उनका पुलिस ने अनेक दिनों तक पीछा किया। गाँवों में यह जाँच निरंतर चलती रही कि उस दिन किन-किन लोगों ने आंदोलन में भाग लिया था।

पुलिस के साथ संघर्ष में कितने लोग मारे गए, यह आज भी एक विवादास्पद मसला है। न्यायाधीश पाण्डे के अनुसार पुलिसबल में से एक व्यक्ति मारा गया तथा दस घायल हुए। दूसरी ओर प्रवीरचन्द्र भंजदेव को मिलाकर बारह लोग मारे गए थे, यद्यपि पुलिस ने 61 राउण्ड गोलियाँ चलायी थीं (तदेव, पैरा 157)। आज जो लोग उस दुखद कथा को याद करते हैं, उनके अनुसार रात भर ट्रकों में भारी लाशें इन्द्रावती नदी में ले जाकर डम्प की जाती रही थीं।

यदि यह हम मान भी लें कि मृतकों के सम्बन्ध में आधिकारिक प्रतिवदेन सही है, तो भी यह तो मानना ही पड़ेगा कि घायलों की संख्या कहीं बहुत ज्यादा रही होगी, जो भयवश रिकार्ड नहीं की गयी। गोलीकांड के दूसरे दिन जगदलपुर की सारी दुकानें बंद रहीं (दण्डकारण्य समाचार, 27 मार्च 1966)। उस समय यह भी अफवाह थी कि अंदरूनी गाँवों में आम की टहनी और मिर्च घुमाई गयी थी और एक "भुमकाल दल" का भी गठन हो चुका था (दण्डकारण्य समाचार, 3 अप्रैल 1966, 10 अप्रैल 1966)। केवल जगदलपुर में ही एक माह के लिए 144 धारा बढ़ा दी गयी थी तथा सभी अधिकारी बाजारों में पेट्रोलिंग कर रहे थे और गाँवों की यात्रा कर रहे थे। विडम्बना देखिए कि तब जाकर सरकार ने 2000 गाँवों के लगान को संस्पेण्ड कर दिया था, जिसकी मांग आदिवासी अनेक दिनों से कर रहे थे (दण्डकारण्य समाचार, 27 मार्च 1966)।

बस्तर की उक्त घटना ने तब के मध्य प्रदेश की विधानसभा में हड़कंप मचा दिया था और दिल्ली की लोकसभा भी हिल गयी थी। भोपाल की विधानसभा में आरोप—प्रत्यारोप की शक्ल जूते और चप्पलों ने ले ली थी। विरोधी दल ने न्यायिक जाँच की मांग की थी। केन्द्रीय सरकार से भी निवेदन किया गया था कि वह जाँच करें, क्योंकि राज्य सरकार का भरोसा नहीं किया जा सकता था (दण्डकारण्य समाचार, 5 जून 1966)। मध्यप्रदेश उच्च न्यायालय के न्यायाधीश के.एल.पाण्डे के अधीन "वन मैन" कमीशन तब बैठाया गया था। 1967 के निर्वाचन के बाद जब सरकार बदली, तो एक दूसरा "वन मैच" कमीशन बैठाया गया, जो टी०सी०ए० रामानुजाचारी का था और उन्हें पुनः जाँच करनी थी (दण्डकारण्य समाचार, 18 फरवरी 1968)।

25 मार्च 1966 की घटना की व्यांख्या अलग-अलग नजरिए से की गयी थी। एक ओर से सरकारी नजरिया था, जिसकी व्याख्या तत्कालीन कांग्रेसी मुख्यमंत्री द्वारिका प्रसाद मिश्र और उनके कैबिनेट के सदस्य कर रहे थे। उन्हीं के साथ बस्तर के सरकारी अधिकारी थे। उनका आरोप था कि प्रवीर के उकसाने से आदिवासियों ने तीर चलाया। वे चाहते थे कि बस्तर को शेष भारत से अलग कर दिया जाय। कांग्रेस ने जो तस्वीर पेश की, उसके अनुसार प्रवीर के नेतृत्व में एक सुनियोजित आंतक चल रहा था। अधिकारियों ने भरसक उससे बचने का यत्न किया था। तत्कालीन कमिश्नर नरोन्हा ने मध्यप्रदेश के प्रमुख सचिव को जो टेलीफोन किया था। उसमें यह उल्लेख था कि inside the new palace, cartloads of bows and arrows and large quantities of rice had been stored (पाण्डे, 1967, पैर 7)। प्रशासन ने धारा 144 लगाने के अपने निर्णय को सही बताया तथा सूचक की रिपोर्ट पर राजमहल में सशस्त्र बल को तैनात किए जाने को उचित ठहराया और कहा The jail would be attacked, the Indrawati river bridge would be damaged, the means of communication, that is to say, the telephone wires, would be tamped with the bungalows of the officers would be attacked and the collectroate and the government godowns and the godowns of Sahukars would also be looted (Pandey, 1967, para 75).

उपर्युक्त तथाकथित विवरणों को न्यायाधीश पाण्डे ने परस्पर विरोधी ठहराया और उसे अमान्य किया। न्यायाधीश के शब्दों में these reports were brought into existence after 25 march 1966 in order to prepare an answer to the charge of use of excessive force (तदेव, पैरा 75-80)। इसके अतिरिक्त उन्होनें यह भी तथ्य सामने रखा कि गोलीकांड के पहले कमिश्नर तथा कलेक्टर जिले के धुर दक्षिण बीजापुर में शिकार खेलने के लिए गए हुए थे। न्यायाधीश पाण्डे ने यह भी कहा कि यदि वे जुम्मेदार अधिकारी होते, तो वे भावी आतंक से इस प्रकार मुँह नहीं फेर लेते (तदेव, पैरा 69)।

एक ओर सरकार थी कि वह सारा दोष प्रवीर और आदिवासियों का मानती थी, तो दूसरी ओर विरोध दल था, जिसने आदिवासियों को सरकार का बलि माना था और खासतौर पर यह माना था कि कांग्रेस सरकार की प्रवीर विरोधी नीतियों के कारण ही उक्त घटना घटी। कुछ लोगों का तो यह भी मानना था कि चूँकि प्रवीर बस्तर में ईसाइयत के प्रचार के विरोधी थे, इसलिए वे ईसाई नरोन्हा के शिकार बने। उनका यह भी कथन था कि कांग्रेस ने प्रवीर को बहुत ही हल्के ढंग से लिया और यह भी आरोप लगाया कि बस्तर में अपनी चुनावी जीत को सुनिश्चित करने के लिए कांग्रेस ने जान बूझकर प्रवीर की हत्या करवाई (Statesman weekly, 2 अप्रैल, 1966)

सरकार ने बस्तर की उक्त घटना को कानून और व्यवस्था का मामला माना, जब कि विरोधी दल ने सरकार की आर्थिक और राजनैतिक असफलता को कारण माना। आदिवासी तो खाली स्लेट के समान थे, जिन पर सरकार तथा विरोधी पार्टियों ने अपनी-अपनी इबारतें लिखीं। तत्कालीन मुख्यमंत्री द्वारिकाप्रसाद मिश्र भी प्रवीर से असंतुष्ट थे और उन्होंने अपने सरकार की कार्यवाही को उचित ठहराया और तर्क दिया कि बस्तर में नागालैण्ड तथा मिजोरम के समान पृथकतावादी तरकीबें अपनायी जा रही थीं। दूसरी ओर विरोधी दलों का कहना था कि बस्तर में आदिवासी किसी अन्य के समान देशभक्त हैं, किन्तु वे किसी भी प्रकार के अत्याचार और अनाचार के खिलाफ थे। वे चाहते थे कि उन्हें निर्जनता से उबारा जाय (MP Chronicle, 27 मार्च 1966, विधानसभा में बहस।

कांग्रेस पार्टी तथा विरोधी दलों के उक्त विवादास्पद तर्कों के बाद हम कतिपय ऐसे साक्ष्यों पर भी नजर डाल सकते हैं, जो गोलीकांड के समय जगदलपुर में थे और जिन्होंने अपनी खुली आँखों से उक्त नरसंहार देखा था। ऐसे लोग आज भी जीवित हैं।

हैदराबाद से प्रकाशित "कल्पना" मासिक के जुलाई 1966 के अंक में बस्तर गोलीकांड पर एक प्रतिक्रिया **"ईश्वर को सूली"** शीर्षक कविता में व्यक्त हुई थी, जो यहाँ प्रस्तुत है।

ईश्वर को सूली

(बस्तर गोलीकांड पर एक प्रतिक्रिया) : लेखक-दुष्यन्तकुमार

मैंने चाहा था
कि चुप रहूँ,
देखता जाऊँ,
जो कुछ मेरे इर्द-गिर्द हो रहा है।
मेरे देह में कस रहा जो साँप
उसे सहलाते हुए,
झेल लूँ थोड़ा सा संकट
जो सिर्फ कड़वाहट बो रहा है।
कल तक गोलियों की आवाजें कानों में बस जाएँगी
अच्छी लगने लगेंगी
सूख जाएगा सड़कों पर जमा हुआ खून।
वर्षा के बाद कम हो जाएगा
लोगों का जूनून।

धीरे-धीरे सब ठीक हो ज़ायेगा।
लेकिन मैंने देखा,
धीरे-धीर सब गलत होता जाता है।
इच्छा हुई मैं न बोलूँ
मेरा उस राजा से या उसकी अंधभक्त प्रजा से क्या नाता है ?
लेकिन सहसा एक व्याख्यातीत अँधेरा
ढँक लेता है मेरा जीवित चेहरा,
और भीतर से कुछ बाहर आने के लिए छटपटाता है।
एक उपमहाद्वीपीय संवेदना
सैलाब-सी उमड़ती है, अन्दर ही अन्दर
कहीं से
अविश्वास की प्रखर, सीधी रोशनी
आँगन में पड़ती है
क्षत-विक्षत लाश के पास
बैठे हैं असंख्य मुर्दे उदास।
कहीं गोलियों के जख्म देह पर नहीं थे।
रक्तस्राव अस्थिमज्जा से नहीं हो रहा था।
एक कागज का नक्शा था—
खून ददोड़ता हुआ।
एक पागल निरंकुश श्वान
बौखलाया-सा फिरता था उसके पास
शव निचोड़ता हुआ।
ईश्वर उस "आदिवासी-ईश्वर" हम पर रहम करे
सत्ता के लम्बे नाखूनों ने जिसका जिस्म नोच लिया।
घुटनों पर झुका हुआ भक्त
अब क्या
उस निरंकुशता को माथा टेकेगा
जिसने—
भक्तों के साथ प्रभु को सूली पर चढ़ा दिया,

समाचार पत्रों की भाषा बदल दी,
न्याय को राजनीति की शक्ल दी
और हर विरोधी के हाथों में
एक-एक खाली बंदूक पकड़ा दी
कि वह लगातार घोड़ा दबाता रहे,
जनता की नहीं, सिर्फ राजा की,
मुर्दे पैगम्बर की, मौत पर सभाएँ बुलाता रहे,
"दिवस" मनाता हुआ,
सार्वजनिक आँसू बहाता हुआ,
नींद को जगाता हुआ,
अर्धसत्य थामे चिल्लाता रहे।
इतिहास
विद्यमान काल की परिधि में आबद्ध
और टिके हुए
इन मुर्दा लोगों की पीढ़ी को माफ करे।
(बैठी हुई जनता न्यायसंगत नहीं होती)
इतिहास न्याय करे
मुझ जैसे चन्द बदजबान और बेशऊर लोगों के साथ
जो खुद आगे बढ़ आये
अपनी कमजोर और सीमित भुजाओं में भर लेने के लिए
कि एक बांस अपने कगारों पर टूट रहा है।
मैंने सोचा था कि जब किसी को कोई दिखाई नहीं देता
मैं भी बंद कर लूँ अपनी आँखे
न सोचूँ
एक ज्वालामुखी फूट रहा है।
मर जाने दूँ लावे में
तड़प-तड़प कर एक शिशु-
प्रजातंत्र का भविष्य-
जो मेरे भीतर मीठी नींद सो रहा है।

मुझे क्या पड़ी है
जो मैं देखूँ, या बोलूँ या कहूँ कि मेरे आसपास
नर-हत्याओं का एक महायज्ञ हो रहा है।
मैंने चाहा था और मैं अब भी चाहता हूँ
कि मैं चुप रहूँ न बोलूँ।
एक मोटा-सा परदा पड़ा है
उसे रहने दूँ, खिड़की न खोलूँ।
लेकिन अंधकार मुझे खलता है।
दमन मुझे शिखर तक उछालता है।
प्रकृति से विवश हूँ मैं।
हे ईश्वर! मृत्यु दे न माफी
असफल विद्रोही मेरी इस वीर्यहीन पीढ़ी को
थोड़ा-सा बल दे।

प्रवीर की मृत्यु से बस्तर झुलस गया। बस्तर चीत्कार करने लगा। बस्तर—समूचा बस्तर पूरी आदिवासी कौम आहत हुई। हजारों बरसों से बस्तर के आदिवासियों को अँधेरे में रखा गया। लेकिन प्रवीर के रूप में जमाने की रोशनी की एक ही किरण वहाँ पहुँच पायी थी कि सरकारी कारकुनों और सरकारी पूँजीपतियों को अपना भविष्य अंधकारमय दिखने लगा और मानवता के प्रति तमाम अमानवीय शस्त्रों का प्रयोग करके बस्तर में फैलती जागृति को समाप्त करने को दूसरा "जलियाँवाला बाग काण्ड" दुहराया गया। आदिवासियों को, उनके नेता को गोलियों से भून डाला गया। बस्तर का आर्तनाद समूची मानवता और समूची आजादी कौम के लिए तब चुनौती बन गया। आजाद भारत में "बस्तरकाण्ड" संभव है, इस बात से भारतीयों का सिर शर्म से झुक गया (ओंकार शरद)।

आजादी के बाद के शासनतंत्र के लिए गोली अंग बन गयी। वहाँ के भूतपूर्व राजा का जननेता बनना ही अभिशाप सिद्ध हुआ। आदिवासियों की जटिल समस्याओं पर शासन ने कभी माकूल विचार नहीं किया। केवल कुछ लोगों को विशेषज्ञ मानकर सारा कामकाज अंदाजिया चलाया गया। समस्याओं के लिए अँधेरे में टटोलते-टटोलते बढ़ने की कोशिश की गयी।

आदर्शहीन कांग्रेस—सरकार की असफलता का इससे बड़ा सबूत और क्या हो सकता था कि जंगल और पहाड़ों में बसने वाली लाखों जनता पर गोलीबारी की गयी। तब बस्तर महज एक अंडमान बन गया था। जिस तरह क्रूर, निर्दयी और बेकार

अपराधियों को कालापानी भेज दिया जाता था, उसी तरह सरकार अपने उन अधिकारियों को बस्तर में नियुक्त करती थी, जो निर्दयी और उपयोगिताविहीन होते थे। यही कारण है कि वे लोग आदिवासी कल्याण की भावना से सोच ही नहीं पाए।

बस्तर की उक्त ट्रेजेडी दो सभ्यताओं की सीधी टक्कर की ट्रेजेडी थी। एक आदिम सभ्यता और दूसरी ब्रिटिश अफसरशाही की विरासत हिन्दुस्तानी अफसरशाही की तथाकथित सभ्यता। आदिवासियों के प्रति सरकार का रवैया जितना गलत और दृष्टिहीन रहा है, इसका सबसे सजीव उदाहरण बस्तर था। सरकारी अफसरों के लिए यह समझ पाना मुमकिन नहीं था कि आदिवासी–सभ्यता के समानान्तर चलने वाली एक और सभ्यता है। इस तथ्य को ब्रिटिश शासक समझते थे और उन्होंने आदिवासियों के जीवन में कभी दखल देने की कोशिश नहीं की। आदिवासियों से जो फायदा उठा सकते थे उठाया, लेकिन उनके निजी जीवन में प्रवेश नहीं किया।

प्रवीरचन्द्र भंजदेव नहीं रहे। बस्तर के आदिवासियों के मन में उनकी स्मृतियाँ ही शेष हैं। ये स्मृतियाँ एक ऐसे व्यक्ति की हैं, जो राजा से अधिक उनका देवता था। प्रवीरचन्द्र भंजदेव के प्रति उनके मन में इतनी आस्था थी कि जब वह गद्दी से उतार दिए गए, तब उनकी जगह लेने वाले विजयचन्द्र भंजदेव को आदिवासियों ने "सरकारी राजा" कहना शुरू कर दिया। दंतेश्वरी के पुजारी प्रवीरचन्द्र भंजदेव आदिवासियों की निगाह में स्वयं दंतेश्वरी का अवतार थे और कोई कारण नहीं कि आदिवासी उन्हें दंतेश्वरी का अवतार न मानते। प्रवीरचन्द्र भंजदेव ने दंतेश्वरी के पुजारी होने की न केवल मर्यादा कायम रखी, बल्कि अपने अधिकारों का पूरा-पूरा उपयोग किया। गणतंत्र की स्थापना के बाद से राजशाही खत्म हो गयी, लेकिन पुजारी का पद कायम था। प्रवीरचन्द्र भंजदेव ने अपने राजा होने का ख्याल भले ही भुला दिया हो, अपने पुजारी होने का अहसास उन्होंने कभी भी नहीं भुलाया। यही कारण है कि अपने आखिरी वर्षों में उन्हें भयानक तनाव में रहना पड़ा। उनकी सीधी टक्कर प्रशासन और पुलिस से थी। प्रवीर को यह विश्वास था कि वे जनता के रक्षक हैं और उनके रक्षक होने का पद उनसे कोई छीन नहीं सकता। लेकिन सरकार ने उन्हें सत्ता से वंचित कर दिया था और ऐसी स्थिति में बेचैन और उत्तेजित होने के सिवा कोई अन्य रास्ता नहीं रह गया था।

जगदलपुर के 25 मार्च 1966 के गोलीकाण्ड पर शताधिक लेख तथा पुस्तिकाएँ प्रकाशित हुई हैं। उन सब का विश्लेषण करने के बजाय संयुक्त सोशलिस्ट पार्टी के लाड़ली मोहन निगम के द्वारा जारी की गयी **बस्तर? इतिहास तथ्य जनश्रुति और दस्तावेज** देखा जा सकता है, जिसका प्रकाशन राजरंजना प्रकाश इलाहबाद से 1966 में हुआ था।

निष्कर्ष

प्रवीर की लोकप्रियता और उनका आंदोलन भारतीय इतिहास की उस संधिवेला में घटित हुआ, जब आजादी मिली-मिली थी और देशी राज्यों का भारत गणराज्य में विलयन हुआ ही था। यह-चुनावी अवसरवादिता के कारण प्रवीर को चुनौती मानने के कारण भी हुआ। यह प्रवीर की शक्ति के ह्रास के कारण भी उद्भूत हुआ। प्रवीर लोगों को लामबंद करने में इसलिए सफल हुए; क्योंकि उनका आंदोलन उनकी वैयक्तिक लाभहानि के अतिरिक्त स्थानीय मसलों और आदिवासी जनता की अव्यक्त इच्छाओं का व्यक्तीकरण था।

जहाँ तक सार्वजनिक प्रजातांत्रिक लक्ष्यों की प्राप्ति का सवाल है, उक्त आंदोलन सतही तौर पर कालातीत प्रतीत होता है। एक स्कीजोफ्रेनिक (मनोरोगग्रस्त) राजा तथा एक संवेदनाशून्य सरकार के बीच कलह में चुनने को कुछ बचा ही नहीं था। इसीलिए आंदोलन को साधन के बजाय भावाभिव्यक्ति के अर्थ में देखना चाहिए। कुछ सीमा तक उक्त आंदोलन दबे-कुचले लोगों की चेतना का स्फुरण मात्र था, जिसमें सरकार से सम्बद्ध प्रत्येक वस्तु या व्यक्ति के प्रति अस्वीकृति थी। पुलिस तथा अन्य अधिकारियों के प्रति सम्मान के प्रतिरूपों का सरासर उलटपुलट था। उसमें अपराध को वीरता एक रूप माना गया, जैसा कि भूमि को हड़पने की घटनाओं से ज्ञात होता है। उसमें आदिवासी जनता के बीच एकात्मकता थी, जैसा कि लेवी की वसूली की अस्वीकृति में देखा जा सकता है।

कुछ सीमा तक उक्त आंदोलन 1910 में भुमकाल का अनुवर्तन था। यहाँ बस्तर का इतिहास आजादी के बाद एक बार पुनः अपने को दुहरा रहा था। उस काल की परिस्थितियाँ ऐसी थीं कि प्रवीर एक नायक के रूप में अवतरित हुए।

उक्त आंदोलन से यह भी ज्ञात होता है कि आजादी के बाद भी भारतीय राजनीति आमजनता के दुःख दर्द से कितनी असंवेदनशील थी। वह न तो उनके उत्पादन के लय को समझ पायी। न उनके कर्मकाण्डों से परिचित हो पायी और न उनकी इच्छाओं को जानने की चेष्टा की। महिलाओं की सामूहिक भागीदारी उक्त आंदोलन में पहली बार देखने को मिली। यह भी पता चला कि सरकार महिलाओं के प्रति भी कितनी असहिष्णु थी। ऐसा तो बड़े-बड़े क्रान्तिकारी आंदोलनों में भी देखने को नहीं मिलता। मेम्बराइनों का बलिदान भी उक्त आंदोलन में काबिले तारीफ था।

उक्त आंदोलन से कांग्रेस की अवसरवादिता तथा भ्रष्टाचरण खुल कर सामने तो आए, और यह भी समझ में आया कि प्रवीर की भूमिका को कांग्रेस ठीक से परिभाषित नहीं कर पायी। प्रवीर बदली हुई परिस्थितियों में इसलिए असफल हुए कि तब बस्तरराज के बजाय कांग्रेसराज था। परिणाम था एक दुःखद प्रहसन। जो लोग खुशहाली का सपना सँजोए हुए थे, उनका अवसान बद से बदतर स्थिति में हुआ।

10

आदिवासी ईश्वर के तथाकथित अवतार

(प्रवीर के तथाकथित अवतार कंठी वाले बाबा तथा अन्य)

प्रवीरचन्द्र भंजदेव की हत्या के बाद जब उनके परिवार के सदस्य उनकी लोकप्रियता को भुनाने में लगे थे, तब दूसरे लोग खुद को प्रवीर सिद्ध करने के उद्देश्य से विविध प्रकार के स्वांग रचा रहे थे। उस समय प्रवीर के कम-से-कम सोलह कल्पित अवतार थे, जिनमें अंततोगत्वा बाबा बिहारीदास अत्यधिक सफलता के साथ बस्तर के परिदृश्य पर प्रकट हुए। उक्त सोलह अवतारों में प्रथम अवतार था घुमरी कुडुक, जो ऊपर-ऊपर से प्रवीर-जैसा दिखता था। उसके बाल प्रवीर के समान बढ़े हुए थे और दाढ़ी लटक रही थी। वह दावा कर रहा था कि प्रवीर मरे नहीं, अपितु मैं ही प्रवीर हूँ। आदिवासियों ने प्रथम द्रष्टया उसके कथन पर विश्वास कर लिया। वह अपने बीस साथियों के साथ समूचे बस्तर में विचरण कर मुफ्त राशन संचित कर रहा था। दुर्भाग्यवश उसका छद्म रूप बहुत दिनों तक छिपा नहीं रहा और उसका सौभाग्यकाल उसकी गिरफ्तारी के साथ समाप्त हो गया (दण्डकारण्य समाचार, 12 फरवरी 1967)।

1971 ई० में बस्तर के क्षितिज पर एक अन्य व्यक्ति प्रकट हुआ, जिसे बाद में बाबा बिहारीदास नाम से ख्याति मिली। उसने दावा किया कि वह प्रवीर का पुनः अवतार है और उसके उक्त दावे का समर्थन "आदिवासी सेवादल" के दो भूतपूर्व कर्मठ कार्यकर्ताओं ने किया, जिनके नाम थे खुसरू तथा बाली और वे दोनों भतरा थे। चूँकि खुसरू तथा बाली प्रवीर के बाएँ हाथ थे, अतः लोगों ने उनके इस कथन पर विश्वास किया कि बाबा बिहारीदास के रूप में प्रवीर आज भी जीवित हैं तथा पुलिस की गोलियाँ उनका कुछ बिगाड़ नहीं सकीं। कुछ लोगों का कथन है कि सबसे पहले राजा के लोगों ने जब बाबा में प्रवीर की समानता देखी, तो उन्होंने बाबा को इस बात के लिए मनाया कि वह प्रवीर की भूमिका का निर्वाह करे। आदिवासियों ने जब यह सवाल किया कि बाबा तो प्रवीर की तुलना में अत्यधिक काला है, तब प्रवीर के भूतपूर्व साथियों ने उन्हें समझाया कि पुलिस की गोलियों की बौछार से प्रवीर का रंग काला पड़ गया है और उसने अनेक वर्षों तक पुलिस की आँखों में धूल झोंक कर जंगलों में अपने को छिपाए रखा है। बाबा ने प्रवीर के आभामण्डल से अपने को सँवारा और नारायनपाल के सरोवर के तट पर यदा-कदा रहस्यात्मक ढंग से प्रकट होने लगा। उसके अनुयायियों की संख्या बढ़ने लगी और यदि किसी ने भी उसके प्रवीर होने पर शंका व्यक्त की, तो उसके समर्थक आदिवासियों ने उसे प्रताड़ित किया। बस्तर के अनेक आदिवासी तब यह

विश्वास नहीं कर पाए कि तांत्रिक शक्तियों से सम्पन्न प्रवीर पुलिस की गोलियों से मरे होंगे, क्योंकि उन्हें प्रतीति थी कि प्रवीर में शक्ति थी कि वे गोलियों को पानी में रूपांतरित कर सकते थे (नंदिनी सुंदर, 1997, पृ. 234)।

बाबा बिहारीदास पर प्रथम लघु प्रबन्ध कृष्णकुमार झा ने 1972 में अधोलिखित शीर्षक से डिप्लोमा उपाधि हेतु लिखा था **"बस्तर के आदिवासी जनजीवन पर बाबा बिहारीदास का प्रभाव।"** उक्त प्रबंध के लिए लेखक ने एक प्रश्नावली बनायी थी तथा 51 सूचकों से प्रश्न किया था। तथ्यान्वेषण हेतु लेखक ने जगदलपुर तहसील के 29 ग्रामों, दंतेवाड़ा तहसील के 5 ग्रामों, कोंडागाँव तहसील के 4 ग्रमों तथा नारायनपुर व काँकेर तहसील के दो-दो गाँवों का सर्वेक्षण पर किया था। यह प्रबन्ध उस समय लिखा गया था, जब बाबा बिहारीदास जीवित थे और लेखक ने उनसे भी साक्षात्कार किया था। उन दिनों बस्तर में सामाजिक, धार्मिक, आर्थिक, राजनैतिक व सांस्कृतिक हलचल की विवादस्पद पृष्ठभूमि बन रही थी, जिसके केन्द्र में बाबा बिहारीदास थे और जो 1971 के प्रारंभ से ही आदिवासियों के बीच रहस्यात्मक ढंग से आकर्षण के केन्द्र बने हुए थे। आदिवासियों की श्रद्धा-भक्ति, विश्वास, स्नेह, समपर्ण तथा आज्ञाकारिता की अनुभूतियों के केन्द्र उक्त बाबा को **"कंठी वाले बाबा"** या **"गुरु महाराज"** के सम्बोधन से भी पुकारा जाता था और उनका व्यक्तित्व विवादास्पद बन गया था। यहाँ कृष्णकुमार झा के द्वारा प्रस्तुत अब तक अप्रकाशित विवरण को यथातथ्य प्रस्तुत किया जा रहा है, उनकी स्वीकृति के उपरांत।

बाबा बिहारीदास, जिनके जन्म-स्थान के बारे में कुछ निश्चित ज्ञात नहीं है, अपने को अयोध्या के मनीराम बाबा के अखाड़े से संबद्ध बताते थे। इनका जन्म संभवतः 1940 में हुआ था। कहा जाता है कि बिहारीदास सर्वप्रथम 1967 ई० में बस्तर आये और नारायणपुर तहसील के छोटेडोंगर ग्राम के एक मंदिर में उन्होंने अपना डेरा जमाया। यहाँ उनकी मुलाकात "खोसरू मांझी" नामक व्यक्ति से हुई। यह चुस्त-चालक तिकड़मी आदिवासी प्रवीरचंद्र भंजदेव (भूतपूर्व बस्तर महाराजा) का किसी समय दाहिना हाथ रह चुका था। कहा जाता है कि इस खोसरू ने अपने आदमियों के जरिये गाँव-गाँव खबर फैलाई कि महाराज प्रवीर मरे नहीं है, जीवित हैं, और जंगल-जंगल घूम रहे हैं। वे कभी-कभी छोटे डोंगर के आमदेई मंदिर में आते हैं और लोगों को दिखते हैं।

यह अफवाह जंगल की आग की तरह फैलने लगी। धीरे-धीरे प्रवीर के अनुयायियों का जमाव बाबा बिहारीास के इर्द-गिर्द खोसरू मांझी की तिकड़मों से होने लगा। खोसरू मांझी ने रहस्यात्मक ढंग से लोगों को समझाना चालू किया कि यही महाराजा हैं। किसी से खुले आम मत कहना, वरना सरकार इन्हें पकड़कर मार डालेगी। उसने लोगों को यह भी कहना चालू किया कि गुप्त रूप से गाँव-गाँव जाकर खबर करो कि महाराजा प्रवीर जीवित हैं और जंगल-जंगल घूम रहे हैं।

ज्योंही शासन को उक्त योजना का आभास मिला, बिहारीदास को पुलिस ने बस्तर से बाहर कर दिया।

इसके बाद बिहारीदास इधर-उधर रहे और 1969 के आसपास पुनः काँकेर तहसील के चारामा ग्राम में आकर रहने लगे। यहाँ भी पुलिस उनके पीछे पड़ी रही।

कुछ दिनों के बाद सन् 1970 से बिहारी दास जगदलपुर तहसील के चपका नामक पवित्र तीर्थ-स्थान में, जो जगदलपुर से लगभग 20 मील उत्तर में हैं, आकर रहने लगे। खोसरू मांझी इनके साथ रहने लगा। इसने पुनः यह प्रचार करना चालू किया कि महाराजा प्रवीर प्रकट हुए हैं। यह सब गोपनीयता के आवरण में रहस्यमय ढंग से प्रसारित किया जाने लगा।

धीरे-धीरे बिहारीदास की गतिविधियाँ बढ़ने लगीं। वे आसपास के गाँवों में अपने अनुयायियों के साथ जाने लगे। उनके लिये स्वागत द्वार बनते, गाजे-बाजे से उनका स्वागत होता, औरतें उनकी आरती उतारतीं।

गाँव में पहुँचकर बिहारीदास हवन करता। गाँव के लोग यथाशक्ति चावल, पैसा, फलफूल, नारियल आदि चढ़ाते।

इसी बीच खोसरू मांझी बगैरह रहस्यमय ढंग से प्रचार करते कि यह महाराजा प्रवीर हैं। गोली लगने और आग में जलने से शरीर काला पड़ गया है।

यहाँ यह ज्ञातव्य है कि बिहारीदास का रंग साँवला था। चेहरा प्रवीर से नहीं मिलता-जुलता था। केवल सिर के बाल उसी तरह बड़े-बड़े थे और काँधे तक झूलते रहते थे। कुर्ता और लुंगी या धोती भी लगभग प्रवीर की तरह ही बिहारीदास पहनते थे। ऊँचाई लगभग प्रवीर जैसी थी। शरीर प्रवीर से कुछ मोटा था। सामान्य आदिवासी को, जिसने प्रवीर को खूब निकट से नहीं देखा था, कुछ-कुछ धोखा हो सकता था। यहाँ यह भी उल्लेखनीय है कि बाबा बिहारीदास ने अपने मुँह से यह कभी नहीं कहा कि वे प्रवीर थे। कुछ लोगों ने उन पर यह भी आरोप लगाया है कि वे चुपचाप आदिवासियों को अपने शरीर पर गोली के निशान भी दिखाते थे, किंतु सर्वेक्षण के दौरान ऐसा एक भी व्यक्ति नहीं मिला, जो इस बात की पुष्टि करता। इसके विपरीत बिहारीदास ने बार-बार सार्वजनिक रूप से यह घोषणा की थी कि वे प्रवीर या प्रवीर के अवतार कतई नहीं हैं। यद्यपि यह नहीं कहा जा सकता है कि इसका वास्तविक रूप से बस्तर के आदिवासियों पर क्या प्रभाव पड़ा। शायद वे इसे तथाकथित प्रवीर की, शासन की नजरों से बचाने की योजना का ही एक अंग समझते रहे हों।

बहरहाल, यह तो सच है कि प्रवीर के अवतारवाद का खूब जमकर, जादू सा असर, गाँव-गाँव में, आदिवासियों के बीच होने लगा है और देखते-देखते बिहारीदास की ख्याति चारों ओर फैलने लगी।

इसी बीच चपका में एक विशाल मंदिर के निर्माण का कार्य बिहारीदास ने प्रारंभ किया। बिना अनुमति शासकीय भूमि पर निर्माण कार्य के सिलसिले में तथा अन्य घटनाओं को लेकर उन पर मुकदमें चले। उन्हें कई-कई बार गिरफ्तार किया गया। रिमांड पर जेल में भी रखा गया। इसी बीच उनकी शासन से भी कुछ ठन गई। बस्तर के तत्कालीन जिलाध्यक्ष ब्रह्मदेव शर्मा से उनके व्यक्गित मतभेद भी प्रगट हुए।

इसके बाद ही लोकसभा का मध्यावधि चुनाव आया और बिहारीदास ने अपने एक अनुयायी पीलूराम भतरा के समर्थन में कार्य किया। नतीजा जब निकला तो यह पाया गया कि पीलूराम ने अप्रत्याशित रूप से चुनाव में द्वितीय स्थान प्राप्त किया था और जहाँ-जहाँ बिहारीदास ने प्रचार किया था या उनके प्रभाव का उपयोग हुआ था, वहाँ-वहाँ पीलूराम को बहुत अधिक मत प्राप्त हुए थे, खासकर बकावंड, कोंडागांव, जगदलपुर, चित्रकोट विधान सभाई क्षेत्रों में। यहीं से बिहारीदास के प्रभाव का अनुमान लोगों को लगने लगा।

लोकसभा के चुनावी नतीजे से बिहारीदास के अनुयायियों को भारी प्रोत्साहन मिला। ठीक इसके बाद ही 'कंठी बाँधने' का अभियान प्रारंभ हुआ। 'कंठी' जंगली लकड़ी या तुलसी के पौधे का एक छोटा-सा टुकड़ा होता था, जिसे धागे में पिरो कर गले में पहिना जाता था।

कहा जाता है कि चपका से खोसरू मांझी, पीलूराम आदि के संगठन ने यह प्रचार प्रारंभ किया कि बाबा अर्थात् महाराज प्रवीर का यह गुप्त आदेश है कि सभी ग्रामवासियों को कंठी बाँधनी होगी। जो कंठी नहीं बाँधेगा, उसकी जमीन-जायदाद छीन ली जावेगी। वह मर जावेगा। उसे राक्षस खा जावेगा। एक दिन आकर राक्षस सबके गले टटोलेगा और जिनके गले में कंठी नहीं रहेगी, उसका यह गला दबाकर मार डालेगा, आदि-आदि।

संभवतः इसी प्रचार के कारण ही दूर-दूर से ग्रामवासी कंठी बँधाने चपका ग्राम आने लगे। बिहारीदास के शिष्य ऐसे ग्रामवासियों का नाम लिखकर उन्हें कंठी देने लगे। कंठी के लिये परिवार-प्रमुख को सवा रुपये और अन्य लोग, अर्थात् औरत, मर्द के लिये 25 पैसे प्रति कंठी ली जाने लगी।

यहाँ यह ज्ञातव्य है कि कंठी बस्तर के लिये नयी चीज़ नहीं थी। कबीर-पंथी अथवा अन्य लोग, जैसे हल्बा, भतरा, आदि जनजाति के लोग किसी को अपना गुरु बनाकर मद्यमांस का परित्याग कर कंठी पहनते रहे हैं। संभवतः इसी परिपाटी को बिहारीदास के शिष्यों ने अपना मूलमंत्र बनाया।

बाबा बिहारीदास के निर्देशानुसार कंठीधारी न तो शराब पी सकता था न मांस मछली खा सकता था।

यह कंठी—अभियान तीव्र गति से चलने लगा और देखते-देखते एक ही वर्ष अर्थात् जनवरी 1972 तक लगभग सारे बस्तर में इसके लाखों अनुयायी बन गये। नारायणपुर-केशकाल से लेकर सुकमा, बीजापुर तक कंठी—अभियान तीव्र गति से फैल गया।

इस कंठी अभियान के संबंध में बाबा बिहारीदास से प्रश्न पूछने पर उन्होंने कहा था कि 1970 के अंत में जब वे बस्तर आये, तो आदिवासियों की पददलित, दीनहीन अवस्था को देखकर उन्हें बड़ा परिताप हुआ। उनमें मदिरापान और तज्जन्य लड़ाई-झगड़ा, हत्या, खून-खराबी, चोरी, खासकर बैल और अन्य मवेशियों की चोरी, अनैतिकता तथा मांसाहार के कारण आसुरी प्रवृत्तियाँ प्रबल रहती थीं। बाबा के शब्दों में ये आदिवासी राक्षस के समान व्यवहार करते थे। मद्यपान कर लड़ाई झगड़ा करते और वकीलों तथा कोर्ट—कचहरी के पीछै सारी जायदाद बरबाद कर डालते। ठीक से न ही काम करते, न अपने बीबी-बच्चों को पालते और न ठीक से अपनी उन्नति करते।

बाबा ने बताया कि वे इन बुराइयों को दूर करना चाहते थे। उन्होंने यह भी बताया कि इन बुराइयों से दूर रहने के लिये सबसे पहिले उन्होंने यह काम किया कि इन आदिवासियों के मन में भगवान् के प्रति आस्था, भक्ति-भाव जागे। इसके लिए उन्होंने रामनाम का जाप करने, शराब और मांसाहार से दूर रहने और तुलसी की माला या कंठी पहनने पर जोर दिया। साथ ही गाँव-गाँव में वट-वृक्ष लगाने, पूजा-पाठ कथा-वार्ता करने, प्रतिदिन प्रातः उठकर दतौन आदि करने के बाद ही काम पर जुटने का अभियान छेड़ा। महिलाएँ प्रातः उठकर घरद्वारा बुहार कर, पति चरणों में प्रणाम-अभिवादन, स्नान-ध्यान कर तुलसी में जल चढ़ाने आदि का कार्य करती थीं। शरीर तथा मन की स्वच्छता-पवित्रता पर बिहारीदास ने बल दिया।

बिहारीदास ने यह भी बताया कि ईश्वर की इच्छा और कृपा से इसका अच्छा असर पड़ा। इस बात का व्यापक प्रभाव परिलक्षित हुआ। हजारों लोग उनके पास आने लगे। आदिवासी महिलाएँ स्वच्छ वस्त्र पहनने लगीं। प्रातः उठने, स्नान करने, तुलसी में जल चढ़ाने आदि के प्रति उनका उत्साह और लगन प्रशंसनीय रहा। पुरुष भी स्वच्छता पर ध्यान देने लगे और कंठीधारी लोग मद्यमांस का परित्याग कर लड़ाई-झगड़े, चोरी आदि की लतों को छोड़ने लगे।

बिहारीदास के इस धर्मप्रचार तथा सामजिक सुधारवादी आंदोलन को अप्रत्याशित लोकप्रियता थोड़े ही समय में प्राप्त हो गई।

इसके कारण तथा परिणामों पर विस्तार से चर्चा करना इस निंबंध का उद्देश्य है। इस धर्मप्रचार और सुधारवादी आंदोलन से पूर्व बस्तर की क्या स्थिति थी? यहाँ की जनजातियों की सामाजिक, मानसिक, सांस्कृति तथा नैतिक पृष्ठभूमि क्या थी और उनमें

अब किस प्रकार के परिवर्तन परिलक्षित हो रहे हैं, इन सब बिंदुओं पर तथ्यान्वेषण करते हुए उनके कारण तथा परिणामों की समीक्षा आगामी पृष्ठों में की जावेगी। इस धार्मिक-सामाजिक संक्रमण के प्रभाव का भी समुचित मूल्यांकन आगामी पृष्ठों में किया जावेगा।

विलीनकरण के पश्चात बस्तर में आदिवासियों के मध्य शिक्षा के शनैः शनैः प्रचार-प्रसार, आवागमन के साधनों के विकास तथा औद्योगिक प्रगति के परिणामस्वरूप आदिवासी लोगों के बीच भी कुछ-कुछ जागृति के लक्षण प्रगट होने लगे। पढ़े-लिखे नौजवानों के दिमाग से सामंतवाद और तरह-तरह के अंधविश्वासों का भूत कुछ हद तक उतरने लगा। पढ़े-लिखे आदिवासियों के मन में सम्पन्न गैर आदिवासियों के समान सुसंस्कृत जीवन जीने की चाहत बलवती होने लगी। अपने समाज के पुराने ढर्रे के प्रति इनके मन में कोई विशेष आकर्षण अब नहीं रह पाया। इनके दृष्टिकोण में अब पर्याप्त परिवर्तन परिलक्षित होने लगा।

बस्तर के अन्य आदिवासी भी आवागमन के साधनों के विकास के कारण बाहरी लोगों के अधिकाधिक संपर्क में आने लगे। विशेषकर व्यापारी तथा तरह-तरह के छोटे-बड़े शासकीय कर्मचारियों के संपर्क में आकर ये काफी कुछ समझने-सीखने लगे। बीहड़ वनों तक के आदिवासी अब एकान्त में नहीं रह पाते। परिवर्तनों से परिपूर्ण वातावरण के वे भी अभ्यस्त होने लगे।

आदिवासियों के मन में किंचित् परिवर्तन के प्रति हल्की-सी कसमसाहट या हलचल ने कंठी-अभियान के लिये एक अनुकूल भूमिका का निर्वहन किया। कंठी-सम्प्रदाय (यदि इसे कोई सम्पद्राय कहा जावे तो) आदिवासियों को एक सामान्य संस्कार-युक्त जीवन जीने की ओर दिशा-निर्देश करता था। निम्न स्तर से उच्च स्तर की ओर ले जाता था। आंतरिक रूप से किसी न किसी तरीके से आदिवासी भी ऐसा ही कुछ चाहते थे; हालांकि उनके दिमाग में इसकी कोई स्पष्ट रूपरेखा नहीं थी कि उन्हें और अच्छे ढंग से, सभ्य समाज के समान सम्मानपूर्ण ढंग से जीने के लिये क्या करना चाहिए। उदाहरण के तौर पर कहा जा सकता है कि मुरिया-गोंड वगैरह आदिवासियों द्वारा गंदे तरीके से सुअरों का पाला जाना सभ्य लोगों की निगाह में गर्हित माना जाता था। वे इन्हें नीची निगाहों से देखते थे। उनके घरों में जाना, उठना-बैठना या उनके घर का या हाथ का पानी पीना कतई पसन्द नहीं करते थे। उन्हें गंदा मानते थे। ये सब बातें मुरिया-गोंड आदि को कुछ अच्छी नहीं लगती थीं। इनमें से कुछ अनेक लोग जो रुपये-पैसे की दृष्टि से सम्पन्न हो गये थे, जिनके घरों में पढ़े-लिखे अथवा नौकरी-पेशा लोग थे, वे इस गंदी स्थिति से उबरना भी चाहते थे। तब तो आदिवासियों में विधायक, संसद सदस्य, राजनेता भी कई हो गये थे। इन्होंने बाहरी दुनियाँ काफी देख ली थी और देखते जा रहे

थे। ये सब कुछ न कुछ परिवर्तन चाहते ही थे। हालांकि इनमें अधिकांश कंठी-मत के समर्थक नहीं थे, किंतु अन्दरूनी तौर से कोई विशेष विरोध भी ये नहीं कर रहे थे; क्योंकि इनके समाज को उच्चस्तर की ओर ले जाने वाली बातों के प्रति इनके मन में कुछ दिलचस्पी जरूर थी, भले ही राजनैतिक-आर्थिक आदि कारणों से ये दबी जबान यदाकदा अपना विरोध भी प्रगट करते रहते थे। कुछ आदिवासी विधायक ने कंठी अभियान का बड़ा तीव्र विरोध भी किया था, लेकिन वह राजनैतिक कारणों से। अपनी अस्तित्व रक्षा अथवा व्यक्तिगत प्रतिस्पर्धा-जन्य वैमनस्य के ही कारण अधिक सांस्कृतिक-सामजिक दृष्टि से विरोध वाली उनकी दलीलें काफी थीं और इसीलिये वे बहुत कुछ प्रभावहीन भी रहीं। कहने का अर्थ यह कि कंठी-अभियान के लिए प्रतिकूल के विपरीत अनुकूल वातावरण अधिक था।

इसमें कोई संदेह नहीं कि हिन्दू धर्म और संस्कृति के अनेक तत्व जैसे रामोपासना, विभिन्न देवी-देवताओं यथा दंतेश्वरी, लक्ष्मी, गणेश, शिव, जगन्नाथ आदि की उपासना, भतरा लोगों का यज्ञोपवीत धारण करना, सत्यनारायण की कथा, जाति-व्यवस्था, दशहरा जैसे त्यौहार मनाना आदि आदिवासी समाज में सैकड़ों साल के पारम्परिक संपर्क के कारण घुलमिल गये हैं। प्राचीन बस्तर में (लगभग पाँचवीं से चौदहवीं सदी के बीच) संस्कृत भाषा, देवनागरी लिपि के अभिलेखों की प्राप्ति, सैकड़ों हिन्दू मूर्तियों यथा विष्णु, सूर्य, शिव, ब्रह्मा, महिषासुरमर्दिनी, राम, हनुमान, गणेश, कुंवर, मातृ देवियाँ, नवग्रह आदि वनवासियों के नाम यथा रामधर, रामसिंह रामाकोंदा, लक्ष्मन करमा, ग्रामों के नाम यथा रामपाल, रामाराम, नकुलनार, सकलनारायण, पदमूर आदि इस बात के स्पष्ट द्योतक है कि यहाँ के लोग रामकथा से सैकड़ों साल से परिचित हैं। रामलीला के सतत् आयोजनों से भी वनवासी परिचित हैं। हीरालाल शुक्ल के प्रयास से बस्तर की रामकथा के विविध खंड प्रकाशित हुए हैं। बस्तर में हिन्दू संस्कृति के क्रीड़ा-केन्द्र बारसूर, मैरभगढ़ नारायणपाल, बस्तर, तीरथगढ़ छिंदगांव, कुरूसपाल, चित्रकोट आदि यहाँ हिन्दू-संस्कृति के व्यापक प्रभाव को प्रतिबिम्बित करते हैं।

अतः यह धारणा कि हिन्दू धर्म के प्रति आदिवासियों के मन में कंठी-अभियान के बाद ही कुछ खास नया आकर्षण पैदा हुआ है, सही नहीं है। हिन्दू धर्म तथा संस्कृति के प्रति इनके मन की किंचित् सुप्त भावना अधिक सक्रिय रूप में जागृत हुई, कहना शायद अधिक सही होगा। राम-सीता, वट-तुलसी, पूजा-पाठ, भजन-कीर्तन से यह आदिवासी युगयुग से सरसरी तौर पर परिचित रहे ही हैं। अतः बिहारीदास के धर्म-प्रचार की सफलता एकदम अप्रत्याशित नहीं कही जा सकती। इसके बीज पहले से ही मौजूद थे। बिहारीदास ने अपने प्रयास का जलसिंचन कर उन्हें अंकुरित भर कर दिया। यही कहा जा सकता है।

इस दृष्टि से कुछ प्रबुद्ध आदिवासियों को यह भी आक्रोश-आशंका-भय कि उनकी संस्कृति कंठी-आंदोलन के फलस्वरूप समाप्त हुई जा रही थी, कोई विशेष अर्थ नहीं रखता। संपर्क के परिणामस्वरूप अब आदिवासियों में कुछ न कुछ तो परिवर्तन आयेगा ही। कब तक इसे रोका जा सकता है ?

बिहारीदास पर यह भी आरोप लगाया गया था कि उन्होंने आदिवासियों के नृत्यगीत, घोटुल, नैशविहार, आदि को बंद करवा दिया था। यह असत्य है। युवक-युवतियाँ ग्रामों में तब भी उसी तरह नृत्य-गीत का आयोजन करते, जैसे पहिले करते थे। हाँ यह अवश्य हुआ कि अपने लोकगीतों के साथ **हरे राम राम हरे राम राम राम हरे रहे, हरे कृष्ण हरे कृष्ण कृष्ण हरे हरे** अथवा **रघुपति राघव राजाराम पतित पावन सीता राम** आदि भजन भी शामिल हो गये, जिन्हें वे अपनी ही लोक धुनों में और अपनी ही तरह के लये में गाते थे। ग्राम की नवयुवितयाँ जो अलग-अलग टोलियों में ऐसे भजन सीखने बीच-बीच में चपका जाती थीं, इन भजनों को गाने का अपना प्रथम अधिकार एवं कर्तव्य समझती थीं। फिर ग्राम—वधुएँ और तब अन्य लोग। इन गीत-भजनों के वक्त इनकी तल्लीनता और नया-नया रुझान काफी आकर्षक प्रतीत होता था। अपने मौलिक ढंग से ताली बजाते हुए जब अपनी धुनों और उच्चारण में ये भजन गाते थे, तो प्रतीत होता था कि हिन्दू धर्म का ही आदिवासीकरण हो गया है।

इसी तरह कंठी-धारियों के लिये घोटुल वर्जित नहीं था। हाँ, यह सच है कि आदिवासियों में शनैः शनैः आधुनिकीकरण के कारण घोटुल-प्रथा धीरे-धीरे दम तोड़ती जा रही थी।

आदिवासी जिन चीजों को अच्छी समझते थे, ग्रहण करते जा रहे थे और जिन्हें आज की दुनिया में फिजूल समझ रहे थे, उनका स्वाभविक तौर से परित्याग भी करते जा रहे थे। अतः उन पर कोई चीज जर्बदस्ती थोपी जा रही थी या किसी चीज को छोड़ने को उन्हें बहुत ज्यादा मजबूर किया जा रहा था, समझना उचित प्रतीत नहीं होता। अपने अधिकार-कर्तव्य के प्रति समाज के कई लोग बड़े जागरूक रहते हैं और आज के इस प्रजातंत्र में इच्छा-विरुद्ध जबर्दस्ती लाखों लोगों को एक ओर हकाल ले जाना कठिन ही है। अतः यदि कंठी-अभियान के प्रति लाखों आदिवासियों में उत्साह प्रगट हो रहा था, तो यह भी काफी अनुकूल परिस्थितियों में प्रतिकूलता में नहीं।

हिन्दू-समाज की सुदीर्घ प्राचीन संपर्क जीवंत परंपरा में आदिवासी समाज के इस सम्मोहन की प्रवृत्ति को स्वाभाविक रूप से अनुभूत करना ही समीचीन प्रतीत होता है।

अनेक आदिवासी नेताओं, विधायकों तथा बस्तर के बाहर के बहुत से प्रबुद्ध लोगों ने यह कहकर कि बिहारीदास आदिवासी संस्कृति का नाश कर रहे हैं, बड़ा भारी विरोध प्रदर्शित किया, लेकिन ऐसा ही उत्साह इन लोगों ने तब कभी नहीं दिखाया जब

विदेशी ईसाई मिशनरियों ने अराष्ट्रीयता पूर्वक भी बस्तर के आदिवासी-हरिजनों को प्रलोभनादि देकर जोरशोर से इसाई बनाना चालू किया था। यह बात भी समझ नहीं आती कि पढ़े-लिखे लड़के या आदिवासी कोट, पेंट, सूट-बूट धारण करते हैं, विदेशी संस्कृति-सभ्यता के अनेक तथ्यों को अपनाते जा रहे हैं, तो इसकी ये नेता, विधायक और प्रबुद्ध लोग तरीफ करते हैं। ये नेता, विधायक, संसद-सदस्य लोग रायपुर दिल्ली और अपने घरों में यूरोपियनों की नक्ल करने में नहीं चूकते और फिर यदि कंठीधारी आदिवासी अपने देश की ही सुदीर्घ प्राचीन अच्छी परंपरा के प्रति आकृष्ट हो रहे थे, तो पता नहीं इन्हें क्यों बेतहाशा बेचैनी परेशान किये हुए थी। आदिवासियों के हिन्दूकरण का विरोध कुछ खास जमता नहीं, जबकि बस्तर की परंपरा में हिन्दुत्व के तत्व गंगा-जमुनी मेल की आकर्षक छवि अंकित करते हैं। निःसंदेह बस्तर के हिन्दूकरण का पुरावृत्त अपने आपमें एक आकर्षण का विषय है।

इसमें कोई संदेह नहीं, तत्कालीन मध्यप्रदेश प्रशासन की हठवादिता, पुलिस के अत्याचारों, शासकीय कर्मचारियों की असहिष्णुता तथा सत्ता के संदर्भ में उद्दंड कांग्रेस दल की स्वार्थपूर्ण, असहानुभूतिमूलक दमनात्मक प्रवृत्तियों एवं क्रियाकलापों से त्रस्त-उद्विग्न बस्तर के वनवासियों के मानसिक क्षोभ ने उनमें निजत्व की अभिव्यक्ति, रचनात्मक धर्मपराणयता तथा आत्मोत्थान प्रवर्तित गतिविधियों के लिए उर्वर भावभूमि प्रस्तुत किया। वनवासियों में हलचल-युक्त परिवर्तन के लिये अतुलित उत्साह एवं मौनावेग जैसी मिश्रित रुचि की कसमसाहट परिलक्षित होने लगी।

भारतीय स्वतंत्रता के पश्चात् बस्तर में वनवासियों पर दो बार बर्बरता पूर्व पुलिस-गोली-चालन हुआ। पहली बार सन् 1961 में लोहंडीगुड़ा में और दूसरी बार सन् 1966 में ज़गदलपुर के राजमहल में। उक्त रोमांचकारी गोलीकांडों में अनेक आदिवासी जान से मार डाले गये और बहुत सारे घायल हुए। राजमहल-गोलीकांड में आदिवासियों के लोकप्रिय महाराजा प्रवीरचंद भंजदेव भी बर्बर पुलिस की गोलियों के शिकार हुए। निरीह आदिवासी जनता, जो ऐसे अवसरों पर अपने क्रोध-क्षोभ को दबा सकने में असमर्थ रही है, इन अत्याचारों से स्तब्ध, स्तंभित रह गई। अपनी असहाय अवस्था, असमर्थता के प्रति उनमें और भी अधिक नैराश्च की भावना भर गई।

शासन के साथ बार-बार के संघर्ष तथा अपनी पराजय से आदिवासी काफी निराश और आतंकित हो गये। आदिवासी नेताओं की बार-बार की गिरफ्तारियाँ, जेल-यात्राएँ, लाठी, जूते, घूँसे से जबर्दस्त पिटाई, गोली-चालन में प्रवीर सहित बहुत से आदिवासियों का मारा जाना बस्तर में तब्दीली का लगभग सर्वाधिक महत्वपूर्ण कारण बना। आदिवासियों के मन में शारीरिक संघर्ष के प्रति अनास्था की भावना उभरने लगी। शासन से सीधे टकराने अथवा शासन के पिट्ठुओं से सीधे संघर्ष लेने की नीयत और ताकत उनमें करीब-करीब समाप्त हो गई।

ऐसी मानसिक निराशा की स्थिति में यदि आदिवासियों के मन में पूजा-पाठ, भजन-कीर्तन के प्रति झुकाव हुआ, तो यह अस्वाभाविक नहीं कहा जा सकता। आदिवासियों का पहिले का जुझारू संगठन अब एक नये सम्प्रदाय के रूप में, जिसमें शांतिपूर्ण भजन-पूजन को आधार बनाया गया, उभर रहा था। इस तरह आदिवासी विक्षोभ कुछ हद तक शांत भी हुआ है।

यह सर्वविदित है कि प्रवीरचंद्र भंजदेव असंतुलित मस्तिक के व्यक्ति थे। वे अतिशीघ्र उत्तेजित हो जाते थे। उनमें व्यावहारिक सूझबूझ का अभाव था। वस्तुतः वे घोर हठवादी थे। अपनी जिद्द के पीछे अपने भले-बुरे की बिल्कुल परवाह नहीं करते थे। उनमें राजसी अकड़ थी। जनसामान्य से उनका नजदीक का संबंध नहीं था।

इसके विपरीत प्रवीर के स्थानापन्न बिहारीदास पूरी तरह संतुलित मस्तिष्क के थे। लगभग नहीं के बराबर पढ़े-लिखे बिहारीदास में पर्याप्त व्यावहारिक बुद्धि थी। वे साधु के रूप में देश के अधिकाशं हिस्से में घूम चुके थे। हजारों तरह के लोगों के निकट संपर्क में आ चुके थे। उन्हें लोगों के स्वभाव की परख थी। वे तरह-तरह की परिस्थितियों से गुजर चुके थे। उनमें प्रत्युत्पन्न और आवश्यक विवेकबुद्धि का अभाव प्रतीत नहीं होता था। वे जिद्दी या घोर हठवादी नहीं थे। उनमें अनावश्यक अकड़ नहीं थी।

इन सबका बिहारीदास को सीमातीत लाभ मिला। वे बहके नहीं, जैसा अकसर प्रवीर बहक जाते थे। शासन से दबने या शक्तिशाली के सामने कुछ झुक भी जाने की नीति का उन्होंने समयानुकूल अवलंबन किया। कुछ हद तक इसे मौकापरस्ती कह सकते हैं। प्रवीर के विपरीत इनमें मौकापरस्ती के प्रति यथोचित आग्रह की ओर अनुकूल झुकाव देखा गया।

मौका देखकर उन्होंने शासनारूढ़ कांग्रेस-दल से अपना तालमेल बैठा लिया और इंदिरा गांधी के प्रति अपनी निष्ठा भी व्यक्त कर दी। इसका अपेक्षाकृत अच्छा एवं अनुकूल प्रभाव उनके द्वारा प्रवर्तित गतिविधियों पर पड़ा। सत्तारूढ़ दल में इनके समर्थन और विरोध को लेकर भारी फूट पड़ गई। इसी तरह शासन के जिम्मेदार लोगों में भी बिहारीदास के प्रति कैसी नीति बरती जाये, इस प्रश्न को लेकर काफी दरार पड़ गई। यहाँ तक कि मध्यप्रदेश के तत्कालीन मुख्यमंत्री श्री श्यामाचरण शुक्ल तथा बस्तर के तत्कालीन जिलाध्यक्ष श्री ब्रह्मदेव शर्मा के बीच नीति-संबंधी विवाद उत्पन्न हो गया था।

ब्रह्मदेव यह आशंका व्यक्त करते हुए कि बिहारीदास प्रवीर के समान ही समानान्तर सरकार जैसी कोई स्थिति उत्पन्न न कर दें और कानून एवं व्यवस्था के लिये संकट न उत्पन्न हो जावे, ठीक दशहरा के पूर्व उन्हें जिला-बदर कर दिया था। यह घटना सितम्बर-अक्टूबर 1971 की है। जिला-बदर के इस आदेश के विरुद्ध बिहारीदास ने मुख्यमंत्री से अपील की और उन्हें (बिहारीदास को) पुनः बस्तर वापस भेज दिया गया। साथ ही कुछ ही दिनों के अंदर ब्रह्मदेव का स्थानान्तरण भी बस्तर से हो गया।

इसका भरपूर प्रभाव आदिवासियों पर पड़ा। बिहारीदास के प्रति उनकी आस्था बढ़ गई। वे समझने लगे कि एक जिलाध्यक्ष की इसके पूर्व अनेक बार किसी न किसी दफा में बिहारीदास को गिरतार कर रिमांड पर जेल भेजा गया था। लगभग उसी तरह जैसे प्रवीर को। इस तादात्म का भी वनवासियों पर बहुत प्रभाव पड़ा। अधिकांश लोग तो यही समझने लगे कि बिहारीदास प्रवीर ही हैं, तभी तो उसी प्रकार शासन इनके साथ बदले की भावना से कार्य कर रहा है और बार-बार जेल में बंद करता है। अनेक बार गिरफ्तार होने और जेल जाने से बिहारीदास की लोकप्रियता में अप्रत्याशित वृद्धि होती गई और उसे प्रवीर समझने की जो रही सही कसर थी वह भी काफी हद तक पूरी हो गई।

यह सत्य है कि बिहारीदास के प्रति बस्तर के वनवासियों की इस प्रबल आस्था का मूल कारण, लगभग सभी बुद्धिजीवियों की दृष्टि में, प्रवीर के प्रतिरूप की बद्धमूल-धारणा ही रही है। यह भी सत्य है कि अपवादों को छोड़कर लगभग सभी वनवासी यह मानते-समझते अथवा विश्वास करते थे कि शासन की कुटिल दृष्टि को भ्रमित करने अथवा कुछ अर्थों में उससे बचने के निमित ही प्रवीर ने अपना रूप परिवर्तित कर लिया था। उनका कहना था कि शासन के बहानेबाजी भरे प्रत्याघातों से बचने के उद्देश्य से ही उन्होंने यह रूप धारण किया था।

छानबीन से यह भी पता चला था कि कुछ अपवादों को छोड़कर शेष वनवासी यही मानते थे कि प्रवीर जीवित हैं, कुछ थोड़े से लोगों को छोड़कर जिनमें तब कुछ राजनैतिक प्रवंचक बन गये तथा कुछ मांझी-मेम्बरिन जो वेदवती के पक्षधर थे। किसी भी आदिवासी को यह वास्तविकता नहीं मालूम थी कि प्रवीर की मृत्यु हो चुकी थी। प्रवीर की अंत्येष्ठि भी भारी पुलिस पहरे में अचानक रात्रि-संध्या को हुई, जिसमें ग्रामवासी या वनवासी बिल्कुल सम्मिलित नहीं हो पाये। जगदलपुर शहर के चारों ओर भी पुलिस का कड़ा पहरा था। कुछ आदिवासी यह भी समझते थे कि गोली खाकर प्रवीर मर तो गये, किंतु चिता की लपटों से बचकर गुप्त रूप से पुनः जीवित होकर प्रगट हो गये। इसीलिये उनका रंग साँवला हो गया और रूप भी कुछ बदल गया। ज्ञातव्य है कि बिहारीदास का रंग साँवला था और प्रवीर के चेहरे-मोहरे में भी काफी अंतर था।

प्रवीर (बिहारीदास) के प्रति अपने श्रद्धा-समन्वित उत्तरदायित्व को, वनवासियों की आंतरिक चेतना ने, चतुराई, दृढ़ता एवं भावावेग-मिश्रित आग्रह के साथ जिसमें साहस का संतुलित स्पर्श था, स्वीकार किया। उनके निर्देशों के प्रति आत्मलीनता-परक समर्पण का दमित उल्लास उनमें संयत उद्विग्नतायुक्त सक्रियता भर देता था।

किंतु ऐसा कुछ आवश्यक नहीं कि सभी आदिवासियों ने आँख मूँद कर बिहारीदास को प्रवीर मान ही लिया था। बिहारीदास के रूप-रंग को देखकर कुछ लोग चुपके-चुपके कहते भी थे, कि ये राजा असन नी दखा दैय अथवा ए राजा नो आय कायनूँ। किंतु

पुनः दूसरे श्रद्धालुओं अथवा पत्रकारों द्वारा समझाने पर कि उनका रूप कुछ बदल गया है, वे मान जाते थे कि बिहारीदास प्रवीर ही हैं।

ऐसा कुछ प्रतीत होता है कि कुछ समझबूझकर ही आदिवासी इस सुखद भ्रम में रहना चाहते थे कि प्रवीर मरे नहीं, जीवित हैं और साधु बनकर प्रगट हुए हैं। इससे प्रवीर के अंध-श्रद्धालु आदिवासियों को शायद काफी आत्मसंतोष प्राप्त होता था।

इस जगह भीड़ का मनोविज्ञान भी कार्य कर रहा था। जब हजारों लाखों लोग उसे प्रवीर मान ही रहे थे, तो मुट्ठी भर शंकालुओं को क्या पड़ी थी कि वे खामखाँ इसका विरोध कर जनरोष या जनता की अश्रद्धा को निमंत्रण देते। अनेक लोग सोच-समझकर भी खामोश-जैसे हो गये थे या भ्रमित अथवा अंधश्रद्धालुओं की हाँ में हाँ मिलाते रहते थे। इसमें उन्हें कभी-कभी बड़ा मजा आता था। लोगों की बेवकूफी को देखकर या लोगों को वे ही बेवकूफ बना रहे हैं समझकर। यह अजीबोगरीब दास्ताँ बस्तर के हरएक गाँव में देखने को मिलती थी। इसीलिये कंठी-अभियान कुछ उखड़ा-उखड़ा सा भी नजर आता था।

बिहारीदास के प्रभाव विस्तार के प्रमुख कारणों में यह भी एक था। कि 1947 की स्वतंत्रता तथा 1948 में बस्तर रियासत के भारतीय गणतंत्र में विलीनीकरण के पश्चात् से किसी भी राजनैतिक दल ने यहाँ के वनवासियों को जागृति के लिए कोई ठोस कार्य नहीं किया। यहाँ कांग्रेस, प्रजा समाजवादी, साम्यवादी, जनसंघ, स्वतंत्र, हिन्दू महासभा आदि अनेक राजनैतिक दलों ने अपने चुनाव चिन्ह से अथवा समर्थन से विधानसभा, लोकसभा आदि के चुनावों में भाग लिया। अपने दल का संगठन यहाँ जमाने का प्रयास किया, किंतु चुनाव लड़ने के अतिरिक्त किसी प्रकार का ठोस रचनात्मक कार्य इन्होंने नहीं किया। आदिवासियों के बीच घुसकर कार्य करने, उनकी गरीबी, अशिक्षा, अंधविश्वास को दूर करने, पिछड़ेपन को दूर करने आदि की दिशा में इन्होंने कोई ठोस योजनाएँ अपने-अपने दलों की ओर से क्रियान्वित करने की दिशा में कोई उल्लेखनीय कार्य नहीं किया।

राजशाही जमाने की व्यक्ति-पूजा के स्थान पर जनवाद अथवा प्रजातंत्र की मूलभूत भावना, स्वतंत्रता, समानता, समाजवाद आदि की भावना का वनवासियों के बीच कोई प्रभावशाली प्रसार-प्रचार रियासत के विलीनीकरण के बाद भी नहीं हो पाया। इन सबका भरपूर लाभ बिहारीदास को मिला। प्रवीर की हत्या के बाद वनवासियों के मध्य व्यक्तिपूजा के संदर्भ में एक विशाल रिक्तता आ गई थी। प्रवीर की विधवा वेदवती ने काफी हद तक इस रिक्तता को भरने का प्रयास किया। किंतु प्रवीर से कुछ-कुछ मिलते-जुलते से बिहारीदास को इसमें जो सफलता मिली, वह वेदवती को नहीं। यद्यपि वेदवती ने पूरी ताकत से बिहारीदास का हर क्षेत्र में विरोध किया, किंतु इससे वेदवती की ही प्रतिष्ठा एवं लोकप्रियता घटी, जबकि ठीक इसके विपरीत प्रवीर के तथाकथित

अवतार बिहारीदास के प्रति लोगों की आस्था अधिक दृढ़ हुई। बहुसंख्यक आदिवासियों ने तो वेदवती को प्रवीर विरोधिनी तक समझ लिया था। वे समझने लगे थे कि जनसंघ तथा ग्वालियर की राजमाता विजयाराजे सिंधिया के पैसे के प्रलोभन में पड़कर वेदवती ने प्रवीर अथवा बिहारीदास का विरोध किया। उनकी आशंका थी कि वेदवती सिर्फ बस्तर से पैसा लूटने और राज-संपत्ति प्राप्त कर अपना उल्लू सीधा करने और स्वार्थ साधने के लिये ही सारी उठा-पटक कर रही है। इन्हीं सब के परिणामस्वरूप सन्यासी रूपधारी बिहारीदास के प्रति वनवासियों की सहानुभूति में अप्रत्याशित वृद्धि हुई। बिहारीदास ने भी खुले रूप में यथाशक्ति वेदवती का विरोध किया और उसे समर्थन भी मिला।

प्राप्त सूचनाओं के अनुसार बिहारीदास के कंठी-अभियान का प्रभाव बस्तर जिले के बाहर उड़ीसा के कोरापुट जिले में तथा रायगड़ा आदि के आसपास काफी बढ़ रहा था। हजारों आदिवासी कंठी बँधवा रहे थे। यहाँ यह भी ज्ञातव्य है कि बाबा बिहारीदास का मुख्यालय चपका बस्तर तथा उड़ीसा की सीमारेखा के पास ही है। भतरा आदिम प्रजाति, जिसकी बड़ी संख्या कंठी बाबा की अनुयायी थी, कोरापुट जिले में भी रहती है। ये लोग अनेक बातों में बस्तर की जनजातियों के निकट संपर्क में हैं। संभवतः इसी कारण भी कंठी-अभियान का इनके बीच अच्छा प्रचार-प्रसार हो रहा था।

इसी तरह रायपुर जिले के सिहावा, नगरी आदि गाँवों में, दुर्ग जिले के चौकी, पानाबरस आदि में भी बाबा के अनुयायी बनते जा रहे थे। यहाँ तक कि इस अंचल में सुप्रसिद्ध आदिवासी नेता लालश्यामशाह, देवी प्रसाद आर्य आदि ने पदयात्रादि द्वारा भी कंठी-अभियान का तीव्र विरोध किया था। इसी से कंठी-अभियान की तीव्रता का कुछ अनुमान लगाया जा सकता है।

महाराष्ट्र के चाँदा (चंद्रपुर) जिले में भी इस मत का प्रभाव विस्तारित हुआ था। इधर के बहुतों ने कंठी बँधवाई थी।

ज्ञातव्य है कि इन क्षेत्रों से आदिवासी समूहों में चपका ग्राम आते, कंठी खरीदते और दीक्षा लेकर जाते थें। कंठी अपने परिवार तथा ग्राम के लिये भी ले जाते थे। बस्तर के बाहर कंठी-अभियान की सफलता, चाहे वह बढ़ा-चढ़ा कर बताई गई हो या घटा कर, यह सिद्ध करती है कि ये आदिवासी बिहारीदास को प्रवीर नहीं मानते थे, बल्कि एक चमत्कारिक साधु, समाज-सुधारक तथा धर्मगुरु के रूप में ही उन्हें अपनी श्रद्धा तथा अपना आदर प्रदान करते थे।

इस प्रभाव-विस्तार को देखकर प्रतीत होता है कि बिहारीदास का कंठी-आंदोलन शायद डूँगरपुर (राजस्थान) के भगत-आंदोलन, सरगुजा के गहिरागुरु, बड़ा भूमपरगना के श्रीनाथ आदि के मिलते-जुलते आंदोलन से अधिक ठोस और व्यापक था। उक्त आंदोलनों की अपेक्षा शायद बिहारीदास का धार्मिक एवं सुधारवादी आंदोलन अधिक प्रभावशाली सिद्ध हुआ था।

बिहारीदास द्वारा आदिवासियों के धार्मिक, राजनैतिक तथा सामाजिक नेतृत्व की पृष्ठभूमि में इस आंदोलन का प्रभाव संभवतः अधिक व्यापक था।

उन दिनों बड़े जोरों की चीख-पुकार सुनी गई, खूब हल्ला-गुल्ला मचाा गया, बड़ी दौड़-धूप, उठा-पटक हुई कि बस्तर के आदिवासी लुट गये। इन्होंने सारे सुअरों को जो इनको प्राणों से प्यारे थे, इनकी जीवन की शुष्क आर्थिक मरुभूमि में निर्मल जल के स्रोत के समान थे, इन्होंने समाप्त कर दिया। सारे बकरे, जो इनकी आर्थिक बलन्दी को बरकरार बनाये रखकर इन्हें बरकत देते थे, मुर्गे जिनकी बाँग से इनके सौभाग्य इनकी समृद्धि की सुबह होती थी, इन्होंने माटी के मोल बेंच दिया। मार कर एकबारगी ही खा गये। जंगल में छोड़ दिया या नदी-नालों में बहा दिया। लोगों को बड़ा सख्त अफसोस हुआ कि हाय अब ये आदिवासी कैसे जियेंगे ? ऐसा लगा मानो सुअर-बकरे-मुर्गे का यह भीषण कृत्रिम महादुर्भिक्ष बस्तर को तब निगल ही जावेगा। शासन की फरमानबाजी, 144 धारा, नाकेबंदी, धरपकड़, विशाल अफसरों की रातदिन की दुश्चिन्ता, खुसुर-फुसर, दहाड़-चिंघाड़, समाज-सेवकों, नेताओं की आवेगभरी हृदय विदारक चीखपुकार, चीत्कार आदि से लगा मानो बस्तर में प्रलय आ रहा हो। लगा मानों बस्तर की आर्थिक धरा को थामे ये महान दिग्गजों, (सुअरों, बकरों, मुर्गों के हटते ही महान् आर्थिक भूचाल बस्तर में आ जावेगा।

लेकिन ऐसा कुछ खास हुआ नहीं। अनगिनत सुअर बिके। मार कर खाये गये। कुछ बकरे, मुर्गे भी कंठी के कारण कंठ से हाथ धो बैंठे, लेकिन वक्त रहते जल्दी ही स्थिति पर काबू पर लिया गया।

वैसे अभी भी आदिवासी मांस-मछली नहीं खाते, मेंडा भाजी आमट के साथ, खट्टी-खट्टी चटनी के साथ जीभ लंब कर पेट टन्नाते तक पेजभात खा पी रहे हैं और मस्त हैं। खेतों, तालाबों में झिलमिलाती छोटी-छोटी मछलियाँ जब पनिहारिनों के पैरों को छू-छू जाती हैं, तो बस वे "आहा ता" कहकर (मुँह में थोड़ा पानी आ जाता होगा) उन्हें हसरत भरीनिगाहों से देखकर अभयदान देती-सी फिर पानी भरकर मुड़मुड़ कर देखती हुई घर चली जाती हैं।

यह सत्य है कि बिहारीदास के आग्रह पर बहुत बड़ी संख्या में कंठीधारी लोगों ने मद्य तथा मांस का परित्याग कर दिया है। यह एक ऐसा विवादास्पद विषय है, जिसमें अत्यधिक मतभेद हैं।

कुछ लोगों के मतानुसार बहुत ही कम कंठी-धारियों ने मद्य-मांस का परित्याग किया था। जिन्होंने ऊपरी तौर पर किया था, वे भी लुके-छिपे या कंठी उतार कर चुपचाप शराब पीते और मौका पाकर मांस भी खाते।

इसमें संदेह नहीं 1971 के प्रारंभिक महीनों में काफी बड़ी संख्या में कोंडागाँव, जगदलपुर तहसील के बकावंड, चित्रकोट जैसे परगनों में बहुत बड़ी संख्या में मुरिया, गोंड, भतरा इत्यादि आदिवासी कबीलों ने मद्यमांस का वास्तव में परित्याग कर दिया था। कोंडागांव तहसील के मुनगापदर, मरदापाल आदि ग्रामों की शराब भट्ठियों में ताले लग चुके थे। शराब के ठेकेदारों ने लोंहडीगुड़ा, सिरगुड़ा (चित्रकोट परगना) आदि स्थानों से शासन से लिखित मांग की थी कि चूंकि उनकी भट्ठियों में शराब की बिक्री लगभग शून्य हो गई हैं, अतः उनके द्वारा पटाई जाने वाली रायल्टी रद्द की जावे। इसी बीच कोंडागांव, जगदलपुर, दंतेवाड़ा तहसीलों की लगभग 10 शराब भट्टियों की बिक्री में लगभग 75 प्र.श. की गिरावट आई। यह स्थिति मई 1971 से लगभग अक्टूबर 1971 तक रही। फिर धीरे-धीरे भट्टियों में शराब की बिक्री में क्रमशः वृद्धि होने लगी। अक्टूबर 1971 से जनवरी, फरवरी 1972 तक तो अधिकांश दुकानों में लगभग 75 प्र.श. और कुछ दुकानों में 90 प्र.श. तक बिक्री बढ़ गई। यद्यपि यह भी सत्य है कि ऐसे ग्राम जहाँ चोरी-छुपे या खुले आम लोग शराब पीने लगे। जब बिहारीदास का दौरा होता तो पुनः कुछ समय के लिये भट्टियों में बिक्री का प्रतिशत घट जाता। यह भी पता चला कि कंठी उतार कर लोग शराब पी लेते और नशा उतर जाने पर पुनः कंठी पहन लेते थे।

यहाँ यह ज्ञातव्य है कि गोंड, मुरिया, भतरा बगैरह आदिवासी शराब के बदले पूर्ववत् लाँदा पीते हैं। सलफी, ताड़ी, छींद का पूर्ववत् सेवन करते रहे हैं। बिहारीदास ने भी इस पर किसी प्रकार के प्रतिबंध की घोषणा नहीं की। मैंने स्वतः ही अनेक ग्रामों में सलफी, लाँदा के नशे में धुत कंठीधारी आदिवासियों को देखा। अनेक ग्रामों में हाथभट्टी की शराब का भी चलन रहा है। इनका यह तर्क है कि बाबा ने भट्टी की शराब के लिये मनाही की है। घर में बनी थोड़ी परिमाण में महुआ की शराब के लिए उनकी ओर से रोकटोक नहीं है।

इसका यही अर्थ निकला कि नशा इतनी सीमा तक किया जावे कि उससे शारीरिक तथा आर्थिक नुकसान न हो। यदि बात यहाँ तक सच है तो यह अच्छी बात है। आदिवासी वैसे बड़े कठोर परिश्रमी होते हैं। सामान्य आहार में ठंड, बरसात में बड़ी मिहनत कर वे शरीर की थकान और दर्द को दूर करने के लिये यदि थोड़ा-बहुत नशा करते हैं, यदि वस्त्र अथवा ईधन के अभाव में ठंड में भी खुले खेत-खलियान में सोने के लिये यदि ये थोड़ा नशा कर लें, तो इनकी सेहत के लिये अच्छा ही है।

नशाखोरी के प्रति कंठीधारियों की व्यावहारिक व्यवस्था सकारात्मक आवश्यकता तथा नकारात्मक नियमबद्धता के प्रति सामंजस्यपूर्ण बारीक संतुलन बनाए रखने की थी। इसमें उन्हें अब तक किसी प्रकार की असुविधा हुई हो या असफलता मिली हो, ऐसा नहीं कहा जा सकता। यह तो होता ही है कि बहुत से लोग तो परिस्थितियों के अनुरूप

अपने को ढाल लेते हैं और अनेक लोग परिस्थितियों को खींचतान कर करीब-करीब अपने अनुरूप बना लेते हैं। बस्तर के आदिवासी भी इस मामले में निरे गँवार नहीं, बल्कि काफी समझदार मालूम पड़ते हैं। काफी "टैक्टफुली" उन्होंने इस समस्या को निपटाने की कोशिश कर ली थी।

अतः एक अत्यधिक विवादास्पद विषय ठीकठाक ढंग से निपटा हुआ ही समझना चाहिए।

बिहारीदास के निर्देशानुसार प्रत्येक ऐसे ग्राम में जहाँ कंठीधारी थे, वट वृक्ष का रोपण किया गया। बड़े ग्रामों में तो प्रत्येक मुहल्ले में। वट वृक्ष को एक चबूतरे पर लगाया जाता था और उसे अच्छी तरह सीढ़ी आदि से सज्जित किया जाता था। चारों ओर बाड़ बनाकर ऊपर से बल्ली बाँस आदि की सहायता से एक सुसज्जित मंडल-जैसा बनाया जाता था। पर्वों के अवसर पर गाँव वाले इसी स्थान पर एकत्रित होते थे। अनेक चित्र, जिनमें बिहारीदास, प्रवीर, विभिन्न देवी-देवता; यथा दुर्गा, शिव, गणेश आदि के, वहाँ चबूतरे पर वट के पौधे या वृक्ष के सामने सजा दिये जाते थे। सफेद कपड़े का झंडा भी वट वृक्ष पर या समीप काष्ठ स्तंभ में फहराता रहता था।

इस अवसर पर गाँव के देवी-देवताओं के लिये पूर्व में प्रयुक्त बाजे, तथा नगाड़े, टुड़बुड़ी, मोहरी आदि बजाकर पूजादि के कार्यक्रम संपन्न किये जाते थे। आटा, घी, गुड़ का प्रसाद भी बनाया जाता था। केला, नारियल, अन्य फलफूल, अगरबत्ती आदि का वैसा ही प्रयोग किया जाता था, जैसा पूजा के अवसर पर हिंदू लोग करते हैं।

यहाँ यह भी स्मरणीय है कि जहाँ भी वट वृक्षारोपण होता था, वहाँ, छठवें दिन बड़ी धूम-धाम से छुट्टी मनायी जाती थी। इस अवसर पूरे दिन भर प्रातः से लोग उपवास करते थे—आबाल-वृद्ध वनिता। फिर पूजा होती थी। प्रसादादि तैयार कर उसका संध्या समय वितरण किया जाता था और फिर इसके बाद उपवास तोड़ा जाता था।

अनेक स्थानों में वटवृक्ष के साथ तुलसी का भी रोपण किया जाता था। बाद में तो तुलसी ऐसी सभी जगह पर लगाई जाने लगी।

तुलसी और वट वृक्ष के रोपण से आदिवासियों की वृक्ष-पूजा की पुरातन प्रवृत्ति को परोक्ष रूप से बल मिला। यह उनकी संस्कृति के साथ पूरी तरह खप गया था। साथ ही परिष्कृत हिन्दू धर्म का भी इसी माध्यम से इनके बीच संयोग होता जा रहा था।

घर-घर तुलसी का बिरवा रोपा जा रहा था। प्रातः उठकर आदिवासी महिलाएँ और बालाएँ स्नानादि से निवृत्त होकर उस पर जल, पुष्प आदि चढ़ाती थीं। ब्राह्मण क्षत्रिय आदि सवर्ण महिलाओं के समान ही अपने को मानने की प्रवृत्ति इसी के साथ ही आदिवासी महिलाओं में जग रही थी।

बिहारीदास के विरोधियों ने उन पर यह जबर्दस्त आरोप लगाया कि उन्होंने आदिवासियों की सांस्कृतिक आस्थाओं, उनकी धार्मिक मान्यताओं तथा रीति-रिवाज पर घातक प्रहार अपने कंठी अभियान के माध्यम से किया था। आदिवासी देवी-देवताओं के सामने पशु-बलि तथा मद्यादि के चढ़ावे को बाबा ने प्रतिबंधित कर दिया था। लोगों का कहना था कि जब उनसे कहा गया कि आदिवासी अपने शताब्दियों से चले आ रहे परंपरागत कृत्य, अर्थात् देवी-देवता पर मुर्गा, बकरा, सुअर, मदिरा चढ़ाना कैसे बंद कर दें? कहीं वे रुष्ट हो गये तो? इस पर बाबा ने उत्तर दिया "मैंने गाँव के सभी देवी-देवताओं को चपका बुला लिया है। उनकी पूजा करने की जरूरत नहीं। देवी-देवताओं के गले में सिर्फ कंठी बाँध दो। सब ठीक हो जावेगा।

यह सत्य है कि देवी-देवताओं के सामने, कुछ ग्रामों के अपवाद को छोड़कर पशु-बलि और मद्य का चढ़ावा बिल्कुल बंद हो गया था। साथ ही देवी-देवताओं के गले में कंठी भी शोभा देने लगी थी। अब तक सचमुच कोई देवी-देवता क्रोधित होते भी इस बीच नहीं देखे गये। पता नहीं क्यों और कैसे ? इस सत्य को लेकर विरोधी बेचारे खुद परेशान थे कि अब किस मुँह से विरोध किया जाये।

इसमें भी एक छोटा सा रहस्य है। प्रवीर को लोग **"माटीपुजारी"** अर्थात् बस्तर के सभी छोटे-बड़े देवी-देवताओं का सबसे बड़ा पुजारी मानते थे और इसी संदर्भ में बिहारीदास को भी। अतः यदि उनका सबसे बड़ा पुजारी पशु-बलि और मद्यार्पण का निर्णय करता है, तो वे कैसे न मानें?

यहाँ यह भी ज्ञातव्य है कि अनुमानतः सन् 1960-61 के आसपास प्रवीर ने भी दशहरे के अवसर पर देवी दंतेश्वरी, अन्य देवी-देवताओं एवं काष्ट-रथों के सामने बकरा-महिष की बलि का निषेध कर दिया था। पशु-बलि के स्थान पर नारियल चढ़ाने की परिपाटी उसने चालू की थी।

इस बीच एक मनोरंजक घटना भी हुई। प्रवीर के नारियल-बलि आदेश को उस समय चुनौती सी देते हुए बलराम नामक एक पुराने व्यक्ति ने, आदिवासी मुखियों के छोटे से शिष्टमंडल के साथ प्रवीर से प्रार्थना की, "महाराज पुराने जमाने में तो राजा लोग फूल रथ के सामने नर-बलि देते थे। आप कम से कम बकरे की बलि तो देने दीजिए। ये नारियल-वारियल से काम कैसे चलेगा महाराज। कुछ तो विचारिये।" इस पर प्रवीर ने कहा, "तो ठीक है, जाकर फूल रथ के सामने बलराम को काट दो।"

डर के मारे सभी लोग वहाँ से खिसक गये। फूल रथ के सामने नारियल ही फोड़े गये और रथ ठाठ से चला। नरबलि अथवा बेचारे बकरे की बलि के बिना।

दशहरा जैसे अपने सबसे बड़े त्यौहार और दंतेश्वरी जैसी सबसे बड़ी देवी के सामने "माटीपुजारी" की उपस्थिति में ही आदिवासी (खास तौर से काफी जिम्मेदार

लोग) ऐसी बातों का जायका ले चुके थे। ऐसे सब बहुत से नजारे देख चुके थे। अतः बिहारीदास के भी उपर्युक्त दो टूक जवाब से वे "थथ्थमथाकर" (झटके से डगमाकर) फिर कुछ सम्हल से गये, फिर सर्वोच्च सत्ता की आज्ञा को मानो शिरोधार्य कर **"जसन होयदे दखे जायदे। हुन जाने हुनचो काम जाने। आमके हुन जसन बलेदे, हुसन करूंदे"** बोलकर मांझी मुखिया पटेल, कोटवार और खास कर गाँव के पुजारी लोगों ने अपने-आपको और गाँव में संयत कर लिया। धीरे-धीरे उनके मन में "असगुन" आदि का खुटका भी दूर-सा होता गया। सब चीज नार्मल सी हो गई। गाँवों के खूंखार पहिले के कोई-कोई नरभक्षी देवी-देवता, बाकी बकरा, मुर्गा, सुअर, चिंया तथा अंडा शराब आदि सब कुछ खा पी, डकार जाने वाले, कटोरा-कटोरा ताजा गरम खून पी, जाने वाले भयानक, विकराल, विचित्रातिविचित्र देवी-देवता (दंतेश्वरी, मावली, भंडारिन, मंशाराम, घोटुलदेव, भीमादेव आदि बेचारे सबके सब बिहारीदास के नान-सीरियस फरमान के सामने होशो हवास खो बैठ। फिर धीरे से सम्हले और फिर आज्ञाकारी, समझदार नरभक्षी शेर-शेरनियों के समान दिलचस्प आचरण करने लगे।

ये सारे देवी-देवता अब कंठी पहनकर खुश ही नजर आ रहे थे। मजे में नारियल, केला-सुपारी खा-चबा रहे थे। फूल-पान परसाद, चंदन, सिंदूर, चूड़ी-फुंदड़ी, कपड़ा, धूप-अगरबत्ती से ही अपना हाजमा, दिल-दिमाग ठीक कर रहे थे। फलाहार और पथय से दुर्बल, शांत, सौम्य से चेहरों से टिमटिमाती आभा बिखेर रहे थे। ऐसा लगता था सचमुच ये देवी-देवता निष्ठावान् दल-बदलू बनकर रह गये थे। बस्तर के आदिवासी प्रारंभ से ही अपने राजा को देवतुल्य मानते आये हैं। दैवी उत्पत्ति के सिद्धांत का यहाँ भरपूर प्रभाव रहा है। अतः यदि कंठी-आंदोलन की सफलता के पीछे देवतुल्य प्रवीर उर्फ बिहारीदास के आदेश की शक्ति प्रभावशाली बन गयी तो यह अस्वाभाविक नहीं।

ऐसे में ही सारी बड़ी-बड़ी थ्योरीज़, सिद्धांत, फारमूले, भयानक ऊहापोह, विद्वत्ता की बड़ी-बड़ी गंभीर, कभी-कभी डींगभरी बातें-किताबें, वजनदार या कचरा छाप ढेर सारी अनुसंधानमूलक कतरनें, कबाड़ी की दुकानों के समान आदिवासी-सेवी संस्थाएँ सब हताश हो गयी थीं। वैरियर एलविन, ठक्कर बाबा, मजूमदार, नरोन्हा, ब्रह्मदेव सब चित हो गये थे। कभी-कभी बड़ी-बड़ी बातें, सामान्य घटनाओं की तरह सबको अँगूठा दिखा कर आगे-आगे सरक जाती हैं। कुछ-कुछ खामोशी से, मन ही मन थोड़ा हँसते हुए, बड़े-बड़े दिग्गज पंडित भी **कारवाँ गुजर गया, गुबार देखते रहे**, की तरह, किंकर्तव्य-विमूढ़, खोजपूर्ण प्रश्नचिन्ह बने खड़े के खड़े रह जाते।

इसमें संदेह नहीं कि मद्यमांस के परित्याग तथा संस्कारोन्मुख नियमादि के पालन के बंधन से वनवासियों को अजीबोगरीब असुविधाएँ भी हो रही थीं, किन्तु स्वचालित अनुशासनबद्धता, नियमों के प्रति आत्मपीड़क सुखद निष्ठा, कष्टपूर्ण त्याग के प्रति

किंचित् आत्मविश्वास समन्वित् समरस अनुभूति से लगभग मंत्रमुग्ध, प्रेरित वनवासी ऊष्ण संतोष के मुकुलित वनांचल के कंटकाकीर्ण पथ पर चल पड़े थे। उनमें संयम तथा सांस्कारिक संक्रांति, वैचारिक उत्क्रांति तथा संकोचशील हल्की सी अहंमन्यता की झलक दिखने लगी थी।

इसमें कोई संदेह नहीं मद्यमांस के कथित बहिष्कार से सुविधाहीन अथवा गरीब आदिवासियों को कई तरह का लाभ भी मिला। पारिवारिक अनावश्यक खर्चे में कमी हुई। साथ ही तीज-त्यौहार, शादी-ब्याह, "मरनी-हरनी" में शराब तथा सुअर-बकरे-मुर्गे के पीछे जो कभी-कभी कष्टसाध्य-सा खर्च होता था, वह कम पड़ गया। तब दार-भाजी और "भात-पेज" से काम चल जाता था। अतः इनकी आर्थिक व्यवस्था को गड़बड़ा देने वाली, या इन्हें अक्सर कर्ज में डुबा देने वाली बला आप ही टल-सी गयी थी।

बस्तर के लगभग सभी आदिवासी शराब के शौकीन माने जाते हैं। आबाल-वृद्ध, वनिता इसका सेवन करते हैं। शराब के अतिरिक्त चावल, मंडिया आदि से तैयार लाँदा, वृक्षों से प्राप्त सलफी, ताड़ी, छींदरस का भी ये जब जैसे प्राप्त हुआ, बड़े शौक से सेवन करते हैं।

बाबा बिहारीदास ने कंठीधारियों के लिये शराब वर्जित किया था, लेकिन लाँदा, सलफी, ताड़ी, छींदरस पी सकते थे। हाथ-भट्टी की शराब भी तीन चिपुड़ी पी सकते थे, अधिक नहीं। शराब भट्टी जाकर पीने की अनुमति नहीं थी। बिहारीदास के कथनानुसार शराब पीकर लड़ाई-झगड़ा, हत्या-चोरी आदि करना, सुस्त पड़े रहना, काम नहीं करना, अपराधी मनोवृत्ति में लिप्त रहना आदि के अभ्यस्त आदिवासी इसके सेवन के वर्जन से ही ठीक रास्ते पर आ सकते थे। राक्षसी प्रवृत्ति से छुटकारा पा सकते थे।

यहाँ यह स्मरणीय है कि औसत आदिवासी त्यौहार, शादी, मरनी आदि के अवसर पर ही अधिक शराब पीते हैं। बहुत ज्यादा आदि अधिक लोग हैं नहीं। भट्टी में जाकर भी हमेशा अधिक लोग नहीं पीते। अतः शराब छोड़ने के अभियान का कोई बहुत व्यापक प्रभाव पड़ा, नहीं कहा जा सकता है। हाँ इतना जरूर हुआ कि बाजार के दिनों में पीना कम हुआ। पूजा-पाठ, तीज-त्यौहार, शादी-मरनी आदि में भी कम हुआ। हाथ भट्टी में शराब भी थोड़ी-थोड़ी पी जाती थी अधिक नहीं।

शराब के अभ्यस्त आदिवासियों से पूछने पर पता चला कि शराब छोड़ने का उनके शरीर और मन पर अच्छा असर पड़ा था। काम में अधिक मन लगता था। कमजोरी भी नहीं लगती थी। शराब पीने का या तो मन करता ही नहीं था या बहुत कम करता था। ऐसे लोग सलफी, लाँदा आदि का सेवन कर अपने नशे की लत की तृप्ति कर लेते थे। अतः मद्यपान छोड़ने का कोई खास, प्रतिकूल प्रभाव परिलक्षित नहीं हुआ।

यह भी पता चला कि शीत ऋतु अर्थात नवंबर-दिसम्बर से भट्टियों में शराब की बिक्री लगभग पूर्ववत् हो गई थी। लोग या तो चोरी-छुपे या कंठी उतार कर शराब पी लेते थे। वैसे अनेक ग्रामों का दौरा करने पर यह देखने को मिला कि सीमित मात्रा में शराब-खोरी पुनः चालू हो गई थी। यद्यपि ग्राम के कट्टरपंथी कंठीधारी इसका काफी विरोध भी कर रहे थे और जहाँ-वहाँ पुनः-पुनः पाबंदियां भी लगाई जाती थीं। प्रतीत होता है कि शराब बंदी का अभियान अधिक सफल नहीं रहा।

बिहारीदास के सुधारवादी आंदोलन में हिंसा निरस्त थी। इस प्रश्न को लेकर लोगों के बीच अत्यधिक विवाद था। एक बहुत बड़े वर्ग का कथन था कि मांस-मछली के परित्याग से आदिवासियों के स्वास्थ्य पर प्रतिकूल प्रभाव पड़ा था। कंठी-अभियान प्रभावित क्षेत्रों का दौरा करने और मांस-मछली खाना छोड़ चुके लोगों से बातचीत करने और उनके सामान्य स्वास्थ्य का अवलोकन करने पर पता चला कि उनके स्वास्थ्य में थोड़ी न थोड़ी गिरावट अवश्य आई थी। मांस-मछली का परित्याग किये लगभग शतप्रतिशत लोग उसके लोभ का परित्याग नहीं कर पाये थे। बकरा, सुअर, मुर्गा, मछली आदि को देखकर मांस-मछली खाने की प्रबल इच्छा होती थी, किन्तु अंधविश्वास जनित भय तथा धर्म भय से ही वे इनका सेवन नहीं करते थे। ऐसे लोगों से पूछने पर उन्होंने यह भी कहा कि वे इस बात का व्यग्रता से रास्ता देख रहे हैं कि बाबा इन्हें मांस मछली खाने की इजाजत दे दें। यह भी पता चला कि कुछ लोगों ने यह प्रतिबंध उठा लेने की बाबा से प्रार्थना की, किंतु उन्होंने (बाबा) कहा कि यदि मैं तुम लोगों के लिये तरह-तरह के कष्ट सहन कर रहा हूँ, तो क्या तुम लोग मांस-मछली नहीं छोड़ सकते। कुछ दिन तो धीरज धरो। फिर आना। आदत सुधारो। लोभ पर नियंत्रण रखो, आदि।

बिहारीदास से पूछने पर कि आदिवासियों के लिये अनेक दृष्टि से मांस-मछली की अपरिहार्यता के कारण क्या वे कंठी-धारियों को इसके सेवन की स्वीकृति देंगे, तो उन्होंने कहा कि चूँकि वे पूर्णतः वैष्णव हैं, अतः अपनी ओर से तो वे कभी भी कदापि नहीं कहेंगे की मांस-मछली खाओ। किंतु यदि कोई खाता ही है तो वे क्या कर सकते हैं। वे कहाँ-कहाँ तक रोकेंगे। लेकिन "महामांस" अर्थात् गोमांस भक्षण (ज्ञातव्य है कि गोंड लोग गाय-बैल मारकर खाते हैं) के तो सख्त खिलाफ थे। इसे वे बर्दाश्त नहीं कर सकते थे। सुअर मांस भक्षण के प्रति भी उन्होंने घोर घृणा व्यक्त की थी।

तब कंठीधारी कंठी-मत के प्रति वैसे दुराग्रही नहीं रह गये थे, जैसे शुरू-शुरू में थे। छुआछूत तथा मद्यमांस त्याग के प्रति कट्टरता काफी कम हो गई थी। कंठीधारी लाँदा, सलफी, ताड़ी, छींद और हाथ भट्टी की महुआ शराब तीन चिपड़ी तक पी सकते थे। कंठीधारी अब मांस-मछली भी खाने लगे थे। कई गाँवों में इसके लिये पंचायतें भी बैठीं। नियम भी बने कि मांस मछली न खाई जावे, किन्तु खाने वाले खा रही रहे थे और कंठी भी पहनते थे।

अतः प्रतीत होता है कि कंठीमत में तब कट्टरता नहीं रह गई थी। आदिवासियों के मनोरंजन, नृत्यगीत आदि में भी कंठी-धारण का कोई उल्लेखनीय विपरीत असर नहीं पड़ा। सारे रीतिरिवाज वैसे ही चल रहे थे, केवल अधिकांश स्थानों में मद्यमांस निरस्त हो गया था। वैसे तब कहीं-कहीं कंठीधारियों के गाँवों में भी यदा-कदा देवी-देवताओं के सामने मद्य और बलि प्रदान करने की बातें देखने-सुनने को मिल रही थीं।

यह देखकर काफी कुतूहल होता था कि कंठीधारी आदिवासी महिलाएँ कहीं-कहीं बाकायदा सिंदूर भी माथे पर लगाने लगी थीं। नारायनपुर में इसका खास चलन था। उपवास भी करती थीं। प्रतिदिन प्रातःकाल उठकर कई महिलाएँ छोटे-छोटे समूहों में जाकर अपने मुहल्ले में आरोपित वट वृक्ष में जल चढ़ाती थीं, साफ साड़ी पहनती थीं।

धान-रोपने, नींदने और काटने के समय तब अक्सर महिलाएँ, विशेषकर युवतियाँ अपने परंपरागत लोकगीतों के साथ-साथ **"रघुपति राघव राजाराम-पतित पावन सीताराम" मुख में तुलसी, घट में राम, जब बोलो तब सीता राम" सीताराम-रामराम"** आदि भजनों का लोक धुन में सामूहिक गायन करती थीं।

बस्तर के आदिवासियों पर बिहारीदास का कैसा जबर्दस्त प्रभाव था, इसका सर्वप्रथम अनुमान 1971 के लोकसभाई उप चुनाव में लग ही चुका था, जब उन्होंने दो पत्ती चुनाव चिह्न और उसके उम्मीदवार पीलूराम कृपाराम भतरा को अपना समर्थन प्रदान कर अप्रत्याशित रूप में भारी वोट दिलवाया था। राजनीति में सतर्क-मतलवी निगाहें रखने वालों की हरकतें इसी के बाद बिहारीदास के इर्दगिर्द दिखाई देने लगीं।

बस्तर के कांग्रेस पार्टी (नई) का एक प्रभावशाली छोटा ग्रुप तो बिहारीदास को अपने घेरे में पूरी तरह ले चुका था। इसी कांग्रेस के दूसरे ग्रुप ने बिहारीदास का काफी विरोध भी किया, किन्तु तत्कालीन मुख्यमंत्री श्यामाचरण शुक्ल तथा प्रभावशाली विधायक मुन्नालाल शुक्ल के रहते बिहारीदास के विरोधियों की चल नहीं पायी। ये दोनों व्यक्ति बस्तर की नयी कांग्रेस के पदाधिकारी, द्वारका प्रसाद वढेरा (संयोजक), कमलाशंकर शुक्ल (मंत्री), सरदार भजनसिंह (कोषाध्यक्ष) आदि के ग्रुप और कार्यक्रमों को समर्थन प्रदान करने के पक्ष में थे ही। बिहारीदास को भीतरी तौर से काफी छूट मिल गई। कांग्रेस (नई) के समर्थन का उन्होंने पक्का निश्चय कर लिया। उन्होंने वक्तव्य भी देना प्रारंभ कर दिया कि वे प्रधान मंत्री इंदिरा गांधी के हाथ मजबूत करेंगे।

इसके बाद ही आया मार्च 1972 का विधान सभाई आम चुनाव। मध्यप्रदेश की राजनीति में ठीक इसके पूर्व पट-परिवर्तन हुआ और मध्यप्रदेश के मुख्यमंत्री बने प्रकाशचंद्र सेठी। प्रारंभ में सेठी जी ने यह रुख इख्तियार किया कि चुनाव में बिहारीदास का उपयोग न किया जावे, लेकिन जब बिना बिहारीदास के बस्तर में कांग्रेस के हाथ-पाँव

ठंडे होने लगे तो उन्होंने हरी झंडी दिखा दी। श्री सेठी के बस्तर दौरे में चित्रकोट आदि की जन-सभाओं में मंच पर सेठी जी की बगल में बाबा बिहारीदास भी शोभायमान रहते थे। उन्होंने इंदिरागांधी के हाथ मजबूत करने और गाय-बछड़ा छाप में वोट देने की अपील भी आदिवासियों से इन सभाओं में की।

और फिर इसके बाद कांग्रेस का सारा ताम-झाम लेकर अपनी सफेद जीप गाड़ी में बिहारीदास कांग्रेस के उम्मीदवारों के प्रचारार्थ रात दिन लग गये। जहाँ कहीं भी वे जाते, भारी भीड़ उनके दर्शनार्थ आनन-फानन जुट जाती। उनका भारी स्वागत होता। बिहारीदास संक्षिप्त भाषण देते कि गाय-बछड़ा किसानों को प्रिय और जरूरी चीज है। उसी छाप में वोट देना है।

विरोधी दलों ने बिहारीदास के चरित्र, कार्यकलापों आदि पर चुनावी दौर में बड़ा तीखा प्रहार किया। आदिवासियों को अंधाधुंध समझाया कि बिहारी दास किसी भी हालत में प्रवीरचंद्र नहीं हैं, लेकिन बिहारीदास का प्रभाव घटता नजर नहीं आया।

ऐसी स्थिति में तो फिर समाजवादी दल तथा जनसंघ ने भी बिहारीदास के समर्थन का जहाँ-तहाँ प्रचार कर मतदाताओं को खींचने का प्रयास प्रारंभ किया। नकली बिहारीदास भी जीप गाड़ियों में रातरात को गाँव-गाँव घुमाए गये।

यहाँ यह विचारणीय है कि चुनाव के सारे माहौल में बिहारीदास आदिवासियों के दिलो-दिमाग में प्रवीर बनकर ही अधिक छाये रहें। जगह-जगह उनका वैसा ही शाही स्वागत होता।

माझी-मुखिया लोगों के चुनावी भाषणों में इसकी स्पष्ट प्रतिध्वनियाँ थीं कि बिहारीदास प्रवीर ही है और उन्हीं के चुनाव चिह्न "गाय-बछड़ा" को वोट देना है।

चित्रकोट विधान सभाई क्षेत्र के गड्दा, मेंदरी, नुलपा आदि गाँवों की आदिवासी जनता के सामने एक मांझी का चुनावी भाषण इस प्रकार था—**कोनी बलसत कि आमचो बाबा बिहारीदास साधू आत। कोनी बलेसे हुन महारा-घसिया आय। कोनी हुनके चोर खंगार बले बलूआत। मान्तर काय तुमी जी जाना साहास कि हुन कोन आत? काय तुमी मातला साहास? काय तुमचो आइखने नी दखा देय?**

दूसरा मांझी कहता, "**आमी रानी वेदवती के नी मानूँ। हुन आपलो मनुख के छाँडुन भाति काय काजे एता हुता रहेसे। जनसंघ वाटलै पैस खाउन भाति हुन आमचो महाराज चो खिलाप जायसे। आमी हुनचो बात के नी धरूं।**

रासते में जहाँ जीप गाड़ी जाने में तकलीफ होती, वहाँ ये माझी एलान करते, "**दखा ये बाट ले काली परन्दिन राजा महाराज एदे। बाट के नंगत बनाउन रहा। डंड जी होओ।**"

और देखते-देखते रास्ते दुरूस्त हो जाते। बिहारीदास की जीप शान से फरफराती दूसरे-तीसरे दिन पहुँचती और बीस-बीस पच्चीस-पच्चीस मील दूर से ढोल-ढमाका, नाच दल आदि लेकर आदिवासी हजारों की तादाद में इकट्ठे होकर उनका भारी स्वागत करते।

इस माहौल में चुनाव हुआ। बिहारीदास ने निम्नलिखित चुनाव क्षेत्रों का तूफानी दौरा कियाः—

(1) केशकाल (2) नारायणपुर

(3) कोंडागाँव (4) बकावंड

(5) चित्रकोट तथा (6) दंतेवाड़ा

जगदलपुर क्षेत्र में उनका दौरा ठीक से हो नहीं पाया। इसी तरह कोंटा तथा बीजापुर क्षेत्र में भी ये नहीं पहुँच पाये।

इनके दौरे के परिणामस्वरूप कांग्रेस के बिहारीदास समर्थित उम्मीदवार, केशकाल, नारायणपुर, कोंडागाँव, बकावंड, चित्रकोट तथा दंतेवाड़ा में भारी बहुमतों से विजयी रहे।

इसका विवरण संलग्न तालिका में दिया जा रहा है।

इस चुनावी नतीजे ने सिद्ध कर दिया कि बस्तर के आदिवासियों पर बिहारीदास का कितना जबर्दस्त राजनैतिक प्रभाव था। बस्तर के आदिवासी जो कांग्रेस से सख्त नफरत करते थे, बिहारीदास के इशारे पर "गाय-बछड़ा" छाप में वोट देकर प्रचंड बहुमत से कांग्रेस को विजयी बनाते हैं।

ज्ञातव्य है कि वेदवती-समर्थित उम्मीदवारों की हालत बड़ी पतली रही। उसके समर्थन से जनसंघ को जगदलपुर तथा कोंटा क्षेत्र में केवल दो सीटें मिल पायीं। चित्रकोट में तो वेदवती समर्थित उम्मीदवार की जमानत तक जप्त हो गई।

यहाँ यह भी उल्लेखनीय है कि अपने चुनावी दौरे में कहीं भी बिहारीदास ने कांग्रेस का जरा भी नाम नहीं लिया। कांग्रेस के प्रचारकों, उम्मीदवारों आदि ने भी इस बात की काफी सतर्कता बरती कि बिहारीदास के साथ कांग्रेस का नाम जुड़ने न पाये। अतः बस्तर के उक्त छह विधान सभाई सीटों में कांग्रेस की जीत अपने नाम पर नहीं, बल्कि बिहारीदास के नाम पर ही हुई। इसमें कोई संदेह नहीं।

कांग्रेस ने अपने चुनावी पोस्टर्स, पैंफलेट, विज्ञापनादि में बिहारीदास के चित्रों का भी भरपूर प्रयोग किया था। कांग्रेसी उम्मीदवारों के पैनल बनाने, पार्टी टिकट दिलाने से लेकर उनके लिये प्रचार करने तक की सारी प्रक्रियाओं में बिहारीदास का सर्वाधिक प्रभावलशाली रोल था। अतः यह निश्चित ही कहा जा सकता है कि राजनैतिक दृष्टि से बिहारीदास का जलवा प्रवीर के ही समतुल्य था।

बिहारीदास का व्यक्तिगत राजनीतिक प्रभाव बस्तर के बहुसंख्य आदिवासियों पर कितना था, इसका अनुमान एक बात से और लगाया जा सकता है कि बस्तर के विधान सभाई चुनाव 1972 में समाजवादी दल ने यह समझ कर कि बिहारीदास ने तो गाँव-गाँव में वट वृक्ष ही लगवाया है, वट वृक्ष की जोरदार पूजा होती ही है, समाजवादी दल का चुनाव चिह्न भी वटवृक्ष ही है, पूरा फायदा मिलेगा। इस बात का अधाधुंध प्रचार किया गया कि बिहारीदास का चिह्न वटवृक्ष है। इस प्रचार में और वट वृक्ष का चिह्न लेकर बिहारीदास के कुछ ऐसे भूतपूर्व चेले खड़े हुए थे, जिनका स्वतः का भी प्रभाव बिहारीदास के संपर्क से बढ़ चुका था। इनमें पीलूराम और भू०पू० संसद सदस्य झाडू सुंदर लाल प्रमुख थे। अब ये दोनों चुनाव पूर्व से बिहारीदास के विरोधी हो गये थे।

बिहारीदास को जब इस तिकड़म का पता चला तो उन्होंने चुनाव चिह्न वटवृक्ष का खुले आम विरोध किया। बिहारीदास के कुछ चेलों ने तो यह कह कर कि बाबा का कहना है कि बड़ झाड़ में भूतप्रेत रहते हैं, उसको उखाड़ कर फेंक दो। उसके बदले तुलसी लगाओं वट वृक्षों को उखड़वाना भी चालू कर दिया। लेकिन इसकी अधिक जरूरत नहीं पड़ी लोगों में देखते-देखते बात फैल गई कि बाबा का चुनाव चिह्न वट वृक्ष नहीं "गाय-बछड़ा" है।

चुनाव का जब नतीजा निकला, तो वट वृक्ष वाले चारों खाने चित नजर आये। लगभग सबकी जमानत जप्त हो गई।

इससे यह सिद्ध होता है कि इस मामले में आदिवासी काफी सतर्क रहे। उन्हें बरगलाया नहीं जा सका। बिहारीदास द्वारा बताये गये चुनाव चिह्न को ही उन्होंने पूरा-पूरा महत्व दिया। इसमें उन्होंने पूरी निष्ठा व्यक्त की।

बस्तर जिले के विधान-सभाई चुनाव 1972 में बिहारीदास समर्थित कांग्रेस के नतीजों पर नजर।

केशकाल विधान सभाई क्षेत्र

कुल मतदाता	56, 686
कुल मतदान	27,463
कुल वैधमत	24,585
कुल अवैधमत	2,875
मतदान का प्रतिशत	48,61

कोंडागाँव विधान सभाई क्षेत्र

कुल मतदाता	60, 046
कुल मतदान	34,986
कुल वैधमत	31, 841
कुल अवैधमत	3,142
मतदान का प्रतिशत	49

उम्मीदवार

1. गंगाराम राना (कांग्रेस) 13,051 (विजय)
2. रतीराम (जनसंघ) 4,484
3. झाडू सुदरलाल (समाजवादी दल) 2,530
4. गणेशराम (निर्दलीय) 941
5. सोनसिंह (निर्दलीय) 572
6. नाथूराम (निर्दलीय) 3,007

टिप्पणी

गंगाराम राणा : बिहारीदास समर्थित कांग्रेस प्रत्याशी ने अपने निकटतम प्रतिद्वंद्वी रतिराम (जनसंघ) जिसे वेदवती का पूर्ण समर्थन प्राप्त था, को 8567 मतों से पराजित किया तत्कालीन विधायक नाथराम माला को गंगाराम ने 10044 मतों से परजित किया।

उम्मीदवार

1. मानकूराम सोंडी (कांग्रेस) 19,526 (विजयी)
2. सुखराम (जनसंघ) 5,805
3. सोनाधर (समाजवादी दल), 1,912
4. सोनधर (निर्दलीय) 4,598

टिप्पणी

मानकूराम सोड़ी : बिहारीदास समर्थित कांग्रेस प्रत्याशी ने अपने निकटतम प्रतिद्वंद्वी सुखराम (जनसंघ) जिसे वेदान्ती का पूर्ण समर्थन प्राप्त था को 13729 मतों से पराजित किया। मानकूराम प्रारंभ में बिहारीदास के विरोधी थे, किंतु बाद में उन्होंने बिहारीदास के सामने सार्वजनिक रूप से समर्पण कर दिया था।

वकावण्ड विधानसभा क्षेत्र

कुल मतदाता	53,300
कुल मतदान	30,115
कुल वैधमत	26,625
कुल अवैधमत	2,490
मतदान का प्रतिशत	55

उम्मीदवार

1. झितरूराम (कांग्रेस) 16, 194 (विजयी)
2. पीलूराम (समाजवादी दल) 2,542
3. लखनूराम (जनसंघ वेदवती समर्थित) 7,492
4. शत्रुघ्न भगत (निर्दलीय) 1,367

दंतेवाड़ा विधानसभा क्षेत्र

कुल मतदाता	64,556
कुल मतदान	31,446
कुल वैधमत	27,948
कुल अवैधमत	3,498
मतदान का प्रतिशत	49

उम्मीदवार

1. लक्ष्मण करमा (कांग्रेस) 13, 649 (विजयी)
2. लच्छूसोमा (समाजवादी दल) 8,362
3. रामावांटी (जनसंघ वेदवती समर्थित) 5,934

टिप्पणी

बिहारीदास समर्थित झितरूराम (कांग्रेस) ने लखनूराम (वेदवती जनसंघ समर्थित) को 8702 मतों से तथा पीलूराम (समाजवादी दल) को 13652 मतों से पराजित किया। ज्ञातव्य है कि लोकसभा के मध्यावधि चुनाव 1971 में पीलूराम द्वितीय क्रमांक पर था। बकावंड क्षेत्र से उन्हें 11,363 मत प्राप्त हुए थे। बिहारीदास का उन्हें समर्थन लोक सभाई चुनाव में प्राप्त था। एक वर्ष के अंतर में ही इस बकावंड क्षेत्र से इन्हें पूर्वापेक्षा 8,821 मत कम मिले।

टिप्पणी

बिहारीदास समर्थित लक्ष्मण (समाजवादी दल) को 5286 मतों से तथा रामांबाटी (जनसंघ वेदवती समर्थित) जो तत्कालीन विधायक थे, को 7715 मतों से पराजित किया।

इसी प्रकार नारायणपुर विधानसभा क्षेत्र से कांग्रेस प्रत्याशी रतीराम, चित्रकूट-विधानसभा क्षेत्र से कांग्रेस प्रत्याशी रामाकोंदा, वकावण्ड विधानसभा क्षेत्र से कांग्रेस झितरूराम, दंतेवाड़ा विधानसभा क्षेत्र से कांग्रेस प्रत्याशी लक्ष्मण करमा जीते थे।

बस्तर जिले के सात निर्वाचन क्षेत्रों में सन् 1967 के विधानसभा चुनावों में कांग्रेस को प्राप्त मतों की तुलना में 1972 के विधानसभा चुनावों में बिहारीदास समर्थित कांग्रेस को प्राप्त मतों का विश्लेषण :–

क्रं.	विधानसभा निर्वाचन अंतर क्षेत्र		1967 में कांग्रेस के उम्मीदवार को प्राप्त मत		1972 में बिहारीदास समर्थित कांग्रेस के उम्मीदवार को उम्मीदवार प्राप्त मत	
1.	चित्रकोट	11456	2827	(कांग्रेस पराजित)	14283	(कांग्रेस विजयी)
2.	बकावण्ड	9547	6647	(कांग्रेस पराजित)	16194	(कांग्रेस विजयी)
3.	कोंडागाँव	16186	3337	(कांग्रेस पराजित)	19526	(कांग्रेस विजयी)
4.	दंतेवाड़ा	10755	2894	(कांग्रेस पराजित)	13649	(कांग्रेस विजयी)
5.	केशकाल	10177	2874	(कांग्रेस पराजित)	13051	(कांग्रेस विजयी)
6.	नारायणपुर	11296	1981	(कांग्रेस पराजित)	13287	(कांग्रेस विजयी)
7.	जगदलपुर	5450	4282	(कांग्रेस पराजित)	9737	(कांग्रेस पराजित)
	योग...	**74870**	**24852**		**99722**	

टिप्पणीः–उपर्युक्त तालिका से यह अनुमान आसानी से लगाया जा सकता है कि कांग्रेस को मुख्यतः बिहारीदास के समर्थन से अप्रत्याशित रूप से मत प्राप्त हुए।

बिहारीदास का प्रभाव जगदलपुर नगर और उसके आसपास के क्षेत्रों में बहुत कम था। यहाँ के अधिकांश गाँवों में आदिवासियों ने कंठी नहीं बंधाई थी। इसका प्रधान

कारण तो यह है कि यह क्षेत्र जगदलपुर शहर के प्रबुद्ध लोगों के प्रभाव क्षेत्र में आता है। ये लोग बिहारीदास के विरोधी थे और आदिवासियों को, जो खुद भी दूरस्थ आदिवासियों की अपेक्षा कुछ अधिक प्रबुद्ध हैं, यह समझाने में काफी सफल रहे हैं कि प्रवीर की मृत्यु हो चुकी है और बिहारीदास एक अतिसाधारण साधु हैं। यह क्षेत्र वेदवती के भी लगातार संपर्क में था। इस क्षेत्र की अधिकांश मैंबरिन वेदवती समर्थक थीं। इन्होंने भी बिहारीदास को नकली प्रवीर के रूप में काफी कुख्यात किया। जनसंघ का भी यह प्रभाव क्षेत्र था और इसी ढंग पर जनसंघ ने भी बिहारीदास का लगातार विरोध किया।

वेदवती द्वारा जमकर बिहारीदास का विरोध, कुंवर गणेशसिंह, कुंवर बालमुकुन्दसिंह आदि राजखानदानियों द्वारा बिहारीदास के विरुद्ध तीव्र अभियान ने भी जगदलपुर के आसपास सफलता अर्जित की। बिहारीदास विरोधी ऐसे प्रभावशाली व्यक्ति जिनकी जगदलपुर के समीपस्थ खेती-बाड़ी थी, और यदि गाँव वाले उन्हें मानते थे, यदि ऐसे गाँवों में ब्राह्मण, धाकड़ राउत, सुंडी, पनारा, हल्वा आदि का प्राधान्य या प्रभाव था, तो ऐसे ग्रामों में भी लोगों ने कंठी अभियान के प्रति कोई खास दिलचस्पी नहीं दिखाई। आवश्यकतानुसार कंठी का विरोध भी किया। जगदलपुर तहसील के करंजी, बड़े चकवा, नियानार आदि ऐसे ही ग्राम हैं। ऐसे लोगों के प्रभाव में आकर अनेक कंठी धारियों ने कंठियाँ तोड़ भी डालीं। अनेक लोग तब भी कंठी उतारते जा रहे थे। कंठी-प्रभावित क्षेत्र में भी जहाँ-जहाँ अथवा जिन-जिन लोगों को विश्वास होता जा रहा था कि बिहारीदास प्रवीर नहीं है, वे भी कंठी तोड़ते या फेंकते जा रहे थे और पूर्ववत् मद्यमांस का सेवन प्रारंभ करते जा रहे थे। मद्यमांस छोड़ना जिनके लिये भारी असुविधाजनक या और कष्टकर था, वे लोग भी इस बहाने कंठी उतारते जा रहे थे। कई लोगों के दिलों में अब तक यह शक जोर पकड़ता जा रहा था कि बिहारीदास प्रवीर नहीं है। इसीलिये अब कंठी-अभियान की जबर्दस्त लहर कुछ धीमी पड़ रही थी।

इसी तरह भोपालपटनम, मद्देड़ तथा कोंटा आदि दूरस्थ क्षेत्र जहाँ प्रवीर का भी अधिक प्रभाव नहीं था, कंठी-अभियान नहीं के बराबर था। इन क्षेत्रों में बिहारीदास का भी दौरा नहीं के बराबर हुआ। ये क्षेत्र आंध्रप्रदेश की संस्कृति से अधिक प्रभावित हैं और बस्तर की मूल संस्कृति से ये कुछ कटे-छटे से लगते हैं। बस्तर की प्रमुख घटनाओं यथा 1961, 1965 के गोलीकांड आदि से भी ये सर्वथा असंयुक्त थे। जगदलपुर से ये भौगोलिक तथा सांस्कृतिक दोनों ही दृष्टि से पर्याप्त दूर हैं। कंठी-अभियान का प्रभाव और उसकी सफलता यहाँ संदिग्ध ही थी।

निष्कर्ष

बाबा बिहारीदास प्रवर्तित कंठी अभियान, धर्म प्रचार-प्रसार तथा समाज-सुधार आंदोलन के सर्वेक्षण अध्ययन में निम्नलिखित निष्कर्ष निकाले जा सकते हैं:—

1. बाबा बिहारीदास को बस्तर के आदिवासी (कुछ अपवादों को छोड़) महाराज प्रवीरचंद्र ही मानते थे। उनकी धारणा थी कि प्रवीर जीवित हैं, उनका रूप भर बदल गया है। अतः वास्तव में सारा प्रभाव बिहारीदास का नहीं कहा जा सकता। इसमें प्रवीर के नाम का बहुत ज्यादा बड़ा हिस्सा था।

2. कंठीमत के द्रुतगति से फैलने के पीछे प्रारंभ में अंधविश्वास, अंधश्रद्धा तथा भीड़ का मनोविज्ञान प्रमुख तत्व रहे हैं। यह महाभय कि कंठी नहीं बाँधने वालों का गला राक्षस या भूत दबाएगा, बहुत कारगर रहा। लेकिन बाद में लोगों में श्रद्धा, सुरुचि, सम्मान तथा आल्हाद उमंग के भाव प्रगट होने लगे। जब कई लोगों ने कंठी उतार कर मद्यमांसादि का सेवन प्रारंभ किया और तब भी उन पर कोई विपरीत, भयंकर परिणाम परिलक्षित नहीं हुआ, तो लोगों का भय और अंधविश्वास गिरता चला गया। भय दूर होते ही उसका स्थान श्रद्धा-लगन ने लेना प्रारंभ किया।

3. कंठी-मत आदिवासी महिलाओं में अधिक लोकप्रिय था; क्योंकि महिलाएँ अधिक धर्मभीरू, अंधविश्वासी तथा अंधश्रद्धालु होती हैं। इनमें कंठी के प्रति उत्साह-उमंग का भी प्राबल्य था।

4. कंठी-अभियान ने आदिवासी जन-जीवन पर ऐसा कोई बहुत बड़ा क्रांतिकारी परिवर्तन उपस्थिति नहीं किया, जिससे चिन्तित होने की आवश्यकता हो। आदिवासी संस्कृति में ऐसा कोई बड़ा भारी हस्तक्षेप या विक्षेप भी नहीं हुआ, जिससे उनकी संस्कृति के मूलतः नष्ट हो जाने का भय हो। आदिवासियों की धार्मिक भावनाएँ, उनका सामाजिक संगठन, उनकी कला, उनकी सामान्य अभिरुचियों में जो कुछ परिवर्तन अथवा सुधार हुआ, उसे बहुत कुछ समयानुकूल कहना अधिक उचित होगा।

5. आदिवासी पुरुषों तथा विशेष कर महिलाओं में स्वच्छता के प्रति अधिक झुकाव पैदा हुआ। इसका उनके शारीरिक-मानसिक स्वास्थ्य पर अनुकूल प्रभाव पड़ा।

6. मद्यमांस-सेवन की कमी से आदिवासियों में अपराध की मनोवृत्ति घटी। हत्या, चोरी और मुकदमेंबाजी आदि में काफी कमी हुई।

7. आदिवासियों द्वारा हिन्दूधर्म की मोटी-मोटी बातें जैसे राम-भजन, वट-तुलसी-पूजा, स्नान ध्यान, पूजा-पाठ, आदि ग्रहण किये जाने के फलस्वरूप उनमें उच्चता तथा स्वाभिमान की भावना का विकास हुआ। वे अपने को तथाकथित सभ्य-सुसंस्कृत गैर आदिवासियों के अधिक नजदीक मानने लगे। हीनता की भावना कम होती गयी।

8. आदिवासियों में बीमारी के अवसर पर सिरहा के पास जाने पशु-पक्षी की बलि देकर रोग का निदान ढूँढ़ने की भावना कम हो रही थी। दवा-दारू की ओर झुकाव बढ़ने के लक्षण प्रगट हो रहे थे। देव और सिरहा को मुर्गी, चिंया, अंडा, शराब देने की गुंजाइश खत्म हो गयी थी। अतः उपर्युक्त परिवर्तन के लिये अच्छा आधार मिल गया था।

9. आदिवासियों की आर्थिक स्थिति में विशेष अंतर नहीं आया। सामान्य रूप से सुअरों की हानि ही अधिक हुई। बकरे-मुर्गे की बहुत कम। इसकी क्षतिपूर्ति नशाखोरी में कमी, कृषि बागवानी में अधिक लगाव, मुकदमेबाजी में कमी आदि के द्वारा हो रही थी।

10. आदिवासियों में सगंठन की भावना अधिक बलवती हुई। कंठीधारियों में पहले से अधिक एकता, सहकारिता, विश्वास की भावना देखी गयी।

11. आदिवासी प्रवीर के वक्त की विध्वंसात्मक, प्रतिहिंसा-पूर्ण, आक्रोश-क्षोभजनित व्यग्र अंसतुलन की स्थिति से ऊपर उठकर रचनात्मक प्रवृत्ति की और उन्मुख हो रहे थे। खेती-बाड़ी, सिंचाई, पशुपालन, उद्योग-व्यवसाय के प्रति इनके मन में अधिक लगाव पैदा हो रहा था। मद्यपानादि के लतों के कम होने से इनकी कार्यक्षमता में भी अनेक स्तरों में वृद्धि दृष्टिगोचर हो रही थी। अच्छी आदतों के कारण अभिरुचियाँ भी अच्छी दिशा में बढ़ रही थीं। क्रयशक्ति में वृद्धि हो रही थी। दाल, साबुन, मसाले, साग-सब्जी अधिक खरीदने लगे थे। मितव्ययिता और संचय की प्रवृत्ति बढ़ रही थी। इनकी सबसे बड़ी बुराई शराब-खोरी में काफी कमी के कारण ये अच्छे लक्षण उभर रहे थे।

12. शासन के प्रति सहयोग तथा आस्था की भावना का इनमें अधिक विकास हो रहा था। इससे शासन को आदिवासी विकास योजनाओं के क्रियान्वयन में पूर्वापेक्षा अधिक सफलता प्राप्त हो रही थी।

13. आदिवासियों और गैर आदिवासियों के बीच की खाई, पूर्वापेक्षा सँकरी हुई थी। यह कहना कि कंठी-अभियान से दोनों के बीच की दारर चौड़ी हुई, सत्य प्रतीत नहीं होता। दोनों के बीच अधिक सौमनस्य, सहयोग तथा नैकट्य की भावना पनप रही थी।

14. राजनैतिक दृष्टिकोण में कोई उल्लेखनीय अंतर नहीं आया। सामन्तवाद और व्यक्तिपूजा यथावत् ही थी। भारतीय स्वतंत्रता के बाद से (1947) तथा बस्तर रियासत के भारतीय गणराज्य में विलीनीकरण (1948) के बाद से बस्तर में राजनैतिक दलों ने कोई ठोस कार्य आदिवासियों की जागृति के लिये नहीं किया। संभवतः इस वजह से भी बिहारीदास का प्रवीरी प्रभाव जम सका।

15. शिक्षा के प्रति भी भाव पूर्ववत् ही थे। बाद में कुछ प्रगति हुई; क्योंकि बिहारीदास शिक्षा-प्रचार पर भी जोर दे रहे थे।

सैद्धांतिक एवं उपयोगितावादी दोनों ही दृष्टि से कुल मिलाकर बिहारीदास का बस्तर के आदिवासी जन-जीवन पर बहुत कुछ अच्छा ही प्रभाव पड़ा है। उसे नकारात्मक नहीं सकारात्मक कहा जा सकता है। बाबा बिहारीदास की 1996 में मृत्यु हो गयी और उसी के साथ उनका आंदोलन भी मर गया।

बाबा का संगठन सशक्त था। उनके संगठन को "बस्तर सेवा समिति" कहा जाता था। समिति के सदस्य "शांतिसेवक" तथा "शांतिसेविका" के नाम से अभिहित होते थे। सदस्यता-शुल्क प्रति व्यक्ति पाँच रुपये था। प्रवीर के समान बाबा की अपनी समानान्तर व्यवस्था थी, जिसमें माझी और अन्य कार्यकर्ता थे। ये चमकदार पीला वस्त्र धारण करते थे। बाबा ने बस्तर के दशहरा को गणतंत्र-दिवस का रूप प्रदान किया था।

11

भूख और शोषण से नक्सलवाद

भारत का कोई अंचल अपने-आपसे इतना नाराज नहीं रहा, जितना की बस्तर। जितनी अधिक उसकी प्रकृति समर्थ है, उतनी ही संस्कृति क्रुद्ध है। वह पहले भी अशांत था और आज भी अशांत है। जो अंचल 1966 में अपने चोटी के नेता की हत्या कर दे, उसकी देह में निश्चित ही एक गहरा रोग है। बस्तर की ट्रेजेडी यह है कि वह इतना समृद्ध होते हुए भी इतना असहाय है। उसकी पीड़ा एक जंगली हाथी की चिंघाड़भरी पीड़ा है, जिसे किस्मत ने खोद कर एक गड्ढे में धकेल दिया है।

बस्तर की नियति उसके अंतिम महाराजा प्रवीरचन्द्र भंजदेव में थी। भंजदेव कुपित थे। वे क्रोध को मोड़ नहीं पाए और शायद इसीलिए शहीद हो गए।

उनके निधन के पश्चात् बस्तर के सांस्कृतिक परिदृश्य में रिक्तता आ गयी। उक्त रिक्तता को कभी शास्त्र ने भरा, तो कभी शस्त्र ने। बाबा बिहारीदास 1967 ई० में बस्तर में अवतरित हुए, तो बस्तर में नक्सलवाद का आविर्भाव 1968 ई० में हुआ। ये दोनों ही प्रवीर के रक्तबीज हैं। दोनों में ही आंदोलनात्मक गतिविधियाँ हैं। दोनों ही प्रवीर का सम्मान करते हैं। बाबा बिहारीदास का आंदोलन उनकी मृत्यु के साथ समाप्त हो गया, किन्तु नक्सलवाद बस्तर में आज भी जीवित है। इस अध्याय में उसकी ही समीक्षा का प्रयास है।

विवेच्य विषय यह है कि बाबा बिहारीदास का अहिंसक आंदोलन क्यों समाप्त हो गया और नक्सलियों का हिंसक आंदोलन आज भी क्यों जीवित है? इसकी समीक्षा मैंने अपने ग्रंथ **"आदिवासी आस्मिता और विकास"** (भोपाल 1997) में की है। उक्त ग्रन्थ में मध्यप्रदेश और छत्तीसगढ़ के नक्सलवाद (पृ. 269 सं 336 में) की व्याख्या विस्तार से की गयी है। उसकी पुनरावृत्ति करने के बजाय यहाँ बस्तर के नक्सलवाद के पूर्वपक्ष व उत्तरपक्ष को अति संक्षेप में नए ढंग से प्रस्तुत किया गया है।

पूर्वपक्षः तथ्यात्मक अन्वेषण

बस्तर सम्भाग का कुल क्षेत्रफल 39, 115,355 वर्ग किलोमीटर, जनसंख्या 22,71, 314 है तथा कुलग्रामों की संख्या 3,880 है। यहाँ की कुल जनसंख्या का 67. 35 प्रतिशत जनजातियों का है। कुल क्षेत्रफल का 55.4 प्रतिशत वनों का है साक्षरता की दर 24.89 प्रतिशत है। सर्वप्रथम दक्षिण बस्तर में सन् 1968 में नक्सली गतिविधियाँ परिलक्षित हुईं। सन् 1968 से 1974 तक नक्सली अपनी विचारधारा का प्रचार-प्रसार

करते रहे। सन् 1974 में दक्षिण बस्तर के थाना भोपालपटनम क्षेत्र में इन्होंने सर्वप्रथम तीन डकैती की घटनायें घटित कर अपनी आपराधिक गतिविधियाँ शुरू की। सन् 1974 से 1980 तक इनकी कोई आपराधिक गतिविधि प्रकाश में नहीं आई, लेकिन शनैः शनैः ये अपने कार्यक्षेत्र का विकास करते रहे। सन् 1980 में इन्होंने पुनः अपनी आपराधिक गतिविधियाँ आरंभ की, जिसमें निरन्तर वृद्धि होती रही है।

नक्सलियों की बढ़ती गतिविधियों को देखते हुये 14 मई, 1989 में शासन द्वारा नक्सलियों पर नियंत्रण करने के लिये पुलिस जिला दन्तेवाड़ा का निर्माण किया गया। पुलिस जिला दन्तेवाड़ा : दक्षिण बस्तर : के अंतर्गत 18,055.155 वर्ग कि०मी० का क्षेत्रफल, जनसंख्या 7,52,545 तथा कुल ग्रामों की संख्या 1,552 है। वर्तमान में बस्तर सम्भाग में नक्सली गतिविधियों से प्रभावित ग्रामों की संख्या 2034 है, जो कि कुल ग्रामों की संख्या का 52.42 प्रतिशत है। जिला जगदलपुर : उत्तर बस्तर : में नक्सली गतिविधियों से प्रभावित कुल ग्रामों की संख्या 1034 है, जो कि कुल ग्रामों की संख्या का 44.41 प्रतिशत है। पुलिस जिला दन्तेवाड़ा में कुल प्रभावित ग्रामों की संख्या 1000 है, जो कि कुल ग्रामों की संख्या का 64.43 प्रतिशत है।

तथ्यों से यह स्पष्ट है कि नक्सलियों द्वारा लगातार हिंसात्मक कार्यवाही जारी है। विभिन्न सूत्रों से प्राप्त जानकारी से यह भी प्रकाश में आया है कि नक्सलियों द्वारा घटित कई अपराधों की सूचना उनके आतंक के कारण पुलिस को जनता द्वारा नहीं दी जाती है। सर्वप्रथम सन् 1974 में भोपालपटनम क्षेत्र में नेशनल पार्क सशस्त्र नक्सली दल का गठन किया गया था, जो धीरे-धीरे बढ़ कर वर्तमान में 12 नक्सली दल संभाग में कार्यरत हैं। यह भी बात प्रकाश में आई है कि जहाँ प्रारंभ में बहुत कम ग्रामीण नक्सलियों का साथ देते थे, वहीं अब नक्सलियों का साथ देने वाले ग्रामीणों के विरूद्ध प्रभावी कार्यवाही नहीं होने से शांतिप्रिय तत्व हतोत्साहित हो गये तथा हिंसा में विश्वास करने वाले लोगों की संख्या बढ़ी है। यह इस बात से स्पष्ट है कि जहाँ पूर्व में नक्सलियों द्वारा गठित दण्डकारण्य आदिवासी किसान मजदूर संघ : डी०ए०के०एम०एस० : की सदस्य संख्या बहुत कम थी, वहीं अब नक्सल प्रभावित ग्रामों में दण्डकारण्य आदिवासी किसान मजदूर संघ तथा क्रांतिकारी आदिवासी महिला संघः के०ए०एम०एस० : की उपस्थिति एक प्रभावशाली संगठन के रूप में उभर कर सामने आई है। नक्सलियों द्वारा डी०ए०के० एम०एस० के सदस्यों द्वारा लगातार हिंसात्मक कार्यवाहियों के द्वारा अपने विरोधियों का सफाया किया जा रहा है। यह इस बात से भी स्पष्ट है कि उनके द्वारा अभी तक कुल 100 ग्रामीणों की हत्या की जा चुकी है। इससे कई गुना अधिक ग्रामीणों की सार्वजानिक पिटाई, जुर्माना, जमीनों का बँटवारा तथा अन्य संपत्ति जैसे मवेशी और फसलों का बँटवारा किया चुका है।

पुलिस द्वारा समय-समय पर नक्सल-विरोधी अभियान तथा जन-चेतना जागृत करने के लिये विभिन्न प्रकार के अभियान चलाये गये, जैसे-जन जागरण तथा विश्वास। लेकिन इन अभियानों का वांछित असर नहीं हुआ है। जिन ग्रामीणों ने पुलिस का एवं प्रशासन का किसी भी रूप में साथ दिया है, उनको नक्सलियों की यातनाओं का शिकार होना पड़ा। नक्सलियों द्वारा आयोजित जन-अदालतों के माध्यम से नक्सल-विरोधी ग्रामीणों के विरूद्ध दंडात्मक कार्यवाही की जाती है, जो जुर्माना, अंग-भंग, सामाजिक प्रताड़ना से लेकर मृत्यु दण्ड तक हो सकती है। यह सर्वविदित है कि सी०पी०आई०एम० एल० : कम्युनिष्ट पार्टी ऑफ इंडिया : मार्क्सिस्ट-लेनिनिस्ट : पीपुल्स वार ग्रुप : पी० डब्ल्यू०जी० के नक्सली दण्डकारण्य गोरिल्ला जोन, उत्तर तेलंगाना गोरिल्ला जोन, दक्षिण तेलंगाना एवं तेलम्मेला गोरिल्ला जोन तथा ईस्ट गोरिल्ला जोन के नाम के चार जोन गठित किये हैं। नक्सलियों सें प्राप्त साहित्य से इस बात का पता चलता है कि इनका सम्पर्क देश-विदेश की अन्य आतंकवादी संस्थाओं; जैसे लिट्टे, जम्मू-कश्मीर लिब्रेशन फ्रंट, पंजाब के आतंकवादी तथा पाकिस्तान की गुप्तचर संस्था से भी हो चुका है, जिनके माध्यम से ये प्रशिक्षण तथा आधुनिक अस्त्र-शस्त्र प्राप्त करते रहते हैं। इनकी रणनीति चीन, मोरक्को, स्पेन, श्रीलंका तथा कीनिया में की जा रही गोरिल्ला लड़ाई से प्राप्त अनुभव तथा स्थानीय भौगोलिक एवं सामाजिक स्थिति पर आधारित है। अपनी आर्थिक स्थिति को सुदृढ़ करने के लिये तथा अपेन कार्यक्षेत्र में और विस्तार करने के लिये सी०पी०आई०एम०एल० पीपुल्स वार ग्रुप ने आन्ध्र प्रदेश के आदिलाबाद, करीमनगर, वारंगल, निजामाबाद तथा खम्मम जिले, छत्तीसगढ़ के सभी जिले, मध्यप्रदेश के बालाघाट, डिंडौरी, बैतूल जिले, महाराष्ट्र में चन्द्रपुर गढ़चिरौली, भण्डारा तथा उड़ीसा के कोरापुट, गंजाम, मलखानगिरी तथा नवरंगपुर को सम्मिलित कर स्वतंत्र दण्डकारण्य प्रान्त की स्थापना करना है, जिसका सम्पूर्ण क्षेत्रफल लगभग 1.10 लाख वर्ग किलोमीटर होगा। इन जिलों में उपलब्ध कोयले के खदान, एन.टी.पी.सी एवं सीमेण्ट कारखाने, लौह अयस्क तथा अन्य खनिज एवं वन सम्पदा पर अधिकार प्राप्त करना है। इसके साथ ही इन जिलों से गुजरने वाले आवागमन के मार्गों पर भी अपना नियंत्रण स्थापित कर नये आर्थिक स्रोत का निर्माण करना है। ज्ञातव्य है कि उपरोक्त जिलों के अधिकतर क्षेत्रों में ठेकेदारों, व्यापारी वर्गों, भूस्वामियों, छोटे किसानों से ये चंदा वसूल करते हैं तथा कुछ शासकीय कर्मियों से एक दिन का वेतन भी वसूल करते हैं। ऐसा अनुमान है कि इस प्रकार ये प्रत्येक जिले से तीन से 10 करोड़ रुपये सालाना लेव्ही के रूप में वसूल करते हैं। इस तरह से प्राप्त राशि का उपयोग सी०पी०आई०एम०एल० पार्टी कोपरेटिव का निर्माण, अस्त्र-शस्त्र की खरीदी, किसानों, कुलियों को बिना ब्याज ऋण देने तथा अकाल की स्थिति में ग्रामीणों की राशन-पानी के बाँटवारे के रूप में की जाती है। बस्तर संभाग

में वसूल की गयी राशि का ये बहुत ही कम अंश जनहित कार्यों में उपयोग करते हैं। सी०पी०आई०एम०एल०, पी०डब्ल्यू०जी तथा डी०ए०के०एम०एस० ने मिलकर बस्तर क्षेत्र के भोपालपटनम तथा मद्‌देड स्थित कोरण्डम खदानों, रावघाट का लौह अयस्क परियोजना तथा केसकाल में स्थित बाक्साइट, एल्युमिनियम की खदाने बन्द करवा दिया। इसके साथ ही अन्दरूनी क्षेत्रों में चल रहे निर्माण कार्यों पर इनका प्रभावी नियंत्रण है तथा जब तब इन विकास कार्यों में लगे ठेकेदारों से तथा अधिकारियों से इनकी मंशानुसार राशि तय नहीं कर दी जाती, तब तक किसी भी प्रकार का निर्माण कार्य प्रारंभ नहीं किया जा सकता। वनोपज तथा लकड़ी कटाई एवं निकासी के सम्बन्ध में भी ये यही प्रक्रिया अपनाते हैं।

न केवल सी०पी०आई०एम०एल०, पी०डब्ल्यू०जी तथा डी०ए०के०एम०एस० के सदस्यों ने प्राकृतिक संसाधनों पर अपना नियंत्रण स्थापित किया है, बल्कि बस्तर के ग्रामीणों की सामाजिक मान्यताओं तथा मर्यादाओं को भी हिंसा के बल पर प्रभावित करने में लगे हैं तथा उनकी सामाजिक संरचना को छिन्न-भिन्न कर रहे हैं। जो सरपंच इनका समर्थन नहीं करते तथा इन्हें राशि उपलब्ध नहीं करवाते, उनके निर्माण-कार्य में बाधा पहुँचाई जाती है तथा त्यागपत्र देने को मजबूर किया जाता है। कोंटा, सुकमा, जगरगुण्डा, बीजापुर, बासागुड़ा, भोपालपटनम, मद्‌देड़, नारायणपुर, कोण्डागाँव, केसकाल, आमाबेड़ा, धनौरा के व्यापारियों से ये नियमित रूप से धनराशि प्राप्त करते रहते हैं।

आंध्र प्रदेश सरकार द्वारा सी०पी०आई०एम०एल० : कम्युनिष्ट पार्टी आफ इंडिया, मार्क्सिस्ट-लेनिस्टः पीपुल्स वार ग्रुप की गतिविधियों पर से अब प्रतिबंध हटा दिया गया है। इसका सर्वाधिक असर छत्तीसगढ़ के बस्तर जिले में पड़ने की संभावना है। हालांकि इस प्रतिबंध के हटाने का असर आंध्रप्रदेश की सीमा से लगे महाराष्ट्र तथा उड़ीसा के क्षेत्र में भी पड़ेगा। लेकिन इसका अधिक प्रभाव बस्तर में ही पड़ेगा, क्योंकि यहाँ पर पीपुल्स वार ग्रुप अधिक सक्रिय हैं। इसके अतिरिक्त सूचना प्राप्त हुई है कि राष्ट्रीय राजमार्ग 43, जो कि रायपुर से विशाखापट्टणम जाती है, के पूर्वी भाग में भी जहाँ पर कि पहले नक्सली गतिविधियाँ नहीं थी, अब नक्सली गतिविधि होने की संभावना बढ़ी है।

आंध्रप्रदेश पीपुल्स वार ग्रुप तथा इसके संगठनों पर प्रतिबंध हटने से इनके विरुद्ध पुलिस कार्यवाही बढ़ जायेगी, जिससे पीपुल्स वार ग्रुप के सदस्यों तथा पदाधिकारियों की गिरफ्तारियाँ की जायेंगी। इस गिरफ्तारी से बचने के लिये पीपुल्सवार ग्रुप के सक्रिय पदाधिकारी और सदस्य बस्तर में पनाह लेंगे। बस्तर के ऐसे कई दुर्गम एवं दुरूह क्षेत्र हैं, जहाँ पर पुलिस का पहुँचना संभव नहीं है। ये इलाके ज्यादातर दक्षिण बस्तर में हैं और आन्ध्र प्रदेश की सीमा से लगे हुये हैं। मरईगुड़म, किस्टाराम, गोलापल्ली, पामेड़,

तारलागुड़ा, उसूर, बासागुड़ा ऐसे क्षेत्र हैं, जहाँ पर पक्की सड़क की सुविधा नहीं होने से पुलिस दल को पैदल ही भ्रमण करना पड़ता है। इन क्षेत्रों में अधिकांशतः दोरली तथा तेलगु भाषा बोली जाती है। दोरली-तेलुगु भाषा का ही अपभ्रंश है। इस कारण आंध्रप्रदेश के पीपुल्स वार ग्रुप के सदस्यों को इन इलाकों में पनाह लेने में कोई दिक्कत नहीं होती। इन क्षेत्रों में शरण लेने के बाद ये उत्तर बस्तर के विशेषकर अबूझमाड़ में प्रवेश कर चुके हैं तथा उसे 'लाल माड़' कहते हैं।

संभावना यह है कि पीपुल्स वार ग्रुप के पदाधिकारी छद्म वेश एवं छद्म नाम रखकर इन इलाकों में निवास कर रहे हैं तथा सशस्त्र दल के सदस्य यहाँ कार्यरत दल में शामिल हो रहे हैं। इस दौरान पीपुल्स वार ग्रुप के पदाधिकारी विभिन्न क्षेत्रों में फैलकर पीपुल्स वार ग्रुप की विचारधारा का आम-ग्रामीणों में प्रचार-प्रसार कर रहे हैं तथा सशस्त्र दल के सदस्यों की संख्या अधिक होने से बस्तर जिले में कुछ और नये दल गठित हो रहे हैं तथा दल के क्षेत्र और छोटे कर दिए गए हैं। इससे इनकी क्षेत्र में सक्रियता बढ़ गयी है।

यह भी सूचना प्राप्त हुई है कि पीपुल्स वार ग्रुप की तकनीकी शाखा का मुख्यालय बस्तर जिले में ही कहीं पर स्थापित करने पर विचार किया जा रहा है। इससे बस्तर क्षेत्र में सशस्त्र तथा गोला-बारूद बनने की, सुधार करने के छोटे-छोटे कारखाने भी स्थापित किये जा रहे हैं। घनघोर जंगलों में उनके द्वारा प्राप्त तथा बनाये गये मिसाइलों तथा शस्त्र एवं गोला बारूद का परीक्षण भी किया जाता रहा है। पीपुल्स वार ग्रुप द्वारा कारखाने स्थापित किये जाने से इस तरह की संभावनायें और भी अधिक बढ़ गई हैं। इन कारखानों के लिये कलपुर्जे तथा कच्चा माल आयात करने के लिये स्थानीय व्यापारियों तथा विकास कार्यों में लगे कर्मचारियों—अधिकारियों का उपयोग किया जाता रहा है। इसकी संभावना और अधिक बढ़ गयी है। साथ ही इसकी गोपनीयता भंग हो न पाये, इसलिये आस-पास के ग्रामीणों, व्यापारियों, सरकारी कर्मचारियों के भी भयदोहन में वृद्धि हो रही है।

अभी हाल ही में नक्सलियों से जप्त साहित्य से यह बात प्रकाश में आई है कि बस्तर के स्थानीय ग्रामीण भी काफी संख्या में दल में प्रवेश ले चुके हैं। पीपुल्स वार ग्रुप द्वारा उल्लेखित बस्तर जिले में शहीद हुए 29 साथियों का उल्लेख किया गया है, जिसमें से 15 बस्तर के स्थानीय निवास हैं जो कि उपरोक्त तत्य के स्पष्ट प्रमाण है।

जनवरी 96 में पीपुल्स वार ग्रुप द्वारा "दण्डकारण्य स्पेशल जोनल कमेटी" का गठन किया गया है। इसका मुख्य उद्देश्य आंध्रप्रदेश के खम्मम, करीमनगर, आदिलाबाद, महाराष्ट्र राज्य के गढ़चिरौली तथा चन्द्रपुर, छत्तीसगढ़ के उत्तर बस्तर तथा दक्षिण बस्तर, मध्यप्रदेश के बालाघाट, डिंडौरी, मण्डला को सम्मिलित कर एक लिब्रेटेड जोन

(स्वतंत्र प्रांत) स्थापित करना है। यह भी उल्लेखनीय है कि पीपुल्स वार ग्रुप की शीर्षस्थ संस्था "सेंट्रल आर्गनाइजेशन कमेटी" (सी०ओ०सी०) के सचिव गणपति उर्फ मुप्पला लक्षमण राव का 1996 में 3 महीने लगातार बस्तर का भ्रमण का कार्यक्रम चल रहा था तथा गणपति को दण्डकारण्य प्रांत के मंत्री के रूप में प्रचारित किया जा रहा था।

हाल ही में दक्षिण बस्तर के एक स्थान पर 2 नक्सली दलों के सदस्यों ने मिल कर एक बैठक ली तथा लघु वनोपज के दरों को निर्धारण किया। उक्त बैठक में इलाके के सभी सरपंचों, पटेलों को तथा प्रमुख व्यापारियों को आमंत्रित किया गया था। उनको यह निर्देश दिये गये कि उनके द्वारा निर्धारित दरों पर अगर खरीदी नहीं की गई, तो वे सजा के पात्र होंगे। इसी प्रकार उत्तर बस्तर एवं दक्षिण बस्तर के सुदूर इलाकों में जहाँ पर विकास कार्य चल रहे हैं, वहाँ भी इनके निर्देशों के अनुसार ही काम हो रहा है। सड़कों के बनने पर प्रतिबंध लगा हुआ है। वर्तमान में नक्सली विशेष कर बालक-बालिकाओं के आश्रमों के निर्माण में तेजी लाने के लिये अधिकारियों को निर्देश दिया है। यहाँ पर उल्लेखनीय है कि अबूझमाड़ क्षेत्र के ओरछा विकासखण्ड में कनेगें नामक स्थान पर तथा कोयलीबेड़ा क्षेत्र में पानीडोबिर नामक स्थान पर नक्सलियों ने आश्रमों का उपयोग अपने आश्रय-स्थल के रूप में किया है तथा वहाँ पर निवासरत् बालकों से अपनी सेवा सुश्रूषा करवाई है। सुदूर क्षेत्रों में इस प्रकार के आश्रम बनने से उनका सुविधापूर्ण आश्रय लेने के स्थान बढ़ेंगे।

वर्तमान में नक्सलियों द्वारा लगातार ग्रामीणों की बैठकें ली जा रही हैं तथा उन्हें प्रशिक्षण दिया जा रहा है। साथ ही जन-अदालत की कार्यवाही भी जारी है, जिनमें कई बार ग्रामीणों को जुर्माना, मारपीट, अंग-भंग से लेकर मृत्युदंड तक दंडित किया जा रहा है। नक्सलियों द्वारा अधिक उपज करने वाले मेहनतकश किसानों की उपज को भी निकम्मे, आलसी एवं उनके समर्थक ग्रामीणों में समानता का नारा देकर बाँटा जा रहा है। साथ ही जिनके पास पाँच एकड़ जमीन से अधिक है तथा जिनके पास अधिक मवेशी हैं, उन्हें भी दूसरे ग्रामीणों में बाँटा जा रहा है। नक्सलियों के आततायी रवैये का विरोध करने वाले तथा उनसे सहमति न रखने वाले ग्रामीणों विरूद्ध पीपुल्स वार ग्रुप के नक्सलियों द्वारा भयाक्रांत करने वाली कार्यवाहियाँ की जा रही हैं। इस प्रकार ऐसी स्थिति का निर्माण हो रहा है, जिसमें उनके निर्देशों के अनुसार ही कार्यवाही हो तथा कोई भी व्यक्ति विरोध का साहस न कर सके।

ग्रामीणों तथा कर्मचारियों में भय का वातावरण निर्मित करने के लिए उनके द्वारा समय-समय पर पुलिस थाने तथा पुलिस गश्ती दल पर भी आक्रमण किया जाता है।

बस्तर क्षेत्र में आंध्रप्रदेश के नक्सलियों द्वारा शरणस्थली बनाये जाने के बाद यहाँ से वे छत्तीसगढ़ के अन्य जिलों में भी अपना फैलाव कर रहे हैं। साथ ही अपनी स्थिति

को और सुदृढ़ बना रहे हैं। इस हेतु इन्हें अधिक धन की आवश्यकता है। अधिक धन प्राप्ति के लिये ये अन्य आतंकवादी संगठनों के समान तस्करी में भी लिप्त हो रहे हैं। इस संबंध में यह सूचना मिली है कि अबूझमाड़ के एक क्षेत्र में ग्रामीणों द्वारा इनकी देखरेख में गाँजा की पैदावार की जा रही है तथा बहुमूल्य पत्थरों की तस्करी में भी लिप्त हो रहे हैं। शरणस्थली बन जाने के बाद इसमें और अधिक वृद्धि होने की संभावना है, जिससे जिले में कार्यरत अन्य तस्करी में लिप्त अपराधी व्यक्तियों से भी इनके ताल्लुकात बढ़ेंगे। साथ ही व्यापारियों, सम्पन्न किसानों तथा विकास कार्य में लगे ठेकेदारों एवं अधिकारियों पर भी अधिक धन प्राप्त करने हेतु दबाव बढ़ा है, जिस हेतु अपहरण, हत्या, मारपीट इत्यादि की घटनायें हो रही हैं।

प्रतिवर्ष सी० पी० आई० एम० एल०, पी०डब्ल्यू० जी० द्वारा दिनांक 29 जुलाई को शहीद दिवस मनाया जाता है। इस वर्ष इन्होंने उत्तर बस्तर तथा दक्षिण बस्तर के कई स्थानों पर शहीद दिवस मनाया, जिनमें अधिकंश ग्रामीणों ने भय के कारण भाग लिया। कई ग्रामों में ग्रामीणों को अपने मकानों पर लाल झण्डे फहराने को विवश किया गया। ग्रामीणों से सी० पी० आई० एम० एल०, पी० डब्ल्यू० जी० (पीपुल्स वार ग्रुप) जिंदाबाद, साम्राज्यवाद का नाश हो, विश्व समाजवादी क्रांतिकारी जिंदाबाद, आंध्रप्रदेश, बिहार और दंडकारण्य जोन का किसान आंदोलन जिन्दाबाद, विश्व क्रांतिकारी महिला संगठन जिंदाबाद, शहीदों के सपनों को साकार करेंगे इत्यादि नारे लगवाये गये तथा यह शपथ भी दिलाई गई कि हर हालत में आंदोलन को आगे बढ़ाने के लिये प्रयत्नशील रहेंगे; शहीद दिवस हर वर्ष मनायेंगे, क्षेत्रीय दल को हर हालत में पुलिस से बचायेंगे और हर परिस्थिति में डी० ए०के० एम० एस० तथा के० ए० एम० एस० के सदस्य सामने आकर आंदोलन चलायेंगे। यहाँ यह भी उल्लेखनीय है कि अगले प्रभाव क्षेत्र में आने वाले ग्रामीणों से सी० पी० एम० एल०, पी० डब्ल्यू० जी० ने प्रत्येक परिवार से 40 रुपये तथा तीन पायली (5 कि.ग्राम धान) शहीद दिवस इंतजाम हेतु प्राप्त किया था। यह भी ज्ञात हुआ है कि सी०पी०आई०एम०एल०, पी०डब्ल्यू०जी० लगातार ग्रामों में बैठकें लेकर 12 वर्ष से अधिक आयु समूह के लड़के-लड़कियों को तथा अन्य ग्रामीण युवक और महिलाओं को विभिन्न प्रकार के सैन्य प्रशिक्षण देकर प्रजा-सेना के रूप में तैयार किया जा रहा है, जिससे कि समय आने पर ये अर्द्ध सैन्य बलों, सैन्य बलों तथा पुलिस से मुकाबला कर सकें।

उपर्युक्त तथ्यों से यह स्पष्ट है कि सी० पी० आई० एम० एल०, पी० डब्ल्यू० जी० तथा इनके सहयोगी संगठन दण्डकारण्य आदिवासी किसान मजूदर संघ, महिला आदिवासी क्रांतिकारी संघ अपनी गतिविधियों का लगातार प्रसार कर रहे हैं। भोले-भाले तथा शांतिप्रिय ग्रामीणों और नगारिकों को उनको सहयोग देने के लिये बाध्य किया जा

रहा है। नये सशस्त्र दलों का गठन किया जा रहा है। समानान्तर सरकार तथा समानांतर नियमों के अधीन ग्रामीणों को लाने के लिये हत्या, अंग-भंग तथा अन्य हिंसात्मक तरीकों द्वारा बाध्य किया जा रहा है। ग्रामीणों की आर्थिक एवं सामाजिक संरचना को छिन्न-भिन्न करने के लिय हिंसा और भय का सहारा लिया जा रहा है। यह सब नागरिकों को भारतीय संविधान के अनुसार प्रदत्त अधिकारों का हनन है। जनता द्वारा चुनी हुई शासन-तंत्र को उखाड़ फेंकने का षड़यंत्र है, जिससे क्षेत्र की संप्रभुता तथा स्वतंत्रता पर खतरा उत्पन्न हो गया है।

बस्तर में सी० पी० आई० (एम० एल०) के पीपुल्स वार ग्रुप के द्वारा नक्सली गतिविधियाँ संचालित हैं। ये नक्सली केन्द्रीय समिति के निर्देश पर काम करते हैं। केन्द्रीय समिति के तीन आधारभूत डिवीजन हैं, जिनमें बस्तर फारेस्ट डिवीजन के अंतर्गत आता है। फारेस्ट डिवीजनों के अधीन दलम कार्य करते हैं। प्रत्येक दलम में 12 से 15 सदस्य रहते हैं और इस प्रकार बस्तर में इस समय 12 दल कार्यरत हैं। दलम के कमाण्डर के पास ए०के० 47 रायफल होती है तथा दलम के अन्य सदस्यों के पास 12 बोर बंदूक, 315 बोर रायफल, देशी बम, बारूदी सुरंग बनाने की सामग्री तथा लुटे हुए हथियार रहते हैं। दलम के सदस्यों के पास मोबाइल तथा लैपटाप भी है। दलम में महिलाओं की भर्ती ग्रामीण क्षेत्रों की महिलाओं में सहानुभूति उत्पन्न करने के लिए की जाती है।

नक्सली दलम के सदस्यों के द्वारा जंगल में काम करने वाले ठेकेदारों से उनके ऊपर दबाव डालकर तथा उन्हें आतंकित कर वसूली की जाती है। धनराशि न देने पर उनके ट्रक तथा सामान जलाकर क्षति पहुँचाई जाती है। इसी प्रकार कभी-कभी व्यापारियों की हत्या कर जाकर आतंकित कर राशि वसूल की जाती है। व्यापारी व जंगल के ठेकेदारों को प्रश्रय देने की आड़ में नक्सलियों द्वारा धन प्राप्त किया जाता है। दूसरी ओर नक्सलियों के द्वारा सीधे-साधे आदिवासियों को भी गुमराह किया जाता है। उन्हें अधिकतर तेंदूपत्ता तोड़ने के दौरान और अधिक मूल्य की माँग करने के लिए उकसाया जाता है।

इस प्रकार नक्सलियों के द्वारा विभिन्न माध्यमों से आदिवासियों पर प्रभाव डाला जाता है। जैसे कि लोकगीत तथा नाटकों का आयोजन तथा पर्चों का वितरण। नक्सलियों के विरूद्ध काम करने वाले ग्रामीणों में आंतक पैदा कर उनकी जघन्य हत्या भी कर दी जाती है। इनके द्वारा ग्रामीणों के साथ प्रायः बैठकें आयोजित की जाती हैं, जिनमें शासकीय कर्मचारियों पर दबाव डालने तथा मारपीट कर ग्रामीण आदिवासियों की सहानुभूति अर्जित की जाती है। इनके द्वारा अक्सर निर्माण-कार्य में लगी मशीनरी को तोड़ दिया जाता है तथा शासकीय सम्पत्ति व वन सम्पदा में आगजनी भी की जाती है।

उत्तर पक्षः लेखक प्रताप अग्रवाल

प्रताप अग्रवाल ने अपनी पुस्तक **बस्तर यात्रा कथा** (2004) में बस्तर के नक्सलियों पर यंत्र-तंत्र जो विचार व्यक्त किया है, उसे यहाँ समेटा गया है। इसमें व्यक्त और विचार पूरी तरह प्रताप के हैं।

छत्तीसगढ़ राज्य बनने के बाद भी बस्तर की अस्मिता की रक्षा नहीं की गयी। यह उनके विलास का केंद्र बन गया। ऐसी हालात में ही एक बार कांग्रेस के तत्कालीन केन्द्रीय राज्यमंत्री ने छठवीं अनुसूची बस्तर में लगाने की ताईद की थी। भले ही इसका परिणाम उन्हें यह भुगतना पड़ा था कि सड़क में उन्हें गंदी गालियाँ दी गयीं और आज वे बसपा-राकपा के रास्ते चलकर भाजपा में शामिल हो गए हैं, लेकिन बस्तर की अस्मिता के खिलवाड़ का कुचक्र छत्तीसगढ़ राज्य बनने के बाद भी खत्म नहीं हुआ और इसे भाँपकर ही भारतीय कम्युनिष्ट पार्टी की मांग है कि बस्तर को स्वायत्तशासी क्षेत्र बनाया जाए एवं उससे एक कदम आगे बढ़कर नक्सलियों की माँग है कि इसे दण्डकारण्य राज्य बनाया जावे। नक्सलियों ने दिसम्बर 2003 में सम्पन्न विधानसभा चुनाव के बहिष्कार का नारा दिया था और उन्होंने यह साफ आरोप लगाया था कि दक्षिणी बस्तर में 70 या 80 प्रतिशत वोटिंग का सरकार का आँकड़ा एकदम झूठा है और वहाँ कोई वोट डालने नहीं गया।

देशबंधु नामक रायपुर से प्रकाशित समाचार पत्र में दि० 18०2०2004 को छपा था कि अबूझमाड़ क्षेत्र के नीनार ग्राम में ग्रामवासियों ने एक विशाल शिविर आयोजित करके लगभग 22 हजार आदिवासियों को अस्त्र-शस्त्र चलाने का प्रशिक्षण दिया था। नक्सलवादियों की इस कार्यवाही के बाद नारायणपुर पुलिस जिला-क्षेत्र में खास सतर्कता बरतने के निर्देश उच्चाधिकारियों ने दिया था। सूत्रों से प्राप्त जानकारी के अनुसार गत 6 से 15 फरवरी तक बस्तर के अबूझमाड़ क्षेत्र के नीनार ग्राम के नक्सलवादियों ने एक वृहद प्रशिक्षण शिविर का आयोजन किया था। इस शिविर में नक्सली फरमान के कारण अबूझमाड़ क्षेत्र के निवासी 6 किलोग्राम चावल व 1 किलोग्राम दाल लेकर सम्मिलित हुए तथा हिंसा फैलाने का प्रशिक्षण प्राप्त किया।

नारायणपुर के पुलिस अधीक्षक विल्सन टोप्पो ने स्वीकार किया है कि नारायणपुर से 35 किलोमीटर दूर नीनार ग्राम के नक्सलियों ने ट्रेनिंग कैम्प का आयोजन किया था। उन्होंने बताया कि जो जानकारी उन्हें मिली है, उसके अनुसार उक्त शिविर में सात हजार आदिवासी शामिल हुए थे। उन्होंने इस समाचार को सही नहीं माना कि इस प्रशिक्षण शिविर में भाग लेने पाँच विदेशी नागरिक भी हेलीकाप्टर से वहाँ पहुँचे थे।

इस आयोजन के पचास किलो मीटर रेडियस के गाँव के आदिवासी ढोल-नगाड़ों, तीर-धनुष, परंपरागत वस्त्रों एवं अलंकरणों से सुसज्तित होकर अपने साथ अपना

खाद्यान्न लेकर इस जश्न में पहुँचे थे। इसलिये कोई कहे कि वे नक्सलियों के डर से इकट्‌ठा हुए थे, तो यह सफेद झूठ बात होगी। यह भी जरूरी है कि यह जश्न न तो प्रतिबंधित था और न गुप्त। इस आयोजन ने नारायणपुर मुख्यालय के परंपरागत मावली मेलों को फीका कर दिया था। यह इस बात का भी प्रयास था कि सेठ, नेता, नौकरशाही, पुलिस इस आयोजन में थे। और डरे हुए चूहे की तरह अपने बिल में छिपे थे।

इस बीच भाजपा सरकार के मुख्यमंत्री रमनसिंह ने दि० 17०2०2004 को हेलीकाफ्टर से दंतेवाड़ा के चुनाव में शिरकत की थी और पत्रकारों से कहा कि नक्सलवाद का जवाब विकास है। इसका मतलब यह कि नक्सलवाद की उत्पत्ति, दमन और लूट साम्राज्यवादी कारणों से हुई हैं। इस क्षेत्र में वांछित विकास 50 साल की आजादी के बाद भी नहीं हुआ।

सेठ नक्सलियों को संसाधन और पैसा देते हैं। इस बारे में नक्सली कहते हैं कि हमारा यहाँ राज है। इसलिए इस क्षेत्र में जो भी काम करता है, वह हमें टैक्स देता है। सेठों से इस तरह टैक्स लेना हमारा हक है। जगदलपुर से लगभग 100 किलोमीटर की दूरी पर समीपस्थ उड़ीसा प्रांत का जिला कोरापुट है। इस जिले के मुख्यालय में नक्सलियों ने पुलिसथाना, जेल आदि लूट लिया।

गणतंत्र के 55 वें पर्व पर एक ओर जहाँ पूरा देश तिरंगा ध्वज फहराकर लोकतंत्र की खुशियाँ मना रहा था, वहीं दूसरी ओर दक्षिण बस्तर के सुदूरवर्ती अंचलों में नक्सली कई जगह काला झंडा फहराकर इसे काला दिवस के रूप में मना रहे थे। इसी तारतम्य में भैरमगढ़ क्षेत्र के ताकीलोड़ ग्राम में नक्सलियों द्वारा विशाल आमसभा आयोजित करके बालक-आश्रम के सामने काला झंडा फहराया गया। ऐसा इसलिये होता है; क्योंकि शासन के अनेक झूठे वायदों की तरह पुलिस बल नक्सलियों से भय खाती है। अपने बैरकों या थानों में दुबक कर बैठी रहती है। किसी नेता के शहर आगमन पर आम आदमी पर डंडा घुमाने वाली पुलिस नक्सली क्षेत्रों में बिना वर्दी के डरी-सहमी सरकारी खानापूर्ति करने और किसी तरह दे-दिलाकर नक्सली क्षेत्र से अन्यत्र तबादला की जुगत में लगी रहती है। यह बात केवल पुलिस के आम सिपाही तक नहीं, बल्कि आला अफसरों में भी है। बल्कि आला अफसर अपने निवास को चारों ओर से पुलिस और “सीआरपीएफ” से घिरवा कर छावनी में रहते हैं। आम आदमी को पुलिस कभी भी नक्सलियों से नहीं बचाती। आम आदमी को नक्सलियों से अधिक पुलिस का खौफ होता है।

पुलिस की छवि आम आदमियों में लूटपाट, उनकी बहन-बेटियों की बेइज्जती और झूठे मामलों में फँसाने से जुड़ी हुई है। दूसरी ओर नक्सली इन मामलों में पुलिस से आदिवासियों की रक्षा करते हैं। आम आदिवासी को नक्सली प्रताड़ना की शिकायत

पुलिस में कभी दर्ज नहीं हुई है। जब कि आदिवासियों के बीच पुलिस मुखबिरी की इक्का-दुक्का घटना में नक्सलियों ने उनको सरे बाजार बर्बर तरीके से मार-डाला है। ऐसी रिपोर्ट पुलिस ने दर्ज की है।

नक्सलियों के बारे में कांग्रेस-सरकार के मुख्यमंत्री का रवैया बहुत नरम था। वे कहते थे कि नक्सलवाद की उत्पत्ति ही आदिवासियों के राजनैतिक-आर्थिक-सामाजिक असमानता के कारण हुई है। अतः इस समस्या का निदान आदिवासियों की राजनैतिक-सामाजिक-आर्थिक रूप से मजबूत बनाकर ही किया जा सकता है। उन्होंने तो अपने मंत्रिमंडल के साथियों या नौकरशाहों को नक्सलियों के ख़िलाफ बयान देने के बारे में सख्त पाबंदी लगा दी थी।

पहले राज्यपाल दिनेशनंदन सहाय और वर्तमान राज्यपाल के०एम० सेठ कहते आए हैं कि नक्सली उनके ही देश के नगारिक हैं और उनके साथ निःशर्त चर्चा के लिये तैयार हैं। तत्काल दूसरी साँस में बोलते आए हैं कि चर्चा की शर्त यह है कि नक्सली अपने हथियार त्याग दें और हिंसा का रास्ता बंद करें।

उन्होंने कभी चर्चा करने के लिए आमंत्रण नहीं दिया। उनकी कार्यशैली ही हिंसा और बंदूक के आतंक के साए में चलती है। एक ओर आप कहते हैं कि आप नक्सलियों से निःशर्त चर्चा करने के लिए तैयार हैं, तो दूसरी ओर कहते हैं कि यदि वे शस्त्र त्याग दें, तो चर्चा करेंगे। इस तरह कोई परिणाम नक्सली-नियंत्रण में कभी नहीं आएगा।

इस गणतंत्र दिवस में जब नक्सली कालादिवस मना रहे थे, जो दंतेवाड़ा के प्रभारी मंत्री यह व्याख्यान दे रहे थे कि नक्सली हमारे भाई हैं। वे पढ़े-लिखे नौजवान जो समानाधिकार एवं शोषणमुक्त समाज की बातें करते हैं, वे ही नक्सली बन गए हैं। जब मंत्री का यह रुख है, तो नौकरशाही क्यों नहीं नक्सलियों को हमेशा की तरह नकद, रसद, दवाएँ, ट्रांसपोर्ट मुहैया कराएगी?

गणतंत्र दिवस की खिलाफत और इस दिन कालाझंडा फहराने का फरमान नक्सलियों ने एक माह पहले ही हर गाँव में जारी कर दिया था। लेकिन पुलिस या प्रशासन ने इसका मुकाबला करने के लिए कोई नीति नहीं बनाई। भैरमगढ़-बीजापुर सहित समस्त संवेदनशील क्षेत्रों में पुलिस मूकदर्शक बनी रही। परेड ग्राउण्ड तक सिमटी रही। सभी गाँवों में नक्सलियों का भय व्याप्त था। अनेक जनप्रतिनिधि नक्सलियों की आज्ञानुसार तिरंगा ध्वजारोहण कार्यक्रम में शामिल नहीं हुए। बीजापुर पुलिस जिला है, किन्तु यहाँ के विधायक ध्वजारोहण के लिए नहीं पहुँचे। कोई जनप्रतिनिधि या नौकरशाह इस समारोह में नहीं आया, जिसके कारण नक्सलियों ने अनेक गाँवों में शासकीय संस्थाओं में काला झंडा फहराया। इन्द्रावती नदी के दूसरे तट पर स्थित ग्राम

ताकीलोड़ में नक्सलियों ने शासकीय बालक आश्रम के सामने विशाल सभा की और काला झंडा फहराया। नक्सलियों ने इस समय अपने भाषण में आदिवासियों को यह बतलाया कि किस तरह यह शासन और प्रशासन उन पर जुल्म करता है और हर घर से एक सदस्य को पी०जी०ए० यानी 'पीपुल्स गुरिल्ला आर्मी' में भर्ती होने पर हिदायत दी। नक्सलियों ने इस गाँव में एवं बस्तर जिले के अनेक गाँवों में पुलिस के द्वारा मारे गए नक्सलियों की याद से स्मारक बनाया है, जिनको छूने की पुलिस हिम्मत नहीं कर सकती।

नक्सली समस्या का हल शासन की बंदूक की गोली से संभव नहीं है; क्योंकि नक्सली प्रतिबंधित संगठन नहीं है। परिणामस्वरूप पुलिस अपनी ओर से उन पर आक्रमण करके उनकी हत्या नहीं कर सकती। बस्तर पुलिस के पहले महानिरीक्षक मदनगोपाल पाण्डेय ने इस समस्या के आर्थिक–सामाजिक–प्रशासनिक हल के मद्‌देनजर एक अभिनव प्रयास किया था। उन्होंने समाचार पत्रों के द्वारा नक्सलियों को यह संदेश दिया कि यदि नक्सलियों की लड़ाई घूसखोरी या शासकीय अधिकारियों के द्वारा अपने अधिकारों के दुरूपयोग के खिलाफ है, तो वे भी नक्सलियों के साथ इसके खिलाफ लड़ने को तैयार हैं। उन्होंने अपने कार्यालय में इस कार्य के लिए अलग कक्ष भी बनवाया और कहा कि नक्सली अपने क्षेत्र की समस्या हेतु गुमनाम पत्र भी भिजवा सकते हैं, जिसका निराकरण एक हफ्ते में किया जाएगा। नक्सलियों ने उत्तर दिया था कि यदि हमारे साथ लड़ना है, तो सरकारी नौकरी छोड़ कर आवो। मदनगोपाल पाण्डे ने उन्हें चैलेंज देकर एक्सपोज कर दिया था कि उनकी लड़ाई वास्तव में दमन या घूसखोरी या अधिकारों के दुरूपयोग के खिलाफ नहीं है।

इस महानिरीक्षक ने एस०पी० हिमांशु गुप्ता के साथ नक्सली क्षेत्र के स्कूलों में सभाएँ आयोजित करके बच्चों को यह समझाया कि विश्व में प्रजातंत्र से अच्छा कोई दूसरा राजनैतिक चिंतन नहीं है। अतः वे कानून और प्रजातंत्र का साथ देने के लिए अपने परिवार और गाँव के लोगों से आग्रह करें। उन्होंने स्कूलों में अपने कुछ समाजसेवी मित्रों के साथ जाकर यह समझाने की पहल की कि बंदूक का इस्तेमाल केवल देश और नगारिकों की सुरक्षा के लिए होना चाहिए। नक्सली क्षेत्रों में निहत्थे और बिना गार्ड्स के भ्रमण करने की हिम्मत इस महानिरीक्षक में थी। उन्होंने पुलिसियाँ–तंत्र के 'पुरोगेंस' के चंगुल से मुक्त करके एक मिशनरी बनाने की कोशिश की थी। वे गाँव-गाँव में खुजली और अन्य सामान्य बीमारी की दवा मुफ्त में आदिवासियों को मुहैया करवाते थे। आतंकवाद के खिलाफ जनमत बनाने के लिए उन्होंने स्कूली बच्चों में प्रतियोगिता आयोजित करवाया। गाँव के तालाब में खुदाई और मरम्मत का कार्य भी पुलिस ने आरंभ किया। उन्होंने आदेश दिया कि आपराधिक प्रकरणों में चालान पेश करने के वक्त ही उनकी गिरफ्तारी करके तुरंत अदालत में पेश किया जाये।

उक्त महानिरीक्षक की सेवानिवृत्ति के साथ ही नक्सली या संघम सदस्यों के समर्पण का सिलसिला बंद हो गया। पुनः पुलिस और नक्सलियों के बीच युद्ध-जैसा तनाव और गोलीबारी तथा हत्या आरंभ हो गयी। इस कड़ी में गीदम के पुलिस थाना को लूटकर नक्सलियों ने पुलिस के गिरे हुए मनोबल की पोल खोल दी।

राज्यपाल श्री सेठ ने आम आदमी का आह्वान नक्सलियों के विरूद्ध जनजागरण हेतु किया है। वास्तव में इसकी पहल स्वयं मुख्यमंत्री, अन्य मंत्री, पुलिस और कलेक्टर को करनी चाहिए कि वे अपना दौरा शहरों के बदले नक्सली क्षेत्रों में करें। नगरनार—जैसे ग्रामों को उजाड़ने के बदले उद्योगों की स्थापना नक्सली क्षेत्रों में की जाय। नक्सली अपने प्रभाव—क्षेत्र में स्कूल, चिकित्सालय, सिंचाई आदि की व्यवस्था करते हैं। यहाँ पदस्थ सरकारी कर्मचारी इन क्षेत्रों में नहीं रहते। शासन इसे ठीक करे।

आमतौर पर यह माना जाता है कि कि नक्सली सड़क नहीं चाहते, किन्तु ऐसा नहीं। 1970 के दशक में जब सड़कों के लिए कार्यक्रम आरंभ हुआ, तो तत्कालीन कलेक्टर ने इसे बंद करवा दिया था। उनके अनुसार सड़कें होने से लोग गाँव जाएँगे और आदिवासियों का शोषण होगा।

बस्तर के नेता कहते हैं कि 'सी आर पी एफ' को हटाना संभव नहीं है। जनता एवं उसकी सम्पत्ति की सुरक्षा और व्यवस्था हमारा धर्म है। जनता को निहत्था नहीं छोड़ा जा सकता। ग्रामीण कहते हैं कि सी आर पी एफ एवं पुलिस ही आम जनता की सबसे बड़ी शोषक है। जनता के मान-सम्मान और सम्पत्ति की दुश्मन है। वह बैरकों में चूहे की भाँति दुबक कर पड़ी रहती है। नक्सलियों से कई गुना अधिक होने के बावजूद, अधिक साधन सम्पन्न होने और लाखों रुपया तनखा हड़पने वाले अफसरों की नुमांइंदगी के बावजूद, हर बार नक्सलियों से मार खाती है। वह बेचारी आम जनता की क्या रक्षा करेगी?

नक्सली समस्या का मूल कारण ही लूट और साम्राज्यवादी मनोवृत्ति में है। घूसखोरी, भाई-भतीजावाद और लूट के कारण लोगों का शासन से विश्वास उठ गया है। हमारी न्याय-व्यवस्था उनकी रक्षा करने में असमर्थ है। इसलिए आतंक का सिलसिला चालू है।

नक्सलियों ने आम आदमी के जानमाल की कभी कोई हानि नहीं की। जब कभी उन्होंने किसी ग्रामीण की हत्या की है, तो साफ-साफ आरोप लगाया है कि उसकी हत्या उन्होंने इसलिए की क्योंकि वह पुलिस का मुखबिर था।

बस्तर की अस्मिता पर लगातार चोट की जा रही है। आजादी के बाद राजनीतिक हेराफेरी के लिए बस्तर को तीन जिलों में बाँट दिया गया। इन राजस्व जिलों के अतिरिक्त यहाँ पर दो पुलिस जिले बना दिए गए—बीजापुर और नारायनपुर।

यह अत्यन्त दुर्भाग्य की बात है कि अब तक खरबों रुपए की राशि भारत को कमा कर देने वाले इस बस्तर में अशिक्षा, बीमारी, पेयजल का संकट, संक्रामक रोगों से महामारी, आर्थिक असंतुलन और गरीबी के कारण नक्सलवाद की समस्या उत्पन्न हुई है। देश के 'साइंस एण्ड टेक्नालाजीसेल' ने इस क्षेत्र में 'रिमोट सेंसिंग एप्लीकेशन सेंटर' स्थापित करके निचोड़ निकाला है कि बैलाडीला के अनियंत्रित, अवैज्ञानिक व मूर्खतापूर्ण खनन के कारण 35 हजार हेक्टेयर क्षेत्रफल की खेती, वन, जलस्रोत, फ्लोरा-फोना, बायोडायवर्सिटी, इकालाजी तथा पर्यावरण की बरबादी हुई है।

एक हजार से अधिक गाँवों को पेयजल, निस्तार और सिंचाई देने वाली शंकिनी और डंकिनी नदियाँ रक्तरंजित हो गयी हैं। इससे भी ज्यादा दुःख की बात यह है कि गरीब आदिवासियों के नाम पर नेतागिरी करने वाले किसी सांसद, विधायक या मंत्री ने इस प्रदूषण के विरूद्ध कभी कोई कार्यवाई नहीं की। बस्तर की लूट का यह एक गंदा उदाहरण है।

यही नहीं, अब तो शंकिनी और डंकिनी नदियों की हत्या करने वाली 'नेशनल मिनरल डेव्हलपमेण्ट कार्पोशन' ने केन्द्र सरकार और प्राइवेट उद्योग एस्सार से नापाक सौदा कर लौहचूर्ण बैलाडीला से विशाखापट्टनम पाइ-लाइन से जल-दाब भिजवाने की साजिश भी की है। इससे शबरी नदी भी सूख जाएगी। आर्थिक असंतुलन के इस क्षेत्र में आदिवासियों की डकैती के कारण ही नक्सलवाद – जैसी समस्या उत्पन्न होती है और अब तो यह हाल है कि नक्सलवादी ही बस्तर का वास्तविक प्रशासन करते हैं। सेठ, नेता, नौकरशाही और पत्रकार नक्सलवादियों से डरते हैं। इस बात में अब कोई शंका नहीं कि नक्सलवादी जिस पृथक् दण्डकारण्य राज्य की मांग कर रहे हैं, वह एक दिन इस अदूरदर्शी शासन को देना ही पड़ेगा।

नक्सली समस्या का एकमात्र इलाज यह है कि आम आदमी की अस्मिता की रक्षा करें। उन्हें नक्सलियों की अपेक्षा भय-भूख और शोषण से प्रोटेक्शन दें।

प्रश्न यह है कि नक्सली चुनाव को बहिष्कार या शासन पर अविश्वास क्यों करते हैं? यदि उनकी लड़ाई लूट और गरीबी से है, रिश्वतखोरी से है, तो वे भी क्यों नहीं आम आदमी की तरह इसके खिलाफ पुलिस की मदद से लड़ते? इस बारे में नक्सलियों के द्वारा सफाई दी जाती है। वे अपने हर काम को 'जस्टीफाई' करने के लिए समाचार पत्रों में लिखते हैं। ऐसे एक पत्र का मजमून यहाँ प्रस्तुत है, जो 12 अक्टूबर 2003 में नवभारत में छपा था और जिसमें शासन की पोल खोली गयी है।

"जगदलपुर – दक्षिण बस्तर डिवीजन कमेटी माकपा : माले : पीपुल्सवारग्रुप ने विधानसभा चुनाव के बहिष्कार से संबंधित अपने पर्चे में कहा है कि छत्तीसगढ़ विधानसभा चुनाव होने वाले हैं। विभिन्न राजनीतिक पार्टियों फिर एक बार जनता के

आ रही हैं। चुनाव में सत्तारूढ़ पार्टी बदल रही है पर जनता के लिए कोई फर्क नहीं पड़ रहा है। इस बार का गवाह पिछले 55 सालों का शासन है। इसलिए हम सभी जनता से चुनाव के बहिष्कार करने की अपील कर रहे हैं। छत्तीसगढ़ में पहली बार होने जा रहे विधानसभा चुनाव में खड़े होने वाली सभी राजनीतिक पार्टियों के नेता आकर्षक नारों, बकवास भरे भाषणों और झूठे वायदों सहित आपके सामने आ रहे हैं। नया राज्य बनकर तीन साल बीतने के बावजूद बस्तर की जनता की कोई समस्या हल नहीं हुई है। वे इस राज्य को दलाल–पूँजीपतियों और बहुराष्ट्रीय कम्पनियों को मनुाफा पहुँचने वाला आकर्षक केन्द्र बना रहे हैं। ये जनकल्याण को भुलाकर दलाल-पूँजीपतियों और साम्राज्यवादियों की सेवा में तन-मन से जुटे हैं।

दक्षिण बस्तर के चुनाव में खड़े होने वाले और जीतने वाले किनके हैं? यही लोग हैं जो विधानसभा और संसद में चुनें जा रहे हैं। अब इन राजनीतिक पार्टियों के इतिहास और रवैयों पर नजर डालें। विधानसभा से दमन हेतु उतर रहे हैं। इन्हें वोट देकर जिताने से ये लुटेरे वर्गों की ही सेवा करेंगे। जनवादियों का खून बहाते हुए, दूसरे तरफ झूठा विकास के नाम से यही शासक वर्ग पैसे खा रहा है। उनके लिए छत्तीसगढ़ राज्य विकास के लिए सड़क निर्माण ही एक कुंजी है। किसी पार्टी को यह ध्यान ही नहीं है कि खेतों को पानी देकर किसानों की जिंदगी को किस तरह बदला जाए? फसल का समर्थन मूल्य न मिलने की वजह से किसान अपने अनाज को बिचौलियों को औने-पौने दामों पर बेचने पर मजबूर हो रहे हैं। वनोपज के मूल्य के बारे में पूछो भी मत। इन बातें पर कोई भी पार्टी बात नहीं करती। हर साल गांवों में चिकित्सा सुविधाओं के अभाव में मलेरिया, उल्टी, दस्त जैसी छूत की बीमारियों फैलती हैं। में सिर्फ कोंटा तहसील में ही 300 आदिवासी मौत के मुंह में समा गए है। इसकी ताजा मिसाल है कोंटा उसूर तहसील के सूरपन में 10, फुन्डेर में 20, जब्बबागट्टा में 15, पुव्वारती में 30, बुड़गीन 20, छोटा तर्रम में 15 मरे, पिछले जुलाई में दो सप्ताह के अंदर वे लोग आंत्रशोध के कारण चल बसे। कई गाँवों में स्कूल नहीं है। बस्तर में सरकार की बेवकुफीयुक्त फैसलों के कारण पहले से मौजूद कई स्कूल बंद पड़े हैं।

गुरुजी नहीं है, जो हैं उन्हें वेतन नहीं मिलता। सरकार समान कार्य का समान वेतन नहीं देती है। इन बुनियादी समस्याओं पर रत्ती भर भी ध्यान नहीं देने वाली सरकार पिछले कुछ सालों से यह प्रचार कर रही है कि विकास एक मात्र समाधान है पर्यटन-उद्योग। पर्यटन केन्द्रों के लिए कई नेशनल उद्यानों और वन्य प्राणी संरक्षण केंद्रों से गाँवों के ग्रामीणों को भगा दिया। यह बात हम सभी जानते हैं, कई जगहों को, पर्यटकों के मनोरंजन हेतु सँवारा जा रहा है। बस्तर जैसे आदिवासी इलाके में पर्यटन उद्योगों से होने वाले नुकसानों की उसे रत्ती भर चिंता नहीं है। आदिवासी युवतियों की

वेश्यावृत्ति में धकेलने वाले पर्यटन उद्योग को सरकार विकास की जादुई छड़ी कह कर पेश कर रही है। अन्य पार्टियों की नीति भी एक है और मंजिल भी। आदिवासियों की जीवन शैली और संस्कृति के रक्षार्थ हमें इनके छलपूर्ण वादों और मीठी बातों से धोखा नहीं खाना चाहिए। पृथक् बस्तर राज्य पर न बोलने वालों को वोट मांगने का अधिकार नहीं।

आज सभी राजनीतिक पार्टियों की नजर, बस्तर की धरती की खनिज और जल के संसाधनों पर लगी हुई है। बस्तर के बिना छत्तीसगढ़ कुछ नहीं है। छत्तीसगढ़ के लुटेरे शासक वर्गों के मन में, बस्तर का छत्तीसगढ़ में शामिल रहना जरूरी है। दलाल शासक वर्गों ने बस्तरवासियों की मर्जी के खिलाफ, उनकी आकांक्षाओं को कुचल दिया। खुद को बस्तरिया नेता बताते हुए कई नेता शासक वर्ग में शामिल हो कर बस्तर जनता के हितों के खिलाफ काम किया। इनको हमें अपनी सरहद में भी कदम रखने नहीं देना चाहिए। हमारे दक्षिण बस्तर में 23 साल से जनता संसदीय चुनाव का बहिष्कार करती आ रही है। अभी बस्तर में निर्मित हो रही जनता की वैकल्पिक राज्य-व्यवस्था का उन्मूलन करने के लिए राज्य-सरकार और केंद्र सरकार दमन का प्रयोग का कर रही है। क्रांतिकारियों और जनता का कत्ले-आम करवा रही है। गिरफ्तारियाँ, यातनाएँ, जेल, अत्याचार आदि आम बात हो गया है। इन सभी को झेलकर भी हम लड़ रहे हैं। हर चुनाव के मौके पर सरकार दमन को कई गुना बढ़ाकर, किसी भी तरीके से वोट डलवाकर, जनवाद की लाज बचाने की कोशिश कर रही है। इस झूठे चुनाव का हम बहिष्कार कर लड़ाई के जरिये ही जनता का राज एवं राजसत्ता हासिल करे लेंगे। गाँव-गाँव में जनता की सरकार के संगठनों की स्थापना करते हुए, उन्हें मजबूत बना लेंगे। ग्रामस्तर से उच्चस्तर तक जनता की राजसत्ता के अंगों को व्यापक बनाते हुए, आधार इलाके का निर्माण करेंगे। लड़ाई के दौरान चाहे जितनी कुरबानियों के लिए भी तैयार होकर इस लुटेरे राज्य-व्यवस्था के स्थान पर नव- जनवादी व्यवस्था की स्थापना करेंगे। हमारे देश को सामंतों और साम्राज्यवादी बंधनों से मुक्त कराएँगे"?

उपर्युक्त पत्र के संदर्भ में यह भी उल्लेखनीय है कि अब बस्तर में अलगाववाद बढ़ रहा है तथा छत्तीसगढ़ से पृथक् होने का माहौल बनता जा रहा है। कम्युनिष्ट पार्टी स्वशासी बस्तर की मांग कर रही है, तो नक्सली पृथक् दण्डकारण्य राज्य की मांग कर रहे हैं। उक्त मांग में दम है; क्योंकि छत्तीसगढ़ बनने के बाद भी बस्तर को उन लोगों ने लूट का केन्द्र ही बना रखा। रायपुर राजधानी और बिलासपुर में हाईकोर्ट हो गया। बिलासपुर और रायपुर दोनों बस्तर के आदिवासियों की कठिनाइयों पर घड़ियाली आँसू बहाकर अपने लिए हाईकोर्ट का मांग करते थे। बस्तर को क्या मिला? कांग्रेस और बाकी सब भारतीय जनता पार्टी वाले भी बस्तर में एन०एम०डी०सी० का मुख्यालय लाने की बात करते थे। सिवा जमानी जर्मा खर्च के उन लोगों ने क्या किया? रेललाइन के लिए भी कुछ नहीं किया।

फिर सवाल उठता है कि क्या नक्सलियों को काउण्टर करने का कोई तरीका है? तरीका तो जरूर है। पहली बात है कि नौकरशाही या नेता मिशनरी-जोश के सुशासन के लिए काम करें। घूसखोरी के खिलाफ आवाज उठाएँ, तो नक्सली समस्या का निदान है। तभी गाँव के लोग या आम आदमी को प्रशासन और शासन पर विश्वास होगा और तभी नक्सली समस्या का निराकरण संभव है।

नक्सलियों का कहना है कि वे साम्राज्यवादियों से आम आदमी को बचाने की लड़ाई लड़ रहे हैं। यह तो सर्वथा ठीक है। लेकिन गणतंत्र दिवस में काला झंडा फहराना सर्वथा अनुचित है। चुनाव का बहिष्कार भी न्यायसंगत नहीं है। उन्हें अपने प्रत्याशी के लिए प्रचार का अधिकार है। यदि वे लोकतांत्रिक चुनाव पर विश्वास नहीं करते तो इसका निहितार्थ है कि वे लोकतंत्र पर विश्वास नहीं करते। उनकी इस 'थ्योरी' से कोई भी इत्तफाक नहीं कर सकता। आज भी लोकतंत्र का कोई विकल्प नहीं है। **'ग्रेटेस्ट गुड ऑफ दि ग्रेटेस्ट नम्बर'** इसी में है।

सच तो यह है कि नक्सली अपने दुश्मन की शिनाख्त में फेल हो गए हैं। लोकतंत्र और कानून के पहले दुश्मन काला काम, काला धन से कानून को राज को ठेंगा दिखाने वाले सेठ (पूँजीपति) हैं। इन्होंने नौकरशाह और नेता को खरीद लिया है। पत्रकारिता इनका शिकार बन चुकी है। उपभोक्ता फोरमों के जरिए ये अदालतों के लिए भी जाल फैला चुके हैं।

नक्सली और पुलिस दोनों को मिलकर देश और समाज और नागरिकों के असली दुश्मन से लड़ना चाहिए।

नक्सली आंदोलन के पनपने की परिस्थितियाँ

बस्तर के आदिवासी अंचल में नक्सली आंदोलन पर मूलभूत कारणों के एक साथ मिलने से पनपा :

(क) छत्तीसगढ़ के सीमांत नक्सली प्रभावित बिहार, आन्ध्रप्रदेश तथा महाराष्ट्र से राज्य की संलग्नता तथा तेलंगाना के तेलंगों से दक्षिण बस्तर के तेलगों की जातीय अस्मिता।

(ख) आदिवासी क्षेत्रों में कांग्रेस के व्यापक जनाधार को खिसकना तथा बस्तर में साम्यवादी दलों का पदार्पण।

(ग) आदिवासी समुदायों में तेजी के साथ ध्रुवीकरण।

(घ) बस्तर में ब्रिटिश शासनकाल में तेरह संघर्षों से जनित मुरियाराज की संकल्पना तथा प्रवीर की हत्या का जीवंत इतिहास आज भी विद्यमान है। हेले (हिंसा) 'इनके एथॉस' से जुड़ी हुई है।

नक्सली गतिविधियों के प्रसार के कारण

(क) कांग्रेस के ढहते हुए गढ़ों व प्रवीर की हत्या के कारण आदिवासी नेतृत्वविहीन हो गए और नया नेतृत्व नक्सलियों से मिल गया। ऐसी स्थिति में आदिवासियों के बीच रिक्तता भरने के लिए पारंपरिक सेक्युलर तथा रिलीजियस नेतृत्व को फिर से जागृत करना होगा।

(ख) आदिवासी आज निर्वाचन की राजनीति से दिग्भ्रमित है। माओवादी साम्यवादी गुरिल्लायुद्ध के माध्यम से दण्डकारण्य राज्य के स्वप्न को जगाकर राजनैतिक शक्ति को हथियाना चाहते हैं।

(ग) उपभोक्तामूलक अर्थव्यवस्था से जुड़ने के कारण आदिवासी जिस कुमार्ग व प्रलोभन से जुड़ रहे हैं, उसके लिए सांस्कृतिक तौर पर ये कभी तैयार नहीं थे। निष्कपट तथा सीधे साधे ये आदिवासी परदेशियों (हटेया) के शोषण के शिकार हो रहे हैं। नए परिवर्तनों से अब सामाजिक संकट पैदा होने लगा है तथा ये हिंसा और आतंक का पुनः अभ्यास करने लगे हैं।

(घ) सच तो यह है कि आदिवासियों में निहित अपमान और पीड़ा उनमें अलगाव के भाव पैदा कर रही है और इसीलिए दण्डकारण्य के नारे से वे ठगे जा रहे हैं।

(ड़) वनांचल के आदिवासियों के समान शहरी युवक भी आज बेरोजगारी की पीड़ा को भोग रहे हैं और जाने–अनजाने नक्सलियों के प्रति मुक्तिदाता का भाव पालने लगे हैं। इससे शहरी क्षेत्रों में भी नक्सलवाद के फैलाव का खतरा बढ़ रहा है।

(च) नक्सली गतिविधियाँ गोंड-बहुल अंचल में ही व्याप्त हैं। गोंड परम्परा या गुरियायुद्ध में प्रशिक्षित, जन्मजात शिकारी तथा नरबलि के पुरोधा रहे हैं। 1774 ई० से आज तक गोंडों के संघर्ष का एक लम्बा इतिहास रहा है तथा ब्रिटिश-पुलिस भी इन्हें "पारंपरिक योद्धा" मानती थी। हमें गोडों के उक्त "एथॉस" को समझना होगा। बंगाल के नक्सलबाड़ी में इसी प्रकार कभी संथाल नक्सली बन गए थे। मध्यप्रदेश के गोडों के बीच उनके भव्य गोडवाना राज्य के इतिहास की स्मृति को जगाना होगा।

(छ) नक्सली अपनी ग्रामीण हिंसा के दावे को यह कहकर न्यायसंगत बनाते हैं कि छत्तीसगढ़ अभी भी औपनिवेशिक तथा सामंती व्यवस्था से जुड़ा हुआ है; जहाँ राजनैतिक शक्ति बुर्जुआ लोगों के हाथों में है। ये संसदीय तंत्र को पाखण्ड मानते हैं और सोचते हैं कि राजनैतिक शक्ति बंदूक की नली से प्राप्त की जा सकती है। इसके लिए आदिवासियों के बीच वैचारिक युद्ध को छेड़ने की आवश्यकता है। पुलिस के कठोर अनुशासन से आदिवासी मूलधारा में लौट सकते है।

(ज) नक्सली समानांतर सरकार बनाकर आदिवासियों के बीच शक्ति का प्रतीक बन रहे हैं।

(झ) बिहार की तरह बस्तर के नक्सली विभाजित नहीं हैं। इन्हें आम आदिवासियों का समर्थन मिल रहा है, जोकि भविष्य में भयावह हो सकता है।

(त्र) पुलिसजन तथा छोटे-छोटे व्यापारियों की हत्या करने के पीछे नक्सलियों का लक्ष्य है कि वे urban liberated zones तैयार करें।

(ट) नक्सली गतिविधियो के माध्यम से आदिवासी अपनी उस परंपरा का पुनः अभ्यास कर रहे हैं, जिसके अनुसार उन्हें सरलता से विनीत नहीं बनाया जा सकता।

नक्सली आन्दोलन की विफलताएँ

(क) बाहरी व्यक्ति स्थानीय नेतृत्व का विकल्प नहीं बन सकते। आन्ध्रप्रदेश से सम्बद्ध नक्सलियों की आज यही पीड़ा है; क्योंकि स्थानीय नेतृत्व पर इनका भरोसा नहीं है। नक्सलबाड़ी में स्थानीय नेतृत्व संथालों के पास था। बस्तर में ऐसा नहीं हो सका। इससे उक्त आन्दोलन शीघ्र ही बिखर सकता है।

(ख) बस्तर के नक्सलियों को ग्रामीण समुदाय के अनेक वर्गों का समर्थन अभी तक प्राप्त नहीं हुआ। लोग भयभीत तो हैं, किन्तु इनके प्रति प्रीति नहीं है।

(ग) बस्तर के आदिवासी समूह अपने आप में बहुत अधिक विभाजित हैं, तथा उनका एकीकरण नक्सली अभी तक कर नहीं पाए।

(घ) आदिवासियों के बीच कोई करिश्माई व्यक्तित्व नहीं हैं, जो नक्सलियों की हत्या को नैतिक स्वीकृति देकर वैध माने।

(ड़) नक्सली आन्दोलन से आदिवासी अर्थव्यवस्था को बहुत अधिक कीमत चुकानी पड़ रही है। दुर्घटनाओं, हत्याओं, लूट-खसोट, अग्निकाण्ड, भोजनसामग्री का अभाव, जंगल और सड़क से जुड़े कार्य ठप्प हैं। आदिवासी बेहाल हैं। नक्सली भी धनाभाव से ग्रस्त हैं।

12

बस्तर फिर कराह उठा : किरंदूलकाण्ड

बस्तर 5 अप्रैल 1978 को फिर कराह उठा। पुलिस की गोलियों ने फिर उसे छलनी कर दिया। उसकी घनी वादियाँ खून के समंदर में डूब गयीं और सारा इलाका दहशत के घने काले साए में गिरफ्तार हो गया। शालवनों से उठती और बैलाडीला की पर्वतशिलाओं से टकराती हुई कराहें दूसरी आजादी व प्रजातंत्र के आलमबरदारों से कुछ कहना चाहती थी। बस्तर की पिछली अर्धशती की रक्तगाथा कुछ बताना चाहती थी इस मुल्क के अवाम को। साथ ही वह पूछना चाहती थी इस देश के रहनुमाओं, तमाम सियासतदानों, मजदूर-आंदोलन के तरफदारों, पुलिस एव प्रशासन के सारथियों तथा चिंतनशील नागरिकों से कि आखिर गोलियों का यह सिलसिला कब तक इसी तरह निर्बाध चलता रहेगा। कब तक अविवेकी ऊँगलियाँ बंदूक के घोड़े को दबाती रहेंगी? और कब तक बेबस व मजबरू इंसान जुल्म का निशाना बनता रहेगा?

देश बदला। देश की राजनीति ने नई करवटें बदलीं। एक आजादी के बाद दूसरी आजादी का अहसास हुआ। लेकिन बस्तर परिवर्तन के हर दौर पर कटा हुआ शाश्वत अभिशाप की ज्वाला में दग्ध होता रहा। आजादी के झोंके उसकी देहरी तक भी न पहुँचे। शोषण, उत्पीड़न और अनाचार का एक लम्बा सिलसिला अविराम चलता रहा। बारह बार आजादी से पहले और तीन बार आजादी के बाद बस्तर का सीना गोलियों से छिदता रहा (रमेश नयूयर, 18 अप्रैल 1978)।

आजादी के बाद मार्च 1961 में बस्तर में लोहंडीगुड़ा-काण्ड हुआ। उसके बाद 25 मार्च 1966 को राजमहल पर दूसरा बर्बर गोलीकाण्ड हुआ। इन दोनों की समीक्षा इस ग्रन्थ के प्रथम अध्याय में है।

तीसरा गोली काण्ड 5 अप्रैल 1978 को बैलाडीला-लौह-अयस्क के मुख्यालय किरन्दूल में हुआ, जिसका यहाँ संक्षिप्त विवेचन है। 5 अप्रैल 1978 को किरन्दूल में हुआ। गोली चालन "संयुक्त खदान मजदूर संघ" के नेतृत्व में ठेकेदारों के यहाँ काम करने वाले श्रमिकों की छँटनी के विरुद्ध चलाए जा रहे आंदोलन का विस्फोटक मोड़ था।

बैलाडीला-लौह-अयस्क—परियोजना में "मैनुअल लेबर" द्वारा लौह अयस्क निकालने का काम तीन ठेकेदारों उमेदलाल वोरा एण्ड कम्पनी, अशोक माइनिंग कम्पनी तथा भनोट कम्पनी के माध्यम से होता था। तीनों ठेकेदारों में कुल काम का लगभग पचास प्रतिशत वोरा एण्ड कम्पनी के पास था। तीनों के पास लगभग बीस हजार श्रमिक काम करते थे। 31 मार्च 1978 को अशोक माइनिंग कम्पनी को दिए गए ठेकों में से एक की

अवधि समाप्त होने वाली थी। वैसे देर सबेर तीनों ठेकेदारों के अनुबंध 1979 के अंत तक समाप्त हो जाने वाले थे। सबसे पहले छँटनी का काम अशोक माइनिंग कम्पनी द्वारा अपने खत्म हो रहे अनुबंध के परिप्रेक्ष्य में शुरू किया गया।

छँटनी की सूचना के विरुद्ध "भारतीय कम्युनिस्ट पार्टी" से सम्बद्ध "संयुक्तखदान मजदूर संघ" ने एक आंदोलन शुरू किया। मार्च 78 के प्रथम सप्ताह में आंदोलन गतिशील होने लगा। धरने और शृंखलाबद्ध भूख हड़ताल का सिलसिला जारी हो गया। परंतु कहीं पर तनाव नहीं था। 10 मार्च से तेज हुई शृंखलाबद्ध भूख हड़तालों के बावजूद "अशोक माइनिंग कम्पनी" की छँटनी से प्रभावित मजदूर अपना-अपना मुआवजा लेकर किरन्दूल से अपने गाँव की ओर कूच करते जा रहे थे।

इस बीच "संयुक्त खदान मजदूर संघ" के कुछ वरिष्ठ नेता भी मार्गदर्शन व संचालन के लिए किरन्दूल पहुँचे। दुर्ग जिले के वरिष्ठ श्रमिक नेता गंगा चौबे के नेतृत्व में "जेल भरो आंदोलन" छेड़ा गया। तब तक "अशोक माइनिंग" के 1300 श्रमिक अपना मुआवजा लेकर किरन्दूल से रवाना होने लगे थे। उनमें से अधिकतर श्रमिक इस आंदोलन में शरीक नहीं थे। वैसे बाकी दो ठेकेदारों "उमेदलाल वोरा एण्ड कम्पनी" तथा "मानोट कम्पनी" के श्रमिक भी आंदोलित किए जा रहे थे। "अशोक माइनिंग" का काम सिमट रहा था और इसी वर्ष (78) सितम्बर में "मानोट कम्पनी" के ठेके की अवधि भी समाप्त हो रही थी। तीसरे और सबसे बड़े ठेकेदार "उमेदलाल वोरा एण्ड कम्पनी" के ठेके की अवधि अगले वर्ष तक के लिए थी। दो छोटे ठेकेदारों की "वोरा एण्ड कम्पनी" से व्यावसायिक ईर्ष्या और फिर "संयुक्त खदान मजदूर संघ" के मजदूरों पर अपनी पकड़ मजबूत करने की लालसा। इनका भी कुछ असर श्रमिक आंदोलन पर पड़ा। ठेकेदार और यूनियन दोंनों की आकांक्षा थी कि ठेकों की अवधि बढ़े। लेकिन ठेकों की अवधि के बढ़ने में सबसे बड़ा अवरोध था बैलाडीला में लौह अयस्क भंडारों का लगातार बढ़ता जमाव। इस जमाव का मुख्य कारण था अन्तर्राष्ट्रीय इस्पात बाजार में आई मंदी का कारण जापान द्वारा बैलाडीला से 80 लाख टन लौह अयस्क के वार्षिक आयात में 20 लाख टन की कटौती कर देना। 20 लाख टन की कटौती ने बैलाडीला के प्रबंधकों को विवश कर दिया था उन अनुबंधों का नवीनीकरण न करने के लिए।

31 मार्च को "अशोक माइनिंग" के ठेके की अवधि समाप्त हो गयी। 1300 श्रमिक आखिरी भुगतान लेकर अपने घरों में बैठ गए। उससे एक दिन पूर्व गंगा चौबे के नेतृत्व में बैलाडीला के महाप्रबन्ध के कार्यालय के समक्ष धरना दिया गया। कुछ धक्का-मुक्की भी हुई दफ्तर के मुख्य द्वार पर श्रमिकों ने जोर आजमाइश की। प्रबन्धकों का आरोप था कि मुख्य द्वार को तोड़कर श्रमिकों ने भीतर घुसने का प्रयास किया। लेकिन कोई विशेष अप्रिय घटना नहीं हुई। 31 मार्च को किरन्दूल में धारा 144 लागू कर

दी गयी। परन्तु प्रतिबंधात्मक धारा का उल्लंघन करते हुए शाम को लगभग 4000 श्रमिकों ने जूलूस निकाला। कई बार वातावरण बहुत उत्तेजक हुआ, परन्तु पुलिस के अधिकारियों ने काबू में रखा। इस समय तक पुलिस के पास सिर्फ लाठियाँ ही थीं। एक और दो अप्रैल को तनाव भरा वातावरण बना रहा। 1 अप्रैल को पुलिस ने श्रमिकों की भीड़ को तितर-वितर करने के लिए अश्रु गैस का प्रयोग किया। श्रमिकों का कहना था कि पुलिस द्वारा लाठी चार्ज भी किया गया। 3 अप्रैल को प्रदर्शन में महिलाएँ अग्रणी रहीं। पुरूष श्रमिक भी कुछ अधिक सक्रिय हो गए। पुलिस भी अधिकारियों पर जोर डालने लगी कि उसे हथियार बंद किया जावे। 4 अप्रैल की रात को यूनियन के नेता इन्द्रजीत सिंह की पत्नी को गिरफ्तार कर लिया गया।

सारे आंदोलन ने विस्फोटक रूप ले लिया 5 अप्रैल को। इस समय तक उत्तेजना काफी फैल चुकी थी और श्रमिक लगभग नेतृत्व-विहीन होने लगा था। पुलिस की एक टुकड़ी जो सिर्फ बेतों और लाठियों से लैस थी, इन्द्रजीत सिंह की गिरफ्तारी के लिए निकली। उसे खबर मिली कि इन्द्रजीत सिंह बाजार के निकट स्थित मजदूर कालोनी की किसी झोपड़ी में छुपे है। पुलिस की टुकड़ी अनुविभागीय अधिकारी दिलीप मेहरा के नेतृत्व में आगे बढ़ी। इसमें एस० डी० ओ० (पुलिस) दीक्षत, सहायक कमाण्डेण्ट सेठी, सर्किल इंस्पेक्टर एन० डी० सिंह, एस० ए० एफ० के अधिकारी नेगी और किरन्दूल के थानेदार आर० पी० शर्मा सहित पुलिस के कनिष्ठ अधिकारी व आरक्षक शामिल थे।

जैसे ही पुलिस-दल श्रमिक बस्ती में इन्द्रजीत सिंह की गिरफ्तारी के लिए पहुँचा और पूछताछ आरंभ की, कुछ श्रमिक एकत्र होने लगे। तब तक एकत्र हो चुके 200 से अधिक श्रमिक उत्तेजित हो उठे। पुलिस पर पथराव शुरू कर दिया। कुछ श्रमिकों को हाथ में कील लगी हुई लाठियाँ भी थीं। बेंत और लाठियों को लेकर गयी पुलिस इस अप्रत्याशित हमले को झेल न सकी। एक हेड कांस्टेबल कोमलसिंह की पत्थरों तथा लाठियों की मार से मृत्यु हो गयी। थानेदार आर० पी० शर्मा बेहोश होकर जमीन पर गिर गए। उनकी आँखें चली गयीं। अन्य सिपाहियों को भी खासी चाटें लगीं। अनुविभागीय अधिकारी दिलीप मेहरा को भी चोट लगी। पराजित और घायल पुलिस दल जान बचाकर भागा।

पुलिस ने अधिकारियों पर गोलीचालन का आदेश देने के लिए दबाव डाला। सरकारी जानकार सूत्रों का कथन था कि पुलिस बागी हो चुकी थी। वह बेताब थी अपने साथी की "हत्या" करने वालों को "सबक" सिखाने के लिए। अंततः पुलिस को गोलीचालन की अनुमति मिल गयी।

पुलिस ने गोलियाँ किस वक्त और कितनी चलायी? सरकारी अफसरों तक में इन मुद्दों पर मतैक्य नहीं पाया गया। बताया गया कि गोलीचालन दोपहर 12 बजे के आसपास हुआ।

जहाँ तक गोलियों की मात्रा का प्रश्न है, पुलिस के अनुसार 21 चक्र गोलियाँ चलाई गयीं। श्रमिक बस्तियों में आग पहले लगी। या गोली चालन पहले हुआ। इस पर निश्चित तौर पर कोई एकमत नहीं था। प्रत्यक्षदर्शियों और भुक्तभोगियों के अनुसार आग की लपटें तथा गोली-चालन की आवाजें एक साथ उठीं। मजदूरों ने बताया था कि उन्होंने अपनी आँखों से पुलिस वालों को बस्ती में आग लगाते हुए देखा था। श्रमिकों के अनुसार एक तरफ पुलिस वाले बस्ती में आग लगा रहे थे और दूसरी तरफ से पुलिस के कुछ जवान बंदूकों से गोलियाँ दाग रहे थे। कुछ श्रमिकों ने पुलिस द्वारा सामान लूटने की भी शिकायत की।

आग की विकरालता का अंदाज इसी से लगाया जा सकता था कि हरे-भरे वृक्ष जलकर कोयले की मीनारें बन गए थे। काँच के बरतन और बोतलें पिघल गयी थीं तथा झोपड़ियों की कच्ची दीवारें पककर ईंट की दीवार बन गयी थीं। आग बुझाने का कोई प्रयास नहीं किया गया और कर्फ्यू के साए में लपटें तब तक उठती रहीं, जब तक सब कुछ खाक नहीं हो गया (निगम, 1978 7-8)।

किरन्दूल गोलीकांड में मरने वाले श्रमिकों की संख्या बीस से अधिक थी। कांग्रेस के मोतीलाल वोरा तथा वसंतराव उइके के अनुसार गोलीचालन में मरने वालों की संख्या बहुत ज्यादा थी। सरकारी आँकड़ों के अनुसार केवल 11 लोग ही गोलीचालन से मरे थे।

प्रश्न उठता है कि लोग अधिक संख्या में मारे गए, तो उनके शव कहाँ गए? क्या उन्हें कर्फ्यू के साए में पुलिस के द्वारा गायब कर दिया गया? लाड़ली मोहन निगम ने ऐसी ही संभावना व्यक्त की थी। माखनलाल, यादवराम, महारूराम, फूलबाई, रामा, बरतिया, हासन रशीद आदि का कहना था कि पुलिस वाहन गोलीकांड के बाद लाशों को घटनास्थल से उठाकर ले गया था। उन लोगों ने दो बार पुलिस वाहन को घटना-स्थल पर आते तथा लाशें लादकर जाते हुए देखा था। कोई नहीं बता सका कि लाशों से भरे हुए पुलिस वाहन कहाँ गए।

बैलाडीला घटना के सम्बन्ध में प्रयुक्त स्थगन-प्रस्ताव पर ग्राह्यता के सम्बन्ध में हुई चर्चा के अंत में मुख्यमंत्री वीरेन्द्र कुमार सकलेचा ने विधानसभा में 12 अप्रैल को कहा कि बैलाडीला घटना की न्यायिक जांच करवाने के सम्बन्ध में कार्यवाई तेजी से की जा रही है तथा न्यायाधीश सुराना को इस जाँच के लिए मुकर्रर किया गया है।

लाड़लीमोहन निगम के अनुसार उक्त कांड भारत का जलियाँवाला काण्ड और भारत का माईलाई कांड था, जिनमें निहत्थे लोगों को एक स्थान पर इकट्ठा कर घेरे में रखकर गोलियों से भूना गया। 10 वर्ष के अंदर सबको रोजगार मुहैया करने का वादा करने वाली जनता पार्टी का राज्य में रोजी की माँग करने वाले मजदूरों पर ऐसा वीभत्स

गोलीकांड दुखद, शर्मनाक और दुर्भाग्यपूर्ण तथा निंदनीय था। पुलिस अधिकारियों का दुस्साहस और बर्वरता यह सिद्ध करती है कि मुख्यमंत्री, गृहमंत्री की पकड़ से पुलिस छूट चुकी थी और वह नौकरशाही को नियंत्रित कर कानून-व्यवस्था बनाने में अक्षय थी या फिर पुलिस और नौकरशाही कहीं भीतरी इशारों पर काम कर रही थी। ये दोनों ही स्थितियाँ दुःखद थीं। विशेषतः 6 अप्रैल 1978 का इतने बड़े गोलीकांड के बाद तत्कालीन मुख्यमंत्री का पुलिस को यह सम्बोधन कि वे निडर होकर काम करें, समूचे प्रदेश की जनता में कई शंकाओं, कुशंकाओं को जन्म दे रहा था।

उपसंहार

आज सारे भारत के आदिवासी सामाजिक—आर्थिक परिवर्तन के निर्णायक दौर से गुजर रहे हैं। दूर-दराज के जनजातीय भू-भागों में चलायी जाने वाली औद्योगिक व विकासात्मक योजनाओं ने आदिवासियों को पूरी तरह झकझोर दिया है; क्योंकि इस प्रकार के सामाजिक—आर्थिक परिवर्तन का सामना करने के लिए वे पहले से तैयार नहीं थे। इससे आदिवासियों का शोषण हुआ है और भूमि-हस्तांतरण आदि के कारण बड़े पैमाने पर अपने पैतृक ग्रामों से उनका विस्थापन भी हुआ है। साथ ही सीधे-सादे आदिवासी बेघर हो गए हैं तथा अपनी जीविका से हाथ धोकर भूखे-प्यासे अमानवीय तरीके से मरने को मजबूर हो रहे हैं। जहाँ एक तरफ आदिवासियों को यह सब झेलना पड़ रहा है, वहाँ दूसरी ओर उनके मानवीय अधिकारों की माँग को लेकर राजनीतिक जागरूकता भी आई है। आदिवासी-विद्रोह आज केवल उनके अपने क्षेत्र तक सीमित नहीं रह गए। मानव के रूप में जीवन बिताने के अधिकार की आदिवासी-जागरूकता का सार्वभौमीकरण हो चुका है। विस्थापन से जहाँ सामाजिक विघटन का नया खतरा उपस्थित हुआ है, वहीं अपनी अस्मिता को सुरक्षित रखने की आदिवासियों में जबरदस्त ललक भी है।

छत्तीसगढ़ में आदिवासी प्रगतिशील समाजों की नई तथा आक्रामक संस्कृति, भाषा तथा परम्पराओं के सभी पहलुओं से परिचित हैं। अपनी निजी सांस्कृतिक उत्तरजीविता के अलावा अपने समाज पर बाह्य दबाव का प्रतिरोध करने के लिए आदिवासियों के सामने यह कठिन समय है। अगर आदिवासियों की ओर से अपने साहित्य की रक्षा के लिए एवं सरकार की ओर से सहभागी प्रयास नहीं होंगे, तो शीघ्र ही एक अनमोल आदिवासी-विरासत नष्ट हो जाएगी, जिसका पुनरुद्धार फिर संभव नहीं है। एक बार यदि आदिवासी आबादी बिखर जाती है, समाज टूट जाता है, संस्कृति उपेक्षित हो जाती है तथा भाषा और साहित्य अवरुद्ध हो जाता है, तो आदिवासी समाज वस्तुतः लुप्त हो जाएगा। परिस्थिति पहले से ही भंयकर है तथा आदिवासी भाषा और साहित्य का भविष्य अंधकारमय हो गया है। अगर समय रहते अभी से उसका बचाव नहीं किया गया, तो आदिवासी—साहित्य गुमनामी के अगाध गर्त में खो सकता है और फिर यह केवल अकादमिक रुचि के लिए अतीत की वस्तु हो कर रह जायेगा।

सार्वभौमीकरण तथा उदारीकरण पर जोर देने वाली नयी आर्थिक नीति से आदिवासी पुरुषों तथा स्त्रियों के जीवन पर गंभीर परिणाम आ सकते हैं। यद्यपि उन नीतियों के नतीजों का सही स्वरूप अभी तक महसूस नहीं किया गया है; फिर भी राज्य-सरकार पहले से ही उनके विकास में निवेश के लिए बहुराष्ट्रीय संस्थाओं को

आमंत्रित कर रही है। ऐसी स्थिति में शासकीय नियमों के अंतर्गत आदिवासियों की विकास-प्रक्रिया बुरी तरह प्रभावित हो सकती है। आर्थिक उदारीकरण न केवल उनके साधन की नींव को हिला देगा, बल्कि उनकी सामाजिक और आर्थिक संवेदनशीलता को भी प्रभावित करेगा।

बहुत सारे समाज-सुधारक तथा लोकतांत्रिक आंदोलन के सभी वर्ग आदिवासी बहुत क्षेत्रों तथा आदिवासियों के सर्वांगीण विकास को संपादित करने की समस्या को लेकर चिन्तित हैं। उन्हें विश्वास है कि जब तक भारत का विशाल क्षेत्र तथा भारतीय समुदाय का कुछ विशेष वर्ग काल-कोठरी, बीमारी, गरीबी तथा भुखमरी में अपना जीवन-निर्वाह करता रहेगा, तब तक जातीय प्रगति सचमुच संभव नहीं हैं। परन्तु वे राजनीतिक, आर्थिक तथा सामाजिक परिस्थितियाँ क्या हैं, जिससे आदिवासी वर्षों पुराने पिछड़ापन और गतिरोध को अतिक्रमित कर सकें तथा अपने साथी देशवासियों के स्तर को छू सकें? मौजूदा प्रशासनिक संरचना तथा सामाजिक व्यवस्था के अंतर्गत अधिकतर समाज-सुधारकों के संकुचित दृष्टिकोण इन सीधे-सादे आदिवासियों के रास्ते में रुकावट डाल देते हैं।

द्रुतगामी राजनीतिक तथा आर्थिक घटनाओं से जुड़े हुए वर्तमान काल ने आदिवासियों की चेतना तथा दृष्टिकोण में बड़ा परिवर्तन ला दिया है। ये परिवर्तन जो कि पहले धीमी गति से चलते आ रहे थे, अब तीव्र गति को पकड़ चुके हैं। प्रत्येक आदिवासी समुदाय अपनी खास पहचान, अपनी भाषा और संस्कृति के प्रति जागरूक है। भिन्न-भिन्न समुदायों में विकास के चरण अलग-अलग हैं। परन्तु झुकाव स्पष्ट है। फिर भी शोषकों के हाथों झेले गए अन्याय—अत्याचार ने तथा अपनी आम पीड़ा ने जातीय स्तर पर आदिवासी भाई चारा/संहति/अस्मिता का नया एहसास कराया है। भाईचारे की इस अनुभूति ने उनके बीच के भेदभाव को बढ़ाने के स्थान पर मिटाने का काम किया है।

पहले के ईसाइयों और गाँधीवादियों से भी सीख लेनी चाहिए। ये गाँधीवादी तथा ईसाई-मिशनरी उस समय भोले-भाले तथा पिछड़े आदिवासियों के बीच गए थे, उनसे प्यार करते थे, जो कि अंधविश्वास तथा अंधकार के गर्त में डूबे हुए थे तथा राजपथ की सभ्यता से बहुत दूर थे। इन मिशनरियों तथा गाँधीवादियों ने उन्हें बोलना तथा लिखना सिखाया, जिससे कुछ क्षेत्रों में धार्मिक पुस्तकों तथा पत्रिकाओं का प्रादुर्भाव हुआ। ये राष्ट्रहित के लिए आदिवासी कार्यकर्त्ताओं की कुछ टोली बनाने में भी सफल हुए। उनकी मानवीय सेवा तथा उनके उद्देश्यों के मूल्यांकन में फरक दीख सकता है, परन्तु यह निर्विवाद सत्य है कि उन्होंने आदिवासी लोगों की सहायता की तथा ठेकेदारी साहूकारों और व्यापारियों के द्वारा प्रस्तुत सभ्यता से भिन्न एक सभ्यता को चलाने के लिए उनके साथ काम किया।

छत्तीसगढ़ में 90 लाख आदिवासी, विशेषकर जब वे संप्रति हर जगह विद्यमान हैं, हमारे जातीय जीवन के एक बहुत महत्वपूर्ण अंग हैं। देश के लोकतांत्रिक आन्दोलन को वे अपार बल दे सकते हैं। परन्तु तिरस्कृत तथा उपेक्षित होने पर सीधे-सादे आदिवासी आज प्रतिक्रियाशील शक्तियों के हाथों विघटन का एक शक्तिशाली औजार भी बन रहे हैं। इसलिए जनजातीय समस्या के लिए सभी प्रगतिशील दलों या वर्गों को आदिवासियों तथा उनके आन्दोलनों की ओर विशेष ध्यान देना चाहिए, जिससे कि वे संगठित हो सकें तथा लोकतंत्र की मूल धारा में सम्मिलित हो सकें।

सी.पी.एम. (एम.एल.) की उपस्थिति से छत्तीसगढ़ के दस जिलों में नक्सलियों का हिंसात्मक व्यवहार कोई बहुत बड़ी समस्या नहीं हैं। यह न्यायसंगत या काल्पनिक अनुभूत पीड़ा की एक बाह्य अभिव्यक्ति है। 'हिंसा का जवाब हिंसा' से देना एक प्रकार से रोग के लक्षणों पर प्रहार करना है। किन्तु रोग के लक्षणों की भी उपेक्षा नहीं की जा सकती। बुखार को उतारना ही पड़ेगा। इसीलिए पीड़ा को कम करना होगा। जब तक बीमारी दूर नहीं होगी, रोग के लक्षण अधिक तीव्रता के साथ बार-बार पैदा होंगे।

सहायक ग्रन्थसूची

1. अग्रवाल, प्रताप 2004 बस्तर यात्रा कथा, जगदलपुर
2. जगदलपुरी, लाला 1994 बस्तर इतिहास एवं संस्कृति, भोपाल
3. निगम, लाड़ली मोहन 1978 घायल बस्तर, रायपुर
4. बस्तर? इतिहास, तथ्य, जनश्रुति और दस्तावेज, 1966, राजरंजना प्रकाशन, इलाहाबाद
5. भंजदेव, प्रवीरचन्द्र 1963 लोंहडीगुड़ा तरंगिणी, रायपुर
6. सान्याल, नारायण 1962 दण्डक-शबरी, रायपुर
7. साव, गनपतलाल 1983 बस्तर का खूनी इतिहास, शक्ति प्रकाशनमंदिर, इलाहाबाद
8. शुक्ल, नरसिंहराम 1962 महाराज के आँसू, कानपुर
9. शुक्ल, हीरालाल 1997 आदिवासी अस्मिता और विकास, भोपाल
10. Daji, Homi. 1978. Massacre at Bailadila, New Delhi
11. Gupta, Samir Kumar 1965. Maharaja as I saw him, New Delhi.
12. Joshi, M.M. 1967. Bastar: India's Sleeping Giant, People's Publishing House, New Delhi.
13. Mukerji, Robir. 1960. Dardakaranya, Calcutta
14. Pandey, Justice K.L. 1967. Report or the Disturbances which took place at Jagdalpur on 25th and 26th March, M.P. Home Department, Bhopal
15. Shukla, H.L. 1993. History of the People of Bastar, Delhi
16. Sunder, Nandiri. 1997. Subalterns and Sovereigns, Oxford, Delhi

छत्तीसगढ़ : मानचित्र

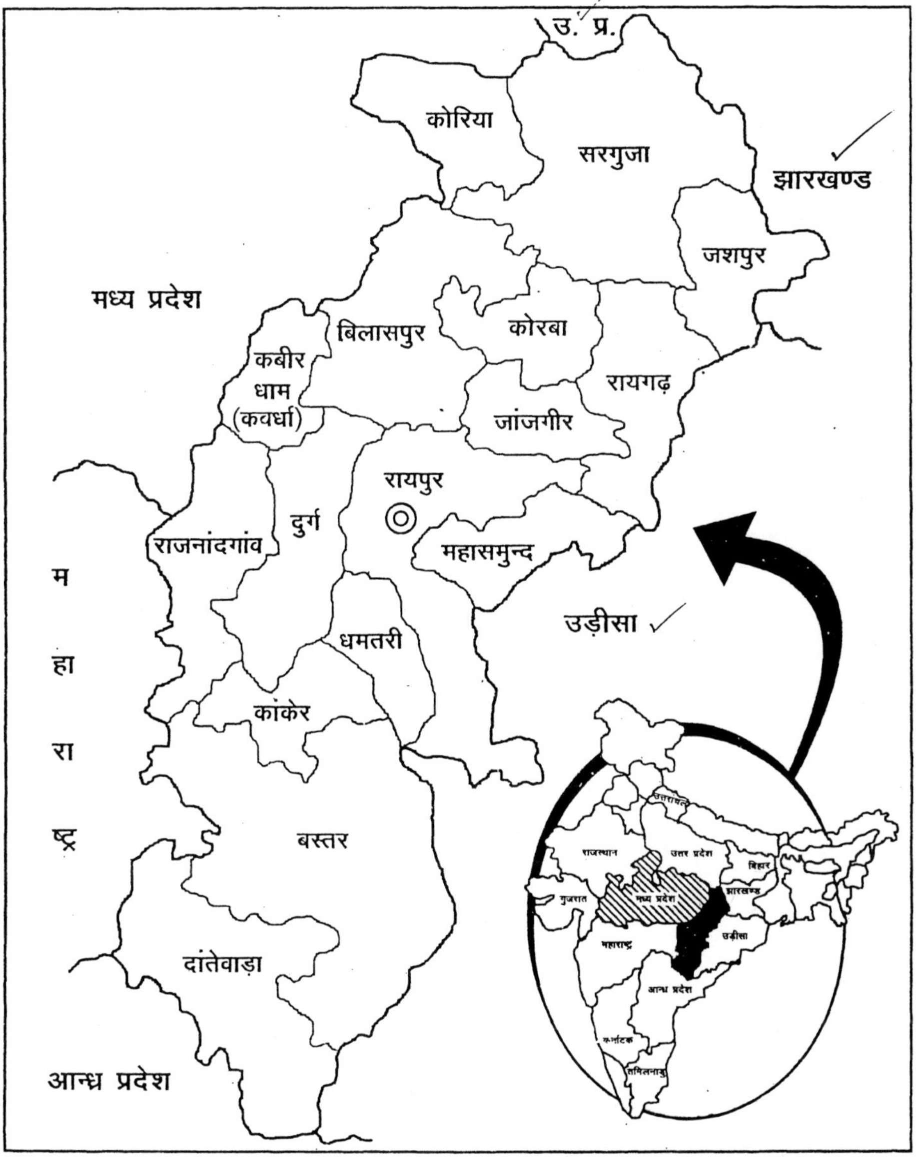

समकालीन बस्तर